安罗高速原阳至郑州段项目专用施工技术规程

董德全　李　攀　夏富友　主编

黄河水利出版社
·郑州·

图书在版编目(CIP)数据

安罗高速原阳至郑州段项目专用施工技术规程/董德全,李攀,夏富友主编. —郑州:黄河水利出版社,2022.8

ISBN 978-7-5509-3289-0

Ⅰ.①安… Ⅱ.①董…②李…③夏… Ⅲ.①高速公路-工程施工-技术规范-河南 Ⅳ.①U412.36-65

中国版本图书馆 CIP 数据核字(2022)第 087957 号

出 版 社:黄河水利出版社　　网址:www.yrcp.com

地址:河南省郑州市顺河路黄委会综合楼 14 层　　邮政编码:450003

发行单位:黄河水利出版社

发行部电话:0371-66026940、66020550、66028024、66022620(传真)

E-mail:hhslcbs@126.com

承印单位:河南匠之心印刷有限公司

开本:787 mm×1 092 mm　1/16

印张:19.75

字数:470 千字

版次:2022 年 8 月第 1 版　　印次:2022 年 8 月第 1 次印刷

定价:145.00 元

《安罗高速原阳至郑州段项目专用施工技术规程》编委会

主　　编	董德全	李　攀	夏富友	
副 主 编	王海波	潘　华	蒋伟平	牟　林
	孟建玮			
参编人员	马长河	陈建毅	任小波	刘廷阳
	陈洋洋	陈泰旭	龚雪晴	吴煜璞
	张宏展	王俊玲	郝　旺	裴洋洋
	孟君君	刘益华	库东旭	孙增魁

前　言

安罗高速原阳至郑州段(兰原高速公路至连霍高速公路)(简称本项目)项目全长21.655 km,其中黄河特大桥15.223 km,为黄河上最长、内陆地区钢结构用量最大的公路桥梁,也是河南省内塔高最高、桥宽最宽、技术难度最复杂的桥梁。

项目基于建设条件、建设规模及定位,为贯彻落实中央、省委省政府关于交通强国先行示范以及黄河流域生态保护高质量发展的要求,开展顶层设计,创新了两个"全国首次"和三个"河南首次",即全国首次采用无纵筋钢壳混凝土组合塔,全国首次采用超长钻孔桩分布式桩基后压浆工艺;河南首次大规模采用钢混组合梁,河南首次采用钢管复合桩下部结构,河南首次实现跨黄河湿地省级自然保护区长距离桥面径流不落地、全收集、全处理。黄河特大桥主桥采用钢壳混凝土组合索塔、主梁采用整幅双边箱钢-混组合梁、环氧涂层平行钢绞线斜拉索,主塔群桩基础采用桩长95 m的D2.7 m~D2.2 m变径钻孔灌注桩;副桥采用箱型钢-混组合梁、钢管复合桩基础;引桥大量采用工字梁钢-混组合梁及装配式波形钢腹板组合梁;桩基采用桩底及桩侧注浆工艺提高单桩承载力。这些新技术、新工艺、新材料有些尚在研究试验或推广使用阶段,现行的有关施工技术规范已不能完全适应本项目的施工需要。为指导现场施工,以《公路工程标准施工招标文件(2018年版)》技术规范为基础,结合本项目的具体实际,以项目建设要求、设计文件和相关技术规范为依据,借鉴和吸收了同类桥梁施工经验,充分征求参建单位有关意见,经组织业内知名专家审查把关,编制形成了本书。

本书对工程中预计可能出现的各种问题,尽可能提出了相应的安全、质量要求和对策,为本项目指导性施工技术文件。由于作者认知水平及经验的局限性,书中难免存在一些不足,敬请同行前辈和专家给予批评指正,以便补充完善。

编　者

2022年3月

目　录

第 1 章　总　则

1.1　通　则

1.1.1　目的

为适应安罗高速原阳至郑州段项目工程建设的需要,保证施工质量和安全,制定本专用施工技术规程。

1.1.2　范围

本专用施工技术规程适用于安罗高速原阳至郑州段(包括黄河特大桥、接线及枢纽互通工程)工程的施工。

1.1.3　一般要求

1　所有参与安罗高速原阳至郑州段工程的施工人员进场前应进行培训及考核,掌握施工工序、施工工艺,明确质量目标、要求。未经教育培训或者考核不合格的人员,不得上岗作业。国家规定需要持证上岗的工种,必须持证上岗。

2　安罗高速原阳至郑州段工程所用的工程特种设备,必须按照国家规定经过有关部门的检验,并按时保养,确保设备正常运转。

3　安罗高速原阳至郑州段工程实行首件认可制。施工单位应对已完首件工程的施工工艺和质量进行综合评价,提交总结报告,完善施工方案,细化各工序的标准,形成工艺卡,固化工艺和检测方法及器具,并编制工艺指南。

4　未经检验或经检验不合格的材料、设备,不得用于施工。未经监理工程师认可,材料、构配件和设备不得在工程上使用或者安装。

1.1.4　术语

1.1.4.1　大直径钻孔灌注桩　large diameter pile

直径大于或等于 2.5 m 的钻孔灌注桩。

1.1.4.2　超长钻孔灌注桩　super long pile

桩长大于或等于 90 m 的灌注桩。

1.1.4.3　变截面灌注桩　variable section cast-in-place pile

桩径由大向小过渡变化的灌注桩。

1.1.4.4　大直径超长灌注桩　large diameter super long pile

直径大于或等于 2.5 m,桩长大于或等于 90 m 的灌注桩。

1.1.4.5 分布式桩后压浆 distributed post pile grouting

通过预设在桩身内的压浆管,向桩底桩侧压注水泥浆的方式。

1.1.4.6 高性能混凝土 high performance concrete

采用混凝土的常规材料、常规工艺,在常温下,以低水胶比、大掺量优质掺和料和严格的质量控制措施制作的,具有良好的施工工作性能且硬化后具有高耐久性、高尺寸稳定性及较高强度的混凝土。

1.1.4.7 大体积混凝土 mass concrete

体积较大的,可能由胶凝材料水化热引起的温度应力导致有害裂缝的结构混凝土。

1.1.4.8 自密实补偿收缩混凝土 self-compacting shrinkage compensating concrete

用硅酸盐水泥或普通硅酸盐水泥中掺入适量膨胀剂配置而成,粗集料采用连续级配或采用两个以上单粒粒级组成的连续集配,最大公称粒径宜不大于 20 mm,对形状复杂或有特殊要求的结构,最大公称粒径宜不大于 16 mm;细集料宜采用中砂;矿料掺和料宜采用粉煤灰、粒化高炉矿渣粉和硅灰。

1.1.4.9 支架 support

用于支承模板、结构构件或其他施工荷载的临时结构。

1.1.4.10 预拱度 camber

为抵消梁、桁架等结构在设计荷载及施工荷载作用下产生的位移(挠度),在施工或制造时所预留的与位移方向相反的校核量。

1.1.4.11 钢管复合桩 steel tube composite pile

包括钢管(又称永久钢护筒)、剪力环、防腐涂层、泥皮和核心钢筋混凝土共同组成的复合受力桩体,是钢管与混凝土的一种新型组合形式。其中,钢管在成孔时作为模板以提高钢管复合桩的抗弯及承载性能;剪力环焊接于钢管的内壁以增强钢管与混凝土之间的黏结,提高钢管复合桩的抗弯性能;防腐涂层形成于焊接有剪力环的钢管内壁。

1.1.4.12 钢构件 steel member

组成钢桥的基本单元。其中整体节点、弦杆、斜杆、竖杆、纵梁、横梁、桥面板单元、底板单元、腹板单元、锚箱、箱形梁主梁、板梁主梁和独立编号的拼接板及节点板为主要钢构件;其次为次要钢构件。

1.1.4.13 零件 part

组成钢构件的最小单元。其中主要钢构件的盖板、腹板,箱形梁的顶板、底板、横隔板,板单元的面板、纵肋、横肋,拼接板、节点板及圆柱头焊钉为主要零件;其余为次要零件。

1.1.4.14 桥面板 bridge deck

采用预制安装的方式施工,可在完成大部分收缩、徐变后再安装并与钢构件组合。

1.1.4.15 试拼装 test assembling

在批量加工生产前,未检验制造精度,选取有代表性的局部刚构件进行的拼装。

1.1.4.16 钢壳节段 steel shell section

按设计要求将索塔钢壳在高度方向划分为若干段,称为钢壳节段。

1.1.4.17　钢壳混凝土组合索塔　steel-encased concrete combined tower

钢壳构件在工厂制造试拼装，试拼装合格后启运至现场钢构厂组拼成钢壳节段，节段运输至施工现场吊装，钢壳节段安装合格后，在其钢壳内注入自密实收缩补偿混凝土，由此组合成型索塔结构。

1.1.4.18　钢绞线斜拉索　steel strand stay cable

采用单根安装、单根张拉、最后再整体张拉的施工方法，拉索外套管采用热熔焊接连接成整体，在塔梁锚固区进行最后的组装以及抗震防护与防腐处理。

1.1.4.19　顶推施工法　incremental launching method

梁体逐段浇筑或拼装，在梁前端安装导梁，采用专用设备纵向顶推或牵引，使梁体到达各墩顶设计位置的施工方法。

1.1.4.20　波形钢腹板　corrugated steel web

被加工成波折或波纹形状的用于桥梁腹板构造的钢板。

1.1.4.21　装配式波形钢腹板组合梁　assembled composite beam with corrugated steel webs

加工成波折或波纹状的用于桥梁腹板钢板，与混凝土结合预制成箱形梁结构，通过整体吊装方式进行安装成型。

1.1.4.22　双边箱钢混组合连续梁　double side box steel - concrete composite continuous beam

采用双边箱型主梁，与横梁(索塔、辅助墩及过渡墩处除外)、小纵梁通过摩擦型高强螺栓连接形成钢梁格框架，并在其上安装预制混凝土桥面板。预制桥面板之间通过现浇微膨胀混凝土湿接缝形成整体，混凝土湿接缝通过焊接于钢梁上的抗剪栓钉群与钢梁形成组合梁结构体系，共同受力。

1.1.4.23　工字型钢混组合连续梁　I-section steel-concrete composite continuous beam

采用工字型主梁，与横梁(索塔、辅助墩及过渡墩除外)、小纵梁通过摩擦型高强螺栓连接形成钢梁格框架，并在其上安装预制混凝土桥面板。预制桥面板之间通过现浇微膨胀混凝土湿接缝形成整体，混凝土湿接缝通过焊接于钢梁上的抗剪栓钉群与钢梁形成组合梁结构体系，共同受力。

1.1.4.24　双边箱变高钢混组合连续梁　double side box steel-concrete composite continuous beam with variable height

采用双边箱型主梁，双边箱在每联梁段由低逐渐变高，主梁与横梁(索塔、辅助墩及过渡墩处除外)、小纵梁通过摩擦型高强螺栓连接形成钢梁格框架，并在其上安装预制混凝土桥面板。预制桥面板之间通过现浇微膨胀混凝土湿接缝形成整体，混凝土湿接缝通过焊接于钢梁上的抗剪栓钉群与钢梁形成组合梁结构体系，共同受力。

1.1.4.25　橡胶复合改性沥青　rubber compound modified asphalt

由废橡胶材料高速剪切、磨细成粉末状颗粒，加入沥青后，在高温和机械力作用下复合形成，其随从变形能力出色，环保效应和经济效益良好。

1.1.4.26　波形钢腹板组合梁　corrugated steel web composite beam

通过抗剪连接件使波形钢腹板与混凝土顶板、底板共同受力的钢-混凝土组合梁。

第2章　桥梁、涵洞

2.1　通　则

2.1.1　范围

本章工程包括安罗山高速原阳至郑州段黄河特大桥工程桥梁及其附属结构物的施工。通道、排水、防护等工程,亦可参照本章有关内容施工。

2.1.2　一般要求

2.1.2.1　核对图纸和补充调查

(1)施工单位在施工开始前应对设计文件、资料认真阅读研究,结合施工方案提出设计修改建议和意见。施工单位应对图纸中提供的坐标、标高、钢筋明细及结构的相关几何尺寸进行详细复核,一旦发现问题,按有关程序向设计单位反馈,在问题得到解决并经监理单位批准后方可施工。

(2)在核对图纸中有必要时应进行补充调查,并将调查结果提交监理单位批准,如调查资料与原勘察设计资料相差比较大的,应由发包人研究确定是否采取进一步处理措施。

(3)施工单位须结合施工监控对施工临时工程进行设计、计算和加工、安装。发包人提供的设计图纸中提供的方案仅供参考。

(4)施工单位应根据设计图纸对工程量清单进行认真复核,及时上报监理审核,并由业主审批。

2.1.2.2　平整场地

施工单位应按照本规范第3章第3.2节要求,平整施工场地,并得到监理单位认可。

2.1.2.3　复测

施工单位应在开工前对桥梁中心位置桩、三角网基点桩、水准基点桩及其他测量资料进行核对、复测。若桩志不足或不符合要求,应按《公路桥涵施工技术规范》(JTG/T 3650—2020)的有关要求重新补测,并将复测或补测结果报监理单位认可。

施工单位应对桥梁中心桩、水准基点桩等控制标志加以妥善保护,直至工程竣工验收。

施工单位在遵循国家及交通运输部有关测量规范的基础上,开展施工测量工作,并得到监理单位认可。

2.1.2.4　编制施工方案

(1)施工单位应对施工方案做详细的研究,编制切实可行的施工流程、施工方案及施工工艺,制定各施工阶段的质量控制标准。

(2)施工单位的施工组织设计应包括编制说明、施工组织机构、施工平面布置图、施工方法、施工机械、人力资源、施工详图、资金计划、总进度计划和进度图、质量管理、安全生产、环境保护等。

(3)施工单位必须建立健全质量保证体系,其主要内容应包括质量方针、质量目标、质量保证机构、质量保证程序及质量保证措施等。

2.1.2.5 混凝土拌和站建设

(1)本工程所用的混凝土必须由为本工程专门设立的混凝土搅拌站拌和供应。当混凝土搅拌站由施工单位自行设立时,施工单位应对混凝土搅拌站进行专门设计并经监理单位的批准。

(2)混凝土搅拌站的设计生产能力,应根据工程和合同段混凝土的需求总量和最大强度确定,并满足按日最高供应量。

(3)混凝土搅拌机应选用搅拌效率高、匀质性好的强制式搅拌机。混凝土的配料、上料和拌和应装备自动控制和自动监测系统。搅拌站投产前,施工单位应对其生产控制工艺、检测设备和计量器具等进行检查验收,并经监理单位确认。

(4)混凝土用砂和碎石的堆场地坪应进行硬化,并应有防雨、遮阳和防止混淆的设施或措施,如需要施工单位还应配备粗集料冲洗系统。

(5)混凝土所用的胶凝材料如水泥、磨细矿渣粉和粉煤灰等,应按其品种和等级设立储存筒仓,其容量应不小于 5 d 用量并应考虑水泥出场借库储存时间的影响。当采用的胶凝材料为袋装时,应设立专门的仓库分别储存。

(6)混凝土拌和用水应设专用贮水池,并应配有炎热天气条件下施工制冰、制冷等降低拌和用水温度的设备和设施。

(7)混凝土拌和站应配备砂石分离器和自动洗车系统、污水处理系统,混凝土拌和站的搅拌车清洗及废弃混凝土所含砂、石、水泥的分离及回收。

(8)有关拌和场建设的其他相关要求按《安罗高速原阳至郑州段项目施工标准建设技术指南》的规定执行。

2.1.2.6 钢筋加工配送中心建设

(1)应采用封闭式管理,场地内应按原材料堆放区、钢筋下料区、加工制作区、半成品堆放区、成品待检区、合格成品区、废料处理区等科学合理设置,功能明确,标识清晰。

(2)加工场内醒目位置应设置施工平面布置图、安全生产标牌、消防保卫标牌、管理人员名单及监督电话标牌、文明施工标牌,出入口和场内应设置禁止标识和警告标识等。

(3)当钢筋加工配送中心由施工单位自行设立时,钢筋加工场架构应采用钢桁架结构搭设,顶部采用固定式拱形防雨棚,高度应满足加工设备操作空间(一般不小于 12 m),面积应满足加工及原材料、半成品、成品存放等需要,并设置避雷及防风的保护措施,四周用彩钢板全封闭预留通风采光窗,内部设置桁吊。施工单位应对钢筋加工配送中心进行专门设计并经监理单位的批准。

(4)钢筋加工机械设备应满足工程质量和进度需要,应配置数控钢筋调直切断机、数控弯曲机、数控钢筋弯箍机、数控滚焊机等数控加工设备。

(5)有关钢筋加工配送中心建设的其他相关要求按《安罗高速原阳至郑州段项目施工标准建设技术指南》的规定执行。

2.1.2.7 预制场地

1 预制梁场地建设

(1)预制梁场地建设前施工单位应将梁场布置方案报监理审核并报项目公司备案,方案内容应包含各类型梁板的台座数量、模板数量、生产能力、存梁区布置及最大存梁能力等。预制梁场建设要与桥梁下部结构施工同步启动,避免出现"梁等墩"或"墩等梁"。

(2)预制梁场地采用封闭式管理,场地内应按办公区、生活区、构件加工区、制梁区和存梁区、废料处理区等科学合理设置,功能明确,标识清晰。生活区应与其他区隔开。

(3)预制梁场内醒目位置应设置施工平面布置图、安全生产标牌、消防保卫标牌、管理人员名单及监督电话标牌、文明施工标牌,出入口和场内应设置禁止标识和警告标识等。

(4)预制梁场地建设规模和设备配备结合预制梁板的数量与生产工期相适应。

(5)预制梁场地应尽量按照"工厂化、集约化、专业化"的要求规划、建设,应具有钢筋骨架定位胎膜、自动喷淋养护等设施。

(6)预制梁板钢筋骨架应统一采用定位胎膜进行加工,并设置强度不低于梁体混凝土强度等级的砂浆垫块,确保钢筋保护层准确。

(7)预制梁设置自动喷淋养护设备,采用土工布包裹喷淋养护,喷淋水压力加压泵应能保证提供足够的水压,确保梁板的每个部位均能养护到位,尤其是翼缘板底面及横隔板部位,养护水应循环使用。冬春季气温较低必须采用蒸汽保湿养护。

(8)工程完成后,应将场地上的设备和废弃物清除干净,并恢复原状,使监理单位认可。

(9)有关预制梁场地建设的其他相关要求按《安罗高速原阳至郑州段项目施工标准建设技术指南》的规定执行。

2 钢结构加工及拼装场建设

(1)钢结构现场加工及拼装场建设必须开展专项设计及验收。

(2)选址以方便、合理、安全、经济及满足工期为原则,结合施工合同段所属钢结构加工及拼装规模、架设要求以及运输条件等情况进行综合选址;场地在满足施工需求的面积基础上,需合理分区规划,场区道路承载力符合生产运输需要。

(3)钢结构加工及拼装难点主要集中在焊接质量和焊接变形的控制、钢结构精度的控制、试拼装控制、涂装体系、构件吊装变形及安全的控制。场地建设应采用机械化、智能化设备代替人工操作,减少人为操作误差;同时应制定材料储备、机械设备校核及使用、施工作业及过程控制、检测及验收等标准流程工作手册。

(4)场区内醒目位置应设置施工平面布置图、安全生产标牌、消防保卫标牌、管理人员名单及监督电话标牌、文明施工标牌,出入口和场内应设置禁止标识和警告标识等。

3 预制桥面板(智慧板厂)场地建设

(1)智慧板厂应进行专项设计,编制可行的建设方案,以智慧化、工厂化、流水化生产为设计原则，采用整体流水线预制工艺，推行自动化生产理念。

(2)预制板厂实行封闭式管理，合理设置钢筋骨架加工区、预制生产区、养护区、预制板存放区、废料处理区等主要功能区，区域划分明确、合理。

(3)建设规模应结合预制数量、工期、存板周期等要素综合考虑，满足相关的技术标准、工期等要求。

(4)考虑冬期施工，基础设施应同步设计考虑；做好厂区防排水规划，存板区考虑相应的自动喷淋养护设施。

4　小型构件预制场

(1)采用封闭式管理，场地内应按构件生产区、存放区、养护区、废料处理区等合理设置，功能明确，标识清晰。

(2)预制场应按标准进行硬化，预制、养护区应设轻型钢结构顶棚，避免阳光暴晒。场内不允许积水，四周宜设置砖砌排水沟，并采用 M7.5 砂浆抹面。

(3)预制场建设规模应结合小型构件预制数量和预制工期等参数来规划，场地面积以满足施工要求为原则，一般不小于 2 000 m^2。

(4)生产区根据合同段设计图确定的预制构件的种类设置生产线，应利用既有拌和站。

(5)预制模具应经监理工程师验收合格后方可使用，预制应在专用的台座上进行。

(6)养护区采用自动喷淋养护系统结合土工布覆盖对构件进行养护，确保构件处于湿润状态，混凝土养护应符合规范要求。

(7)成品按不同规格分层堆码，堆码高度应保证安全。预制件养护期不得堆码存放，以防损伤。运输过程中应采取措施，防止缺边掉角。

(8)有关小型构件预制场建设的其他相关要求按《安罗高速原阳至郑州段项目施工标准建设技术指南》的规定执行。

2.1.2.8　图纸

(1)施工单位开工前应仔细阅读图纸，发现疑问应及时向监理单位提出。

(2)施工单位必须按照图纸及其有关说明施工。结构物的外形、尺寸、线条应符合图纸规定，其施工偏差应在本规程规定的允许值范围内。

(3)当图纸内有关施工说明与本规程规定有矛盾时，以图纸为准。图纸及本规程均缺少有关的要求和规定时，由监理单位参考国内外已建同类工程及相应的规定并结合实际情况确定或规定，同时报发包人同意后实施。

(4)在施工期间，因国家交通主管部门颁布新的技术标准，施工单位在选择使用新的技术标准时，必须预先取得监理单位的批准。

(5)在施工期间，因工程的技术指标改变，施工单位应该根据监理单位的指示及时采用新的技术标准。

2.1.2.9　施工单位必须按照国家有关的基本建设程序进行施工，并建立完善的质量保证体系，在施工过程中对工程进行自检，在工程完成后按合同条款的相关规定，配合监理单位及发包人进行检查验收工作。

2.1.2.10 安全技术措施

(1)桥梁施工前,应对施工现场、机具设备及安全防护设施等进行全面检查,并经有关部门检查认证,确认符合安全要求后方可施工。

(2)手持式电动工具应按《手持式电动工具的管理、使用、检查和维修安全技术规程》的规定,根据手持式电动工具的类别和作业场所的安全要求,加设漏电保护器。

(3)桥梁施工,采用多层、高空作业或桥下通车、行人等立体施工时,应布设安全网和安全警示标志。

(4)对于通航的江河湖海上的桥梁工程,施工前应与当地海事及航道部门联系,制定有关通航、水上作业安全事宜。

(5)高空露天作业、缆索吊装及大型构件起重吊装时,应根据作业高度和现场风力大小、对作业的影响程度,制定适于施工的风力标准。遇有6级(含6级)以上大风时,上述施工应停止作业。

(6)深水大跨及桥梁高度较大的特大型桥梁或结构复杂的大型桥梁施工,应对施工安全做专项调查研究,并制定相应的安全技术措施。

(7)单项工程开工前,应根据《公路工程施工安全技术规程》(JTG F90—2015)及工程实际情况制定安全操作细则,并向施工人员进行安全技术交底。

(8)施工单位在进行上跨公路的箱梁施工时,必须设置钢结构防护棚,并将交通组织计划报产权主管部门,办理相关的手续。其施工方案报监理单位批准后实施。

2.1.2.11 本章内容中包含的混凝土,必须采用配有自动计量装置的强制式搅拌机或拌和站生产,每台搅拌机按招标文件要求配置水泥罐(不含掺和料罐)或使用专用储存罐,保证现场足够的水泥储量和冷却时间。

2.1.3 质量检验

2.1.3.1 线形

竣工后的桥梁应线形平顺,外形美观,弯度、坡度、超高、加宽要做到流畅顺适。桥面、缘石、栏杆、护栏等的高程要符合图纸要求。

2.1.3.2 外观要求

(1)同一或相邻结构物表面、纹理和颜色应均匀一致。除非监理单位另有书面批准,施工单位应采用同一类型的模板、修饰方法、脱模剂等。结构物所用的水泥及外加剂宜采用同一厂家产品。

(2)一种结构形式与另一种结构形式连接处的过渡段坡度、半圆形接头等应匀顺,以使结构物具有美感。

(3)混凝土结构物外露的表面应平整,无蜂窝、麻面、露筋、空洞及缺边掉角。分段浇筑时,段与段之间不得有错台。

(4)桥面铺装混凝土表面不得有麻面、蜂窝和裂纹,施工缝处不得有裂缝。

(5)伸缩装置的伸缩性能应有效,无阻塞、渗漏、松脱和开裂现象。

(6)伸缩装置应保持顺直、平整,车辆通过时无颠簸现象。

(7)泄水管周围不允许漏水,进水口应略低于桥面面层。

(8)预制构件尺寸准确,拼装时接头平顺。

(9)为了获得满意的外观质量,监理单位认为有必要进行修整时,施工单位应按监理单位的要求进行修整。

2.1.3.3　桥梁总体检查项目

桥梁总体检查项目见表 2.1.3。

表 2.1.3　桥梁总体检查项目

项次	检查项目		规定值或允许偏差	检查方法和频率
1	桥面中线偏位/mm		≤20	全站仪:每 50 m 测 1 点,且不少于 5 点
2	桥面宽/mm	车行道	±10	尺量:每 50 m 测 1 个断面,且不少于 5 个断面
		人行道	±10	
3	桥长/mm		+100,-100	全站仪或钢尺:检查中心线处
4	桥面高程/mm	$L<50$ m	±30	水准仪:桥面每侧每 50m 测 1 点,且不少于 3 点;跨中、桥墩(台)处应布置测点
		$L\geqslant 50$ m	$\pm(L/5\,000+20)$	

注:L 为桥梁跨径,计算规定值或允许偏差时以 mm 计。

2.1.3.4　桩基的质量要求

(1)全线桥梁不允许出现Ⅲ类桩,如出现,施工单位必须凿除,做彻底返工处理,不允许采取加固措施,并须进行重新检测。

(2)若出现桩基无损检测不评定的情况,须进行重新检测。

(3)桩身完整性满足设计要求,设计未要求时,主桥Ⅰ类桩率 100%,副桥及南北引桥(包括跨堤桥)Ⅰ类桩率不低于 98%,互通立交桥Ⅰ类桩率不低于 95%。

2.1.3.5　桥涵工程交工验收前,桥涵施工单位对桥涵负有看管责任,要保持桥面的日常整洁并防止交叉污染。桥涵工程完工后,由监理单位组织桥涵分段中间交工验收时,施工单位应对桥面整体化层进行彻底清扫并用水冲洗干净、盖梁无污染,清洗、清扫处理须得到监理单位的认可。如桥面整体化层和盖梁未冲洗、清扫干净或清洗、清扫处理未得到监理单位的认可。

2.1.3.6　桥涵工程完工后,由监理单位组织桥涵分段中间交工验收,施工单位应保证桥面整体化层整洁,无浮浆。桥涵施工单位桥面整体化的浮浆清理须满足监理单位和发包人的要求。

2.1.4　桥梁荷载试验

(1)特大桥、结构复杂的大桥完工以后,施工单位应协助和配合发包人,对桥梁或桥梁的某一部分进行荷载试验，以验证结构物是否具有足够承受设计荷载的能力。

(2)荷载试验由发包人委托有资格的科研或设计单位承担。

(3)桥梁荷载测试项目按图纸规定，一般动载试验包括冲击、自振频率、动挠度、脉动、动应变试验；静载试验包括静挠度及静应变试验。上述项目发包人将根据具体情况，选择部分或全部进行试验，必要时可增加其他项目进行试验。

(4)根据试验结果，结构物或结构物的任一部分，如由于施工原因不能满足图纸要求，施工单位应进行重建或补强。

(5)预制梁板荷载验证试验。

在梁板预制过程中，为保证梁板质量，发包人委托第三方机构按规定的试验方法和抽检频率进行荷载验证试验。施工单位应无条件做好相关配合工作。如果梁板验证不通过，则该预制梁板报废处理。

2.1.5 地质情况变化时的处理

桥梁基础在施工过程中，若地质情况有变化，施工单位应及时报告发包人、监理单位并提出处理意见，经监理单位批准后实施。需要进行补充钻探，以查明桥梁基础的地质情况时，报请监理单位审查批准后，勘察单位可进行补充地质钻探并取样做必要的试验，据此，以继续进行基础施工或改变基础设计，但不得以地质变化与地质报告不一致为由进行桩基础单价变更；因桩基础地基承载未能满足图纸要求，需要增加桩长的，变更长度由设计人确定，施工完成后须经监理单位验收签认，按照原桩基单价计量。改变基础设计时，需经监理单位审查批准。

2.1.6 开放交通

开放交通应满足以下基本条件并经监理单位批准：

(1)水泥混凝土桥面铺装在浇筑混凝土的强度达到设计等级后，方可开放交通，其车辆荷载不得大于设计荷载。如果经监理单位同意采用快硬水泥混凝土铺装，开放交通的时间需根据试验确定。因不遵守上述规定开放交通行驶车辆而造成的不良后果，由施工单位负责。

(2)沥青混凝土桥面铺装应待摊铺的混合料完全自然冷却，其表面温度低于 50 ℃后，方可开放交通。

(3)伸缩装置安装完毕，预留槽浇筑的混凝土强度达到设计强度后，方可开放交通；必须开放交通时，可采用搭桥等措施通过，搭桥可采用无变形钢材制成，搭桥不能与预留槽混凝土接触。

2.2　模板和支架

2.2.1　范围

本节工作包括就地浇筑和预制混凝土、钢筋混凝土、预应力混凝土，石料及混凝土预制块砌体所用模板和支架等有关作业及承台的钢围堰的设计加工、制作、运输、安装等相关作业。对于预制箱梁的专用模板，还应按相应的标准和技术规程执行。

2.2.2　材料

2.2.2.1　钢材

一般可采用符合《碳素结构钢》(GB/T 700—2006)及《低合金高强度结构钢》(GB/T 1591—2018)中的牌号 Q235 钢、Q345 钢、Q390 钢、Q420 钢标准的钢材。

2.2.2.2　内拉杆或隔块

模板所用的钢制对拉杆，宜采用端部可拆卸的结构形式，相关方案应经监理单位批准后实施。金属拉杆所有配件的设计应保证在其拆除时留下的孔穴尺寸最小，进行必要的修复处理之后，其强度和美观符合要求。

2.2.2.3　一般要求

(1)模板及支架应符合下列规定：

1)桥梁在主体结构外露面必须采用大型钢模板或整体式钢模板，预制小箱梁的底模和外模板建议刷模板涂漆，内模应采用钢板，以保证构件外形尺寸和表面平整度和光洁度。

2)模板板面应平整、光洁，接缝严密、不漏浆。能够保证构筑物外露面美观，线条顺畅，满足混凝土表面光洁度和密实度的要求。

3)对于现浇横梁、盖梁等的模板及支架应按设计或监理单位审批的施工专项方案中的内容执行，并预留预拱度和沉降量。

(2)模板与混凝土的接触面应清理干净并涂刷脱模剂，同一标段脱模剂必须采用同一品种。外露面混凝土模板的脱模剂不得使用机油、食用油，所采用的品种需经过试验，报监理单位批准，发包人备案。施工过程中严禁脱模剂污染钢筋和混凝土的施工缝。

2.2.2.4　预埋件

为保证混凝土外观质量，本项目施工工艺所需的施工预埋件均应专项设计。预埋件原则上须采用预埋螺母栓接形式，或预埋不锈钢板焊接形式连接，特殊情况下，必须进行专项设计，须经监理批准同意后方可使用其他形式。严禁出现因预埋件锈蚀污染混凝土的现象发生。

施工预埋件外露混凝土表面的外露部分应全部拆除，且不得采用火工切割方式，不得外裸露于大气中，预埋件拆除后预留的孔洞必须采用监理工程师认可的材料填充，并经监理工程师验收合格。允许偏差要求符合表 2.2.2 的要求。

表 2.2.2 预埋件和预留孔洞的允许偏差

序号	项目		允许偏差/mm	检验方法和频率
1	预埋件中心线位置		3	钢尺量
2	预埋件	中心线位置	2	钢尺量
		外露长度	+10,-0	钢尺量
3	预留孔洞	中心线位置	10	钢尺量
		截面内部尺寸	+10,-0	钢尺量

2.2.3 模板、支架的设计

2.2.3.1 施工单位应在制作模板、支架前 14 d,向监理单位提交模板,支架的施工工艺图,应力、稳定及预计挠度计算书,经监理单位批准后才能制作和架设。监理单位的批准及制作、架设过程中的检查,并不免除施工单位对此应负的责任。

2.2.3.2 模板、支架的设计荷载及其组合,按表 2.2.3 的规定进行;计算模板、支架的强度和稳定性时,应考虑作用在其上的风力;设于水中的支架,尚应考虑水流压力、流冰压力和船只漂流物等冲击力荷载。

表 2.2.3 模板和支架设计计算的荷载组合

模板结构名称	荷载组合	
	计算强度用	验算刚度用
梁、板和拱的底模板以及支承板、支架及拱等	(1)+(2)+(3)+(4)+(7)	(1)+(2)+(7)
缘石、人行道、栏杆、柱、梁、板、拱等的侧模板	(4)+(5)	(5)
基础、墩台等厚大建筑物的侧模板	(5)+(6)	(5)

注:1. 表中荷载编号代表:

(1)模板、支架自重;

(2)新浇筑混凝土、钢筋混凝土或其他圬工结构物的重力;

(3)施工人员和施工材料、机具等行走运输或堆放的荷载;

(4)振捣混凝土时产生的荷载;

(5)新浇筑混凝土对侧面模板的压力;

(6)倾倒混凝土时产生的水平荷载;

(7)其他可能产生的荷载,如雪荷载、冬季保温设施荷载等。

2. 模板、支架的设计及普通模板荷载计算按《公路桥涵施工技术规范》(JTG/T 3650—2020)的规定执行。

2.2.3.3　验算模板、支架的刚度时，其变形应符合下列规定值：

1　模板

(1)结构表面外露的模板，其挠度不应超过模板构件跨度的 1/400；结构表面隐蔽的模板，其挠度不应大于模板构件跨度的 1/250。

(2)钢模板的面板变形不应大于 1.5 mm。

(3)钢模板的钢棱和柱箍的变形值不大于 $L/500$ 和 $B/500$（L 为计算跨径，B 为柱宽）。

2　支架受载后挠曲的杆件(如盖梁、纵梁等)，其弹性挠度不应大于相应结构跨度的 1/400。

2.2.3.4　验算模板及其支架在荷载作用下的抗倾倒稳定时，倾覆稳定系数不得小于 1.3。

2.2.3.5　模板、支架的设计应根据工程结构形式、荷载情况、地基土类别、施工设备和材料性能等条件进行，且宜优先采用标准化、定型化的构件。

2.2.3.6　模板应具有足够的承载能力、刚度、安全系数储备和稳定性，能够可靠地承受施工期混凝土自重和侧压力，以及施工中产生的荷载等，其中侧压力应按静水压力公式计算。

2.2.3.7　施工单位应编制模板工程施工说明书，对模板的材料、制作、安装、使用和拆除工艺提出具体要求。制订技术及安全措施，明确模板及支架安装与拆除的施工顺序和安全技术措施等。

2.2.3.8　支架的地基处理

支架的地基处理应符合平整、稳定的原则，满足支架所传到地基上的应力要求，防止支架沉降过大。若支架的地基承载力无法达到上述要求，应采取加固地基或将立柱支撑在混凝土扩大基础上或桩基承台上。

(1)若在水中搭建支架，应将支架立柱支撑于打入桩或钻孔桩基础上，确保支架的稳定。

(2)采用支架施工的现浇结构物，模板安装完成后，施工单位应对支架进行预压，预压荷载宜为支架所承受荷载的 1.05~1.10 倍，预压荷载的分布应模拟须承受的结构荷载及施工荷载，可按《钢管满堂支架预压技术规程》(JGJ/T 194—2009)执行。

对支架基础的预压监测过程中，当满足下列条件之一时，应判定支架基础预压合格：

1)各监测点连续 24 h 沉降量平均值小于 1 mm；

2)各监测点连续 72 h 沉降量平均值小于 5 mm。

在全部加载完成后的支架预压监测过程中，当满足下列条件之一时，应判定支架预压合格：

1)各监测点连续 24 h 沉降量平均值小于 1 mm；

2)各监测点连续 72 h 沉降量平均值小于 5 mm。

(3)为防止支架不均匀沉降引起混凝土开裂,在浇筑前应对支架按梁重进行模拟预压,使支架充分变形,预压后的支架标高与设计不符时,应进行调整。

(4)支架施工的地基必须用C20混凝土进行硬化处理,硬化厚度大于15 cm,且硬化宽度应宽出支架50 cm,周边应设完善的排水沟,以防雨水浸泡地基。在鱼塘等特殊路段应采用反压护道的方式防止地基滑移。

2.2.4 模板、支架的制作与安装

(1)模板面应光洁平整、无翘曲破损,如板面有明显损伤,一律禁止使用。对于大面积混凝土,其每块模板的面积应大于2 m^2[《公路桥涵施工技术规范》(JTG/T 3650—2020)为1 m^2],板块拼缝位置应事前规划,排列整齐。防撞墙及栏杆等应采用钢制专用模板。模板的拼缝边要求进行铣边处理,拼缝位置宜设置定位销,控制错台现象,并禁止先焊接后打磨;方形立柱模板的竖向拼缝应避免设在转角处。可将拼缝移到立柱侧面(距转角100 mm左右),加工成带转角的定型模板。

(2)施工单位开始制作模板、支架之前,应按图纸要求和《公路桥涵施工技术规范》(JTG/T 3650—2020)相关规定,编制本工程拟采用模板、支架的制作以及安装的技术要求,并报请监理单位批准。

(3)梁及墩台帽的突出部分,应做成倒角或圆滑边,以便脱模,并按图纸所示或监理单位指示,在结构物的某些部位设置凸条或凹槽的装饰线。

(4)在模板内的金属连接件或锚固件,应按图纸规定及监理单位的要求将其拆卸或截断,且不损伤混凝土。

(5)模板内应无污物、砂浆及其他杂物。以后要拆除的模板,应在使用前彻底涂以脱模剂或其他相当的代用品,应使混凝土能易于脱模,并使混凝土不变色。

(6)当所有和模板有关的工作做完,待浇混凝土构件中所有预埋件亦安装完毕,应经监理单位检查认可后,才能浇筑混凝土。这些工作应包括清除模板中所有污物、碎屑物、木屑、水及其他杂物。

(7)除非监理单位批准,支架不得支承于基础以外的结构物的任何部分。

(8)支架应稳定、坚固,应能抵抗在施工过程中可能发生的偶然冲撞或振动。支架立柱必须安装在有足够承载力的地基或基础上,保证浇筑混凝土后不发生超过图纸规定的允许沉降量。

(9)在浇筑混凝土及砌筑拱圈过程中,施工单位应随时测量和记录支架的变形及沉降量。

(10)钢筋混凝土梁、板的底模板,当结构自重和汽车荷载(不计冲击力)产生的向下挠度超过跨径的1/1 600时,应设预拱度,预拱度值应等于结构自重和1/2汽车荷载(不计冲击力)所产生的挠度。纵向预拱度可做成抛物线或圆曲线。

(11)支架应具有必要的强度和刚度,并使结构线形符合图纸要求。支架预留施工拱

度时，应考虑下列因素：

1）支架承受施工荷载引起的弹性变形。

2）超静定结构由于混凝土收缩、徐变及温度变化而引起的挠度。

3）由于墩台受推力产生的水平位移。对拱圈引起的挠度。

4）由结构自重引起梁或拱圈的弹性挠度，以及 1/2 汽车荷载（不计冲击力）引起的梁或拱圈的弹性挠度。

5）由于杆件接头的挤压和卸落设备受载后，所产生的非弹性变形。

6）支架基础在受载后的沉陷。

（12）现浇混凝土的梁（板）结构，在支架架设后，应按图纸要求或监理单位指示，对支架进行预压，加在支架上的预压荷载应不小于梁（板）自重。

（13）支架安装完毕后，应对其平面位置、顶部标高、节点连接，以及纵、横向稳定性进行全面检查并填写相关表格，符合要求后，方可进行下一工序。

（14）为抵御强大的风载，在立外模以前，施工单位应采取监理单位批准的必要措施，确保外模在架立和浇筑过程中抗风安全。外模支架要有专门设计。安装模板时，应设临时支撑固定，严禁将模板系于结构钢筋上。

（15）钢模板面板在使用前应进行打磨除锈处理，经监理单位检查合格后方可涂刷脱模剂。

2.2.5　模板、支架的拆卸

（1）施工单位应在拟订拆模时间的 12 h 以前，向监理单位报告拆模建议，并应取得监理单位同意。

（2）由于拆模不当而引起的混凝土损坏，由施工单位承担修复责任。

（3）不承重的侧模，应在混凝土强度能保证混凝土表面及棱角不损坏的情况下方可拆除，一般在混凝土抗压强度达到 2.5 MPa 时方可拆除侧模。

（4）承重模板、支架，应在混凝土强度能承受自重时方可拆除。一般而言，跨径不超过 4 m 的梁和板应达到混凝土设计等级的 50%，跨径超过 4 m 的梁、板应达到混凝土设计等级的 75%时，方可拆除。

（5）模板、支架拆除时的技术要求，应符合图纸要求及《公路桥涵施工技术规范》（JTG/T 3650—2020）相关规定。

2.2.6　质量检验

（1）施工单位应按图纸要求制造模板、支架，若图纸未规定，应按表 2.2.6-1 的要求确定模板的形式及控制精度。

表 2.2.6-1　模板、支架制作时的允许偏差

项次	项目	允许偏差/mm
木模板制作	(1)模板的长度和宽度	±5
	(2)不刨光模板相邻两板表面高低差	3
	(3)刨光模板相邻两板表面高低差	1
	(4)平板模板表面最大的局部不平：	
	刨光模板	3
	不刨光模板	5
	(5)拼合板中木板间的缝隙宽度	2
	(6) 支架尺寸	±5
	(7)榫槽嵌接紧密度	2
钢模板制作	(1)外形尺寸：	
	长和高	0,-1
	肋高	±5
	(2)面板端偏斜	≤0.5
	(3)连接配件(螺栓、卡子等)的孔眼位置：	
	孔中心与板面的间距	±0.3
	板端中心与板端的间距	0,-0.5
	沿板长、宽方向的孔	±0.6
	(4)板面局部不平	1.0
	(5)板面和板侧挠度	±1.0

注：1. 木模板中第(5)项已考虑木板干燥后在拼合板中发生缝隙的可能；2 mm 以下的缝隙，可在浇筑前浇湿模板，使其密合。

2. 板面局部不平用 2 m 靠尺、塞尺检测。

(2)模板、支架安装的允许偏差,应符合表 2.2.6-2 的规定。

表 2.2.6-2　模板、支架安装的允许偏差

项目		允许偏差/mm
1	模板高程:	
	(1)基础	±15
	(2)柱、墙和梁	±10
	(3)墩台	±10
2	模板内部尺寸:	
	(1)上部构造的所有构件	+5,0
	(2)基础	±30
	(3)墩台	±20
3	轴线偏位:	
	(1)基础	15
	(2)柱或墙	8
	(3)梁	10
	(4)墩台	10
4	装配式构件支承面的高程	+2,-5
5	模板相邻两板表面高低差	2
	模板表面平整	5
6	预埋件中心线位置	3
	预留孔洞中心线位置	10
	预留孔洞截面内部尺寸	+10,0
7	支架:	
	(1)纵轴的平面位置	跨度的 1/1 000 或 30
	(2)曲线形拱架的高程(包括建筑拱度在内)	+20,-10

2.3 钢筋

2.3.1 范围

本节工作内容为桥梁及结构物工程中钢筋的供应、试验、储存、加工及安装。

2.3.2 材料

2.3.2.1 一般要求

(1) HPB300 钢筋应符合《钢筋混凝土用钢　第 1 部分:热轧光圆钢筋》(GB/T 1499. 1—2017)相关规定,HRB400、HRB500 钢筋应符合《钢筋混凝土用钢　第 2 部分:热轧带肋钢筋》(GB/T 1499. 2—2018)相关规定。钢筋的主要力学性能、工艺性能见表 2. 3. 2。

表 2. 3. 2　钢筋的主要力学性能、工艺性能

钢筋种类	HPB300	HRB400			HRB500		
钢筋直径/mm	6~22	6~25	28~40	>40~ 50	6~25	28~40	>40~ 50
最小屈服强度/MPa	300	400			500		
最小抗拉强度/MPa	420	540			630		
延伸率/%	25	16			15		
180°冷弯弯心内径	*d*	4 *d*	5 *d*	6 *d*	6 *d*	7 *d*	8 *d*

注:*d* 为钢筋公称直径。

(2)符合标准的其他国际上采用的钢筋,如经监理单位批准,也可采用。

(3)钢筋笼或钢筋骨架中的钢板及其他项目所用的结构钢材,应符合图纸要求及《碳素结构钢》(GB/T 700—2016)中 Q235 钢的性能,结构钢材应和钢筋一样进行检验。

(4)在混凝土浇筑前,应对钢筋进行隐蔽工程验收,其内容应包括:

1)钢筋的品种、规格、数量、位置;

2)钢筋的连接方式、接头位置、接头面积百分率;

3)钢筋的保护层;

4)预埋件的规格、数量、位置。

2.3.2.2 检验证明

除监理单位另有许可外,施工单位应向监理单位提供拟用于工程的每批钢筋的一式三份工厂试验报告。工厂试验报告必须由具有法律资格的保证人(如政府质量监督部门)签字,且提供以下资料:

(1)轧制钢筋的生产方法。

(2)每炉或每批钢筋的鉴定(包括拉力试验,弯曲试验结果)。

(3)每炉或每批钢筋的物理化学性能。

2.3.2.3　识别标志

在检验以前,每批钢筋应具有易识别的标签。标签上标明制造商试验号及批号,或者其他可以识别该批钢筋的证明。

2.3.3　试样及试验

2.3.3.1　一般要求

(1)钢筋应按《金属材料拉伸试验　第 1 部分:室温试验方法》(GB/T 228.1—2010)、《钢及钢产品力学性能试验取样位置及试样制备》(GB/T 2975—2018)、《金属材料　弯曲试验方法》(GB/T 232—2010)及《焊接接头冲击试验方法》(GB/T 2650—2008/ISO 9016:2001)、《焊接接头拉伸试验方法》(GB/T 2651—2008/ISO 4136:2001)的规定进行屈服点、抗拉强度、延伸量和冷弯试验及焊接性能试验,或经监理单位批准,采用相应的国际上采用的标准。

(2)钢筋必须按不同钢种、等级、牌号、规格及生产厂分批验收,分别堆存,且应立牌以便于识别。

(3)所有钢筋的试验必须在监理单位同意的试验室进行。

2.3.3.2　钢筋试验

(1)提供钢筋时应有工厂质量保证书(或检验合格证),否则,不得使用于工程中。当钢筋直径超过 12 mm 时,应进行机械性能及可焊性能试验。

(2)进场后的钢筋每批(同品种、同等级、同一截面尺寸、同炉号、同厂家生产的每 60 t 为一批)内任选 3 根钢筋,各截取一组试样,每组 3 个试件,一个试件用于拉力试验(屈服强度、抗拉强度及延伸率),一个试件用于冷弯试验,一个试件用于可焊性试验。

(3)如果有一个试件试验失败或不符合表 2.3.2 的要求,应另取两个试件再做试验。如果两个试件中有一个试验结果仍不符合要求,则该批钢筋将不得接收,或根据试验结果由监理单位审查决定降低级别,用于非承重的结构。

2.3.4　钢筋的储存、加工与安装

2.3.4.1　钢筋的保护及储存

(1)钢筋应储存于地面以上 0.5 m 的平台、垫木或其他支承上,并应保护它不受机械损伤及避免暴露在可使钢筋生锈的环境中,以免引起钢筋表面锈蚀和破损。

(2)当安装于工程时,钢筋应无灰尘、有害的锈蚀、松散锈皮、油漆、油脂、油或其他杂质。

(3)钢筋应无有害的缺陷,例如裂纹及剥离层。只要用钢丝刷刷过的试样的最小尺寸、截面拉力性能符合规定的钢筋尺寸及钢筋级别的力学性能要求,则该钢筋的铁锈、表面不平整或轧制鳞皮不能作为拒收的理由。

(4)钢筋必须按不同钢种、等级、牌号、规格及生产厂家分批验收,分别堆存在仓库

(棚)内,且应设立识别标志,存放时间不宜超过6个月;钢筋在运输过程中,应避免锈蚀、污染和机械损伤。钢筋不应露天堆存,现场堆存时应垫高并加遮盖。

2.3.4.2 钢筋整直

钢筋应平直、无局部弯折,成盘的钢筋和弯曲的钢筋在加工前应调直。

2.3.4.3 钢筋的截断及弯曲

(1)除监理单位书面指示外,所有钢筋的截断及弯曲工作均应在工地现场内进行。

(2)钢筋应按图纸所示的形状进行弯曲。除监理单位另有许可外,所有钢筋均应冷弯。部分埋置于混凝土内的钢筋,不得就地弯曲。

(3)主钢筋的弯曲及标准弯钩应按图纸及《公路桥涵施工技术规范》(JTG/T 3650—2020)相关规定执行。

(4)箍筋的端部应按图纸规定设弯钩,并符合《公路桥涵施工技术规范》(JTG/T 3650—2020)相关规定。弯钩直线段长度,一般结构不宜小于5d(d为钢筋直径),抗震结构不应小于10d。

(5)钢筋加工采用数控钢筋弯箍机、弯曲机等数控化机械设备在钢筋加工场集中下料和加工,其形状、尺寸应符合设计的规定;加工后的钢筋,其表面不应有削弱钢筋截面的伤痕。

2.3.4.4 钢筋安设、支承及固定

(1)所有钢筋应准确安设,当浇混凝土时,用支承将钢筋牢固地固定。钢筋应可靠地系紧在一起,不允许在浇混凝土时安设或插入钢筋。

(2)桥面板钢筋的所有交叉点均应绑扎或焊接,以避免在浇混凝土时钢筋移位。但两个方向的钢筋中距均小于300 mm时,则可隔一个交叉点进行绑扎或焊接。

(3)用于保证钢筋固定于正确位置的预制混凝土垫块,其形状大小应为监理单位所接受,同时,其设计应保证混凝土垫块在浇筑混凝土时不倾倒。垫块混凝土的集料粒径不得大于10 mm,其配合比应按照本章第2.6节办理,其强度应与相邻的混凝土强度一致。用1.3 mm直径的退火软铁丝预埋于垫块内,以便与钢筋绑扎。不得用卵石、碎石或碎砖、金属管及木块作为钢筋的垫块。

(4)钢筋的垫块间距在纵横向均不得大于1.2 m。桥面板混凝土的钢筋安设按照图纸要求,在竖向不应有大于±5 mm的偏差。

(5)任何构件内的钢筋,在浇筑混凝土以前,须经监理单位检查认可;否则,浇筑的混凝土将不予验收。

(6)钢筋网片间或钢筋网格间,应相互搭接使其能保持强度均匀,且应在端部及边缘牢固地连接。其边缘搭接长度应不小于一个网眼。

(7)安装在预制构件上的吊环钢筋,只允许采用未经冷拉的HPB300热轧钢筋。

(8)钢筋保护层垫块应统一使用水泥基材料垫块,经监理验收后使用。垫块厚度应按设计保护层厚度制作,垫块厚度尺寸不允许负误差,正误差应不大于1 mm。垫块应相互错开、分散设置在钢筋与模板之间,垫块在结构或构件侧面和底面所布设的数量应不小于4个/m^2,重要部位应适当加密。模板顶部可以设置限位条以保证钢筋位置的准确性。垫块应与钢筋绑扎牢固,且绑丝及其丝头均不应进入混凝土保护层内。

钢筋的保护层还应符合下列规定：

1）应采用专用的支架和垫块限定钢筋的位置和钢筋保护层厚度符合要求。支垫的间距及支垫方法应能保证钢筋在混凝土浇筑过程中不发生位移。

2）本工程应专门定制采用与混凝土材质相同的水泥基材料定位块，其强度、密实性和抗氯离子的渗透性能不应低于构件混凝土的设计要求，外观颜色宜与构件本体混凝土一致，且与模板的接触面宜尽量小。

3）垫块与钢筋接合处应设限位槽，使其定位准确，以保证绑扎紧固度和稳定性；垫块与模板接触应采用点接触或线接触方式，以保证构件表面外观质量，垫块的表面应设凹凸槽，以与混凝土紧密结合。垫块厚度的允许偏差应为+1.5 mm、-0 mm。

（9）预埋筋防腐。外露时间超过 7 d 的预埋钢筋必须采取涂刷水泥浆或塑料膜套防护等临时防腐措施；对于外露时间超过 1 个月的钢筋，用来涂刷的水泥浆必须掺加减水剂、阻锈剂配制，使用效果需经过试验并由监理确认后方可使用，保证钢筋在一个月内不锈蚀。钢筋的防护层出现开裂或脱落时，必须重新涂刷。

（10）钢筋笼、盖梁骨架、预制梁骨架等须在胎具上安装，也可以使用钢筋笼成型机制作钢筋笼，但应注意根据工程量配置足够的设备。成形后经监理检查合格，挂牌存放。墩身、现浇箱梁钢筋应采用卡具辅助安装。搬运和吊装要采取措施防止变形，钢筋骨架宜采用扁担梁辅助起吊，用平板车运至现场安装。

（11）在立柱主筋上绑扎箍筋时，应使用制作好的卡具，保证钩筋不进入保护层内。对已经安装好的立柱钢筋骨架，在安装模板前应有临时稳定措施，防止倾倒。安装完毕的墩身钢筋总高度超过 9 m 时，应安装风缆使其保持稳定，风缆可设在钢筋骨架内部。

（12）半成品钢筋和钢筋骨架采用整体式安装时，宜设置专用胎具定位，安装过程中应采取保证整体刚度及防止变形的措施。

（13）当钢筋过密，将会影响到混凝土浇筑质量时，施工单位应及时与设计单位协商解决。

2.3.4.5　钢筋的代用

（1）经监理单位同意，屈服强度高的钢筋可以代替屈服强度低的钢筋，但代用钢筋总面积和总周长均不得小于原图所用钢筋的总面积和总周长。

（2）除非经监理单位同意，不得以多种直径的钢筋代替原有同一直径的钢筋。

（3）代用钢筋的净距应遵守《公路钢筋混凝土及预应力混凝土桥涵设计规范》（JTG 3362—2018）相关规定。

（4）光圆钢筋不得代替带肋钢筋。

（5）施工单位应承担钢筋代用责任。

（6）代用的钢筋层数不得多于原图纸规定钢筋层数。

2.3.5　钢筋接头

2.3.5.1　一般要求

（1）受力主筋的连接仅允许按图纸或按批准的加工图规定设置。

（2）施工单位如不在图纸或加工图所示位置连接钢筋，应在安设钢筋以前，提交表明每个接点位置的专用图纸，请监理单位批准。

(3)钢筋连接点不应设于最大应力处，并应使接头交错排列。

2.3.5.2 焊接接头

(1)热轧钢筋应如按图示或经监理单位批准，采用电弧焊。所有焊工应在开始工作之前经考核和试焊，合格后持证上岗。焊接工艺、参数应经监理单位同意。每个焊点应经合格的检查人员彻底检查。

(2)凡施焊的各种钢筋、钢板均应有质量证明书；焊材应有产品合格证。

(3)钢筋焊接接头的施工方法及焊接工艺应符合《钢筋焊接及验收规程》(JGJ 18—2012)的相关规定。

(4)在不利于焊接的气候条件下，施焊场地应采取适当的措施。在环境温度低于 -5 ℃的条件下，采用电弧焊时，宜增大焊接电流，降低焊接速度。当环境温度低于 -20 ℃时，不宜进行各种焊接。

(5)钢筋与钢板连接，应按电弧焊的规定焊接。

(6)当采用电弧焊焊接热轧钢筋时：

1)焊缝长度、宽度、厚度应符合图纸规定。如图纸无规定，按表 2.3.5-1 及图 2.3.5 的规定执行。构件的电弧焊接头应符合上述规定。对于两预制构件的连接，如采取保证质量措施，且经监理单位同意，可以不受上述规定的限制。电弧焊接头与钢筋弯曲处的距离不应小于 10 倍钢筋直径。

表 2.3.5-1 电弧焊的焊缝规格

项目		HPB300 钢筋	HRB400、HRB500 钢筋
帮条焊或搭接焊，每条焊缝长度(*L*)	帮条焊接，4 缝(双面焊)	≥4*d*	≥5 *d*
	帮条焊接，2 缝(单面焊)	≥8 *d*	≥10 *d*
	搭接焊接，2 缝(双面焊)	≥4 *d*	≥5 *d*
	搭接焊接，1 缝(单面焊)	≥8 *d*	≥10 *d*
帮条钢筋总面积		>*A*	
焊缝总长度	帮条焊接	≥16 *d*	≥20 *d*
	搭接焊接	≥8 *d*	≥10 *d*
焊缝宽度		≥0.8 *d*	
焊缝深度		≥0.3 *d*	

注：1. *A* 为被焊接的钢筋面积。

2. *d* 为被焊接的钢筋直径。

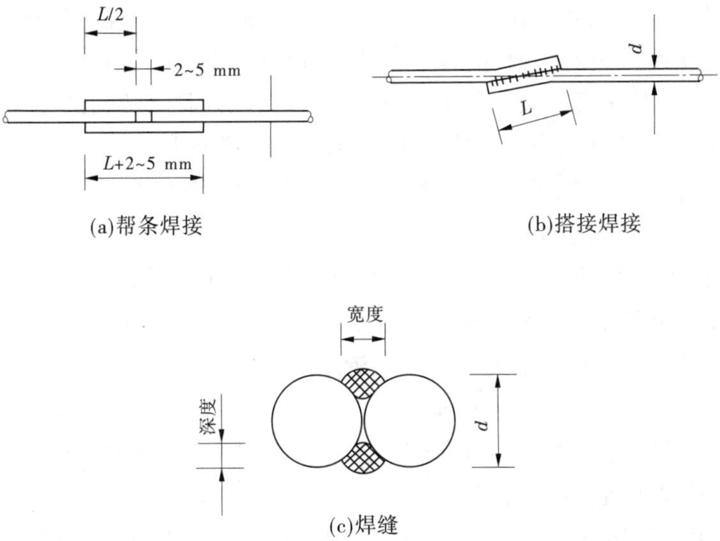

图 2.3.5　电弧焊接

2)用于电弧焊的焊条应符合《非合金钢及细晶粒钢焊条》(GB/T 5117—2012)及《热强钢焊条》(GB/T 5118—2012)的相关规定。

3)如钢筋、级别、牌号、直径和焊条型号有变动,或焊工有变换,应对建立的焊接参数进行校核,其方法是取两根受拉钢筋试样进行抗拉试验。当试验的焊接抗拉强度大于或等于被焊接钢筋的抗拉强度时,焊接才允许进行。

2.3.5.3　钢筋机械连接接头(简称机械接头)

1　一般规定

(1)常用钢筋机械接头(如镦粗直螺纹接头、滚扎直螺纹接头等),应符合《钢筋机械连接技术规程》(JGJ 107—2010)的相关规定。

(2)接头应根据抗拉强度以及高应力和大变形条件下反复拉压性能的差异,将接头分为下列三个等级。

Ⅰ级:接头抗拉强度不小于被连接钢筋实际抗拉强度或 1.10 倍钢筋抗拉强度标准值,并具有高延性及反复拉压性能。

Ⅱ级:接头抗拉强度不小于被连接钢筋抗拉强度标准值,并具有高延性及反复拉压性能。

Ⅲ级:接头抗拉强度不小于被连接钢筋屈服强度标准值的 1.35 倍,并具有一定的延性及反复拉压性能。

(3)钢筋机械接头的抗拉强度及变形性能应分别符合《钢筋机械连接技术规程》(JGJ 107—2010)的相关规定。

(4)混凝土结构中要求充分发挥钢筋强度或对接头延性要求较高的部位,应采用Ⅰ级接头或Ⅱ级接头;混凝土结构中钢筋应力较高但对接头延性要求不高的部位,可采用Ⅲ级接头。

（5）在结构构件中纵向受力钢筋的接头宜相互错开，钢筋机械连接的连接区段长度应按35 d（d为被连接钢筋中的较大直径）计算。在同一连接区段内有接头的受力钢筋截面面积占受力钢筋总截面面积的百分率，应符合下列规定：

1）当需要在高应力部位设置接头时，在同一连接区内Ⅲ级接头的接头百分率不应大于25%；Ⅱ级接头的接头百分率不应大于50%；Ⅰ级接头的接头百分率可不受限制。

2）设在有抗震设防要求的框架的梁端、柱端箍筋加密区，应采用Ⅰ级接头或Ⅱ级接头，且接头百分率不应大于50%。

3）受拉钢筋应力较小部位或纵向受压钢筋，接头百分率可不受限制。

4）对直接承受动力荷载的结构构件，接头百分率不应大于50%。

（6）钢筋连接件的混凝土保护层厚度应满足本规范相关要求，且不得小于15 mm。连接件之间的横向净距不宜小于25 mm。

（7）接头用套筒、连接套及锁母在运输、储存过程中，应按不同规格分别堆放整齐，避免雨淋、沾污、遭受机械损伤或散失。

（8）接头用设备及产品应备有符合本规程要求的、经监理单位认可的、具有法人资格的质量检验单位签具的质量检验合格证。监理单位应要求施工单位提供采用钢筋机械接头形式检验报告和必要的工地试验报告和相关设备检验报告。

（9）凡参与接头施工的操作工人、技术管理和质量管理人员，均应参加技术规程培训；操作工人应经考核合格后持证上岗。

2 套筒挤压接头

（1）套筒。

1）带肋钢筋挤压接头所用套筒材料的力学性能应符合《钢筋机械连接用套筒》（JG/T 163—2013）及表2.3.5-2的规定。

表2.3.5-2 套筒材料的力学性能

项目	力学性能指标
屈服强度/MPa	205~350
抗拉强度/MPa	335~500
延伸率 d/%	20
硬度/HRB	50~80

2）套筒截面屈服承载力和截面抗拉承载力应分别大于或等于1.10倍的所连接钢筋的截面屈服承载力和截面抗拉承载力。

3）套筒的尺寸偏差宜符合表2.3.5-3的要求。

表 2.3.5-3　套筒尺寸的允许偏差

套筒外径 D/mm	外径允许偏差/mm	壁厚(t)允许偏差/mm	长度允许偏差/mm
50	0.5	+0.12t −0.10t	±2
>50	0.01D	+0.12t −0.10t	±2

4)套筒宜在工厂加工,且应有出厂合格证。施工单位应向监理单位提供套筒产品工厂检验合格证及工地试验报告。

5)套筒在运输和储存中,应按不同规格分别堆放整齐,不得露天堆放,防止锈蚀和污染。

(2)套筒挤压接头的施工。

挤压机在下列情况之一时,应进行校验:

1)新挤压设备使用前;

2)旧挤压设备大修后;

3)油压表受损或受强烈振动后;

4)套筒压痕异常,且查不出原因时;

5)挤压设备使用期超过一年;

6)挤压的接头数超过 5 000 个。

挤压操作时采用的挤压力、压模宽度、压痕直径或挤压后套筒长度的波动范围以及挤压道数,均应符合经形式检验确定的技术参数要求。

挤压机中的压模与套筒应相互配套,不同规格的套筒与压模,不得相互串用。

挤压工作进行前,应进行以下工作:

1)钢筋端头锈皮、泥沙、油污等杂物应清理干净;

2)应对钢筋与套筒进行试套,如钢筋有马蹄、弯折或纵肋尺寸过大者,应预先矫正或用砂轮打磨;

3)在钢筋端画出定位标记,确保在挤压时和挤压后按定位标记检查钢筋伸入套筒内的长度;

4)检查挤压设备,并进行试压,符合要求后方可正式作业。

挤压操作应符合以下要求:

1)应按定位标记检查钢筋插入套筒内的深度,钢筋端头离套筒长度中点不宜超过 10 mm;

2)挤压时挤压力与钢筋轴线要保持垂直;

3)径向挤压宜从套筒中央开始,并依次向端部挤压;

4)宜先挤压一端套筒,在施工作业区插入待接钢筋后再挤压另一端套筒。

3　锥螺纹接头

(1)连接套筒。

1）锥螺纹连接套的材料宜用45号优质碳素结构钢或其他经试验确认符合要求的钢材。连接套的受拉承载力不应小于被连接钢筋的受拉承载力标准值的1.10倍。

2）连接套宜在工厂内加工，且应有产品合格证；两端锥孔应有密封盖；套筒表面应有规格标记。进场时施工单位应进行复检。

（2）钢筋锥螺纹加工。

1）钢筋锥螺纹丝头的锥度、牙形、螺距等的加工必须与连接套的相一致，且经配套的量规检测合格。

2）加工钢筋锥螺纹时，应采用水溶性切削润滑油；当气温低于0 ℃时，应掺入15%~20%亚硝酸钠。不得用机油作润滑液或不加润滑液套丝。

3）操作工人应按《钢筋机械连接技术规程》（JGJ 107—2010 ）相关规定的要求逐个检查钢筋锥螺纹丝头的外观质量。

4）已检验合格的锥螺纹丝头应加以保护。钢筋一端锥螺纹丝头应戴上保护帽，另一端可按表2.3.5-4规定的力矩值拧紧连接套，并按规格分类堆放整齐。

表2.3.5-4　接头拧紧力矩值

钢筋直径/mm	≤16	18~20	22~25	28~32	36~40	50
拧紧力矩/（N·m）	100	180	240	320	360	460

（3）钢筋连接。

1）连接钢筋时，钢筋规格和连接套的规格应配套，并确保钢筋和连接套的丝扣干净完好无损。

2）采用预埋接头时，连接套的位置、规格和数量应符合图纸要求。带连接套的钢筋应固定牢，连接套的外露端应有密封盖。

3）连接钢筋时，应对正轴线将钢筋拧入连接套，然后必须用力矩扳手拧紧接头。接头拧紧值应符合表2.3.5-4规定的力矩值，不得超拧。

4）力矩扳手的精度为5%，要求每半年用扭力仪检测一次。

4　镦粗直螺纹钢筋接头

（1）套筒。

1）套筒宜在工厂加工，且应有产品合格证；套筒两端应用塑料密封塞扣紧；包装箱外应标明产品名称、型号、规格和数量、制造日期和生产批号、生产厂名。

2）套筒内螺纹的公差带应符合《普通螺纹　公差》（GB/T 197—2018）的相关规定，螺纹精度可选用6 H。

3）套筒表面无裂纹和其他缺陷，并应进行防锈处理。

4）套筒材料、尺寸、螺纹规格、公差带及精度等级应符合产品设计规格及《钢筋机械连接用套筒》（JG/T 163—2013）相关规定要求。

（2）丝头。

1)加工钢筋丝头时,应采用溶性切削液。当气温低于 0 ℃时应有防冻措施,不得在不加切削液的情况下套丝。

2)钢筋丝头的螺纹应与连接套筒的螺纹相匹配,公差带应符合《普通螺纹　公差》(GB/T 197—2018)的相关规定,螺纹精度可选用 6 f 级。

3)完整螺纹部分牙形饱满,牙顶宽度超过 0.25P(P 为螺距,后同)的秃牙部分,其累计长度不宜超过一个螺纹周长。

4)外形尺寸,包括螺纹中径及丝头长度应满足产品设计要求。

5)钢筋丝头检验合格后,应尽快套上连接套筒或塑料保护帽保护,并应按规格分类堆放整齐。

(3)接头。

1)接头拼接时用管钳扳手拧紧,宜使两个丝头在套筒中央位置相互顶紧。

2)各种直径钢筋连接组装后,应用扭力扳手校核,扭紧力矩值应符合表 2.3.5-5 的规定。

3)组装完成后,套筒每端不宜有一扣以上的完整丝扣外露,加长丝头型接头、扩口型接头及加锁母型接头的外露丝扣数不受限制,但应另有明显标记,以便检查进入套筒的丝头长度是否满足要求。

表 2.3.5-5　接头组装时的最小扭紧力矩值

钢筋直径/mm	≤16	18~20	22~25	28~32	36~40	50
最小扭紧力矩/(N·m)	100	200	260	320	360	460

5　滚轧直螺纹钢筋连接接头

滚轧直螺纹钢筋接头:通过钢筋端头直接滚轧或剥肋后滚轧制作的直螺纹和连接件螺纹咬合形成的接头。其连接件、螺纹加工及接头滚轧等应符合《钢筋机械连接用套筒》(JG/T 163—2013)的相关规定。

(1)连接套筒及锁母。

1)连接套筒及锁母宜选用 45 号优质碳素结构钢或其他经形式检验合格的产品。

2)连接套筒的尺寸、螺纹规格应符合产品设计要求及《钢筋机械连接用套筒》(JG/T 163—2013)、《普通螺纹　基本尺寸》(GB/T 196—2003)相关规定;螺纹中径公差应符合《普通螺纹　公差》(GB/T 197—2018)中 6 H 级精度规定的要求。

3)连接套筒宜在工厂加工,出厂产品必须附有产品合格证,产品合格证应符合《钢筋机械连接用套筒》(JG/T 163—2013)的相关规定。

4)连接套筒装箱前套筒应有保护端盖,套筒内不得混入杂物。

5)套筒表面无裂纹和其他缺陷,并应进行防锈处理。

(2)丝头加工。

1)钢筋下料不宜采用热加工方法切断,钢筋端面应平整并与钢筋轴线垂直,不得有马蹄形或扭曲，钢筋端部不得有弯曲，若有弯曲应调直。

2）丝头有效螺纹长度和丝头中径、牙型角应符合设计要求，并与连接套筒相匹配。

3）钢筋丝头加工应采用水性润滑液，不得使用油性润滑液。

4）丝头螺纹尺寸应按设计和《普通螺纹　基本尺寸》（GB/T 196—2003）规定确定，有效螺纹中径尺寸公差应符合《普通螺纹　基本尺寸》（GB/T 196—2003）中 6 f 级精度要求。

5）丝头有效螺纹中径的圆柱度（每个螺纹的中径）误差不得超过 0. 2 mm。

6）丝头有效螺纹长度应不小于 1/2 连接套筒长度（设计另有规定者除外）。

7）丝头加工并经验收后，应立即带上丝头保护帽或拧上连接套筒，防止损坏丝头。

（3）钢筋连接施工：

1）连接钢筋规格应与连接套筒一致，相互匹配，并保证丝头和套筒内螺纹干净、完好无损。

2）钢筋连接应用工作扳手将丝头在套筒中央位置顶紧。如采用锁母，应用锁母锁紧。

3）钢筋接头拧紧后应用力矩扳手按不小于表 2. 3. 5-6 中拧紧力矩值检查，并加以标记。

表 2. 3. 5-6　滚轧直螺纹钢筋接头最小拧紧力矩值

钢筋直径/mm	≤16	18~20	22~25	28~32	36~40	50
最小拧紧力矩值/（N·m）	100	200	260	320	360	460

2. 3. 6　钢筋骨架和钢筋网

（1）适用于预制的钢筋骨架或钢筋网的构件，宜先预制成钢筋骨架片或钢筋网片，运至工地后就位进行焊接或绑扎，以保证安装质量和加快施工进度。

（2）预制成的钢筋骨架，必须具有足够的刚度和稳定性，以便在运送、吊装和浇筑混凝土时不致松散、移位、变形，必要时可在钢筋骨架的某些连接点处加以焊接或增设加强钢筋。

（3）钢筋骨架的焊接拼装应在坚固的工作台上进行，操作应按《公路桥涵施工技术规范》（JTG/T 3650—2020）的相关规定执行。

（4）钢筋网的焊接应按《公路桥涵施工技术规范》（JTG/T 3650—2020）的相关规定执行。若采用定型钢筋焊接网，其技术要求、试验方法、检验规则及质量证明书等应符合《钢筋混凝土用钢　第 3 部分：钢筋焊接网》（GB/T 1499. 3—2010）相关规定。

2.3.7 质量检验

2.3.7.1 钢筋加工及安装

1 基本要求

(1)钢筋安装应保证设计要求的钢筋根数。

(2)钢筋的连接方式、同一连接区段内的接头面积应满足设计要求;接头位置应设在受力较小处,任何连接区段内同一根钢筋不得有两个接头。

(3)钢筋的搭接长度、焊接和机械接头质量应满足施工技术规范的规定。

(4)受力钢筋表面不得有裂纹及其他损伤。

(5)钢筋的保护层垫块应分布均匀,数量及材料性能应满足设计要求和有关技术规范的规定。

(6)钢筋应安装牢固,钢筋网应有足够的钢筋支撑,在混凝土浇筑过程中钢筋不应出现移位。

2 检查项目

钢筋加工及安装检查项目见表2.3.7-1~表2.3.7-3,且任一点的保护层厚度不得超过表中数值1.5倍的允许偏差,在海水或受侵蚀性物质影响的环境中保护层厚度的偏差不应出现负值。保护层厚度应在模板安装完成后混凝土浇筑前检查。

表2.3.7-1 钢筋安装检查项目

<table>
<tr><th>序号</th><th colspan="3">检查项目</th><th>规定值或允许偏差</th><th>检查方法和频率</th></tr>
<tr><td rowspan="3">1</td><td rowspan="3">受力钢筋间距/mm</td><td colspan="2">两排以上排距</td><td>±5</td><td rowspan="3">尺量:长度≤20 m时,每构件检查2个断面;长度>20 m时,每构件检查3个断面</td></tr>
<tr><td rowspan="2">同排</td><td>梁、板</td><td>±10(±5)</td></tr>
<tr><td>基础、墩台身、墩柱</td><td>±10</td></tr>
<tr><td>2</td><td colspan="3">箍筋、构造钢筋、螺旋筋间距/mm</td><td>±10</td><td>尺量:每构件测10个间距</td></tr>
<tr><td rowspan="2">3</td><td rowspan="2" colspan="2">钢筋骨架尺寸/mm</td><td>长</td><td>±10</td><td rowspan="2">尺量:按骨架总数30%抽测</td></tr>
<tr><td>宽、高或直径</td><td>±5</td></tr>
<tr><td>4</td><td colspan="3">弯起钢筋位置/mm</td><td>±20</td><td>尺量:每骨架抽查30%</td></tr>
<tr><td rowspan="2">5</td><td rowspan="2" colspan="2">保护层厚度/mm</td><td>梁、板</td><td>±5</td><td rowspan="2">每3 m²检查1处,且每侧面不少于5处</td></tr>
<tr><td>基础、墩台身、墩柱</td><td>±10</td></tr>
</table>

注:1. 小型构件的钢筋安装按总数抽查30%。

2. 表中基础不包括混凝土桩基。

3. 序号1括号中的数字适用于钢混组合梁桥面板的预制。

表 2.3.7-2　钢筋网检查项目

序号	检查项目		规定值或允许偏差	检查方法和频率
1	网的长、宽/mm		±10	尺量:逐边测
2	网眼尺寸/mm		±10	尺量:测 5 个网眼
3	网眼对角线差/mm		±15	尺量:测 5 个网眼
4	网的安装位置/mm	平面内	±20	尺量:测每网片边线中点
		平面外	±5	

表 2.3.7-3　钻孔灌注桩钢筋安装检查项目

序号	检查项目	规定值或允许偏差	检查方法和频率
1	主筋间距/mm	±10	尺量:每段测 2 个断面
2	箍筋或螺旋筋间距/mm	±20	尺量:每段测 10 个间距
3	钢筋骨架外径/mm	±10	尺量:每段测 2 个断面
4	钢筋骨架长度/mm	±50	尺量:每个骨架测 2 处
5	钢筋骨架底端高程/mm	±50	水准仪:测顶端高程,用骨架长度反算
6△	保护层厚度/mm	+20,0	尺量:测每段钢筋骨架外侧定位块处

注:△表示关键项目。

3　外观检查

(1)钢筋表面应无裂皮、油污、颗粒状或片状锈蚀及焊渣、烧伤,绑扎或焊接的钢筋网和钢筋骨架不得松脱和开焊。

(2)焊接接头、连接套筒不得出现裂纹。

2.3.7.2　钢筋焊接接头的质量和允许偏差

钢筋焊接接头或焊接制品(焊接骨架、焊接网)质量检验应按《混凝土结构工程施工质量验收规范》(GB 50204—2015)及《钢筋焊接及验收规程》(JGJ 18—2012)的相关规定执行。

1　闪光对焊焊接接头

(1)取样。

在同一台班内,由同一焊工完成的 300 个同牌号、同直径钢筋焊接接头应作为一批。

当同一台班内焊接的接头数量较少,可在一周之内累计计算;累计仍不足 300 个接头时,应按一批计算。

(2)外观检查。

1)每一检验批中随机抽取 10%的焊接接头,进行外观检查。

2)接头处不得有横向裂纹。

3)与电极接触处的钢筋表面不得有明显烧伤。

4)接头处的弯折角不得大于 3°。

5)接头处的轴线偏差不得大于钢筋直径的 0.1,且不得大于 2 mm。

6)检查结果,当外观质量各小项不合格数均小于或等于抽检数的 10%,则该批焊接接头外观质量评为合格;当某小项不合格数超过抽检数的 10%时,应对该批焊接接头该小项逐个进行检查,并剔出不合格接头。不合格接头采取修整或焊补措施后,可提交二次验收。

(3)拉伸试验。

1)应从每批接头中随机切取 6 个接头,其中 3 个做拉伸试验,3 个留做弯曲试验,每根钢筋接头抗拉强度均不得小于本规程规定的相应种类钢筋抗拉强度。

2)至少有 2 个试件断于焊缝之外,并应呈延性断裂。

3)当达到上述两项要求时,应评定该批接头为抗拉强度合格。当试验结果有 2 个试件抗拉强度小于钢筋规定的抗拉强度,或 3 个试件均在焊缝或热影响区发生脆性断裂时,则一次判定该批接头为不合格品。

4)当有 1 个试件的抗拉强度小于规定值,或 2 个试件在焊缝或热影响区发生脆性断裂,其抗拉强度均小于钢筋规定抗拉强度的 1.10 倍时,应进行复验。

5)复验时,应再切取 6 个试件进行复验,其结果,当仍有 1 个试件的抗拉强度小于规定值,或有 3 个试件断于焊缝或热影响区,呈脆性断裂,其抗拉强度小于钢筋规定抗拉强度的 1.10 倍时,应判定该批接头为不合格品。当其抗拉强度大于或等于钢筋规定抗拉强度的 1.10 倍时,可按断于焊缝或热影响区之外,呈延性断裂同等对待。

(4)弯曲试验。

1)闪光对焊接头进行弯曲试验时,应将试件(3 个)受压面的金属毛刺和镦粗凸起部分消除,且应与钢筋的外表齐平。

2)弯曲试验可在经监理单位批准的万能试验机、手动或电动液压弯曲试验器上进行,试件焊缝应处于弯曲中心点,弯心直径和弯曲角应符合表 2.3.7-4 的规定。

表 2.3.7-4　闪光对焊接头弯曲试验指标

钢筋种类	弯心直径	弯曲角/(°)
HRB400	$5d$	90
HRB500	$7d$	90

注:d 为钢筋直径。

3)当试验结果,试件弯至 90°,有 2 个或 3 个试件外侧(含焊缝和热影响区)未发生破裂,应评定该批接头弯曲试验合格。

4) 当试验结果 3 个试件均发生破裂，则一次判定该批接头为不合格品；有 2 个试件发生破裂，应进行复验。

5) 复验时，应再切取 6 个试件。复验结果，当有 3 个试件发生破裂时，应判定该批接头为不合格品。

6) 在弯曲试验的试件外侧横向裂纹宽度达到 0.5 mm 时，应认为已经破裂。

2 电弧焊接头

(1) 取样。

在现浇混凝土结构中，应以 300 个同种类钢筋、同形式接头作为一批，每批随机切取 3 个接头，做拉伸试验；在装配式结构中，可按生产条件制作模拟试件，每批 3 个，做拉伸试验。

(2) 外观检查。

1) 在每一检验批中应随机抽取 10% 的焊接接头，进行外观检查。

2) 焊缝表面应平整，不得有凹陷或焊瘤。

3) 焊接接头区域不得有肉眼可见的裂纹。

4) 咬边深度、气孔、夹渣等缺陷允许值及接头尺寸的允许偏差应符合表 2.3.7-5 的规定。

表 2.3.7-5 钢筋电弧焊接头尺寸偏差及缺陷允许值

序号	项目		接头形式		
			帮条焊	搭接焊钢筋与钢板搭接焊	坡口焊窄间隙焊熔槽帮条焊
1	帮条沿焊接中心线的纵向偏移/mm		0.3 d	—	—
2	接头处弯折角/(°)		3	3	3
3	接头处钢筋轴线偏移/mm		0.1 d	0.1 d	0.1 d
4	焊缝厚度/mm		+0.05 d,0	+0.05 d,0	—
5	焊缝宽度/mm		+0.1 d,0	+0.1 d,0	—
6	焊缝长度/mm		-0.3 d	-0.3 d	—
7	横向咬边深度/mm		0.5	0.5	0.5
8	在长 2 d 焊缝表面上的气孔及夹渣	数量/个	2	2	—
		面积/mm^2	6	6	—
9	在全部焊缝表面上的气孔及夹渣	数量/个	—	—	2
		面积/mm^2	—	—	6

注：d 为钢筋直径，mm。

5) 坡口焊、熔槽帮条焊和窄间隙焊接头的焊缝余高不得大于 3 mm。

(3) 拉伸试验：

1) 电弧焊接头拉伸试验要求及结果的质量评定，满足本规程要求。

2) 当模拟试件试验结果不符合要求时，应进行复验。复验应从现场焊接接头中切取，其数量和要求与初始试验相同。

3　钢筋焊接骨架和焊接网

(1) 取样。

钢筋种类、直径及尺寸相同的焊接骨架和焊接网视为同一类型制品，且每 300 件作为一批，一周内不足 300 件的亦应按一批计算。

(2) 外观检查：

1) 同一类型制品按上述规定分批检查，每批抽查 5%，且不得少于 5 件。

2) 焊接骨架每件制品的焊点脱落、漏焊数量不得超过焊点总数的 4%，且相邻两焊点不得有漏焊及脱落。

3) 应量测焊接骨架的长度和宽度，并应抽查纵、横方向 3~5 个网格的尺寸，其允许偏差应符合表 2.3.7-1 的相关规定。

4) 当外观检查结果不符合上述要求时，应逐件检查，并剔出不合格品。对不合格品经整修后，可提交二次验收。

5) 钢筋焊接网的长度、宽度及网格尺寸的允许偏差和网片两对角线之差均应符合表 2.3.7-2 的规定。

6) 焊接网交叉点开焊数量不得大于整个网片交叉点总数的 1%，并且任一根横筋上的开焊点数不得大于该根横筋交叉点总数的 1/2；焊接网最外边钢筋上的交叉点不得开焊。

7) 焊接网组成的钢筋表面不得有裂纹、折叠、结疤、凹坑、油污及其他影响使用的缺陷；但焊点处可有不大的毛刺和表面浮锈。

(3) 力学性能检验：

1) 力学性能检验的试件，应从每批成品中切取；切取过试件的制品，应补焊同牌号、同直径的钢筋，其每边的搭接长度不应少于 2 个孔格的长度。

2) 由几种直径钢筋组合的焊接骨架或焊接网，应对每种组合的焊点做力学性能检验。

3) 热轧钢筋的焊点应做剪切试验，试件应为 3 件；冷轧带肋钢筋焊点除做剪切试验外，尚应对纵向和横向冷轧带肋钢筋做拉伸试验，试件应各为 1 件。

4) 钢筋焊接骨架、焊接网焊点剪切试验结果，3 个试件抗剪力平均值应符合下式要求：

$$F \geqslant 0.3 A_0 \sigma_s \tag{2.3.7}$$

式中　F——抗剪力，N；

A_0——纵向钢筋的横截面面积，mm^2；

σ_s——纵向钢筋规定的屈服强度，MPa。

冷轧带肋钢筋的试件拉伸试验结果，其抗拉强度不得小于 550 MPa（冷轧带肋钢筋的屈服强度按 440 MPa 计）。

5）当拉伸试验结果不合格时，应再切取双倍数量的试件进行复验。复验结果均合格时，应评定该批焊接制品焊点拉伸试验合格。

6）当剪切试验结果不合格时，应从该批制品中再切取 6 个试件进行复验；当全部试件平均值达到要求时，应评定该批焊接制品焊点剪切试验合格。

2.3.7.3 钢筋机械接头的检查和允许偏差

（1）施工单位应将机械连接技术提供单位按《钢筋机械连接技术规程》（JGJ 107—2010）规定进行的接头形式检验报告，送交监理单位备查。

（2）钢筋连接工程开始前及施工过程中，应对每批进场钢筋进行接头工艺检验，工艺检验应符合如下要求：

1）每种规格钢筋的接头试件不应小于 3 根。

2）钢筋母材抗拉强度试件不应少于 3 根，且应取自接头试件的同一根钢筋。

3）3 根接头试件的抗拉强度均应符合《钢筋机械连接技术规程》（JGJ 107—2010）的相关规定；对于Ⅰ级接头，试件抗拉强度尚应大于或等于钢筋抗拉强度实测值的 0.95；对于Ⅱ级接头，应大于 0.90。

（3）除图纸另行注明者外，钢筋机械接头现场检验应进行外观质量检查和单向拉伸试验。

机械接头的现场检验按验收批进行。同一施工条件下采用同一批材料的同等级、同形式、同规格接头，以 300 个为一个验收批进行检验与验收，不足 300 个亦作为一个验收批。

1）对接的每一验收批，必须在工程结构中随机截取 3 个接头试件做抗拉强度试验，按图纸要求的接头等级进行评定。

2）当 3 个接头试件的抗拉强度均符合《钢筋机械连接技术规程》（JGJ 107—2010）中相应等级的要求时，该验收批评为合格。

3）如有 1 个试件的强度不符合要求，应再取 6 个试件进行复检，复检中如仍有 1 个试件结果不符合要求，则该验收批评为不合格。

4）现场检验连续 10 个验收批抽样试件抗拉强度试验 1 次合格率为 100%时，验收批接头数量可扩大 1 倍。

5）外观质量检验的质量要求、抽样数量、检验方法、合格标准以及其他指标，均按各类型接头的技术规程要求执行。

（4）套筒挤压接头外观质量检验应符合以下要求：

外形尺寸：

1）挤压后套筒长度应为原套筒长度的 1.10~1.15 倍；或压痕处套筒的外径波动范围为原套筒外径的 80%~90%。

2）挤压接头的压痕道数应符合形式检验确定的道数。

3）接头处弯折不得大于 4°。

4）挤压后的套筒不得有肉眼可见的裂缝。

外观质量检验：

1）每一验收批中随机抽取 10%的挤压接头做外观质量检验，如外观质量不合格数少于抽检数的 10%，则该批挤压接头外观质量评为合格。

2）当不合格数超过抽检数据的 10%时，应对该批挤压接头逐个进行复检，对外观不符合的挤压接头采取补救措施；不能补救的接头应做标记。

3）在外观不合格的接头中抽取 6 个试件做抗拉强度试验，若有 1 个试件的抗拉强度低于规定值，则该批外观不合格的挤压接头，应报监理单位会同设计单位商定处理，并记录存档。

（5）锥螺纹接头外观质量检验应符合以下要求：

1）经自检合格的钢筋丝头，按《钢筋机械连接技术规程》（JGJ 107—2010）相关要求对每种规格加工批量随机抽检 10%，且不少于 10 个。如有一个丝头不合格，即应对该加工批全数检查，不合格丝头应重新加工经再次检验合格方可使用。

2）接头施工后随机抽取同规格接头数的 10%进行外观检查。应满足钢筋与连接套的规格一致，接头丝扣无完整丝扣外露。

3）用质检的力矩扳手按表 2. 3. 5-4 规定的接头拧紧力矩值抽检接头的连接质量。

4）抽验数量：

①梁、柱构件按接头数的 15%，且每个构件的接头抽验数不得少于一个接头。

②基础、墙、板构件按各自接头数，每 100 个接头作为一个验收批，不足 100 个也作为一个验收批，每批抽检 3 个接头。抽检的接头应全部合格，如有一个接头不合格，则该验收批接头应逐个检查，对查出的不合格接头应进行补强。

（6）镦粗直螺纹接头外观质量检验应符合以下要求：

套筒外观检验：

1）表面无裂纹和其他缺陷。

2）外形尺寸包括套筒内螺纹直径及套筒长度应满足图纸要求。

3）套筒两端应加塑料保护塞。

丝头加工现场检验：

1）丝头加工现场检验项目、方法及要求见表 2. 3. 7-6。

2）加工工人应逐个目测检查丝头的加工质量，每加工 10 个丝头应用环规检查一次，并剔除不合格丝头。

3）自检合格的丝头，应由质检员随机抽样进行检验，以一个工作班内生产的钢筋丝头为一个验收批，随机抽检 10%，按表 2. 3. 7-6 的方法进行钢筋丝头质量检验；当合格率小于 95%时，应加倍抽检，复检中合格率仍小于 95%时，应对全部钢筋丝头逐个进行检验，并切去不合格丝头，重新镦粗和加工螺纹。

4）丝头检验合格后，应用塑料帽或连接套筒保护。

（7）滚轧直螺纹钢筋接头外观检验应符合以下要求：

连接套筒及锁母外观检验：

表 2.3.7-6　丝头质量检验要求

序号	检验项目	量具名称	检验要求
1	外观质量	目测	牙形饱满、牙顶宽超过 0.6 mm 秃牙部分累计长度不超过一个螺纹周长
2	外形尺寸	卡尺或专用量具	丝头长度应满足图纸要求，标准型接头的丝头长度公差为+1P
3	螺纹大径	光面轴用量规	通端量规应能通过螺纹的大径，而止端量规则不应通过螺纹大径
4	螺纹中径及小径	通端螺纹环规	能顺利旋入螺纹并达到旋合长度
		止端螺纹环规	允许环规与端部螺纹部分旋合，旋入量不应超过 3P

注：P 为螺距。

1）螺纹牙形应饱满，连接套筒表面不得有裂纹，表面及内螺纹不得有严重的锈蚀及其他肉眼可见的缺陷。

2）用专用的螺纹塞规检验，其塞通规应能顺利旋入，塞止规旋入长度不得超过 3P。

丝头：

1）丝头表面不得有影响接头性能的损坏及锈蚀。

2）丝头有效螺纹数量不得少于设计规定；牙顶宽度大于 0.3P 的不完整螺纹累计长度不得超过两个螺纹周长；标准型接头的丝头有效长度应不小于 1/2 连接套筒长度，且允许误差为+2P；其他连接形式应符合产品设计要求。

3）丝头尺寸的检验：用专用的螺纹环规检验，其环通规应能顺利旋入，环止规旋入长度不得超过 3P。

4）自检合格的丝头，应由现场随机抽样进行检验。以一个工作班加工的丝头为一个检验批，随机抽检 10%，且不少于 10 个。

现场丝头的抽检合格率不应小于 95%。当抽检合格率小于 95%时，应另抽取同样数量的丝头重新检验。当两次检验的总合格率不小于 95%时，该批产品合格。若合格率仍小于 95%，则应对全部丝头进行逐个检验，合格者方可使用。

钢筋连接接头：

1）钢筋连接完毕后，标准型接头连接套筒外应有外露有效螺纹，且连接套筒单边外露有效螺纹不得超过 2P，其他形式应符合产品设计要求。

2）钢筋连接完毕后，拧紧力矩值应符合表 2.3.5-6 的要求。

3）钢筋连接接头外观质量及拧紧力矩检验以及力学性能检验应按《钢筋机械连接用套筒》（JG/T 163—2013）的相关规定执行。

2.4　钻孔灌注桩

2.4.1　范围

本节工作内容为钻孔、安设和拆除护筒、安设钢筋笼、灌注混凝土，以及按图纸规定和监理单位指示的有关钻孔灌注桩的其他作业。

2.4.2　一般要求

2.4.2.1　施工方法的确定

施工单位应将准备采用的施工方法的全部细节，送请监理单位批准，其中包括材料和全部设备的说明。任一钻孔工作开始前，都应得到监理单位的书面批准。

2.4.2.2　成桩记录

施工单位应保存每根桩的全部施工记录，当需要时，记录应报送监理单位作为检查之用。当记录格式由监理单位统一发放时，应按监理单位的要求记录和填写。如监理单位要求由施工单位自行拟订记录格式时，记录格式应经监理单位批准。

2.4.2.3　环境保护要求

钻孔过程中的泥浆及钻渣的处理应符合图纸要求及环境保护的相关规定，并取得监理单位的认可。泥浆及钻渣不得污染或堵塞当地农田、水系及地下水。

2.4.2.4　桥梁基础在施工过程中，若地质情况较原设计有变化，施工单位应及时报告监理单位和发包人，并提出处理意见，经监理单位审查、发包人批准后实施。

2.4.3　材料及水下混凝土

(1)水泥、细集料和粗集料、水和外加剂，以及混凝土的拌和、输送、灌注和养护等，都应符合本章第 2.6 节的要求。混凝土级别应符合图纸规定。

(2)水下灌注混凝土(导管灌注混凝土)应符合下列要求：

1)水泥的初凝时间不宜早于 2.5 h，水泥强度等级不宜低于 42.5 级。

2)粗集料宜优先选用卵石，或采用级配良好的碎石。

3)粗集料的最大粒径不应大于导管内径的 1/8～1/6 和钢筋最小净距的 1/4，同时不得大于 40 mm。

4)细集料宜采用级配良好的中砂。

5)混凝土的含砂率宜为 40%～50%。

6)缓凝外掺剂，只有得到监理单位的批准，才能采用。

7)抗硫酸盐水泥应按图纸说明，或按监理单位的要求采用。

8)坍落度宜为 160～220 mm。

9)水下混凝土的水泥用量不宜小于 350 kg/m^3；当监理单位同意掺入适宜数量的减水缓凝剂或粉煤灰时，可不少于 300 kg/m^3。

10）水灰比宜采用0.5~0.6，当有试验依据时，水灰比可酌情增大或减少。

（3）钢筋应符合图纸及本规程相关要求。

2.4.4 钻孔

（1）施工单位应根据桩径、桩长、护筒长度、护筒重量及钢筋笼总重等各项施工参数合理选择钻机、起重设备及其他施工设备。

（2）钻孔时应采用长度适应钻孔地基条件的护筒，保证孔口不坍塌及不使地表水进入钻孔，并保持钻孔内泥浆表面高程。护筒应符合以下要求：

1）护筒可用钢板或钢筋混凝土制作。

2）护筒内径一般应比桩径稍大，一般大200~400 mm，可根据钻孔情况选用。

3）护筒高度宜高出地面0.3 m或水面1.0~2.0 m。

4）当钻孔内有承压水时，应高于稳定后的承压水位2.0 m以上。若承压水位不稳定或稳定后承压水位高出地下水位很多，应先做试桩，鉴定在此类地区采用钻孔灌注桩基的可行性。试桩结果，报监理单位批准后，方可采用钻孔灌注桩基。

5）当处于潮水影响地区时，护筒高度应高于最高施工水位1.5~2.0 m，并应采取稳定护筒内水头的措施。

6）护筒中心竖直线应与桩中心线重合，除设计另有规定外，一般平面允许误差为50 mm，竖直线倾斜不大于1%；干处可实测定位；水域可依靠导向架定位。

7）护筒埋置深度应根据图纸要求或桩位的水文地质情况确定，一般情况埋置深度宜为2~4 m，特殊情况应加深，以保证钻孔和灌注混凝土的顺利进行。有冲刷影响的河床，应沉入局部冲刷线以下不小于1.0~1.5 m。

8）在钻孔排渣、提钻头除土或因故停钻时，应保持孔内具有规定的水位和要求的泥浆相对密度和黏度。

9）当设计为斜桩时，为保证开孔斜度准确，埋设的护筒应准确，长度不宜小3 m，护筒直径只宜比钻锥直径大20~30 mm。护筒埋设的斜度宜稍大于设计斜度，应埋筑紧密。

10）斜孔孔壁较易坍塌，故孔内水头、护壁泥浆相对密度、黏度等指标应比钻竖孔时稍大。可掺用适量添加剂以改善泥浆性能。

（3）地质情况较为复杂的大、中桥，在钻孔灌注桩施工前，应按设计要求或监理单位指示，在桥位现场试桩，以验证桩的设计参数及承载力，并根据地层情况、施工条件选择合理的施工方法。在试桩中发现地质情况（如有地下水、地层对混凝土有腐蚀作用、有较大承压水等）与原设计不符时，施工单位应提出相应的技术措施或变更设计，报监理单位会同原设计单位研究批准。

（4）水中桩基施工时，施工单位应采用整体式钻孔平台，设计宜采用模块式设计方案，便于快速安装和拆卸，平台尺寸和承载力须获得监理单位和设计单位的认可。钻孔平台应在首尾设置示警灯，四周设置救生圈。

（5）靠近房屋等建筑物密集路段（距离≤200 m）的路段可采用回旋钻成孔工艺施工，以防止房屋沉降、塌陷及其他类型的破坏。

(6)每根桩基在钻进过程中应根据不同的地质情况采集渣样，标明标高及情况，并进行存放，以备终孔参考。

(7)如桩位的实际地质情况与设计依据的地质资料存在偏差，终孔时的桩底标高应报设计、监理等单位批准。各钻孔终孔前应由现场监理工程师确认。

2.4.5　钻孔泥浆

(1)施工单位应采用钻孔泥浆护壁，以保持孔壁在钻进过程不坍塌，但采用全长护筒者除外。

(2)施工单位可用膨润土悬浮泥浆或合格的黏土悬浮泥浆作为钻孔泥浆。钻孔泥浆不得污染地下水。根据钻孔方法的适用性的论证，不加掺加物的钻孔方法仅在监理单位书面同意后才可采用。

(3)钻孔泥浆应始终高出孔外水位或地下水位 1.0~1.5 m。

(4)胶泥应用清水彻底拌和成悬浮体，使在灌注混凝土时及至施工完成保持钻孔孔壁的稳定。泥浆的性能指标如表 2.4.5 所示，施工时除相对密度和黏度应进行试验外，如果监理单位要求，其他指标也应予以抽检。

(5)除图纸另有规定外，地面或最低冲刷线以下部分，护筒应在灌注混凝土后拔除。

表 2.4.5　泥浆性能指标要求

钻孔方法	地层情况	泥浆性能指标							
		相对密度	黏度/(Pa·s)	含砂率/%	胶体率/%	失水率/(mL/30 min)	泥皮厚/(mm/30 min)	静切力/Pa	酸碱度 pH
正循环	一般地层	1.05~1.20	16~22	8~4	≥96	≤25	≤2	1.0~2.5	8~10
	易坍地层	1.20~1.45	19~28	8~4	≥96	≤15	≤2	3~5	8~10
反循环	一般地层	1.02~1.06	16~20	≤4	≥95	≤20	≤3	1~2.5	8~10
	易坍地层	1.06~1.10	18~28	≤4	≥95	≤20	≤3	1~2.5	8~10
	卵石土	1.10~1.15	20~35	≤4	≥95	≤20	≤3	1~2.5	8~10
旋挖钻	一般地层	1.02~1.10	18~22	≤4	≥95	≤20	≤3	1~2.5	8~11

注：1. 地下水位高或其流速大时，指标取高限；反之取低限。

2. 地质状态较好、孔径或孔深较小的取低限；反之取高限。

3. 在不易坍塌的黏质土层中，使用推钻、冲抓、反循环回转钻进时，可用清水提高水头(≥2 m)维护孔壁。

4. 若当地缺乏优良黏质土，远运膨润土亦很困难，调制不出合格泥浆，可掺用添加剂改善泥浆性能，各种添加剂掺量见《公路桥涵施工技术规范》(JTG/T 3650—2020)相关规定。

5. 泥浆的各种性能指标测定方法见《公路桥涵施工技术规范》(JTG/T 3650—2020)相关规定。

2.4.6　钻孔工序

(1)为防止冲击振动使邻孔孔壁坍塌或影响邻孔已灌混凝土的凝固,应待邻孔混凝土浇筑完毕,并达到2.5 MPa抗压强度后,才能开钻,以免影响邻桩混凝土质量。在满足此条件下,为加快完成钻孔工作,可以多机同时作业;深水或地质条件较差的相邻桩孔,不得同时钻进。

(2)钻孔应连续进行,不得中断。如用抓斗开挖,应注意提升抓斗时,下面不致产生真空。

(3)软土地段的钻孔,首先应进行地基加固,保证钻孔设备的稳定和钻孔孔位准确,再行钻孔。

(4)钻孔时须及时填写钻孔记录,在土层变化处捞取渣样,判明土层,以便与地质剖面图相核对。当与地质剖面图严重不符时,应及时向监理单位汇报,并按监理单位的指示处理。

2.4.7　清孔

(1)钻孔达到图纸规定深度后,且成孔质量符合图纸要求并经监理单位批准,应立即进行清孔。清孔时,孔内水位应保持在地下水位或河流水位以上1.5~2 m,以防止钻孔的任何塌陷。

(2)清孔时,应将附着于护筒壁的泥浆清洗干净,并将孔底钻渣及泥沙等沉淀物清除。清孔次数按图纸要求和清孔后孔底钻渣沉淀厚度符合图纸规定值为前提进行,基础钻孔后一般需进行两次清孔。

(3)清孔后,泥浆的相对密度宜控制在1.03~1.10,对冲击成孔的桩可适当提高,但宜不超过1.15,黏度宜为17~20 Pa·s,含砂率宜小于2%,胶体率宜大于98%。孔底沉淀物厚度应按图纸规定值进行检查,根据桩长情况,本项目摩擦桩清孔后桩底沉淀厚度应小于200 mm;如图纸无规定,对于直径小于或等于1.5 m的摩擦桩的沉淀厚度宜不大于200 mm;当桩径大于1.5 m或桩长大于40 m及土质较差的摩擦桩的沉淀厚度宜不大于300 mm,不得采用加深孔底深度代替清孔。

(4)清孔要及时迅速,关键线路的主墩必须根据进度要求配备足够的泥浆分离器,特别是要提高粉细砂层较厚的基桩清孔速度。

2.4.8　钻孔检查及允许偏差

(1)所有钻孔桩在终孔后应采用超声检测进行成孔质量检验。检测结果应报请监理单位复查。

(2)如经检查发现有缺陷,例如中心线不符、超出垂直线、直径减小、椭圆截面、孔内有漂石等,施工单位应就这些缺陷书面报告监理单位,并采取适当措施,予以改正。

(3)钻孔应符合表2.4.8的允许偏差。

表 2.4.8　钻孔灌注桩检查项目

序号	检查项目		规定值或允许偏差	检查方法和频率
1	混凝土强度/MPa		在合格标准内	按《公路工程质量检验评定标准　第一册　土建工程》（JTG F80/1—2017）附录 D 检查
2	桩位/mm	群桩	≤100	全站仪：每桩测中心坐标
		排架桩	≤50	
3	孔深/m		≥设计值	经校核的带刻度钢丝测绳：每桩测量
4	孔径/mm		≥设计值	超声波成孔检测仪：每桩检测
5	钻孔倾斜度/mm		主塔桩基：≤1/150 桩长，且≤500 其他桩：≤1/100 桩长，且≤500	超声波成孔检测仪：每桩检测
6	沉淀厚度/mm		满足设计要求	沉淀盒或测渣仪：每桩测量
7	桩身完整性		桩身完整性满足设计要求，设计未要求时，主桥Ⅰ类桩率100%，副桥及南北引桥（包括跨堤桥）Ⅰ类桩率不低于98%，互通立交桥Ⅰ类桩率不低于95%。	满足设计要求，设计未要求时采用超声波法：每桩检测

（4）经检验确认成孔满足要求时，应立即填写成孔检查单，并经监理单位签认后，即可进行下道工序工作。

（5）钻孔灌注桩检查用测绳必须是内有细钢丝芯，且度量标签数字清晰，标签稳固无滑移。测绳过水后必须用钢尺重新校核，测锤必须是规范的圆锥体，严禁其他物品代替。

（6）桥梁桩基终孔权限。

一般墩台第一根桩必须由设计代表、业主代表、总监办监理组长或以上人员到场签认。

2.4.9　钢筋骨架

（1）桩的钢筋骨架，应紧接在混凝土灌注前，整体放入孔内。如果混凝土不能紧接在钢筋骨架放入之后灌注，则钢筋骨架应从孔内移去。在钢筋骨架重放前，应对钻孔的完整性，包括孔底松散物的出现，重新进行检查。

(2)钢筋骨架应有强劲的内撑架,防止钢筋骨架在运输和就位时变形,在顶面应采取有效方法进行固定,防止混凝土灌注过程中钢筋骨架上升。支承系统应对准中线防止钢筋骨架倾斜和移动。

(3)钢筋骨架上应事先安设控制保护层厚度的垫块,其沿桩长的间距不超过 2 m,横向圆周不得少于 4 处。或者采用导向钢管等其他有效方法以保证图纸要求的保护层得到满足。钢筋骨架底面高程允许偏差为±50 mm。

(4)钢筋骨架制作和吊放的允许偏差:

主筋间距±10 mm;箍筋间距±20 mm;骨架外径±10 mm;骨架倾斜度±0.5%;骨架保护层厚度+20 mm,0 mm;骨架中心平面位置 20 mm;骨架顶端高程±20 mm。

(5)钢护筒埋置深度以下保护层定位应采用混凝土滚轮,纵向间距不大于 2 m,有效保护厚度不小于设计值,滚轮混凝土强度应不低于工程部位设计混凝土强度。

(6)钢筋骨架宜采用扁担梁辅助起吊。吊挂钢筋骨架的吊环应采用未经冷拉的光圆钢筋制作。最顶上一节钢筋笼骨架顶面宜增设一道加强箍筋,防止变形。

(7)钢筋笼可采用分段加工,钢筋笼主筋的接长应采用可靠的机械连接方式,接头布置的位置应满足规范要求。

2.4.10 灌注水下混凝土

(1)灌注水下混凝土前,应检测孔底泥浆沉淀厚度,如大于本节“2.4.7 清孔”的清孔要求,应再次清孔。

(2)混凝土拌和物运至灌注地点时,应检查其和易性和坍落度,如不符合本规程相关的要求,应进行第二次拌和;二次拌和仍达不到要求,不得使用。

(3)灌注水下混凝土的搅拌机能力,应能满足桩孔在规定时间内灌注完毕。灌注时间不得长于首批混凝土初凝时间。若估计灌注时间长于首批混凝土初凝时间,则应掺入缓凝剂。

(4)孔身及孔底检查值得到监理单位认可和钢筋骨架安放后,应立即开始灌注混凝土,并应连续进行,不得中断。当气温低于 0 ℃时,灌注混凝土应采取保温措施。强度未达到设计等级 50%的桩顶混凝土不得受冻。

(5)混凝土一般用钢导管灌注。导管管径视桩径大小而定,内径一般为 200~350 mm,导管的连接构造应安全、可靠,连接方便。使用前导管应进行水密承压和接头抗拉试验,严禁用压气试压。在灌注混凝土开始时,导管底部至孔底应有 250~400 mm 的间隙。首批灌注混凝土的数量应能满足导管初次埋置深度(≥1.0 m)和填充导管底部间隙的需要。在整个灌注时间内,出料口应伸入先前灌注的混凝土内至少 2 m,以防止泥浆及水冲入管内,且不得大于 6 m。应经常量测孔内混凝土面层的高程,及时调整导管出料口与混凝土表面的相应位置,并始终予以严密监视,导管应在无水进入的状态下填充。如为泵送混凝土,泵管应设底阀或其他的装置,以防水和管中混凝土混合。泵管应在桩内混凝土升高时,慢慢提起。管底在任何时候,应在混凝土顶面以下 2 m。输送到桩中的混凝土,应一次连续操作。初凝前，任何受污染的混凝土应从桩顶清除。

(6)灌注混凝土时，溢出的泥浆应引流至适当地点处理，以防止污染或堵塞河道和交通。

(7)处于地面或桩顶以下的井口整体式刚性护筒，应在灌注混凝土后立即拔出；处于地面以上能拆除的护筒部分，须待混凝土抗压强度达到5 MPa后拆除。当使用全护筒灌注混凝土时，应逐步提升护筒，护筒底面应保持在混凝土顶面以下1~2 m。

(8)混凝土应连续灌注，直至灌注的混凝土顶面高出图纸规定或监理单位确定的截断高度才可停止浇筑，以保证截断面以下的全部混凝土均达到强度标准。

(9)灌注的桩顶高程应比设计高出一定高度，一般为0.5~1.0 m，以保证混凝土强度，多余部分在接桩前必须凿除，桩头应无松散层。

(10)混凝土灌注过程中，如发生故障应及时查明原因，并提出补救措施，报请监理单位经研究后，进行处理。

(11)导管在使用前和使用一个时期后，应对其规格、质量和拼接构造进行认真地检查外，还须做拼接、过球和水密承压等试验。

(12)水下混凝土必须使用料斗成批量灌注，拔出最后一节长导管时，速度要慢，防止形成泥心。

(13)严禁采用大型破碎设备凿除桩头预留混凝土，破桩头应保证桩顶平整和足够的钢筋保护层，并应清理松散混凝土，不得扭曲桩基钢筋和破坏桩钢筋保护层混凝土；若保护层破损，应凿除该处混凝土，然后与承台或系统一次浇筑。凿出桩头的混凝土集料应分布均匀、密实，桩头应留出高于承台底面15 cm的混凝土，避免钢筋外露和缩颈，以利于桩头与承台的紧密连接。应采用环切法破桩头，局部采用人工凿除。

(14)为声测法埋设的声测管应符合图纸或监理单位的要求，并保证接头密封，管底封闭，管口加盖，不漏水。钻孔灌注桩桩基抽样检测工作(包括超声波检测、低(小)应变检测)应委托有资质的独立第三方进行。

2.4.11　质量检验

(1)钻孔桩混凝土抗压强度评定应按下列规定制取试件：每根钻孔桩至少应制取2组；桩长20 m以上者不少于3组；桩径大、浇筑时间很长时，不少于4组。如换工作班，每工作班制取2组。

(2)公路工程基桩应进行100%的完整性检测，检测方法的选定应具有代表性和满足工程检测的特定要求，且应符合《公路工程基桩检测技术规程》(JTG/T 3512—2020)的规定。

(3)施工单位应在监理单位在场的情况下，对下列规定的钻孔桩，采用经监理单位同意的超声波法，进行桩的质量检验和评价。

(4)施工单位应在工地配备能对全桩长钻取70 mm直径或较大的芯样的设备和经过训练的工作人员，也可以分包给经监理单位认可的钻探队来承担钻取芯样的工作。

(5)若设计有规定和监理单位对桩的质量有疑问,或在施工中遇到的任何异常情况,说明桩的质量可能低于要求的标准,应采用钻取芯样法对桩进行检测,以检验桩的混凝土灌注质量。对支承桩应钻到桩底 0.5 m 以下。钻芯检验应在监理单位指导下进行,检验结果若不合格,则应视为废桩。

(6)当监理单位对每一根成桩平面位置的复查、试验结果及施工记录都认可后,监理单位应以书面进行批准,在未得到监理单位的批准前,不得进行该桩基础的其他工作。

(7)钻孔灌注桩的检查项目及检查方法见表 2.4.8。

2.4.12 缺陷桩

(1)如果桩不符合规定要求,或在施工中遇到异常情况,监理单位有理由认为桩的质量低劣,应采取经监理单位认可的补救措施进行补救或予以废弃。

(2)废弃的桩,应由施工单位做出详细的补救设计(不排除消除废弃桩),经监理单位批准后方可实施。

2.5 钢管复合桩

2.5.1 一般要求

2.5.1.1 施工方法的确定

(1)钢管复合桩基础均应根据评审鉴定后的试桩成果和批准的施工工艺进行施工。

(2)施工单位应将准备采用的施工方法的全部细节,送请监理单位批准,其中包括材料和全部设备的说明。任一钻孔工作开始前,都应得到监理单位的书面批准。

2.5.1.2 成桩记录

施工单位应保存每根桩的全部施工记录,当需要时,记录应报送监理单位作为检查之用。当记录格式由监理单位统一发放时,应按监理单位的要求记录和填列。如监理单位要求由施工单位自行拟订记录格式,记录格式应经监理单位批准。

2.5.1.3 环境保护要求

钻孔过程中的泥浆及钻渣的处理应符合图纸要求及环境保护的相关规定,并取得监理单位的认可。泥浆及钻渣不得污染或堵塞水系及地下水。

2.5.2 材料及水下混凝土

2.5.2.1 材料

(1)钻孔桩钢筋笼钢筋材质及设计图要求永久保存的钢护筒材质应符合设计要求。如采用机械性能、化学成分与设计图规定的钢种相近的其他钢种,应经设计和监理工程师同意。钢材应附有合格的“质量检验证明书”。钢护筒焊接材料的型号和质量应符合设计要求,并附有出厂合格证书。钢材与焊接材料应按相关规定进行检验。

(2)钻孔桩水下混凝土材料的选用和配合比优化设计原则，除应满足设计规定的强度等级及水胶比、胶凝材料用量、含气量、工作性能等要求外，尚应满足混凝土抗裂性和抗氯离子渗透性能指标的要求。

(3)复合桩钢管所采用的钢材应符合设计要求，并有出厂合格证和质量检验报告。其制作、焊接、拼装、接长应符合《公路桥涵施工技术规范》(JTG/T 3650—2020)中钢管桩的相应规定。

(4)复合桩防腐涂层除按一般规定外，对于现场补涂和现场焊缝的涂装，按《埋地钢质管道双层熔结环氧粉末外涂层技术规范》(Q/CNPC 38—2002)和《钢质管道熔结环氧粉末外涂层技术规范》(GB/T 39636—2020)对涂层进行修补、复涂或重涂。修补用材料为双组分无溶剂液体环氧涂料。钢管表面的补涂区域在补涂之前必须进行除锈，其表面质量应达到 Sa2.5 级，处理后表面不得有油污及灰尘。所修补涂层的厚度不应小于原厚度。

2.5.2.2 水下灌注混凝土(导管灌注混凝土)的要求

(1)混凝土的各项技术指标必须满足《公路钢筋混凝土及预应力混凝土桥涵设计规范》(JTG 3362—2018)、《公路桥涵施工技术规范》(JTG/T 3650—2020)、《公路工程混凝土结构耐久性设计规范》(JTG/T 3310—2019)和《混凝土外加剂应用技术规范》(GB 50119—2013)的相关规定。以保证主要混凝土结构使用年限满足100年的要求。

(2)混凝土入模温度宜应满足设计及规范要求。

2.5.3 钢管复合桩用钢管制作、安装及防护

2.5.3.1 钢管桩制作、安装

(1)钢护筒的内径按图纸设计要求进行确定，护筒长度、倾斜率满足图纸设计要求。

(2)钢护筒制作加工时，其椭圆度应小于 $d/100$，且不大于 30 mm；直径的允许偏差应为±10 mm；筒体端面的倾斜度最大允许偏差为 3 mm；纵轴线弯曲矢高应不大于护筒长的 0.1%，且不大于 30 mm；钢护筒对接时的错边量应不大于 0.2 的钢板厚度，且不大于 4 mm。

(3)在制作、运输时，每节钢护筒上下口内壁的径向宜布置单组或多组单向临时加劲撑架，且撑架本身应具有足够的刚度。

(4)按设计文件要求，采用直缝钢管，其任一截面内纵向焊缝不得多于1条；不得使用螺旋焊管。

(5)钢管分节长度及节段焊缝位置严格按设计文件执行，现场安装、接长焊接。

(6)钢管纵向及接长焊缝均为对接熔透焊缝，应按Ⅰ级焊缝执行超声波探伤检测。剪力环与钢管内壁焊缝技术要求按设计文件执行，钢管纵缝及接长焊缝及检测应符合设计及相关规范要求。

(7)处理后的钢材表面不应有焊渣、焊疤、灰尘、油污、水和毛刺等，除锈等级应符合设计和国家现行有关标准规定。二次除锈后必须进行清洁处理，经过清洁的钢材表面达

到规定的要求后方可允许进行涂敷。

(8)桩位施工放样后,应与设计图纸核对准确无误后才可施打。

(9)钢管分节沉放时,应采取定位架定位、交会法过程控制等措施。

(10)钢管分节沉放期间现场环口焊缝、除锈、防腐涂装质量均应符合设计要求。

(11)钢管顶端与承台的有效连接应符合设计要求。

(12)采用拉开法进行涂层测试结束后要对涂层破坏部位按要求进行修复。

(13)涂层表面不得出现起泡、裂纹、起皮、掉块及返锈,应无漏涂。

(14)焊缝咬边深度不得超过 0.5 mm,咬边累计总长度不得超过焊缝长度的 10%。

(15)焊缝表面应无裂纹、焊瘤、未焊透、未填满弧坑、气孔、夹渣、电弧擦伤等外观缺陷。

(16)振沉期间及振沉到位后,钢管顶部无劈裂。

2.5.3.2 钢管防腐措施

(1)钢管桩采用涂层防腐。

(2)钢管进行外壁防护,采用高性能复合普通双层熔融结合环氧粉末涂层,内层≥450 μm,面层≥350 μm,涂层总厚度为≥800 μm。内层为耐腐蚀型涂层,面层为抗划伤耐磨涂层。环氧粉末涂层应符合《熔融结合环氧粉末涂料的防腐蚀涂装》(GB/T 18593—2010)第 1 类涂层要求,并满足以下技术指标:耐磨性(CS-10,1 kg,1 000 转)≤40 mg;附着力(去离子水,90 ℃±3 ℃,15 d)1 级;30 kg 耐划伤性能≤350 μm,无漏点。

(3)对于现场补涂和现场焊缝的涂装,按《埋地钢质管道双层熔结环氧粉末外涂层技术规范》(Q/CNPC 38—2002)和《钢质管道熔结环氧粉末外涂层技术规范》(GB/T 39636—2020)规定对涂层进行修补、复涂或重涂。修补用材料为双组分无溶剂液体环氧涂料。钢管表面的补涂区域在补涂之前必须进行除锈,其表面质量应达到 Sa2.5 级,处理后表面不得有油污及灰尘。所修补涂层的厚度不应小于原厚度。

2.5.4 钻孔

(1)施工单位进行施工放样之前,必须对各桥梁墩台控制里程桩号、桩位坐标、设计标高等数据进行复核计算,如发现计算结果与设计图中提供数据不符,应及时通知设计单位复查。

(2)如桩位的实际地质情况与设计依据的地质资料存在偏差,终孔时的桩底标高应报设计、监理批准。各钻孔终孔前应由现场监理工程师确认。

(3)依托便道或栈桥进行下部结构施工。施工中不得搅动桩底、桩侧的土层,相邻两根桩不得同时成孔或浇筑混凝土,以免扰动孔壁,发生串孔、断桩事故。

(4)施工过程中,施工单位应综合考虑各种因素,防止钢护筒变形,护筒壁厚不小于 $d/120$,钢护筒底口应进行加劲,且设置刃脚以减小沉桩阻力。钢护筒底标高应依据地质情况根据施工工艺要求确定。

(5)钢管沉桩施工宜采用导向架和液压振动锤进行振动下沉。打入完毕后的钢管,其中心偏差小于 30 mm,倾斜度小于 1/400。在施工的各环节应严格控制钢管的变形、卷边。沉桩时可采取桩内取土等助沉措施。

(6)钻孔时应采用适当比重的泥浆护壁,正常钻进过程中,定时对孔内泥浆进行检测,保证孔内泥浆性能指标符合要求。钻孔到位后,应对沉淀厚度进行测量。根据桩长情况,摩擦桩清孔后桩底沉淀厚度应小于 20 cm。

(7)钻孔达到设计高程后,应检查孔深、孔径和孔位,符合规范要求方可进行清孔。清孔应采用合适的工艺;清孔时必须保持孔内水头,防止塌孔,不得用加深钻孔深度的方式代替清孔。

2.5.5　固孔

(1)施工单位应采用钻孔泥浆护壁,以保持孔壁在钻进过程不坍塌,但采用全长护筒者除外。

(2)施工单位可用膨润土悬浮泥浆或合格的黏土悬浮泥浆作为钻孔泥浆。钻孔泥浆不得污染地下水。根据钻孔方法的适用性的论证,不加掺加物的钻孔方法仅在监理单位书面同意后才可采用。

(3)钻孔泥浆应始终高出孔外水位或地下水位 1.0~1.5 m。

(4)胶泥应用清水彻底拌和成悬浮体,使在灌注混凝土时及至施工完成保持钻孔孔壁的稳定。泥浆的性能指标如表 2.4.5 所示,施工时除相对密度和黏度应进行试验外,如果监理单位要求,其他指标也应予以抽检。

2.5.6　钻孔工序

(1)钻孔时,为防止冲击振动使邻孔孔壁坍塌或影响邻孔已灌混凝土的凝固,应待邻孔混凝土浇筑完毕,并达到 2.5 MPa 抗压强度后,才能开钻,以免影响邻桩混凝土质量。在满足此条件下,为加快完成钻孔工作,可以多机同时作业。

(2)钻孔应连续进行,不得中断,下面不致产生真空。

(3)软土地段的钻孔,首先应进行地基加固,保证钻孔设备的稳定和钻孔孔位准确,再行钻孔。

(4)钻孔时须及时填写钻孔记录,在土层变化处捞取渣样,判明土层,以便与地质剖面图相核对。当与地质剖面图严重不符时,应及时向监理单位汇报,并按监理单位的指示处理。

2.5.7　清孔

(1)钻孔达到图纸规定深度后,且成孔质量符合图纸要求并经监理单位批准,应立即进行清孔。清孔时,孔内水位应保持在地下水位或河流水位以上 1.5~2 m,以防止钻孔的任何塌陷。

(2)清孔时,应采用带有钢丝刷的钻头反复清扫护筒内壁,将附着于护筒壁的泥浆清洗干净,并将孔底钻渣及泥沙等沉淀物清除。清孔次数按图纸要求和清孔后孔底钻渣沉淀厚度符合图纸规定值为前提进行,基础钻孔后一般需进行两次清孔。

(3)清孔后孔底沉淀物厚度应按图纸规定值进行检查,根据桩长情况,本项目摩擦桩清孔后桩底沉淀厚度应小于 200 mm;如图纸无规定,对于直径等于或小于 1.5 m 的摩擦桩的沉淀厚度宜不大于 200 mm;当桩径大于 1.5 m 或桩长大于 40 m 及土质较差的摩擦桩的沉淀厚度宜不大于 300 mm,支承桩的沉淀厚度宜不大于 50 mm。

(4)沉淀厚度应满足图纸要求,并不得加深孔底深度代替清孔。

2.5.8　钻孔检查及允许偏差

(1)钻孔在终孔后拔出钻具,对孔径、孔形和倾斜度,应采用专用仪器测定,检测结果应报请监理单位复查。

(2)如经检查发现有缺陷,例如中心线不符、超出垂直线、直径减小、椭圆截面、孔内有漂石等,施工单位应就这些缺陷书面报告监理单位,并采取适当措施,予以改正。

(3)钻孔允许偏差应符合《安罗高速原阳至郑州段项目专用质量检验评定标准》的允许偏差。

2.5.9　钢筋骨架

(1)桩的钢筋骨架,应紧接在混凝土灌注前,整体放入孔内。如果混凝土不能紧接在钢筋骨架放入之后灌注,则钢筋骨架应从孔内移去。在钢筋骨架重放前,应对钻孔的完整性,包括孔底松散物的出现,重新进行检查。

(2)钢筋骨架应有强劲的内撑架,防止钢筋骨架在运输和就位时变形,在顶面应采取有效方法进行固定,防止混凝土灌注过程中钢筋骨架上升。支承系统应对准中线防止钢筋骨架倾斜和移动。

(3)钢筋骨架上应事先安设控制保护层厚度的垫块,其沿桩长的间距不超过 2 m,横向圆周不得少于 4 处,但图示者除外。或者采用导向钢管等其他有效方法以保证图纸要求的保护层得到满足。钢筋骨架底面高程允许偏差为±50 mm。

(4)钢筋笼可采用分段加工,吊放时接长,钢筋笼主筋的接长应采用机械连接,接头数量及位置应满足设计及规范要求,在同一断面内钢筋接头数量不得超过总钢筋数量的 50%。钢筋笼安放时应采取有效的定位措施,确保钢筋笼准确定位。钢筋笼定位后应做可靠的固定,避免在灌注混凝土时钢筋笼上浮。钢筋笼定位采取非金属定位措施。钢筋笼加强措施由施工单位自行设置。

(5)钢筋骨架制作和吊放的允许偏差应符合《安罗高速原阳至郑州段项目专用质量检验评定标准》的允许偏差。

2.5.10　灌注水下混凝土

(1)灌注水下混凝土前,应检测孔底泥浆沉淀厚度,如大于本节“2.5.7　清孔”的清孔要求,应再次清孔。

(2)混凝土拌和物运至灌注地点时,应检查其和易性和坍落度,如不符合要求,应进行第二次拌和;二次拌和仍达不到要求,不得使用。

(3)灌注水下混凝土的搅拌机能力,应能满足桩孔在规定时间内灌注完毕。灌注时间不得长于首批混凝土初凝时间。若估计灌注时间长于首批混凝土初凝时间,则应掺入缓凝剂。

(4)孔身及孔底检查值得到监理单位认可和钢筋骨架安放后,应立即开始灌注混凝土,并应连续进行,不得中断。当气温低于 0 ℃时,灌注混凝土应采取保温措施。强度未达到设计等级 50%的桩顶混凝土不得受冻。

(5)混凝土一般用钢导管灌注。导管管径视桩径大小而定,内径一般为 200~350 mm,导管的连接构造应安全、可靠,连接方便。使用前导管应进行水密承压和接头抗拉试验,严禁用压气试压。在灌注混凝土开始时,导管底部至孔底应有 250~400 mm 的间隙。首批灌注混凝土的数量应能满足导管初次埋置深度(≥1.0 m)和填充导管底部间隙的需要。在整个灌注时间内,出料口应伸入先前灌注的混凝土内至少 2 m,以防止泥浆及水冲入管内,且不得大于 6 m。应经常量测孔内混凝土面层的高程,及时调整导管出料口与混凝土表面的相应位置,并始终予以严密监视,导管应在无水进入的状态下填充。如为泵送混凝土,泵管应设底阀或其他的装置,以防水和管中混凝土混合。泵管应在桩内混凝土升高时,慢慢提起。管底在任何时候,应在混凝土顶面以下 2 m。输送到桩中的混凝土,应一次连续操作。初凝前,任何受污染的混凝土应从桩顶清除。

(6)灌注混凝土时,溢出的泥浆应引流至适当地点处理,以防止污染或堵塞河道和交通。

(7)处于地面或桩顶以下的井口整体式刚性护筒,应在灌注混凝土后立即拔出处于地面以上能拆除的护筒部分,须待混凝土抗压强度达到 5 MPa 后拆除。当使用全护筒灌注混凝土时,应逐步提升护筒,护筒底面应保持在混凝土顶面以下 1~2 m。

(8)混凝土应连续灌注,直至灌注的混凝土顶面高出图纸规定或监理单位确定的截断高度才可停止浇筑,以保证截断面以下的全部混凝土均达到强度标准。

(9)灌注的桩顶高程应比设计高出一定高度,一般为 0.5~1.0 m,以保证混凝土强度,多余部分在接桩前必须凿除,桩头应无松散层。

(10)混凝土灌注过程中,如发生故障应及时查明原因,并提出补救措施,报请监理单位经研究后,进行处理。

(11)浇筑承台前必须对钻孔桩进行破桩头处理,且不应损伤桩身混凝土及主筋,以保证桩基和承台(或墩柱)连接。

2.5.11　桩底压浆

2.5.11.1　一般要求

项目压浆并非用于安全储备,而是用于提高承载力及减少沉降,故必须严格保证压浆施工质量。压浆必须采用自动化设备、智能化控制系统。压浆量、压浆压力等参数应实时上传。应采用具备远程实时监控功能的压浆质量控制平台。施工队伍应具备丰富的压浆经验和专业知识。

2.5.11.2 压浆设备

采用智能化压浆设备,智能控制上料、制浆、压浆等环节,并且实时监测压浆量、压浆压力等参数。压浆泵的额定压力不宜小于 12 MPa,额定流量不宜小于 100 L/min,应配备压力传感器和流量传感器并可实时上传数据。制浆机的制浆、储浆能力应与压浆流量相匹配,并配备称重传感器。

2.5.11.3 压浆装置制作与安装

(1)桩端、桩侧竖向压浆钢管采用普通焊接钢管,其质量应符合《低压流体输送用焊接钢管》(GB/T 3091—2015)相关规定。当采用分布式压浆时,压浆管外径 57~60 mm 焊接钢管,壁厚不得小于 3 mm 的钢管以便于接头处套丝,钢管两端均有外丝以便于注浆器连接,单节长度宜为 6 m;当分布式压浆管与声测管共用时,声测管不得采用钳压式、螺旋式、承插式连接,应按注浆口布置要求,采用普通焊管套丝后与注浆器连接,施工单位采购前与设计单位确认。

(2)桩端、桩侧压浆器及分布式压浆器应有保护结构,用以抵抗砂石等物的刮蹭碰撞并保证出浆性能不受影响;应在钢筋笼上对桩侧压浆器的出浆口进行保护;压浆器的出浆口应具备止逆功能。

(3)桩端竖向压浆钢管应设置在钢筋笼加强筋内侧,沿桩身圆周均匀布置,其底部安装桩端压浆器;声测管兼作竖向压浆钢管时,应设置转换接头连接桩端压浆器;分布式压浆钢管应设置在钢筋笼加强筋内侧,沿桩身圆周均匀布置,桩端压浆器底部应超过桩端标高并进入持力层。

(4)桩侧竖向压浆钢管安装于钢筋笼加强筋内侧。桩侧压浆器由三通接头、环形压浆管、出浆口组成,其中环形压浆管布置于钢筋笼外侧,通过三通接头与竖向压浆钢管连接;桩侧压浆器的出浆口数量不应少于 4 个,且应靠近孔壁、朝向桩周土体。分布式压浆器在安装时,应确保压浆口靠近孔壁,应保证压浆钢管的顺直,避免扭曲,以便后期压浆施工,压浆口设置应避开加强筋与箍筋,朝向周围土体,并在每个出浆口位置焊接保护钢筋。

(5)桩端、桩侧竖向压浆钢管应与钢筋笼牢固绑扎或焊接;竖向压浆钢管之间采用套筒螺纹连接或焊接,接头处应密封、不渗漏;每下一节钢筋笼,应向竖向压浆钢管内注满清水,以检查接头的密封性并保持内外水压平衡;若出现漏水应重新连接补焊,确保压浆管路的密封性。竖向压浆钢管顶部应露出地面 200~500 mm,注满清水后封闭管口,防止杂物进入后堵塞。

(6)桩端、桩侧竖向压浆钢管在安装过程中应做好标识;钢筋笼安装完成后,在桩顶做好标记,以明确各压浆管对应的压浆部位。

2.5.11.4 浆液配制

(1)水泥采用 P·O42.5 普通硅酸盐水泥,可根据需要掺入适量外加剂。采用分布式压浆时,应按 0.02%掺入缓凝剂。

(2)水灰比为 0.5~0.7。

(3)水泥浆液应充分搅拌,并经纱网过滤去除杂物后使用;制备好的浆液应具有良好的流动性,不离析、不沉淀。

(4)水泥应先进行试验,材料合格方可使用。

2.5.11.5　开塞

(1)成孔过程中未出现明显超钻、扩孔等现象时,桩端、桩侧压浆均不开塞。

(2)如果进行开塞,则宜在混凝土灌注后 12~24 h,将清水压入压浆管,打开出浆口,疏通压浆通道;当水压明显下降时,表明出浆口已打开,应立即停止并关闭阀门。

2.5.11.6　压浆

(1)正式作业前,应进行至少 2~3 根桩的压浆工艺试验,取得相关经验参数后再进行大面积施工。

(2)压浆作业应在桩身混凝土达到设计强度的 85%且桩身完整性检测合格后进行。桩端压浆及分布式压浆可对各压浆管依次等量压浆或各管同时压浆。桩端桩侧组合压浆时,宜采用先下后上的压浆顺序。群桩基础的压浆,宜按先周边、后中间的顺序。

(3)压浆作业桩与其他正在作业的钻孔桩距离不宜小于 10 m。压浆应遵循“细流慢注”的原则,出浆口的压浆流量不宜超过 75 L/min。桩端压浆压力宜为 0.8~4.0 MPa,桩侧压浆压力宜为 0.2~2.0 MPa。

2.5.11.7　施工控制

(1)实行压浆量与压浆压力双控,以压浆量控制为主,压浆压力控制为辅。

(2)桩端压浆时,如果某根压浆管的压浆量达不到要求而压浆压力很高,无法继续压浆时,未压入的水泥量应由其余桩端压浆管压入;桩侧压浆时,如果某根压浆管的压浆量达不到要求而压浆压力很高,无法继续压浆时,未压入的水泥量应由其上(或下)侧的压浆管压入。

(3)如果压浆压力长时间低于正常值,或者出现地面冒浆、周围桩孔串浆等现象,可采用间歇压浆,间歇时间宜为 30~60 min;也可调低水灰比,或降低压浆流量,或加入速凝剂等外加剂。

(4)如果桩端所有压浆管均打不开,可将声测管管底钻通至持力层,或者利用桩端取芯孔作为补浆通道,此时压浆量可取设计值;也可在桩外侧 30 cm 钻孔至桩端标高以下 20 cm,重新埋设压浆管进行补压浆,其压浆量应为设计值的 120%。

(5)如果桩侧连续 2 道压浆管均打不开且无法通过上(或下)侧压浆管进行补浆的,应在桩侧 30 cm 钻孔至环型压浆管设计标高,重新埋设压浆管进行补压浆,其压浆量应为设计值的 120%。

2.5.11.8　终止条件

符合下列条件之一时,可终止压浆:

(1)压浆量达到设计要求,最后 5 min 的压浆平均压力达到压浆终止压力。

(2)压浆量已达到设计要求,最后 5 min 的压浆平均压力不小于 0.8 压浆终止压力,增加压浆量至设计值的 110%。

(3)压浆量已达到设计要求,最后 5 min 的压浆平均压力小于 0.8 压浆终止压力,增加压浆量至设计值的 120%。

(4)压浆量大于设计值的 80%,最后 5 min 的压浆平均压力大于 1.2 倍压浆终止压力。

2.5.12 质量控制

(1)混凝土质量的检查和验收,应符合《安罗高速原阳至郑州段项目专用质量检验评定标准》的规定。钻孔桩混凝土抗压强度评定应按下列规定制取试件:每根钻孔桩至少应制取 2 组;桩长 20 m 以上者不少于 3 组;桩径大、浇筑时间很长时,不少于 4 组。如换工作班,每工作班制取 2 组。

(2)桩基混凝土强度满足要求后,全部采用超声波检验法进行桩基质量检验。每根桩基埋设 4 根超声波测管,检测结束后每根钢管均需压浆封实。

(3)若设计有规定和监理单位对桩的质量有疑问,或在施工中遇到的任何异常情况,说明桩的质量可能低于要求的标准时,应采用钻取芯样法对桩进行检测,以检验桩的混凝土灌注质量。对支承桩应钻到桩底 0.5 m 以下。钻芯检验应在监理单位的指导下进行,检验结果若不合格,则应视为废桩。

(4)当监理单位对每一根成桩平面位置的复查、试验结果及施工记录都认可后,监理单位应以书面进行批准,在未得到监理单位的批准前,不得进行该桩基础的其他工作。

(5)钻孔灌注桩的检查项目及检查方法详见《安罗高速原阳至郑州段项目专用质量检验评定标准》的规定。

2.5.13 缺陷桩

(1)如果桩不符合规定要求,或在施工中遇到异常情况,监理单位有理由认为桩的质量低劣,应采取经监理单位认可的补救措施进行补救或予以废弃。

(2)废弃的桩,应由施工单位做出详细的补救设计(不排除消除废弃桩),经监理单位批准后方可实施。这些增加的工程,其责任由施工单位承担。

(3)由于施工过错而引起的桩长增加,其责任由施工单位承担。

2.6 结构混凝土工程

2.6.1 范围

2.6.1.1 工作内容

本节工作内容为工程中结构混凝土的材料供应和拌和、立模、浇筑、拆模、修整、养护与质量要求。

2.6.1.2　混凝土强度等级

混凝土强度等级是指 150 mm 标准立方体试件(粗集料最大粒径为 40 mm),在温度(20±2)℃、相对湿度不低于 95%的潮湿环境下,养护 28 d 经抗压试验所得极限抗压强度,单位 MPa,具有不低于 95%的保证率。混凝土强度等级以 C 为前缀表示。如 C30(30 级)、C40(40 级)。

2.6.1.3　本节技术规范使用范围

(1)本节为混凝土常规技术标准要求,对于工程结构(索塔)中有特别技术指标要求的,将在本规程相关小节中进行表述。

(2)本工程结构混凝土必须采用混凝土拌和站集中拌制、混凝土搅拌车或混凝土泵运输的施工方式。

2.6.2　集料

2.6.2.1　一般要求

(1)集料应清洁、坚硬、坚韧、耐久、无外包层、匀质,并不含结块、软弱或片状颗粒,无黏土、尘土、盐、碱、壤土、云母、有机物或其他有害物质。必要时,集料应予清洗和过筛,以除去有害物质。

(2)不同来源的集料不得混合或储存在同一料堆,也不得交替使用在同类的工程中或混合料中。

(3)用于混凝土的水泥、集料及掺加剂等,应分别进行含碱量试验,尽量避免使用可能发生碱-集料反应(AAR) 的集料。在非含碱环境中,如果必须采用此类集料时,应按规范要求,选用碱含量小于 0.6%的低碱水泥,并限制混凝土中的总碱量,对一般桥涵不宜超过 3.0 kg/m^3;对特殊大桥、大桥和主要桥梁不宜大于 1.8 kg/m^3;含碱环境的混凝土中,不得使用此类集料。

(4)集料的技术要求按照《公路桥涵施工技术规范》(JTG/T 3650—2020)相关规定执行。粗、细集料均应纳入混凝土碱-集料反应检测范围。

(5)选择料场时必须对集料进行碱集料潜在活性的检测,本工程不得采用可能发生碱-集料反应(AAR)的活性集料。

2.6.2.2　细集料

(1)细集料应由颗粒坚硬、强度高、耐风化的天然砂构成,经监理单位批准,也可用山砂或硬质岩石加工的机制砂。

(2)按细度模数(Mx)将砂分组如下:

粗砂 Mx=3.7~3.1

中砂 Mx=3.0~2.3

细砂 Mx=2.2~1.6

在混凝土配制时,应同时考虑砂的细度模数和级配情况,细度模数的计算可按《公路工程集料试验规程》(JTG E42—2005)的相关规定执行。

(3)细集料的级配范围、坚固性、杂质的最大含量应符合表 2.6.2-1 ~ 表 2.6.2-3 要求,试验应按《公路工程集料试验规程》(JTG E42—2005)的相关规定进行。

表 2.6.2-1 细集料级配范围

筛孔尺寸/mm	级配区		
	Ⅰ区	Ⅱ区	Ⅲ区
	累计筛余(按质量计,%)		
10.00	0	0	0
5.00*	10~0	10~0	10~0
2.50	35~5	25~0	15~0
1.25	65~35	50~10	25~10
0.63*	85~71	70~41	40~16
0.315	95~80	92~70	85~55
0.16*	100~90	100~90	100~90

注:1. 混凝土中细集料的级配范围应符合表 2.6.2-1 任一区。
2. 表中除带有 * 号筛孔外,其余各筛孔累计筛余允许超出分界线,但其总量不得大于 5%。
3. Ⅰ区砂宜提高砂率以配低流动性混凝土,Ⅱ区砂宜优先选用以配不同等级混凝土,Ⅲ区砂宜适当降低砂率以保证混凝土强度。
4. 对于高强泵送混凝土用砂宜选用中砂,细度模数为 2.9~2.6,2.5 mm 筛孔的累计筛余量不得大于 15%,0.315 mm 筛孔的累计筛余量宜在 85%~92%范围内。

表 2.6.2-2 砂的坚固性指标

混凝土所处的环境条件	循环后的质量损失 /%	混凝土所处的环境条件	循环后的质量损失/%
在寒冷地区室外使用,并经常处于潮湿或干燥交替状态下的混凝土	≤8	在其他条件下使用的混凝土	≤12

注:1. 寒冷地区是指最寒冷月份的月平均温度为 0~-10 ℃且日平均温度≤5 ℃的天数不超过 145 d 的地区。
2. 对同一产源的砂,在类似的气候条件下使用已有可靠经验时,可不做坚固性检验。
3. 对于有抗疲劳、耐磨、抗冲击要求的混凝土用砂,或有腐蚀介质作用或经常处于水位变化区的地下结构混凝土用砂,其循环后的质量损失率应小于 8%。

2.6.2.3 粗集料

(1)粗集料应由符合表 2.6.2-4 级配的坚硬卵石、砾石或碎石组成。C40 及 C40 以上的混凝土,应采用碎石。

(2)粗集料的颗粒级配,可采用连续级配或连续级配与单粒级配合使用,如工程需要,通过试验证明混凝土无离析现象,也可采用单粒级配。

表 2.6.2-3　细集料中杂质的最大含量

混凝土级别	≥C30	<C30
含泥量/%	≤3	≤5
其中泥块含量/%	≤1.0	≤2.0
硫化物及硫酸盐折算为 SO_3/%	<1	<1
有机物含量(用比色法试验)	颜色不应深于标准色,如深于标准色,应以水泥砂浆进行抗压强度对比试验,加以复核	
云母含量/%	<2	<2
轻物质含量/%	<1	<1

注:1. 对有抗冻、抗渗或其他特殊要求的混凝土用砂,总含泥量应不大于3%,其中泥块含量应不大于1.0%,云母含量不应超过1%。

2. 对有机质含量进行复核时,用原状砂配制的水泥砂浆抗压强度不低于用洗除有机质的砂所配制的砂浆的95%时为合格。

3. 砂中如含有颗粒状的硫酸盐或硫化物,则要进行混凝土耐久性试验,满足要求时方能使用。

4. 杂质含量均按质量计。

(3)粗集料的技术要求及有害物质含量,应分别符合表 2.6.2-5、表 2.6.2-6 的规定。

(4)粗集料最大粒径宜按混凝土结构情况及施工方法选取,但最大粒径不得超过结构最小边尺寸的 1/4 和钢筋最小净距的 3/4;在两层或多层密布钢筋结构中,最大粒径不得超过钢筋最小净距的 1/2,同时不得超过 75.0 mm。混凝土实心板的粗集料最大粒径不宜超过板厚的 1/3 且不得超过 37.5 mm。用混凝土泵运送混凝土时的粗集料最大粒径,除应符合上述规定外,对碎石不应超过输送管内径的 1/3;对于卵石不应超过输送管内径 1/2.5。

(5)如监理单位要求进行磨耗试验,按《公路工程集料试验规程》(JTG E42—2005)进行石料的洛杉矶磨耗试验时,500 转的磨耗损失不应超过规定值。

(6)混凝土结构物处于表 2.6.2-7 所列条件下时,应按《公路工程集料试验规程》(JTG E42—2005)的规定,对碎石和卵石进行坚固性试验,试验结果应符合表 2.6.2-7 的规定值。当由同一来源的粗集料曾在同样使用条件下使用满足要求时,经监理单位同意,可不进行坚固性试验。

表 2.6.2-4 粗集料级配范围

级配情况	公称粒级/mm	累计筛余(按质量计,%) 方孔筛筛孔边长尺寸/mm											
		2.36	4.75	9.50	16.0	19.0	26.5	31.5	37.5	53.0	63.0	75.0	90.0
连续级配	5~10	95~100	80~100	0~15	0								
	5~16	95~100	85~100	30~60	0~10	0							
	5~20	95~100	90~100	40~80		0~10	0						
	5~25	95~100	90~100		30~70		0~5	0					
	5~31.5	95~100	90~100	70~90		15~45		0~5	0				
	5~40		95~100	75~90		30~65			0~5	0			
单粒级配	10~20		95~100	85~100		0~15	0						
	16~31.5		95~100		85~100			0~10	0				
	20~40			95~100		80~100			0~10	0			
	31.5~63				95~100			75~100	45~75		0~10	0	
	40~80					95~100			70~100		30~60	0~10	0

表 2.6.2-5 粗集料有害物质含量

项目	品质指标		
	Ⅰ类	Ⅱ类	Ⅲ类
有机物含量(比色法)	合格	合格	合格
硫化物及硫酸盐(按 SO_3,按质量计,%)	<0.5	<1.0	<1.0

注:Ⅰ类用于强度等级大于 C60 的混凝土;Ⅱ类用于强度等级为 C30~C60 及有抗冻、抗渗或其他要求的混凝土;Ⅲ类用于强度等级小于 C30 的混凝土。

表 2.6.2-6　粗集料技术要求

指标	技术要求		
	Ⅰ类	Ⅱ类	Ⅲ类
碎石压碎指标/%	<10	<20	<30
卵石压碎指标/%	<12	<16	<16
坚固性(硫酸钠溶液法经 5 次循环后质量损失值,%)	<5	<8	<12
吸水率/%	<1.0	<2.0	<2.5
针片状颗粒含量(按质量计,%)	<5	<15	<25
含泥量(按质量计,%),≤	<0.5	<1.0	<1.5
泥块含量(按质量计,%)	0	<0.5	<0.7
岩石抗压强度(水饱和状态,MPa)	火成岩>80;变质岩>60;水成岩>30		
表观密度/(kg/m^3)	>2 500		
松散堆积密度/(kg/m^3)	>1 350		
孔隙率/%	<47		
碱-集料反应	经碱-集料反应试验后,试件无裂缝、酥裂、胶体外溢等现象,在规定试验龄期的膨胀率应小于 0.10%		

注:1. Ⅰ类用于强度等级大于 C60 的混凝土;Ⅱ类用于强度等级为 C30~C60 及有抗冻、抗渗或其他要求的混凝土;Ⅲ类用于强度等级小于 C30 的混凝土。
2. 粗集料中不应混有草根、树叶、树枝、塑料、煤块、炉渣等杂物。
3. 岩石的抗压强度除应满足表中要求外,其抗压强度与混凝土强度等级之比应不小于 1.5。岩石强度首先应由生产单位提供,工程中可采用压碎值指标进行质量控制。
4. 当粗集料中含有颗粒状硫酸盐或硫化物杂质时,应进行专门检验,确认能满足混凝土耐久性要求后,方可采用。
5. 采用卵石破碎砾石时,应具有两个及以上的破碎面,且其破碎面应不小于 70%。

表 2.6.2-7　粗集料坚固性试验及指标

混凝土所处环境条件	在硫酸钠溶液中循环 5 次后的质量损失/%
寒冷地区,经常处于干湿交替状态	<5
严寒地区,经常处于干湿交替状态	<3
混凝土处于干燥条件,但粗集料风化或软弱颗粒过多时	<12
混凝土处于干燥条件,但有抗疲劳、耐磨、抗冲击要求高或强度等级大于 C40	<5

注:有抗冻、抗渗要求的混凝土用硫酸钠法进行坚固性试验不合格时,可再进行直接冻融试验。

（7）粗集料应予以冲洗。

（8）除另有注明者外，粗集料的试验按《公路工程集料试验规程》（JTG E42—2005）的相关规定进行。

（9）碎石除满足《公路桥涵施工技术规范》（JTG/T 3650—2020）相关规定外，还要求：C30及以下混凝土碎石针片状含量小于15%。用于C30以上混凝土的碎石针片状颗粒含量小于7%（按质量计），且应采用两级配或多级配。桥梁上部结构碎石的最大粒径不大于2.5 cm，C50以上混凝土碎石应采用反击破法生产的碎石，针片状含量小于7%，碎石压碎值指标应小于20%。石中氯离子含量≤0.02%，含泥量≤0.5%，泥块含量≤0.3%。禁止使用可能发生碱活性的活性集料，其碱-集料反应膨胀率小于1%。

（10）进行粗集料供应源选择时，要求石场具有健全的质量保证体系并获得认证，保证质量的稳定性。对石场岩石应进行抗压强度检验。石料在饱水情况下的抗压强度（50 mm×50 mm×50 mm立方体）试验按照《公路工程集料试验规程》（JTG E42—2005）的相关规定进行。要求无潜在活性（膨胀率小于0.01%）。

2.6.3 水

2.6.3.1 一般要求

混凝土用水的技术要求、检验方法、检验规则、检验频率以及结果评定等应符合《混凝土用水标准》（JGJ 63—2006）的相关规定。

2.6.3.2 混凝土拌和用水技术要求

（1）混凝土拌和用水不应有漂浮明显的油脂和泡沫，不应有明显的颜色和异味，混凝土拌和用水的物质含量限值应符合下列规定：

1）水的pH值：对于素混凝土、钢筋混凝土不应小于4.5；对于预应力混凝土不应小于5.0。

2）水中硫酸盐含量（按SO_4^{2-}计）：对于素混凝土不得超过2 700 mg/L；对于钢筋混凝土不得超过2 000 mg/L；对于预应力混凝土不得超过600 mg/L。

3）水中氯离子含量（按Cl^-计）：对于素混凝土不得超过3 500 mg/L；对于钢筋混凝土不得超过1 000 mg/L；对于预应力混凝土不得超过500 mg/L；对于设计使用年限为100年的结构混凝土不得超过500 mg/L；对于使用钢丝或经热处理钢筋的预应力混凝土不得超过350 mg/L。

4）水中碱含量（按Na_2O+0.658K_2O计）：均不得超过1 500 mg/L。

5）水中不溶物含量：对于素混凝土不得超过5 000 mg/L；对于钢筋混凝土、预应力混凝土均不得超过2 000 mg/L。

6）水中可溶物含量：对于素混凝土不得超过10 000 mg/L；对于钢筋混凝土不得超过5 000 mg/L；对于预应力混凝土不得超过2 000 mg/L。

（2）混凝土拌和用水的放射性应符合《生活饮用水卫生标准》（GB 5749—2006）的相关规定。

（3）拟采用混凝土拌和用水配制的水泥胶砂3 d和28 d强度不应低于饮用水配制的

水泥胶砂3 d和28 d强度的90%。

(4)拟采用水与饮用水对比试验的水泥初凝时间差及终凝时间差均不得大于30 min,同时,应符合《通用硅酸盐水泥》(GB 175—2007)中的水泥凝结时间的规定。

(5)钢筋混凝土和预应力混凝土结构严禁用未经处理的海水拌制混凝土。

2.6.3.3　混凝土养护用水技术要求

(1)混凝土养护用水中的物质含量限值,除水中不溶物含量及可溶物含量不受限制外,其余物质含量均应符合混凝土拌和用水的标准。

(2)混凝土养护用水可不检验水泥胶砂强度及水泥凝结时间,但养护用水的放射性应符合混凝土拌和用水的标准。

2.6.4　水泥

(1)水泥标准及规范:

1)《通用硅酸盐水泥》(GB 175—2007);

2)《抗硫酸盐硅酸盐水泥》(GB 748—2005)。

(2)所有水泥应取自监理单位同意的产源,在一个工程项目中所用的任一类水泥应取自同一生产厂商,但监理单位批准者例外。

(3)钢筋混凝土结构、预应力混凝土结构中,严禁使用含氯化物的水泥。

(4)施工单位应向监理单位提供每批水泥的清单,说明厂商名称、水泥种类及数量,以及厂商的试验证明,证实该批水泥已经试验分析,在各方面符合标准规范要求。

(5)施工单位应对进场的每批水泥均按相应水泥标准中所规定的试验项目、试验方法、检验规则取样检验,检验结果报送监理单位批准。不合格水泥不得使用。

(6)水泥运到工地后应尽快使用,水泥由于受潮或其他原因,监理单位认为变质或不能使用时,应从工地运走。

(7)桥梁、涵洞工程中的水泥必须采用转窑生产的水泥,禁止使用立窑生产的水泥。

(8)不得采用早强水泥,水泥进场温度不大于70 ℃,使用温度不得超过55 ℃。

2.6.5　外加剂及混合材料

2.6.5.1　外加剂

(1)应根据外加剂的特点,结合使用目的,通过技术、经济比较来确定外加剂的使用品种。如果使用一种以上的外加剂,必须经过配比设计,并按要求加入到混凝土拌和物中。

(2)外加剂掺量应根据产品质量、使用要求、施工条件、混凝土原材料的变化进行调整。

(3)所采用的外加剂,必须是经过有关部门检验并附有检验合格证明的产品,其质量应符合《混凝土外加剂应用技术规范》(GB 50119—2013)的规定。使用前应复验其效果,使用时应符合产品说明及本规范关于混凝土配合比、拌制、浇筑等各项规定以及外加剂标准中的相关规定。

(4)外加剂使用前应按现行《混凝土外加剂》(GB 8076—2008)相关规定进行复检，复验结果满足要求后方可用于工程中。不同品种的外加剂应分别存储，做好标记，在运输与存储时不得混入杂物和遭受污染。

(5)外加剂性能应满足表 2.6.5-1 的要求，必须通过实体湿拌检验并经监理单位同意后方可使用。C40 以上混凝土必须使用聚羧酸减水剂，聚羧酸减水剂生产厂家必须具有母液合成生产能力。

表 2.6.5-1　外加剂性能

序号	项目		指标
1	硫酸钠含量/%		≤5.0
2	碱含量/%		≤10.0
3	氯离子含量/%		≤0.02
4	减水率/%		≥25
7	常压泌水率比/%		≤20
8	压力泌水率比/%		≤90
9	抗压强度比/%	3 d	≥160
		7 d	≥150
		28 d	≥140
11	收缩率比/%		≤110
12	相对耐久性指标/(%,200 次)		≥80

2.6.5.2　混合材料

(1)矿物掺加料采用粉煤灰、矿渣粉等，技术要求见表 2.6.5-2、表 2.6.5-3。

表 2.6.5-2　粉煤灰的技术要求

序号	名称	技术要求	
		F 类Ⅱ级	F 类Ⅰ级
1	细度/%	≤25	≤12
2	游离 CaO 含量/%	F 类粉煤灰≤1.0，C 类粉煤灰≤4.0	
3	需水量比/%	≤105	≤95
4	烧失量/%	≤8.0	≤5.0

续表 2.6.5-2

序号	名称		技术要求	
			F 类Ⅱ级	F 类Ⅰ级
5	含水率/%		≤1.0	
6	SO_3 含量/%		≤3	
7	CaO 含量/%		≤10	
8	活性指数/%	7 d	≥65	≥70
		28 d	≥70	≥75
9	安定性/(雷氏夹沸煮后增加距离,mm)		C 类粉煤灰≤5.0	
10	氯离子含量/%		≤0.06	

表 2.6.5-3　磨细矿渣粉的技术要求

序号	名称		技术要求
1	MgO 含量/%		≤14
2	SO_3 含量/%		≤4
3	烧失量/%		≤3.0
4	氯离子含量/%		≤0.06
5	比表面积/(m^2/kg)		350~450
6	需水量比/%		≤100
7	含水率/%		≤1.0
8	活性指数/%	28 d	≥95

(2)混合材料在运输与存储中,应有明显标志,严禁与水泥等其他粉状材料混淆。

2.6.6　混凝土配合比设计

2.6.6.1　一般要求

(1)不同级别的混凝土应由施工单位进行配合比设计。

(2)在混凝土施工前,施工单位应根据《公路工程混凝土结构耐久性设计规范》

(JTG/T 3310—2019)的规定和图纸提供的环境类别、环境作用等级及工程设计基准期以及混凝土的技术要求,精心选择原材料,进行混凝土试配,在试验室试验的基础上优选混凝土配合比,并应在现场进行试浇筑。

(3)混凝土配合比设计应在混凝土浇筑前至少 42 d 完成。在配合比未得监理单位批准前,不得浇筑混凝土。

(4)混凝土中掺用外加剂的应用技术应符合《混凝土外加剂应用技术规范》(GB 50119—2013)和有关环境保护的规定。

(5)强度要求。应有效控制混凝土强度离散性,混凝土强度必须大于设计强度且严格控制在设计强度的 1.5 倍以内。

2.6.6.2 普通混凝土配合比设计

(1)普通混凝土配合比,应按《普通混凝土配合比设计规程》(JGJ 55—2011)通过计算、试配和调整确定。

(2)混凝土的试配强度,应根据图纸规定混凝土强度等级,考虑施工条件的差异和变化以及材料质量可能产生的波动,可参考本节相关规定计算确定。

(3)对于混凝土受压或受拉时的弹性模量,应符合《公路钢筋混凝土及预应力混凝土桥涵设计规范》(JTG 3362—2018)的相关规定。

(4)混凝土的最大水灰比、最小水泥用量,应符合表 2.6.6-1 的要求。

(5)混凝土的最大水泥用量(包括代替部分水泥的混合材料)不宜超过 500 kg/m³,大体积混凝土水泥用量不宜超过 350 kg/m³。

(6)混凝土浇筑入模时的坍落度,应符合相关要求。

表 2.6.6-1 混凝土最大水灰比、最少水泥用量

混凝土结构所处的环境	素混凝土		钢筋混凝土/预应力混凝土	
	最大水灰比	最少水泥用量/(kg/m³)	最大水灰比	最少水泥用量/(kg/m³)
温暖地区或寒冷地区,无侵蚀物资影响、与土直接接触	0.60	250	0.55	275
严寒地区或使用除冰盐的桥涵	0.55	275	0.50	300
受侵蚀性物质影响	0.45	300	0.40	325

注:1. 本表中的水灰比,是指水与水泥(包括外掺混合材料)用量的比值。

2. 本表中的最小水泥用量,包括外掺混合材料;当采用人工捣实混凝土时,水泥用量应增加 25 kg/m³。当掺用外加剂且能有效地改善混凝土的和易性时,水泥用量可减少 25 kg/m³。

3. 严寒地区系指最冷月份平均气温≤-10 ℃且≤5 ℃的平均天数不小于 145 d 的地区。

(7)混凝土砂率的确定应符合下列规定:

1)坍落度为 10~60 mm 的混凝土砂率,可根据粗集料品种、粒径及水灰比按表 2.6.6-2 选取。

2)坍落度大于 60 mm 的混凝土砂率,可经试验确定,也可在表 2.6.6-2 的基础上,按坍落度每增大 20 mm,砂率增大 1%的幅度予以调整。

3)坍落度小于 10 mm 的混凝土及掺用外加剂和混合材料的混凝土,其砂率应经试验确定。

表 2.6.6-2　混凝土砂率　　%

水灰比	卵石最大粒径/mm			碎石最大粒径/mm		
	10	20	40	16	20	40
0.40	26~32	25~31	24~30	30~35	29~34	27~32
0.50	30~35	29~34	28~33	33~38	32~37	30~35
0.60	33~38	32~37	31~36	36~41	35~40	33~38
0.70	36~41	35~40	34~39	39~44	38~43	36~41

注:1. 本表数值为中砂的选用砂率,对细砂或粗砂,可相应地减小或增大砂率。
2. 只用一个单粒级粗集料配制混凝土时,砂率应适当增大。
3. 对薄壁构件砂率取偏大值。
4. 本表中的砂率是指砂与集料总量的质量比。

(8)在混凝土掺用外加剂,应符合以下要求:

1)在钢筋混凝土及预应力混凝土中,不得掺用氯化钙、氯化钠等氯盐。

2)钢筋混凝土中所有组成材料引入的氯离子(折合氯化物)含量:当结构物位于温暖或严寒地区、无侵蚀性物质影响及与土直接接触时,不宜超过水泥用量的 0.30%;结构物位于严寒和海水区域、受侵蚀环境和使用除冰盐的桥涵,不宜超过水泥用量的 0.15%。从各种组成材料引入的氯离子含量如大于上述数值时,应采取有效的防锈措施(如掺入阻锈剂、增加保护层厚度、提高混凝土密实性等)。

3)预应力混凝土各组成材料引入的氯离子(折合氯化物)含量,不宜超过水泥用量的 0.06%,当大于 0.06%时,宜采取防锈措施;对于干燥环境中的小型非重要构件,氯离子含量可提高一倍。

4)无筋混凝土的氯化钠、氯化钙掺用量,以干质量计不应超过水泥用量的 3%。

5)掺入加气剂混凝土的含气量为 3.5%~5.5%。

6)预应力混凝土中不得掺入加气剂及加气型减水剂。

7)结构混凝土中各种材料引入的总含碱量不应超过 3.0 kg/m^3。

8)若在混凝土中掺用混合材料,其掺量应通过试验确定。

2.6.6.3　特殊要求混凝土的配合比设计

1　泵送混凝土

（1）泵送混凝土应选用硅酸盐水泥、普通硅酸盐水泥、矿渣硅酸盐水泥和粉煤灰硅酸盐水泥，不宜采用火山灰质硅酸盐水泥。

（2）泵送混凝土所用粗集料的最大粒径：当泵送高度小于 50 m 时，对碎石不宜大于管径的 1/3，对卵石不宜大于管径的 1/2.5；泵送高度在 50~100 m 时，对碎石不宜大于管径的 1/4，对卵石不宜大于管径的 1/3；泵送高度在 100 m 以上时，对碎石不宜大于管径的 1/5，对卵石不宜大于管径的 1/4；粗集料应采用连续级配，且针片状颗粒含量不宜大于 10%。

（3）泵送混凝土宜采用中砂，其通过 0.315 mm 筛孔的颗粒含量不应小于 15%，通过 0.160 mm 筛孔的含量不应小于 5%。

（4）泵送混凝土应掺用泵送剂或减水剂，并可适量掺用粉煤灰或其他活性掺和料。当掺用粉煤灰时，其质量应符合《用于水泥和混凝土中的粉煤灰》（GB/T 1596—2017）中规定的Ⅰ级、Ⅱ级粉煤灰的要求（主要结构应掺用Ⅰ级粉煤灰）。

（5）泵送混凝土拌和物的坍落度不应小于 80 mm，泵送混凝土入泵坍落度可按表 2.6.6-3 选用。

（6）泵送混凝土的水灰比宜为 0.4~0.6。

（7）泵送混凝土的水泥用量不宜小于 300 kg/m^3。

（8）掺用引气剂型外加剂时，其混凝土含气量不宜大于 4%。

表 2.6.6-3　混凝土入泵坍落度选用表

泵送高度/m	<30	30~60	60~100	>100
坍落度/mm	100~140	140~160	160~180	180~200

2　高强度混凝土

（1）配制 C50~C80 强度等级的高强度混凝土（简称高强混凝土），应选择强度等级不低于 42.5 级的硅酸盐水泥或普通硅酸盐水泥，其活性不宜低于 57 MPa。

（2）粗集料的最大粒径宜小于 25 mm；针片状颗粒不宜大于 5%；含泥量不应大于 0.5%；泥块含量不应大于 0.2%。

（3）粗集料除进行压碎指标试验外，对碎石尚应进行岩石立方体抗压强度试验，其结果不应小于要求配制的混凝土抗压强度标准值 R 的 1.5 倍。

（4）高强混凝土宜采用中砂，其细度模数宜大于 2.6，含泥量不应大于 2.0%，泥块含量不应大于 0.5%。

（5）高强混凝土的配合比应符合本规程相关规定。当无可靠的强度统计数据及标准差数值时，混凝土的施工配制强度（平均值）对于 C50~C60 应不低于强度等级的 1.15 倍，对于 C70~C80 应不低于强度等级值的 1.12 倍。

（6）高强混凝土所用砂率及所采用外加剂和矿物掺和料的品种、掺量应通过试验确定。

(7)高强混凝土的水泥用量不宜大于 500 kg/m^3,水泥和混合材料的总量不超过 550~600 kg/m^3,粉煤灰掺量不宜超过胶结料质量的 30%,沸石粉不宜超过 10%,硅粉不宜超过 8%~10%。各种混合料的掺用种类及数量,必须通过试验并报监理单位批准后确定。

(8)高强混凝土配合比提出后,尚应进行 6~10 次重复试验进行验证。

3　大体积混凝土

(1)体积较大的,可能由于胶凝材料水化热引起的温度应力导致有害裂缝的结构混凝土(简称大体积混凝土),应在配合比确定后进行混凝土物理、热学性能测定(如劈裂抗拉强度、绝热温升),并根据现场实际工况进行大体积混凝土温度、应力场模拟计算,确定采取适当的温控措施,确保大体积混凝土不出现有害裂缝。

(2)粗集料宜采用连续级配,细集料宜采用中砂。

(3)大体积混凝土宜掺用缓凝剂、减水剂和减少水泥水化热的掺和料。

(4)大体积混凝土在保证混凝土强度及坍落度要求的前提下,应提高掺和料及集料的含量,以降低单方混凝土的水泥用量。

(5)大体积混凝土配合比确定后宜进行水化热的验算或测定。

2.6.6.4　混凝土的试配

(1)施工单位应向监理单位提交混凝土配合比设计的详细内容,以取得监理单位的批准,其内容包括:

1)水泥的品种与来源;

2)各种集料的来源;

3)用图表表示的细、粗集料标准级配细节;

4)以图表表示的组合集料标准级配细节,连同细、粗集料组合的比例细节;

5)集料与水泥的质量比;

6)水与水泥的质量比;

7)制造与养护的方法;

8)与混凝土结构类型、配筋及尺寸有关系的和易性(坍落度)。

(2)每个级别的混凝土,应先做 3 盘或更多的试配,用来估定和易性、强度、经济性、含气量、坍落度、修饰及一般外观。然后将最佳的配合比分做同样配料的三盘,每盘有 6 个 150 mm×150 mm×150 mm 立方体试件,3 个用于 7 d 的抗压试验,3 个用于 28 d 的抗压试验。对于预应力混凝土,每盘应另按《公路工程水泥及水泥混凝土试验规程》(JTG 3420—2020)规定制备 6 个 150 mm×150 mm×300 mm 试件并进行抗压弹性模量试验。所有试验按《公路工程水泥及水泥混凝土试验规程》(JTG 3420—2020)进行,且经监理单位见证。

(3)当做出符合本条要求的试拌和后,施工单位应提出每种配合比的详细资料,包括强度、各集料的级配、混合级配、配合比、水灰比、集料-水泥比及坍落度,报请监理单位批准。施工单位在随后拌制混凝土时应保持这个配合比,除非监理单位同意,不得更改。

(4)当水泥的来源、质量或者集料有改变,都必须改变配合比,重复上述程序,在新配合比使用前必须获得监理单位的批准。

(5)在每次实际拌和混凝土前,施工单位应按照监理单位批准的方法测量集料的含水率,并在用水量中予以扣除,提出供实际使用的施工配合比。

(6)当施工单位打算购买工厂的预制混凝土构件时,应向监理单位提供工厂生产的证明,内容应包括混合料比例、水灰比、和易性以及混凝土获得的 28 d 强度等详细资料,经监理单位审查批准,方可购买使用,但施工单位并不因此而免除其应承担的责任。

2.6.7 材料运输和存储

2.6.7.1 集料

(1)混凝土用的集料,在运输或工地存储时,应使其不受污染。

(2)集料应按不同尺寸运抵工地,并储存在相互分开的不同料堆中。

(3)粗集料在生产、运输与储存过程中,不得混入影响混凝土性能的有害物质。粗集料应按品种、规格分别堆放,不得混杂。在装卸及储存时,应采取措施,使集料颗粒集配均匀,并保持洁净。

2.6.7.2 水泥

(1)水泥在运输过程中必须用防水篷布或其他有效的防水覆盖物加以覆盖。散装水泥运输车辆的储料斗和筒仓,不应残留不同类型的、低级别的水泥或其他任何材料。

(2)水泥应储存足够的数量,以满足混凝土的浇筑需要。任何时候不能因水泥供应中断而暂停浇筑。

(3)施工单位应在适当地点建立完全干燥、通风良好、防风雨、防潮湿的足够容量的库房放置水泥,地板应高出地面至少 0. 3 m,以防止受潮。袋装水泥应紧密堆放,以减少空气流通,堆垛高度以不超过 12 袋为宜。堆垛应至少离开四周墙壁 200 mm,各垛之间应留置宽度不小于 700 mm 的通道;散装水泥宜在专用的仓罐中储放。散装水泥在库内储放时,水泥库的地面和外墙内侧应进行防潮处理。

(4)不同种类的水泥应储存于不同库房;不同批交货的水泥,其储存方式应便于按交货的先后次序予以使用。

(5)水泥在交货后应尽快使用,使用时应为松散流动体并没有结块。

(6)对于小型结构物使用的水泥可以露天存放,但应有高的平台和严密的防雨设施。

2.6.8 混凝土拌和

2.6.8.1 称量

(1)称量和配水机械装置,应维持在良好状态。其精确度应准确到±0. 4%,并按周期进行校核。如监理单位认为必要,应以精确的质量和体积对比进行精度校核。

(2)所有混凝土材料,除水可按体积称量外,其余均应按照质量称量。预制场或搅拌站集中拌制的混凝土,细、粗集料称量的允许偏差为±2%;水、水泥、外加剂的允许偏差为±1%。如在现场拌制混凝土,上述允许偏差可各增(+)或减(-)1%。

2.6.8.2　拌和

(1)混凝土只能按工程当时需用的数量拌和。已初凝的混凝土不得使用,不允许用加水或其他办法变更混凝土的稠度。浇筑时坍落度未在表 2.6.6-2 规定限界之内的混凝土不得使用,并应按监理单位指示处理。

(2)混凝土可在工程现场、拌和厂或搅拌车中拌和。应使用经过监理单位批准的类型和容量的搅拌设备。大型及特大型桥梁施工用拌和设备应能自动控制混合料的配合比、水灰比以及自动控制进料(各种集料、水泥、水)和出料,并自动控制混合料的拌和时间。所有搅拌设备都应始终保持良好的状况,任何不合规格及不符上述规定的设备,以及有缺陷的搅拌设备,不得用于混凝土的拌和,均须撤出工地。

(3)混凝土拌和工作,应将各种组合材料搅拌成分布均匀、颜色一致的混合物。最短连续搅拌时间,从所有材料进搅拌筒到混凝土从搅拌筒排出,应符合表 2.6.8 要求。

表 2.6.8　最短拌和时间

搅拌机型	搅拌机容量/L	不同坍落度(mm)的最短拌和时间/min		
		0~30	30~70	>70
自落式	≤400	2.0	1.5	1.0
	≤800	2.5	2.0	1.5
	≤1 200	—	2.5	1.5
强制式	≤400	1.5	1.0	1.0
	≤1 500	2.5	1.5	1.5

(4)搅拌筒的转动速度,应按搅拌设备上标出的速度操作。

(5)每盘混凝土拌和料的体积不得超过搅拌筒标出的额定容量的 10%。对额定容量每盘少于一袋水泥的搅拌设备不得使用。

(6)在水泥和集料进筒前,应先加一部分拌和用水,并在搅拌的最初 15 s 内将水全部均匀注入筒中。筒的入口应无材料积结。

(7)除非监理单位另外同意,搅拌筒拌和的第一盘混凝土粗集料数量只能用到标准数量的 2/3。

(8)在下盘材料装入前,搅拌筒内的拌和料应全部倒光。搅拌设备停用超过 30 min 时,应将搅拌筒彻底清洗才能拌和新混凝土。如改变水泥类型,应彻底清洗搅拌设备。

(9)工地现场均应准备应急的完好搅拌设备,以应付随时出现的问题。

(10)除非监理单位批准,混凝土不得使用人工拌和。当采用人工拌和时水泥的用量应较同样等级机拌混凝土规定用量多 10%,每批手拌混凝土的体积不得超过 0.5 m^3。

(11)在每次实际拌和混凝土前,施工单位应按照监理单位批准的方法测量集料的含水率,并在用水量中予以扣除,提出供实际使用的施工配合比。

(12)设备要求须配备拌和用水制冷系统。

(13)拌和设备应具备数控计量功能,水、减水剂计量必须采用电子称量法计量,称量和配水机械装置,其精确度应准确到±1%,并应至少每周校核一次。如监理单位认为必要,应以精确的质量和体积对比进行精度校核。

(14)拌和站料仓不得少于3个,料仓间挡板应具有足够高度防止串料。拌和站必须按照业主的要求安装信息采集传输装置。

(15)外加剂的存储槽内必须设置强制循环设备,确保液体的均匀性。

(16)现场检测:

1)混凝土拌和物的坍落度,应在搅拌地点和浇筑地点分别取样检测,每一工作班或每一单元结构物不应少于两次。评定时应以浇筑地点的测值为准。如混凝土拌和物从搅拌机出料起至浇筑入模时间不超过15 min,其坍落度可仅在拌制地点取样检测。在检测坍落度时,还应观察混凝土拌和物的黏聚性和保水性。

2)采用引气混凝土时,应在浇筑现场对混凝土拌和料的空气含量进行测定,对同批量混凝土每台班不少于1次。

3)在每次实际拌和混凝土前,如果集料进行了冲洗,施工单位应按照监理工程师批准的方法测量集料的含水率,并在用水量中予以扣除,提出供实际使用的施工配合比。

2.6.9　混凝土运输

(1)用以运输及存放混凝土的容器应不渗漏、不吸水,必须在每天工作后或浇筑中断超过30 min时予以清洗干净。

(2)为了避免日晒、雨淋和寒冷气候对混凝土质量的影响,当需要时,应将运输混凝土的容器加上遮盖物。

(3)采取必要措施防止混凝土在运输过程中发生离析。

(4)从加水拌和到入模的最长时间,应由试验室根据水泥初凝时间及施工气温确定,并应符合表2.6.9的规定。

表2.6.9　混凝土拌和物运输时间限制

气温/℃	无搅拌运输时间/min	有搅拌运输时间/min
20~30	30	60
10~19	45	75
5~9	60	90

注:表列时间是指从加水搅拌至入模时间。

(5)用混凝土泵或带式运输机运送混凝土时,应按《公路桥涵施工技术规范》(JTG/T 3650—2020)的相关规定执行。

2.6.10　混凝土浇筑

2.6.10.1　一般要求

(1)混凝土的浇筑方法,应经监理单位批准,并尽可能采用水泥混凝土泵送浇筑方法。

(2)浇筑混凝土前,全部支架、模板和钢筋预埋件应按图纸要求进行检查,并清理干净模板内杂物,使之不得有滞水、冰雪、锯末、施工碎屑和其他附着物质,未经监理单位检查批准,不得在结构任何部分浇筑混凝土。在浇筑时对混凝土表面操作应仔细周到,使砂浆紧贴模板,以使混凝土表面光滑并且无水囊、气囊或蜂窝。

(3)混凝土分层浇筑厚度不应超过表 2.6.10-1 规定。混凝土的浇筑应连续进行,如因故必须间断,间断时间应小于前层混凝土的初凝时间或能重塑的时间。混凝土的运输、浇筑及间歇的全部时间不得超过表 2.6.10-2 的规定。

表 2.6.10-1　混凝土分层浇筑厚度

序号	振捣方法		浇筑层厚度/mm
1	用插入式振动器		300
2	用附着式振动器		300
3	用表面振动器	无筋或配筋稀疏时	250
		配筋较密时	150
4	人工捣实	无筋或配筋稀疏时	200
		配筋较密时	150

表 2.6.10-2　混凝土的运输、浇筑及间歇的全部允许时间

混凝土强度等级	气温不高于 25 ℃的允许时间/min	气温高于 25 ℃的允许时间/min
≤C30	210	180
>C30	180	150

注:当混凝土中掺有促凝剂或缓凝剂时,其允许时间应根据试验结果确定。

(4)索塔、现浇箱梁混凝土浇筑入模温度不超过 28 ℃。大体积混凝土按“2.6.6.3　特殊要求混凝土的配合比设计”中“3　大体积混凝土”的要求执行。

(5)除非监理单位另外同意,混凝土由高处落下的高度不得超过 2 m。超过 2 m 时应采用导管或溜槽。超过 10 m 时应采用减速装置。导管或溜槽应保持干净,使用过程要避免发生离析。

(6)浇筑混凝土期间,应设专人检查支架、模板、钢筋和预埋件等稳固情况,当发现有松动、变形、移位时,应及时处理。施工过程在混凝土中预留的孔洞在施工后应用相同的混凝土修补,预留的钢构件应按本章相关规定进行防锈,以防混凝土表面被污染。

(7)为提高混凝土结构物的防腐蚀耐久性,在混凝土施工中应按图纸要求及《公路工程混凝土结构防腐蚀技术规范》(JTG/T B07-01—2006)的相关规定,重点控制好混凝土的振捣均匀、密实、混凝土的养护、钢筋的混凝土保护层厚度和控制好施工阶段的混凝土裂缝。

(8)混凝土初凝至达到拆模强度之前,模板不得振动,伸出的钢筋不得承受外力。

(9)在晚间浇筑混凝土,施工单位应具有经监理单位批准的适当的照明设施。

(10)工程的每一部分混凝土的浇筑日期、时间及浇筑条件都应保有完整的记录,供监理单位随时检查使用。

(11)在进行混凝土施工时,应在施工组织设计中采取特殊措施,缩短相接的两段混凝土部位的龄期差,如桥墩第一节段与承台之间、箱梁0#块后浇层与先浇层之间、箱梁相邻节段之间混凝土的龄期差,防止节段间混凝土收缩差导致的混凝土开裂。桥墩第一节段与承台的龄期差宜控制在7 d以内,最多不宜超过10 d。

(12)原则上不允许使用商品混凝土,如情况特殊确实需要商品混凝土,应报监理单位批准后严格按要求执行。

(13)正常气候条件下,侧模的松动、拆除需在24 h后且混凝土强度达到2.5 MPa以后;在冬季,大风降温的当天严禁拆模,当风力大于3级时,拆模时间不得早于浇筑后的3 d,同时加强混凝土养护,做到全面覆盖。在炎热或大风干燥季节,应采取逐段拆模、边拆边盖、边拆边浇水或边拆边喷涂养护剂的拆模工艺。大体积混凝土拆模时,除强度必须满足要求外,其龄期不少于14 d。

(14)分节段施工的立柱、墩身以及防撞栏须采用留接口模板的方式立模,以保证节段接缝平顺。

(15)混凝土凿毛必须配备凿毛机,施工缝凿毛标准为露出密实、分布均匀的新鲜集料,同时保留保护层外侧10 mm边缘带。

(16)墩柱施工立模时,墩柱与桩基或承台连接处,若采用砂浆找平,应禁止砂浆侵入立柱内,避免钢筋无混凝土保护层的质量隐患。桥梁防撞墙施工立模标高带采用砂浆找平也是类似要求。

(17)现浇及预制整体箱梁,混凝土拌和物入模前含气量应控制在2%~4%。

(18)浇筑混凝土时,应随混凝土浇筑的进行分阶段制作试件,不应一次全部做完。

2.6.10.2 泵送混凝土

(1)泵送混凝土在浇筑之前必须进行配合比设计及规定的预备试验并经监理单位书面批准。混凝土泵送施工工艺见《混凝土泵送施工技术规程》(JGJ/T 10—2011)相关规定。

(2)在浇筑混凝土开始之前,先泵送一部分水泥砂浆,以润滑管道。而后,最先泵出的混凝土应废弃,直到排出监理单位认可、质量一致、和易性好的混凝土为止。

(3)混凝土的泵送作业,应使混凝土连续不断地输出,且不产生气泡。泵送作业完成后,管道里面残留的混凝土应及时排出,并将全部设备彻底进行清洗。

(4)泵机开始工作后,中途不得停机,如非停机不可,停机时间一般不应超过 30 min,炎热气候下不能超过 10 min。停机期间应每隔一定时间泵动几次,防止混凝土凝结堵塞管道。

2.6.10.3　大体积混凝土的浇筑

大体积混凝土的浇筑应在一天中气温较低时进行,并应参照下述方法控制混凝土水化热温度。

(1)大体积混凝土材料要求及配合比设计,应符合本节"2.6.6.3　特殊要求混凝土的配合比设计"中"3　大体积混凝土"相关规定。

(2)减少浇筑层厚度,加快混凝土散热速度。

(3)混凝土用料要遮盖,避免日光暴晒,用冷却水搅拌混凝土,以降低入仓温度。

(4)在混凝土内埋设冷却管通水冷却。

(5)混凝土浇筑后要注意覆盖保温,加强养护。遇气温骤降的天气应注意保温,以防裂缝。

(6)大体积混凝土的施工应提前制订专项施工方案,并应对混凝土采取温度控制措施。

(7)大体积混凝土应分层、分块浇筑,分层、分块的尺寸宜根据温控设计的要求及浇筑能力合理确定;当结构尺寸相对较小或能满足温控要求时,可全断面一次浇筑。

(8)在获得监理单位的同意之后,可以在大体积混凝土内部埋设冷却管通水冷却,冷却管材质要求具有良好的导热性能。所采取的冷却措施必须确保混凝土内外温差小于 25 ℃。

(9)大体积混凝土浇筑过程中和浇筑完成后应对结构温度进行观测,必要时采取相应处理措施。

2.6.10.4　高强混凝土的浇筑

(1)高强混凝土的材料及配合比要求应符合相关规范及本节"2.6.6　混凝土配合比设计"的有关要求。

(2)配制高强混凝土必须准确控制用水量,砂石中的含水率应仔细测定后从用水量中扣除。除事先规定的部分用水可留在现场补加外,严禁在材料出机后再加水。

(3)高效减水剂宜采用后掺法,如制成溶液加入,应在用水量中扣除这部分溶液用水。

(4)加入减水剂后,混凝土拌和料在搅拌机中继续搅拌的时间当用粉剂时不得少于 60 s,当用溶液时不得少于 30 s。

(5)拌制高强度混凝土必须使用强制式搅拌机,宜采用二次投料法拌制。

(6)混凝土的浇筑应连续进行,如因故必须间断,其间断时间小于前层混凝土的初凝时间或能重塑时间。允许间断时间应经试验确定。若超过间断时间,须采取保证质量措施或按工作缝处理。

2.6.10.5　混凝土的入模温度不得超过 30 ℃。新浇混凝土与邻接的已硬化混凝土或岩土介质之间的温差不大于 20 ℃，混凝土表面的接触物(如喷涂的养护剂)与混凝土表面温度之差不大于 15 ℃。大体积混凝土入模后 30 min 的最大温升应小于 30 ℃，内部最高温度不高于 75 ℃，内表温差不大于 25 ℃，混凝土表面与大气温差不大于 20 ℃。

施工单位应采取以下措施以保持混凝土温度不超过 26 ℃：

(1)对集料及其他组成成分的遮荫、围盖或冷却。

(2)对配料、运送、泵送及其他设备的遮荫或冷却。

(3)用制冷法或埋水箱法或在部分拌和水中加碎冰以冷却拌和水，但在拌和完后，冰应全部融化。制冷用水应符合拌和用水的质量要求。

(4)在浇筑混凝土时，应避免模板和新浇混凝土受阳光直射。与混凝土接触的模板、钢筋、钢法兰盘及其他表面，在浇混凝土前应冷却至 30 ℃以下，其方法有盖以湿麻布或棉絮、喷雾状水，用保护罩覆盖或其他监理单位认可的方法。

2.6.10.6　施工单位应通过非破损探测检查现场混凝土保护层的实际厚度。其费用包括在混凝土结构费用中，不单独计量和支付。非破损方法所使用的仪器应经过计量检验，并用局部破损方法进行校准。检验操作应符合相应规程的规定。钢筋保护层厚度检测仪的检测误差不应大于 1 mm。

2.6.10.7　构件表面的保护

在混凝土浇筑过程中，应采取措施防止流浆或飞溅的水泥浆污染的构件表面，出现污染时要随时冲洗。容易受到机油污染、人员触碰的部位应予以遮盖。箱梁、盖梁等构件表面应设置截水槽、排水管，防止水直接从构件侧壁流下而造成污染。

2.6.10.8　包括电梯、塔吊在内的所有附在成品混凝土墙上的临时扶墙件必须采用预埋螺母的方式用螺栓连接，不得预埋普通钢板焊接。连接件要求进行镀锌防腐，扶墙架拆除后必须清理连接部位的混凝土表面，用掺有阻锈剂的砂浆或聚合物修补砂浆填充螺栓孔，并在 14 d 后外涂透明防水剂。

2.6.11　各类混凝土结构的混凝土浇筑

2.6.11.1　基础及墩、台

(1)一般基础及墩、台混凝土应在整个平截面范围水平分层进行浇筑，当截面过大，不能在前层混凝土初凝或能重塑前浇筑完成次层混凝土时，可分块进行浇筑。分块浇筑时应符合下列规定：

1)分块宜合理布置，各分块平均面积不宜小于 50 m^2。

2)每块高度不宜超过 2 m。

3)块与块之间的竖向接缝面应与基础平截面短边平行，与平截面长边垂直。

4)上下邻层混凝土间的竖向接缝，应错开位置做成企口，并按施工缝处理。

5)埋置式结构基础施工前，应按图纸要求处理地基，地基承载力必须符合图纸要求。

(2)采用翻转模板浇筑墩、台混凝土时,可参见上述滑升模板施工相关规定外,还应注意下列规定:

1)翻转模板在结构上应有足够的强度和刚度,制作精度应满足图纸要求。每节模板的高度视起重设备能力的大小而定,其质量以不超过 1.5~2.0 t 为宜。

2)浇筑混凝土应采用泵送,混凝土的配合比及外加剂掺量需进行选择和反复试验。

3)浇筑应分层分段进行,各段应浇筑到距模板上口不少于 100~150 mm 的位置为止。若为排柱式墩台,各立柱应保持进度一致。

4)每一整体结构的浇筑应连续进行,若因故中断,应按施工缝处理。

5)翻转模板施工是由两节模板交替轮番往上安装浇筑混凝土,须在已浇筑的混凝土强度达到 10~15 MPa 后,方可在已浇混凝土的模板上立模。

6)翻转模板的单块尺寸较大,起吊时遇风,容易产生激烈的摆动,起吊前应有所准备,采取适当的稳定措施,保证安全。

(3)高桥墩的施工,应符合下列规定:

1)高桥墩的施工可采用滑模法或施工单位习惯使用的行之有效的方法浇筑混凝土。施工单位应在施工前 28 d 将施工计划报监理单位审批。

2)施工单位应根据所采用的施工方法和施工荷载,对高桥墩进行必要的结构验算,并将验算书报监理单位审批后方可实施。

3)施工时应严格控制墩身的竖直度或斜度,控制浇筑处桥墩顶面的偏心,发现偏差应立即予以纠正。

4)混凝土浇筑宜连续进行,若浇筑过程因故中断,则中断时间不得超过前层混凝土的初凝时间,否则应按施工缝进行处理。

5)在整个高墩的施工过程,施工单位应采取措施,加强墩身混凝土的养护。

6)所有施工支架及工作平台,应具有足够的强度和刚度,同时应设置必要的安全防护设施,以确保施工安全。

7)高桥墩施工过程中,应随时进行施工部位的位移观测,做好观测记录,以便随时采取相应措施进行校正,并报送监理单位备案。

8)设计要求按大体积混凝土浇筑的索塔必须按本节相关要求进行施工。

9)当墩高超过 30 m 时,宜选用塔吊作为材料垂直提升设备;当墩高超过 40 m 时,宜选用施工电梯作为工作人员上下的提升设备。

10)设置泵管时,泵管的接头处应采用卡箍固定,并应附着在墩身上。

11)墩身混凝土的养护应采用在墩顶裸露面和墩身周边包裹土工布,并结合喷淋洒水(在支撑节模板底部周边也设置喷淋水管)或采用喷洒养护剂的方法进行养护。

2.6.11.2　柱

(1)除非监理单位另有指示,墩柱混凝土应在一次作业中浇筑完成。混凝土墩柱应在浇筑完成后最少 24 h,且混凝土强度达到设计强度的 75%以上,方可允许浇筑盖梁混凝土,但图纸上另有注明者除外。

(2)若采用滑升模板施工,应符合前款滑升模板施工的规定;当为排柱式墩台,各立柱的浇筑进度应保持一致。

(3)独柱墩施工时,应严格按图纸规定控制施工时墩顶的偏心,随时观测墩顶部位移,并做出记录,以便随时采取相应措施进行校正。施工期间应严格防止对桥墩发生意外撞击。

(4)墩身养护可采用涂养护剂养护,或用薄膜包裹墩顶滴灌养护,包裹前应先浇湿混凝土面。

(5)墩柱模板在设计时面板厚度应不小于6 mm。

(6)钢筋与模板间的保护层必须使用高强砂浆垫块,强度不低于50 MPa。

(7)为解决盖梁顶面的龟裂问题,待混凝土浇筑完成后,应采用木抹子把原浆提至表面,并初平一次;应在混凝土初凝前做粗平;初凝后再做精平。

(8)盖梁采用落地支架做支撑时,应先对盖梁下施工范围内的地基进行处理;在处理后的地基上宜浇筑混凝土垫层或铺枕木搭设支架。采用抱箍做支撑时,应采用电动扭矩扳手将螺栓逐个对称拧紧。盖梁支架不得采用预埋钢板或型钢支撑的方式。

2.6.11.3 承台

(1)在已完成的桩基上浇筑承台混凝土时搭设的支架及模板,应符合图纸及本规程相关规定。

(2)为了避免承台大体积混凝土因水化热使温度升高而导致混凝土裂缝,可采取下列几种措施:

1)在进行配合比试验时,根据图纸的强度要求,选择水化热低的水泥,改善集料级配,降低水灰比,选择优质外加剂并尽量减少水泥用量;其配合比设计应符合本规程相关规定。

2)承台厚度较大时,可分成几层较薄的浇筑层,以增加散热面,延长浇筑时间和散热时间,使混凝土升温值得以减小。每层厚度可取1.5 m左右,每层浇筑间隔时间6~7 d。大体积混凝土浇筑应符合本规范相关规定。

3)在混凝土浇筑体内,埋设冷却管通水冷却。冷却管宜采用导热性能较好并具有一定强度的输水钢管。输送冷却水时,应注意冷却水与混凝土的温差不宜过大。

2.6.11.4 支架浇筑钢筋混凝土连续梁

(1)在支架浇筑钢筋混凝土梁施工前45 d,施工单位应将施工方案(包括拟采用的施工工艺、支架图纸、静力及变形计算等)报请监理单位审批,未获批准前不得施工。

(2)软弱地基地段,应先进行地基处理,采取有效措施加固后,报请监理单位审批后,方可搭设支架。支架搭设应符合本章第2.2节相关规定。

(3)支架上浇筑混凝土时,应考虑相关因素设置施工预拱度。

(4)连续箱梁混凝土浇筑时,应按图纸要求进行施工。若图纸无规定,应从跨中向两端墩、台进行,全部混凝土宜在最初浇筑的混凝土初凝前浇筑完,若不能一次浇筑完成,可分二次,第一次先浇筑到腹板顶部,第二次浇筑顶板及翼板,在第二次浇筑前,应检查支架有无压缩及下沉，并塞紧各楔块，以减小沉降。

(5)混凝土强度未达到设计值之前，不得拆除支架。

(6)除本条规定的要求外，未涉及部分仍按有关规范的施工要求进行。

(7)技术措施和质量要求：

1)箱梁底板与腹板倒角处压板宽度应不小于 50 cm。

2)如果在软基上现浇的箱梁含有预应力横梁，则应分析在预应力束张拉前，软基沉降、箱梁自重加施工荷载作用下的应力情况，必要时可采取增加横梁内普通钢筋或提前张拉部分横梁预应力的措施来防止裂缝。

2.6.11.5　梁板预制(小箱梁)

1　台座与模板要求

(1)在软土地基路段，必须采用钢筋混凝土框架式台座，不得采用重力式张拉台座，以防不均匀沉降。在台座使用过程中，监理和施工单位必须每 2 个月对台座进行复测检查。

(2)模板的技术要求见表 2.6.11。

表 2.6.11　预制梁片模板技术要求

内容	要求
尺寸	单块板尺寸允许误差(0,-1)，拼装后最大±4.0 mm
梁板模板厚度	不小于 6 mm
底模厚度	不小于 6 mm
板面不平整度	不大于 3 mm(用 2 m 直尺及塞尺检查)
梳形板厚度	不小于 10 mm
横坡	翼缘板能根据设计要求调整横坡
相邻模板面的高低差	不大于 2 mm
两块模板之间拼接缝隙	不大于 2 mm
模板接缝错台	不大于 1 mm
芯模	使用整体收缩抽拔式钢内模
堵浆措施	使用泡沫填缝剂或高强止浆橡胶棒，严禁使用沙石、砂浆或布条
脱模剂	禁用机油、矿物油、食用油及可能污染构件的产品

(3)翼缘梳形模板应设置加劲肋，确保浇筑混凝土时模板不变形、不跑模；负弯矩张拉槽必须使用梳形模板，可内焊四根加劲钢筋进行支撑防止变形，待梁体混凝土初凝后即

可拆除。上述模板的厚度均不得小于 10 mm,保证刚度满足要求,不易变形。

2 工艺要求

(1)小箱梁钢筋骨架应先在胎膜加工好再吊装。

(2)伸缩缝及防撞护栏预埋筋、翼缘环形钢筋、端部横向连接筋必须使用钢筋定位辅助措施进行定位;与波纹管等干扰的钢筋严禁切断,应采取合理措施避开。

(3)设有负弯矩预应力管道的小箱梁,浇筑混凝土前在负弯矩波纹管穿入四根小塑料软管,防止波纹管挤压变形、漏浆,确保在进行预应力施工时的质量。塑料衬管应在混凝土初凝后及时抽出。必须按以下顺序施工负弯矩预应力:吊装后先接好负弯矩预应力波纹管—再绑扎横向湿接头钢筋—浇捣横向湿接头混凝土—湿接头混凝土强度达到后才能穿负弯矩预应力钢绞线—最后张拉。

(4)预制梁混凝土拌和物入模前含气量应控制在 2%~4%。预制梁混凝土浇筑时,模板温度宜在 5~35 ℃,拌和物入模温度宜在 5~30 ℃。

(5)在梁体混凝土振捣浇筑完成后,采用木抹子对梁顶进行抹光,初凝之前再进行二次收浆处理,最后用拉毛器拉毛。

3 技术措施及质量要求

(1)施工过程中造成的混凝土崩裂、漏浆处,不能用普通砂浆进行处理,必须用环氧砂浆进行补强。

(2)每片小箱梁或空心板等两端均应设泄水管,并确保位置准确畅通,交接梁板时架梁单位应做仔细检查。

(3)后张预制梁终拉完成后,宜在 48 h 内进行管道真空辅助压浆。

(4)封锚前要用环氧树脂涂抹锚头,封端必须采用低水灰比混凝土,配合比必须经监理批准,由监理检查签认后方可施工。如设计无要求,则混凝土强度至少应达到 40 MPa,并覆盖养护。封端混凝土养护结束后,应采用聚氨酯防水涂料对封端进行防水处理。

(5)必须及时对混凝土进行养护,避免干湿循环,梁板内箱应蓄水养护,水深应不小于 5 cm。顶面及腹板侧面养护应采用自动喷淋系统养护,喷淋系统必须具备足够水压,定时自动喷水,配备扩撒装置,确保淋湿所有外露面。

(6)当环境温度低于 5 ℃时,预制梁表面宜喷涂养护剂,采取保温措施;禁止对混凝土洒水。

(7)梁板堆放均必须采用四点支撑堆放,支撑垫块顶面位于同一平面内,误差不大于 2 mm,板梁叠放不得超过 3 层。为防止预制板梁上拱过大,存梁期不应太长,存梁期密切注意梁的累计上拱值,为避免预制板梁与现浇桥面混凝土由于龄期差别而产生过大收缩差,其时间差应控制在 6 个月内。

2.6.12 混凝土捣实

2.6.12.1 一般要求

所有混凝土,一经浇筑,应立即进行全面的捣实,使之形成密实、均匀的整体。

2.6.12.2 设备

(1)除非监理单位书面许可采用其他方法,混凝土的捣实,一般均应使用内部机械振捣；混凝土构件顶面部分，预应力混凝土构件或其他特殊地方可用外部机械振捣。

(2)振捣器的类型应经监理单位批准，振捣器应能以每分钟不小于 4 500 脉冲的频率传递振动于混凝土，使在距振捣点至少 0.5 m 以内的混凝土产生 25 mm 坍落度的可见效应。

(3)工地上应配有足够数量的处于良好状态的振捣器，以便可随时替补。

2.6.12.3　振捣

(1)振捣应在浇筑点和新浇筑混凝土面上进行，振捣器插入混凝土或拔出时速度要慢，以免产生空洞。

(2)振捣器要垂直地插入混凝土内，并要插至前一层混凝土，以保证新浇混凝土与先浇混凝土结合良好，插进深度一般为 50~100 mm。

(3)插入式振捣器移动间距不得超过有效振动半径的 1.5 倍。表面振捣器移位间距，应使振捣器平板能覆盖已振实部分 100 mm 左右。

(4)当使用插入式振捣器时，应尽可能地避免与钢筋和预埋构件相接触。

(5)模板角落以及振捣器不能达到的地方，辅以插针振捣，以保证混凝土密实及其表面平滑。

(6)不能在模板内利用振捣器使混凝土长距离流动或运送混凝土，以致引起离析。多余的自由浆宜立即清除，避免上下混凝土结合造成局部混凝土不均匀和挤压至边缘，拆模后出现泌水露砂与花脸图案。

(7)混凝土振捣密实的标志是混凝土停止下沉、不冒气泡、泛浆、表面平坦。振捣不能产生过振，避免粗集料下沉集中，造成混凝土内部不均质，同一构件中混凝土强度不一致。

(8)混凝土捣实后 1.5~24 h 之内，不得受到振动。

(9)振捣过程中严禁出现漏振、过振、振钢筋、与模板接触等现象。

2.6.13　施工缝

(1)施工缝应按图示设置。外加施工缝应经监理单位书面批准。

(2)当监理单位认为需要时，水平施工缝中，沿所有外露面，在模板内设 40 mm 宽的板条，使施工缝保持直线。

(3)在浇筑新混凝土前，施工缝的表面应用钢丝刷刷洗或凿毛。在用水刷洗时混凝土强度须达到 0.5 MPa，在人工凿毛时须达到 2.5 MPa，用风动机凿毛时须达到 10 MPa，同时应加水使混凝土保持潮湿状态直到浇筑新混凝土。

(4)在浇筑新混凝土时，老混凝土强度必须达到 1.2 MPa，如为钢筋混凝土，须达到 2.5 MPa。同时在老混凝土面上水平缝抹一层厚 10~20 mm 的 1∶2水泥砂浆，竖直缝抹一层薄纯水泥浆。

(5)下部结构混凝土的浇筑应使所有水平施工缝保持水平，并在可能时，缝位于完成结构的不暴露部位。当必须设垂直施工缝，或施工缝位于重要部位或具有抗震要求时，应有钢筋通过施工缝使结构成为整体。当施工缝为斜面时，应先凿成台阶状。当有抗渗要求时，施工缝宜做成凹形或设置止水带。

(6)施工缝混凝土的浇筑应连续进行，暴露在可见面的施工缝边线，应特别注意加以修饰，做到线条及高度整齐。

2.6.14 混凝土表面的修整

(1)所有混凝土的外露面的外形应线形正确、顺畅、光洁、颜色一致。拆模后如表面有粗糙、不平整、蜂窝或不良外观,应凿到监理单位同意的深度,并以监理单位同意的混凝土等级重新填筑和修整表面。这种修补工作要由监理单位在总体上予以同意,监理单位还可以要求将全部有缺陷混凝土清除重新浇筑。

(2)表 2.6.14 规定了各种混凝土表面应具备的形式,并涉及完工后混凝土表面所要求的纹理和平整度。由于不良模板间相互错移而引起的表面高低错开称为突变不平整,由直接测量测定。由模板的凸出或其他原因而引起的不平整称为渐变不平整,由 2 m 直尺测定。

(3)除非监理单位批准,用模板成形的混凝土表面不允许粉刷。

(4)对墩台帽、路缘石及护墙等不用模板成形的外露面,应用木镘刀修整。当湿润薄膜消失以及混凝土已相当凝固,且无浮浆浮于表面时,应用钢镘刀在加压下镘平,以形成密实、平整、均匀且无镘刀抹痕的表面。

表 2.6.14 混凝土表面修整等级及标准

等级	修整类别	修整标准
F1	模板成形的表面,埋置结构	突变不平整,不超过 30 mm
F2	模板成形的表面,一般修整	突变不平整,不超过 6 mm;渐变不平整,不超过 10 mm
F3	模板成形的表面,高标准修整	突变不平整,不超过 3 mm;渐变不平整,不超过 5 mm
U1	不用模板成形的表面,埋置结构,用刮板修整	突变不平整,不允许;渐变不平整,不超过 12 mm
U2	不用模板成形的表面,一般修整	突变不平整,不允许;渐变不平整,不超过 6 mm

注:1. F1 及 F2 类的表面修整,在拆模后除对有缺陷混凝土进行修补及填充模板系杆所留空穴外,无需再处理。仅当达不到最小厚度时,才校正表面凹陷。

2. 对于 F3 类,拆模后应修整,使具有均匀纹理及外观,亦即处于相邻模板缝之间表面这类修整,要尽一切可能减少表面孔洞。水平及垂直施工缝应正确、平整。在模板接缝所留"突鳍"或类似不平整,应用金刚砂及水磨平。

(5)用于起组合作用的不用模板的预制构件外露面,应按施工缝所述制备。

(6)除监理单位另有批准外,表面修整要求如下:

1)预制构件:

用于起组合作用的顶面　U2*

直接铺沥青混凝土的顶面　U2**

模板成形的外露面　F2

模板成形的非外露面　F1

模板成形的内部空心　F1

2)就地浇筑混凝土:

模板成形的护栏表面　F3

模板成形的外露面	F2
不用模板成形的外露面	U2
不用模板成形的埋置面	U1

注：* 按本节“2.6.13　施工缝”或图纸所示制备的施工缝。

　　* * 用硬刷刷毛。

(7)补修混凝土所用材料，应符合本规程的要求。所有填充应与孔穴表面紧密结合，在填充及养护和干燥后，应坚固、无收缩开裂及鼓形区，表面平整且与相邻表面平齐。

(8)当监理单位认为施工单位的施工过程中，混凝土因受约束而产生收缩开裂，其宽度为 0.15 mm 或大于 0.15 mm 时，施工单位应在监理单位指示下，修补这些受收缩作用的截面，即在混凝土中插入螺纹套管并压入环氧树脂溶液，使环氧树脂贯入全部开裂截面。环氧树脂硬化以后，填缝外面必要时应磨平且加色，使与相接的混凝土配合一致。

(9)混凝土表面涂层。

按照设计要求对混凝土表面进场涂层处理时，有关质量要求和检查规定按照《公路工程混凝土结构耐久性设计规范》(JTG/T 3310—2019)的相关规定执行。

2.6.15　混凝土养护

2.6.15.1　一般要求

(1)混凝土浇筑完成后，待表面收浆后尽快对混凝土进行养护，洒水养护应最少保持 7 d 或监理单位指示的天数。预应力混凝土的养护期应延长至施加预应力完成为止。

(2)构件体积较大，水泥含量较高，或采用特别养护方法进行养护的构件，其养护方法应经监理单位批准。

(3)构件不应有由于混凝土的收缩而引起的超过允许范围的裂缝。

(4)结构物各部分构件，在拆模以前均应连续保持湿润。

(5)同样构件尽可能在同一条件下养护。

(6)当结构物与流动性的地表水或地下水接触时，应采取防水措施，保证混凝土在浇筑后 7 d 之内不受水的冲刷。当环境水有侵蚀作用时，应保证混凝土在浇筑后 10 d 内以及其强度达到设计等级的 70%以前，不受水的侵袭。

(7)养护期间，混凝土强度达到 2.5 MPa 之前，不得使其承受行人、运输工具、模板、支架及脚手架等荷载。

2.6.15.2　洒水养护

(1)洒水养护宜用自动喷水系统和喷雾器，湿养护应不间断，不得成干湿循环。提供的覆盖材料应事先取得监理单位的同意。

(2)洒水养护应根据气温情况，掌握恰当的时间间隔，在养护期内保持表面湿润。

(3)气温低于 5 ℃时，应覆盖保温，不得洒水养护。

(4)新浇筑混凝土应及早开始养护，避免水分的蒸发，混凝土的湿养护不得间断，不同组成胶凝材料的混凝土湿养护最低期限宜满足表 2.6.15-1 的要求。

表 2.6.15-1 不同混凝土湿养护的最低期限

混凝土类型	水胶比	大气湿度 50%<RH<75%,无风,无阳光直射		大气湿度 RH<50%,有风,或阳光直射	
		日平均气温/℃	湿养护期限/d	日平均气温/℃	湿养护期限/d
胶凝材料中掺有粉煤灰(>15%)或矿渣(>30%)	≥0.45	5	14	5	21
		10	10	10	14
		≥20	7	≥20	7
	≤0.45	5	10	5	14
		10	7	10	10
		≥20	5	≥20	7
胶凝材料主要为硅酸盐或普通硅酸盐水泥	≥0.45	5	10	5	14
		10	7	10	10
		≥20	5	≥20	7
	≤0.45	5	7	5	10
		10	5	10	7
		≥20	3	≥20	5

(5)大掺量矿物掺和料混凝土,应注意初始保湿养护,避免新浇混凝土表面过早暴露在空气中,在结束正常养护后仍宜采取适当措施,能在一段时间内防止混凝土表面快速失水干燥。大掺量矿物掺和料混凝土结束湿养护时的现场混凝土强度不应低于 28 d 强度的 70%。

2.6.15.3 防水纸、塑料布养护

(1)防水纸的选用应尽可能采用大幅宽的。相邻纸应至少重叠 150 mm,并用胶带、玛瑞脂、胶水或其他批准的方法紧密黏合,使整个混凝土表面形成完全防水覆盖。应固定防水纸不被风吹移动。养护期内任何纸破碎或损坏时,应立即修补该部分。不应使用丧失防水性能的纸段。

(2)塑料布的使用要求同防水纸。

2.6.15.4 蒸汽养护

(1)当施工单位采用蒸汽养护时,应事先通过试验确认,对于加入外加剂的混凝土构件,经蒸汽养护后确认无有害影响,并取得监理单位的批准,才能进行蒸汽养护。

(2)用硅酸盐水泥或普通硅酸盐水泥拌制的混凝土,其配制强度应比正常养护时适当提高;用快硬水泥拌制的混凝土不得使用蒸汽养护。

(3)混凝土浇筑完毕后,应在养护棚内静放后再加温,静放时间:塑性混凝土为 2~4

h，干硬性混凝土为 1 h；掺有缓凝型外加剂的混凝土为 4~6 h；静放温度不宜低于 10 ℃。

（4）养护温度：当采用普通硅酸盐水泥时，养护温度不宜超过 80 ℃；当采用矿渣硅酸盐水泥时，养护温度可提高到 85~95 ℃。

（5）用蒸汽加热法养护混凝土时，混凝土的升、降温速度不得超过表 2.6.15-2 的规定。

表 2.6.15-2　加热养护混凝土的升、降温度速度

表面系数/m^{-1}	升温速度/（℃/h）	降温速度/（℃/h）
≥6	15	10
<6	10	5

（6）构件出池或撤除保温设施时，表面温度与环境温度之差不宜大于 20 ℃。

2.6.15.5　混凝土外观保护

预制梁、现浇箱梁、立柱、盖梁形成后，应采取保护措施防止二次污染。应使用滴水线或栏水带等方式集中规范排水，排水管伸出梁体外，非集中排水的孔均需加高孔口或临时封闭。构件表面被水泥浆溅污后，应及时清洗。

2.6.16　炎热气候的混凝土施工

在浇筑前的混凝土温度不应超过 32 ℃。施工单位应采取以下措施以保持混凝土温度不超过 32 ℃：

（1）集料及其他组成成分的遮荫或围盖和冷却。

（2）在生产及浇筑时对配料、运送、泵送及其他设备的遮阴或冷却。

（3）喷水以冷却集料。

（4）用制冷法或埋水箱法或在部分拌和水中加碎冰以冷却拌和水，但在拌和完后，冰应全部融化。

（5）与混凝土接触的模板、钢筋、钢法兰盘及其他表面，在浇混凝土前应冷却至 32 ℃以下，其方法有盖以湿麻布或棉絮、喷雾状水，用保护罩覆盖或其他认可的方法。

（6）喷洒用水及制冰用水应符合本规程第 2 章第 2.6 节的要求。

（7）桥面板及桥面铺装混凝土浇筑温度应不超过 26 ℃。蒸发率大于每小时 0.5 kg/m^2 时，则不应在桥面板、桥面铺装或其他暴露的板式结构上浇筑混凝土。

2.6.17　寒冷气候的混凝土施工

（1）如室外日平均气温连续 5 d 低于 5 ℃，混凝土工程施工除其材料及施工要求应符合本规程相关规定外，施工单位应向监理单位提交一份关于寒冷气候浇筑混凝土及养护的施工方案，详细说明所采用的施工方法和设备，保证混凝土在浇筑后的头 7 d 不低于 10 ℃。

(2)施工单位应备有足够数量的能连续记录的温度计,在头 7 d 内,约每 30 m^3 混凝土,在其附近放置一个温度计,设专人连续观测记录。对断面较大的构件,施工单位还应留测温孔测构件内部温度,其位置与数量由监理单位选定,温度记录应送交监理单位。

(3)混凝土拌和时,各项材料的温度应满足混凝土拌和所需的温度,为满足拌和温度,材料可分别加热。首先应考虑水,再为集料,水泥只保温,不得加热。材料加热的温度,按《公路桥涵施工技术规范》(JTG/T 3650—2020)相关规定办理。

(4)当确定拌和料的拌和温度时,应考虑混凝土拌和时及运输至成型的热量损失。

(5)当掺用氯化物于加热后的混合料时,混凝土初凝应不早于混凝土浇筑结束,并不得用蒸汽养护。

(6)在已硬化的混凝土上继续浇筑混凝土时,结合面应有 5 ℃或以上的温度。且在浇筑混凝土过程中仍应维持 5 ℃或以上的温度。

(7)搅拌混凝土时,搅拌时间应较表 2.6.8 规定延长 50%。

(8)施工单位在寒冷气候应对混凝土负责保护,任何由于保护不善受冻而损坏的混凝土都必须清除后重新浇筑,其责任由施工单位承担。

2.6.18 质量检验

2.6.18.1 一般要求

(1)除非监理单位另有批准,混凝土及混凝土材料的试验,均须按本节所规定的试验标准进行。

(2)所有取样应在监理单位在场的情况下由施工单位进行。

(3)试验应在监理单位批准的试验室进行,必要时可送到独立的试验室进行试验。

(4)混凝土及其原材料的取样及试验按《公路工程水泥及水泥混凝土试验规程》(JTG 3420—2020)进行。

2.6.18.2 原材料质量

(1)水泥:对进场的同厂家、同品质、同编号、同生产日期的水泥,袋装不超过 200 t 为一批、散装不超过 500 t 为一批验收,每批至少取样一次;按《水泥胶砂强度检验方法(ISO法)》(GB/T 17671—2021)、《水泥压蒸安定性试验方法》(GB/T 750—1992)、《水泥标准稠度用水量、凝结时间、安定性检验方法》(GB/T 1346—2011)、《水泥细度检验方法　筛析法》(GB/T 1345—2005)的相关规定做胶砂强度(3 d、7 d、28 d)、安定性、凝结时间、细度等项目试验。若对水泥品质有怀疑时,可委托有关单位做组成材料分析试验。

(2)在正常保管情况下,每三个月检查一次,对质量有怀疑时,应随时检查。

(3)水。非饮用水,使用前应检查其质量。如水源有变或对水质有怀疑,应及时检查。

(4)集料。碎石:对进场的同料源、同级配的碎石每 500 m^3 为一批验收,每批至少取样一次,做筛分分析试验、视相对密度试验、重度试验、含泥量试验和针、片状含量试验、压碎指标值试验。砂:对进场的同料源、同开采单位,每 200 m^3 为一批验收,每批至少取样一次,做筛分分析试验、视相对密度试验、重度试验、含泥量试验。

(5)在施工中,对集料含水率每工作班至少测定两次,天气骤变时,应酌情增加次数。

2.6.18.3　原材料称量

(1)水泥:使用散装水泥时,每工作班至少检查 4 次。使用袋装水泥时,进库前应酌情抽样检查每袋重量。

(2)水:每工作班至少检查 2 次。

(3)集料:每工作班至少检查 2 次。

(4)外加剂:每工作班至少检查 4 次。

2.6.18.4　混凝土检查

(1)初始取样。初始取样用作检验入模前的混凝土的温度、含气量和坍落度。在开始浇筑混凝土时,应对每单元(一盘,或连续体积拌和时每 10 m^3)取样,并对温度、含气量和坍落度做试验(每个单元均取样且做三种试验)。当三个连续单元的温度、含气量和坍落度的试验结果在规范规定限度之内时,可以对每 5 个连续单元,随机取其中一个单元做含气量试验或坍落度试验,或两者均做试验。但当任何随机取样的试验结果超出规范限度时,仍然要对要求的各项性质,100%取样和试验。

(2)应根据施工需要,另制取几组与结构物同条件养护的试件,作为拆模、吊装、张拉预应力、承受荷载等施工阶段的强度依据。如监理单位需要取几组对比同条件下结构物的养护效果,施工单位应无条件服从。

(3)温度、含气量和坍落度的取样应按《公路工程水泥及水泥混凝土试验规程》(JTG 3420—2020)相关规定,取样时间在混凝土出料 0.2~0.6 m^3。温度、含气量和坍落度的测定,监理单位在场情况下由施工单位进行。

(4)验收取样。验收取样用作检验混凝土强度,并按以下规定进行:

1)不同等级及不同配合比的混凝土应分别制取试样,试样应在拌和机流出点制取,预拌混凝土由自送货车流出点提取。一组试件由 3 个 150 mm×150 mm×150 mm 立方体试件组成,由施工单位在监理单位指导下完成;如果监理单位认为必要,另加 3 个立方体试件作为监理单位复检之用;用于强度预测的立方体个数由施工单位自定。

2)一般体积的结构物(如基础、墩台),每一单元制取 2 组。

3)连续浇筑大体积结构物,每 80~200 m^3 或每一工作班应制取 2 组。

4)每片梁长 16 m 以下制取 1 组,16~30 m 制取 2 组,31~50 m 制取 3 组,50 m 以上不少于制取 5 组。小型构件每批或每工作班至少制取 2 组。

5)每根钻孔灌注桩试件组数为 2~4 组,如换工作班,每工作班应制取 2 组试件。

6)小型结构物,每座、每群或每工作班不少于制取 2 组。当原材料和配合比相同,并由同一拌和站拌制时,可几座或几处合并制取 2 组。

7)一组试样的强度为组成这一组试样的 3 个立方体的 28 d 抗压极限强度的平均值。

(5)评定。抗压强度的试验验收,应按是否符合设计所示混凝土的设计等级进行评定。

1)统计方法评定。应以同样的等级、混合料和配合比的混凝土组成同一检验批。

2)一批试件≥10 组时,以统计方法按下述评定,须同时满足以下两条件:

$$R_n - K_1 S_n \geq 0.9R \qquad R_{\min} \geq K_2 R$$

式中　n——同批混凝土试件组数;

R_n——同批 n 组试件强度平均值,MPa;

S_n——同批 n 组试件强度的标准差,MPa,当 $S_n<0.06R$ 时,取 $S_n=0.06R$;

R——混凝土强度等级,MPa;

$R_{\min}$——同批各组试件中强度最低一组的值,MPa;

K_1,K_2——合格判定系数,见表 2.6.18-1。

表 2.6.18-1　K_1、K_2 值

n	10~14	15~24	≥25
K_1	1.70	1.65	1.60
K_2	0.90	0.85	0.85

3)非统计方法评定。如同批混凝土试件少于 10 组,可采用非统计方法评定。

4)须同时满足下两条件:

$$R_n \geq 1.15R \qquad R_{\min} \geq 0.95R$$

5)除上述步骤外,监理单位可以拒收任何明显有缺陷的混凝土,或通过试验并拒收任何不符合本规程要求的混凝土。

任何混凝土不符合上述规定者,或有缺陷且其位置对结构将有不能容忍的有害影响时,应令其除去,并代以合格混凝土。替代的混凝土应遵照本规程进行生产和验收。移去和重新浇筑的混凝土,其责任由施工单位承担。

2.6.18.5　混凝土基础质量检验

1　基本要求

(1)基底处理及地基承载力应满足设计要求。

(2)地基超挖后严禁回填虚土。

(3)水化热引起的混凝土内最高温度及内表温差应控制在允许范围内。

(4)施工缝的设置及处理应满足设计要求并符合施工技术规范的规定。

2　检查项目

混凝土基础检查项目见表 2.6.18-2、表 2.6.18-3。

表 2.6.18-2　扩大基础检查项目

序号	检查项目		规定值或允许偏差	检查方法和频率
1	混凝土强度/MPa		在合格标准内	按 JTG F80/1—2017 附录 D 检查
2	平面尺寸/mm		±50	尺量:长度、宽度各测 3 处
3	基础底面高程/mm	土质	±50	水准仪:测 5 处
		石质	+50,-200	
4	基础顶面高程/mm		±30	水准仪:测 5 处
5	轴线偏位/mm		≤25	全站仪:纵、横向各测 2 点

表 2.6.18-3　承台等大体积混凝土检查项目

序号	检查项目		规定值或允许偏差	检查方法和频率
1	混凝土强度/MPa		在合格标准内	按 JTG F80/1—2017 附录 D 检查
2	平面尺寸/mm	B<30 m	±30	尺量:测 2 个断面
		B≥30 m	±B/1 000	
3	结构高度/mm		±30	尺量:每边左、中、右各测 1 处
4	顶面高程/mm		±20	水准仪:测 5 处
5	轴线偏位/mm		≤10	全站仪:纵、横向各测 2 点
6	平整度/mm		≤5	2 m 直尺:每侧面每 20 m^2 测 1 处,且不少于 3 处,每处测竖直、水平两个方向

注:B 为边长或直径,计算规定值或允许偏差时按 mm 计。

3　外观质量

(1)表面应无垃圾、杂物、临时预埋件。

(2)混凝土表面不应存在《公路工程质量检验评定标准　第一册　土建工程》(JTG F80/1—2017)相关规定限制缺陷。

2.6.18.6　墩、台身及盖梁混凝土质量检验

1　基本要求

(1)模板及支架的强度、刚度、稳定性应符合施工技术规范的规定。

(2)施工缝设置及处理应符合施工技术规范规定。

2　检查项目

墩、台身及盖梁混凝土检查项目见表 2.6.18-4、表 2.6.18-5。

表 2.6.18-4　现浇墩、台身检查项目

<table>
<tr><th>序号</th><th colspan="2">检查项目</th><th>规定值或允许偏差</th><th>检查方法和频率</th></tr>
<tr><td>1</td><td colspan="2">混凝土强度/MPa</td><td>在合格标准内</td><td>按 JTG F80/1—2017 附录 D 检查</td></tr>
<tr><td>2</td><td colspan="2">断面尺寸/mm</td><td>±20</td><td>尺量:每施工节段测 1 个断面,不分段施工的测 2 个断面</td></tr>
<tr><td rowspan="3">3</td><td rowspan="3">全高竖直度/mm</td><td>H≤5 m</td><td>≤5</td><td>全站仪或垂线法:纵、横向各测 2 处</td></tr>
<tr><td>5 m<<i>H</i>≤60 m</td><td>≤<i>H</i>/1 500,且≤10</td><td rowspan="2">全站仪:纵、横向各测 2 处</td></tr>
<tr><td>H>60 m</td><td>≤H/3 000,且≤30</td></tr>
<tr><td>4</td><td colspan="2">顶面高程/mm</td><td>±10</td><td>水准仪:测 3 处</td></tr>
<tr><td rowspan="2">5</td><td rowspan="2">轴线偏位/mm</td><td>H≤60 m</td><td>≤10,且相对前一节段≤5</td><td rowspan="2">全站仪:每施工节段测顶面边线与两轴线交点</td></tr>
<tr><td>H>60 m</td><td>≤15,且相对前一节段≤5</td></tr>
<tr><td>6</td><td colspan="2">节段间错台/mm</td><td>≤3</td><td>尺量:测每节每侧面</td></tr>
<tr><td>7</td><td colspan="2">平整度/mm</td><td>≤5</td><td>2 m 直尺:每侧面每 20 m^{2}测 1 处,每处测竖直、水平两个方向</td></tr>
<tr><td>8</td><td colspan="2">预埋件位置/mm</td><td>满足设计要求,
设计未要求时≤5</td><td>尺量:每件测</td></tr>
</table>

注:*H* 为墩、台身高度,计算规定值或允许偏差时以 mm 计。

表 2.6.18-5　现浇墩、台帽或盖梁检查项目

序号	检查项目	规定值或允许偏差	检查方法和频率
1	混凝土强度/MPa	在合格标准内	按 JTG F80/1—2017 附录 D 检查
2	断面尺寸/mm	±20	尺量:测 3 个断面
3	轴线偏位/mm	≤10	全站仪:纵、横向各测 2 点
4	顶面高程/mm	±10	水准仪:测 5 点
5	支座垫石预留位置/mm	≤10	尺量:每个检查
6	平整度/mm	≤5	2 m 直尺:顺盖梁长度方向每侧面测 3 处

3　外观质量

(1)混凝土表面不应存在《公路工程质量检验评定标准　第一册　土建工程》(JTG F80/1—2017)相关规定所列限制缺陷。

(2)应无建筑垃圾、杂物和临时预埋件。

2.6.18.7　梁、板质量检验

1　基本要求

(1)支架和模板的强度、刚度、稳定性应符合施工技术规范的规定。

(2)预计的支架变形及支承的下沉量应满足施工后梁体设计高程的要求,需要消除支承不均匀沉降、非弹性变形的支架应进行预压。

(3)预埋件的设置和固定应满足设计要求并符合施工技术规范的规定。

(4)拼接粗糙面的质量和键槽的数量、质量应满足设计要求。

(5)在吊移出预制底座时,混凝土的强度不得低于设计所要求的吊装强度,预制件不得受到损伤。

2　检查项目

梁(板)预制检查项目见表 2.6.18-6。

表 2.6.18-6　梁(板)预制检查项目

<table>
<tr><th>序号</th><th colspan="4">检查项目</th><th>规定值或允许偏差</th><th>检查方法和频率</th></tr>
<tr><td>1</td><td colspan="4">混凝土强度/MPa</td><td>在合格标准内</td><td>按 JTG F80/1—2017 附录 D 检查</td></tr>
<tr><td rowspan="2">2</td><td colspan="3" rowspan="2">梁长度/mm</td><td>总长度</td><td>+5,−10</td><td>尺量:每梁顶面</td></tr>
<tr><td>梁段长度</td><td>0,−2</td><td>中线、底面两侧</td></tr>
<tr><td rowspan="7">3</td><td rowspan="7">断面尺寸/mm</td><td rowspan="4">宽度</td><td rowspan="2">箱梁</td><td>顶宽</td><td>±20 (±5)①</td><td rowspan="7">尺量:每梁测 3 个断面,板和梁段测 2 个断面</td></tr>
<tr><td>底宽</td><td>±10 (+5,0)①</td></tr>
<tr><td rowspan="2">其他梁、板</td><td>干接缝(梁翼缘、板)</td><td>±10 (±3)②</td></tr>
<tr><td>湿接缝(梁翼缘、板)</td><td>±20</td></tr>
<tr><td rowspan="2">高度</td><td colspan="2">箱梁</td><td>0,−5</td></tr>
<tr><td colspan="2">其他梁、板</td><td>±5</td></tr>
<tr><td colspan="3">顶板、底板、腹板或梁肋厚</td><td>+5,0</td></tr>
<tr><td>4</td><td colspan="4">平整度/mm</td><td>≤5</td><td>2 m 直尺:沿梁长方向每侧面每 10 m 梁长测 1 处 2 尺</td></tr>
<tr><td>5</td><td colspan="4">横系梁及预埋件位置/mm</td><td>≤5</td><td>尺量:每件</td></tr>
<tr><td>6</td><td colspan="4">横坡/%</td><td>±0.15</td><td>水准仪:每梁测 3 个断面,板和梁段测 2 个断面</td></tr>
</table>

续表 2.6.18-6

序号	检查项目		规定值或允许偏差	检查方法和频率
7	斜拉索锚面③	锚点坐标/mm	±2	全站仪、钢尺：检查每锚垫板，测水平及相互垂直的锚孔中心线与锚垫板边线交点坐标推算
		锚面角度/(°)	0.5	角度仪：检查每锚垫板与水平面、立面的夹角，各测3处

注：1. 项次3箱梁宽度括号中的数字适用于节段拼装梁段的预制。

2. 项次3对应干接缝的其他梁、板宽度括号中的数字适用于组合梁桥面板的预制。

3. 项次7仅适用于斜拉桥预制梁段。

3 外观质量

(1)混凝土表面不应存在《公路工程质量检验评定标准　第一册　土建工程》(JTG F80/1—2017)相关规定所列限制缺陷。

(2)应无建筑垃圾、杂物和临时预埋件。

2.6.18.8 混凝土附属结构施工质量检验

1 基本要求

(1)连接粗糙面的质量和键槽的数量、质量应满足设计要求。

(2)构件上的预埋件、预留孔洞的规格、位置数量应满足设计要求。

(3)护栏上的钢构件应焊接牢固，并按设计要求进行防护。

(4)护栏的断缝、假缝的设置应满足设计要求。

(5)应按设计要求的施工阶段安装护栏。

(6)桥头搭板下的地基及垫层或路面基层强度和压实度应满足设计要求。

(7)搭板与桥台的连接应满足设计要求。

2 检查项目

混凝土小型构件预制检查项目见表2.6.18-7～表2.6.18-9。

表 2.6.18-7　混凝土小型构件检查项目

序号	检查项目	规定值或允许偏差	检查方法和频率	
1	混凝土强度/MPa	在合格标准内	按JTG F80/1—2017附录D检查	
2	断面尺寸/mm	±5	尺量：测2个断面	抽查构件总数的30%
3	长度/mm	+5，-10	尺量：测中线处	

表 2.6.18-8　混凝土护栏浇筑检查项目

序号	检查项目	规定值或允许偏差	检查方法和频率
1	混凝土强度/MPa	在合格标准内	按 JTG F80/1—2017 附录 D 检查
2	平面偏位/mm	≤4	全站仪、钢尺:每道护栏每 200 m 测 5 处
3	断面尺寸/mm	±5	尺量:每道护栏每 200 m 测 5 处
4	竖直度/mm	≤4	铅锤法:每道护栏每 200 m 测 5 处
5	预埋件位置/mm	≤5	尺量:测每件

注:护栏长度不满 200 m 者,按 200 m 处理。

表 2.6.18-9　桥头搭板检查项目

序号	检查项目		规定值或允许偏差	检查方法和频率
1	混凝土强度/MPa		在合格标准内	按 JTG F80/1—2017 附录 D 检查
2	枕梁尺寸/mm	宽、高	±20	尺量:每梁测 2 个断面
		长	±30	尺量:测每梁中心线处
3	板尺寸/mm	长、宽	±30	尺量:各测 2 处
		厚	±10	尺量:测 4 处
4	顶面高程/mm		±5	水准仪:测四角及中心附近 5 处

3　外观质量

(1)混凝土表面不应存在《公路工程质量检验评定标准　第一册　土建工程》(JTG F80/1—2017)相关规定所列限制缺陷。

(2)应无建筑垃圾、杂物和临时预埋件。

(3)护栏线形无异常弯折、突变。

(4)焊缝表面不得有裂纹、焊瘤、夹渣。

(5)搭板接缝充填应无空洞、虚填。

2.7　预应力混凝土工程

2.7.1　范围

本节工作内容为预应力混凝土结构物的预应力钢材(包括钢丝、钢绞线、热轧钢筋、精轧螺纹钢筋)的供应、加工、冷拉、安装、张拉及封锚等作业;对后张预应力混凝土,尚包括预应力系统(锚具、连接器及相应的预应力钢材)的选择、试验及供应,管道形成及灌浆;以及预应力混凝土的浇筑。

2.7.2　一般要求

2.7.2.1　预应力系统

(1)施工单位选用的预应力系统,应满足图纸的要求。

(2)施工单位应至少在 56 d 以前,向监理单位提交拟采用的预应力系统的全部细节,经监理单位批准后方可用于工程中。

(3)若施工单位拟采用的预应力系统与图纸所示不一致,应提出拟采用的预应力钢材、锚固设备的细节和完整的规范,包括构件中预应力张拉顺序的安排和压浆材料方法及设备等。

(4)预应力张拉采用智能张拉系统设备。所有预应力张拉(含压浆)工作,必须有监理单位在现场进行全过程监理,并在原始记录上签字。

2.7.2.2　预制场地

(1)预制场地(包括生产预制场地、存梁场地及场内道路等)规模、场地硬化要求等必须取得监理单位的批准并满足预制构件的生产及存放要求,监理单位的批准不免除施工单位的责任和义务。存梁时间不宜超过 3 个月,特殊情况下不应超过 6 个月;存放时间超过 3 个月时,应对梁的上拱度值进行检测,当上拱度值过大将会严重影响后续桥面铺装施工或梁混凝土产生严重开裂时,则不得使用。若由于桥梁工程施工进度等因素造成生产出来的预制构件无法及时安装,出现存梁场饱和无法再堆放预制构件,施工单位必须及时解决预制构件的存放场地,其相关费用在投标报价时应综合考虑,发包人不另行支付。

(2)在属于发包人的场地被批准作为浇筑的场地之前,施工单位应向监理单位提交一份使用的平面图。在工程完成以后,应将工地的设备及废物清除,且恢复到可接收的条件。

2.7.2.3　质检证书

(1)对每次到货的预应力钢筋、钢丝、钢绞线和锚具,施工单位应向监理单位报送三份经批准的试验室签发的质检证书副本。证书内应标出对所有要求的试验结果。没有证书的钢材不得使用,也不得运入现场。

(2)每次预应力钢材到货应附以易于辨认的金属标签,标明生产工厂、性能、尺寸、熔炼炉次和日期。

2.7.2.4　施工方案

预应力混凝土工程施工前应编制施工方案,并应包括下列内容:

(1)工程概况、施工顺序及流程。

(2)预应力施工方法(包括预应力筋制作、孔道留设、预应力筋安装、预应力张拉与放松、孔道压浆和封锚等)。

(3)材料采购与检验。

(4)张拉机械设备及标定。

(5)有关工序的安排及配合。

(6)施工质量、安全要求及保证措施等。

2.7.3　材料

2.7.3.1　钢材

(1)预应力混凝土的钢筋应符合下列标准:《钢筋混凝土用钢　第2部分:热轧带肋钢筋》(GB/T 1499.2—2018)、《预应力混凝土用钢丝》(GB/T 5223—2014)、《预应力混凝土用钢绞线》(GB/T 5224—2014)、《预应力混凝土用钢棒》(GB/T 5223.3—2017)。

(2)预应力螺纹钢筋的力学性能应符合《预应力混凝土用螺纹钢筋》(GB/T 20065—2016)的规定。

(3)钢丝及钢绞线的松弛级别(Ⅰ级松弛,Ⅱ级松弛),应根据图纸所示要求,其性能应符合《预应力混凝土用钢丝》(GB/T 5223—2014)和《预应力混凝土用钢绞线》(GB/T 5224—2014)。

(4)进口的预应力钢丝或钢绞线应符合图纸对于标准强度及松弛的要求,或经监理单位认可的其他国际标准。

(5)用于预应力混凝土的钢材的制造商的质量证书应随同每批钢材交付。

(6)用于锚具装置的钢材应符合图纸要求的钢材或《优质碳素结构钢》(GB/T 699—2015)的45号钢,且应热处理,使之符合图纸要求的硬度。锚垫板的钢材应符合《碳素结构钢》(GB/T 700—2006)的Q235号钢。锚具装置应符合图纸及《预应力筋用锚具、夹具和连接器》(GB/T 14370—2015)的相关规定。

(7)预应力混凝土用钢丝和钢绞线应按《预应力混凝土用钢丝》(GB/T 5223—2014)及《预应力混凝土用钢绞线》(GB/T 5224—2014)的规定做抽样检查;锚具除逐一检查其尺寸外,还应逐一进行探伤检验。

2.7.3.2　混凝土及水泥浆

压浆材料宜采用专用压浆料或专用压浆剂配制的浆液进行压浆。所用原材料应符合《公路桥涵施工技术规范》(JTG/T 3650—2020)有关要求。

2.7.3.3　预应力钢筋管道

1　一般要求

(1)在后张预应力混凝土结构中,预应力筋的孔道宜由浇筑在混凝土中的刚性或半刚性管道构成,对一般工程,也可采取钢管抽芯、胶管抽芯、PE管及金属伸缩套管抽芯方法进行预留。

(2)浇筑在混凝土中的管道不允许有漏浆现象。

(3)管道应具有足够的强度,以使其在混凝土的质量作用下能保持原有的形状,且能按要求传递黏结应力。

(4)所有管道均应设压浆孔,还应在最高点设排气孔及需要时在最低点设排水孔。压浆管、排气管和排水管应是最小内径为20 mm的标准管或适宜的塑性管,与管道之间的连接应采用金属或塑料结构扣件,长度应足以从管道引出结构物以外。

(5)管道在模板内安装完毕后,应将其端部盖好,防止水或其他杂物进入。

2　金属螺旋管

(1)用于制造金属螺旋管的低碳钢带,应符合图纸要求及相关规范的要求,并附有出厂合格证书，其厚度不宜小于 0.3 mm。

(2)金属螺旋管进入施工现场时，除应按出厂合格证和质量保证书核对类别、型号、规格及数量外，还应按《预应力混凝土用金属波纹管》(JG/T 225—2020)相关规定对其外观、尺寸、集中荷载下的径向刚度、荷载作用后的抗渗漏等进行检验，自制的管道也应进行上述检验。所有金属螺旋管应按《公路桥涵施工技术规范》(JTG/T 3650—2020)的相关规定取样、检验，其质量符合要求后，方可使用于工程中，严禁使用不合格产品。

2.7.3.4 预应力设备

(1)所有用于预应力的千斤顶应专为所采用的预应力系统所设计，并经国家认定的技术监督部门认证的产品。

(2)施工单位应备有为监理单位所同意的校准设备，用于千斤顶校准。校准设备应配备有精确可靠的测力环或测力计，测力环或测力计应具有独立试验室颁发的校准证明。当监理单位要求时，施工单位应安排测力环或测力计在国家认定的试验机构或监理单位的中心试验室进行检验校准。

(3)千斤顶的精度应在使用前校准，千斤顶一般使用超过 6 个月或 300 次，以及在使用过程中出现不正常现象时，应重新校准。测力环或测力计应至少每 2 个月进行重新校准，并使监理单位认可。任何时候在工地测出的预应力钢筋延伸量有差异时，千斤顶应进行再校准。

(4)用于测力的千斤顶的压力表，其精度应不低于 1.5 级。校正千斤顶用的测力环或测力计应有±2%的读数精度。压力表应具有大致 2 倍于工作压力的总压力容量，被量测的压力荷载应在压力表总容量的 1/4~3/4 范围内，除非在量程范围建立了精确的标定关系。压力表应设于操作者肉眼可见的 2 m 距离以内，使其能无视觉差地获得稳定和不受扰动的读数。每台千斤顶及压力表应视为一个单元且同时校准，以确定张拉力与压力表读数之间的关系曲线。

(5)采用真空辅助压浆工艺应准备足够的满足压浆工艺需要的并经监理单位批准的智能搅拌压浆设备。

(6)智能搅拌压浆设备在使用前应进行检验校准。对张拉设备应对力和位移传感器、持荷时间等进行检验校准。

2.7.4 预应力钢材的搬运、存放和保护

2.7.4.1 运输

(1)为防止预应力钢材在装运与储存中受到物理损害和腐蚀，应将预应力钢材包装于集装箱或装运箱内。任何受到损害和腐蚀的预应力钢材不得使用。

(2)集装箱或装运箱应清晰地标明搬运注意事项及所用防腐剂的型号、种类和数量等。

2.7.4.2 存放

(1)预应力钢材使用前应存放在集装箱内或木箱内，或在离开地面的清洁、干燥环境中放置，并应覆盖防水帆布。

(2)钢丝的存放应以大直径卷盘,卷盘直径应不小于钢丝直径的 400 倍。

(3)锚具运输和存放时,应防止机械损伤和锈蚀。

2.7.4.3　保护

(1)对在混凝土浇筑及养护之前安装在管道中但在下列规定时限内没有压浆的预应力筋,应采取防止锈蚀或其他防腐蚀的措施,直至压浆或将其浇入混凝土中。

(2)不同暴露条件下,未采取防锈措施的力筋在安装后至压浆时的容许间隔时间如下:

1)空气湿度大于 70%或盐分过大时为 7 d;

2)空气湿度 40%~70%时为 15 d;

3)空气湿度小于 40%时为 20 d。

(3)预应力材料必须保持清洁,在存放和搬运过程中应避免机械损伤和有害的锈蚀。如进场后需长时间存放,必须安排定期的外观检查。

(4)预应力筋和金属管道在仓库内保管时,仓库应干燥、防潮、无腐蚀气体和介质;在室外存放时,时间不宜超过 6 个月,不得直接堆放在地面上,必须采取垫以枕木并用苫布覆盖等有效措施,防止雨露和各种腐蚀性气体、介质的影响。

(5)锚具、夹具和连接器均应设专人保管。存放、搬运时均应妥善保护,避免锈蚀、沾污、遭受机械损伤或散失。临时性的防护措施应不影响安装操作的效果和永久性防锈措施的实施。

(6)预应力筋安装在管道中后,管道端部开口应密封以防止湿气进入。采用蒸汽养护时,在养护完成之前不应安装预应力筋。

(7)任何情况下,当在安装有预应力筋的构件附近进行电焊时,对全部预应力钢材均应进行保护,防止溅上焊渣或造成其他损坏。

2.7.5　预应力钢材的加工和装置

2.7.5.1　钢绞线的制作

(1)钢绞线进场后,必须按相关规定对其强度、外形尺寸、物理及力学性能等进行严格试验。锚头应进行裂缝探伤检验,夹片应进行硬度检验,锚具应进行锚具-钢绞线组装件的锚固性能试验。同时应根据实测的弹性模量和截面积对计算引伸量作修正。

(2)钢绞线下料,应按设计孔道长度加张拉设备长度加预留锚外不少于 100 mm 的总长度下料。切割时,应在每端离切口 30~50 mm 处用铁丝绑扎,平放用砂轮切割。

(3)体内预应力钢绞线编束时须按各束理顺,每隔 1~1.5 m 用铁丝捆扎,铁丝扣应向里,绑好的钢绞线束,应编号挂牌存放。

(4)钢绞线应该妥善保管,避免刻痕及严重腐蚀。使用前必须对其强度、引伸率、弹性模量及外形尺寸进行严格检验、测试。

(5)体外预应力束应满足单根绞线穿束、张拉、更换要求,体外预应力体系的防护应满足设计要求。在张拉端和锚固端的钢绞线需采取与钢绞线斜拉索相同的防腐措施,通过防护帽、密封器将剥去 PE 保护层的锚固段钢绞线完全保护起来,通过灌注油脂将锚具、夹片、钢绞线全面浸泡在油脂之中。

(6)体外预应力转向器须保证钢束在转向过程中钢绞线间位置平行,使得钢绞线能均匀受力,减小钢绞线磨损,并且能够方便有效地进行单根换束。体外预应力束张拉时需注意其在转向块处束的分布,以保证束的形状。

(7)体外索在厂内根据需要长度下料,成盘运至施工现场安装。钢绞线下料长度应结合张拉工艺确定,并用砂轮切割机切割下料。体外预应力筋、PE 护套及建筑脂、建筑结构膏、热收缩套管等材料的各项技术性能应符合设计要求和国家现行有关标准的规定。体外预应力体系的防腐状态必须做到可检测和可监控的要求。

(8)体外束所用的单根无黏结钢绞线外包高密度聚四氟乙烯管及管内填充的防腐油脂、体外索的锚具等材料均应符合设计要求,并取得监理单位认可。

(9)挤压锚在批量生产之前应进行形式检验,批量生产后按照 2%的比例抽检锚固性能。

2.7.5.2 预应力钢绞线的安装和保护

(1)体内预应力钢绞线应对号穿入波纹管内,同一孔道穿束应整束穿或用穿索机将钢绞线逐根穿入。孔道内应畅通,无水和其他杂物。

(2)体外预应力钢绞线应逐根穿入,穿束时应在钢绞线下设置塑料滚轮、麻袋等保护措施,保证体外束保护层不受损坏。

(3)任何情况下,当在安装有预应力筋的构件附近进行电焊时,对全部预应力筋和金属件均应进行保护,防止溅上焊渣或造成其他损坏。

2.7.6 预应力钢筋管道的安装和成形

2.7.6.1 一般要求

(1)预应力管道的形式,应符合图纸所示。若施工单位变更管道形式,必须经监理单位批准。

(2)管道应按图纸所示位置牢靠地固定。管道上若出现意外的孔洞,应在浇筑混凝土以前修补好。

(3)当使用金属软管时,接缝数量应尽可能保持最少。每个接缝处都应严格加以密封,防止任何材料进入。

(4)在穿钢丝束以前,所有管道端部均应密封并加以保护。

2.7.6.2 波纹管的安装

(1)波纹管在安装前应通过 1 kN 径向力的作用下不变形,同时应做灌水试验,以检查有无渗漏现象,确无变形、渗漏现象时才可使用。

(2)波纹管的连接,应采用大一号同型波纹管作接头管,接头管长 200 mm。波纹管连接后用密封胶带封口,避免混凝土浇筑时水泥浆渗入管内造成管道堵塞。

(3)安装波纹管位置应准确,采用钢筋卡子以铁丝绑扎固定,避免管道在浇筑混凝土过程中产生移位。

(4)波纹管如有反复弯曲,在操作时应注意防止管壁破裂,同时应防止邻近电焊火花浇筑管壁。如有微小破损,应及时修补并得到监理单位的认可。

(5)波纹管及其接头应有足够的密封性以防止水泥浆渗漏及抽真空时漏气;且其强度应足以保持管道的形状,以防止在搬运和浇筑混凝土的过程中损坏。浇筑混凝土之前,圆形波纹管宜预穿芯棒,扁波纹管宜穿入数根小芯棒,防止波纹管在浇筑时挤压变形、漏浆,芯棒应在混凝土初凝后及时抽出。

(6)波纹管与锚垫板的连接:用同一材料同一规格连接头连接,连接后用密封胶封口。

(7)穿钢束前采用空气压缩机清除管道杂质,预应力钢束张拉完成后 48 h 内必须压浆。

(8)管道安装前,应按图纸示出的管道坐标进行放样。预应力筋预留孔道的尺寸与位置应准确,孔道应平顺,端部的预埋钢垫板应垂直于孔道中心线。体内预应力管道应严格按照钢束曲线要素定位,钢束直线段按间距 80 cm 设置定位钢筋,在钢束曲线段定位钢筋间距加密至 50 cm,如施工需要曲线段还可适当加密,波纹管应固定在定位钢筋上用铁丝扎紧,定位网应焊接和定位牢固使其在混凝土浇筑期间管道不产生位移。施工时应注意预应力钢束防崩钢筋的设置,防崩钢筋必须包住预应力管道并与箱梁主受力钢筋焊结。

(9)安装波纹管时,严禁人踩和挤压,如与普通钢筋发生冲突,适当移动普通钢筋,以保证管道位置准确。

(10)钢绞线应对号穿入波纹管内,同一孔道穿束应整束整穿或用穿索机将钢绞线逐根穿入。逐根穿入前应对钢绞线编号,如发现扭转,必须重新穿束。穿束前应检查锚垫板和孔道,锚垫板应位置准确,孔道内应畅通,无水和其他杂物。

(11)对在混凝土浇筑之前穿束的管道,预应力束安装完成后,应进行全面检查,以查出可能被损坏的管道。在混凝土浇筑之前,必须将管道上一切非有意留的孔、开口或损坏之处修复,并应检查预应力束能否在管道内自由滑动。

(12)波纹管的接长连接:采用专用焊接机进行焊接或应采用本身具有密封性能且带有观察管的塑料结构连接器连接,避免浇筑混凝土时水泥浆渗入管内造成管道堵塞。

(13)波纹管与排气管的连接:在需设置排气管处,应采用带有排气管的密封连接器连接,其密封性能应满足真空度要求。

2.7.6.3　其他材料管道的安装

(1)在桥梁的某些特殊部位,若图纸有规定或监理单位要求,可采用符合要求的平滑钢管和高密度聚乙烯管。

(2)用作管道的平滑钢管和聚乙烯管的管壁厚不得小于 2 mm。管道内横截面不宜小于预应力筋净截面的 2 倍,如果由于某种因素,管道与预应力筋的面积比小于上述规定,则应通过试验验证其能进行正常管道压浆作业,对于超长钢束的管道,亦应通过试验来确定其面积比。试验结果均应报监理单位审查。

(3)预应力管道制孔采用胶管抽芯法时,应按图纸要求位置妥善固定胶管以防走样,胶管内应插入芯棒或充以压力水,以增加刚度。

(4)预应力管道制孔采用钢管抽芯法时,钢管表面应光滑,焊接接头应平整。

(5)制孔抽芯时间应通过试验确定,以混凝土抗压强度达到 0.4~0.8 MPa 时为宜,抽拔时不应损伤结构混凝土。

(6)抽芯法制孔后,应用通孔器或压气、压水等方法对孔道进行检查,如发现孔道堵塞或有残留物或与邻孔有串通,应及时处理,并报监理单位审查。

2.7.7 预应力混凝土的浇筑

2.7.7.1 一般要求

(1)模板、钢筋、管道、锚具和预应力钢材经监理单位检查并批准后,方可浇筑混凝土。

(2)预应力混凝土的浇筑及养护,除按本规程相关规定执行外,尚应符合下列要求。

1)浇筑混凝土时,应保持锚塞、锚圈和垫板位置的正确和稳固。

2)在混凝土浇筑和预应力钢筋张拉前,锚具的所有支承表面(例如垫板)应加以清洗。

3)拌和后超过 45 min 的混凝土不得使用(图纸另有规定或掺外加剂的混凝土除外)。

4)简支梁梁体混凝土应水平分层,一次浇筑完成。梁体混凝土体积较大时,可采用本节相关方法。浇筑箱形梁段混凝土时,应尽可能一次浇筑完成;梁身较高时也可分两次或三次浇筑;梁身较低时可分为两次浇筑。分次浇筑时,宜先底板及腹板根部,其次腹板,最后浇顶板及翼板,注意事项可参照《公路桥涵施工技术规范》(JTG/T 3650—2020)相关规定执行。

5)为避免孔道变形,不允许振捣器触及套管。

6)梁或空心板端部锚固区,为了保证混凝土密实,宜使用外部振捣器加强振捣,集料尺寸不要超过两根钢筋或预埋件间净距的一半。

7)混凝土立方体强度尚未达到 15~20 MPa 时,不得拆除模板。

8)混凝土养护时,对为预应力钢束所留的孔道应加以保护,严禁将水和其他物质灌入孔道,并应防止金属管生锈。养护的注意事项可参照《公路桥涵施工技术规范》(JTG/T 3650—2020)相关规定执行。

(3)对于后张预应力混凝土结构,浇筑混凝土时应特别注意避免振捣器碰撞预应力筋的管道、预埋件等。

(4)浇筑混凝土时,应随混凝土浇筑的进行分阶段制作试件,不应一次全部做完。

2.7.7.2 支架法浇筑预应力混凝土箱梁

(1)各梁段应严格控制箱梁截面尺寸,施工误差应控制在施工允许的误差范围内。注意连接部位的衔接,避免出现错台;箱梁顶板施工的平整度应控制在±5 mm/2 m 以内。桥面板混凝土浇筑时应采用专门的桥面平整机械进行整平。

(2)支架法制梁的支座安装应符合本章相关规定,支架法制梁的活动支座安装,除根据温度变化和混凝土收缩徐变调整上下座板的相对位置外,还应计入混凝土梁在预应力作用下的梁长压缩量。

2.7.8　后张法预应力

2.7.8.1　一般要求

(1)施工单位在张拉开始前,应向监理单位提交详细说明、图纸、张拉应力和延伸量的静力计算,请求审核。

(2)施工单位应选派富有经验的技术人员指导预应力张拉作业。所有操作预应力设备的人员,应通过设备使用的正式训练。

(3)所有设备应最少每间隔两个月进行一次检查和保养。

(4)预应力张拉中,如果发生下列任何一种情况,张拉设备应重新进行校验:

1)使用时间超过 6 个月;

2)张拉次数超过 300 次;

3)使用过程中千斤顶或压力表出现异常情况;

4)千斤顶检修或更换配件后。

2.7.8.2　施工要求

(1)除非另有书面允许,张拉工作应在监理单位在场时进行。

(2)张拉预应力钢材时的气温不宜低于 5 ℃。

(3)张拉即将开始前,所有的预应力钢材在张拉点之间应能自由滑动,同时构件可以自由地适应施加预应力时产生的水平移动和垂直移动。

(4)预应力束张拉时,混凝土强度大于或等于 90%的设计强度,弹性模量达到混凝土 28 d 弹性模量的 90%且龄期不小于 7 d 时才允许进行预应力张拉。张拉力应按图纸规定,边张拉边量测伸长值。

(5)预应力筋的张拉顺序应符合图纸规定,当图纸未规定时,可采取分批、分阶段对称张拉。

(6)预应力张拉以设计为准。

(7)当仅从一端张拉时,应精确量测另一端的回缩量,并从千斤顶量测的伸长值中适当给予扣除。

(8)图纸所示的控制张拉力为在锚固前锚具内侧的拉力。在确定千斤顶的拉力时,应考虑锚圈口预应力损失。这些增加的损失以采用的预应力系统及通过现场测验而定,但一般对钢绞线为 3%的千斤顶控制张拉力,对钢丝为 5%的千斤顶控制张拉力。

2.7.8.3　张拉步骤

(1)除图纸有规定或监理单位另有指示外,张拉程序可按表 2.7.8-1 进行。

(2)初始拉力(一般为张拉力的 10%~15%)是把松弛的预应力钢材拉紧,此时应将千斤顶充分固定。在把松弛的预应力钢材拉紧以后,应在预应力钢材的两端精确地标以记号,预应力钢材的延伸量或回缩量即从该记号起量。张拉力和延伸量的读数应在张拉过程中分阶段读出。当预应力钢材由很多单根组成时,每根应做出记号,以便观测任何滑移。预应力钢材实际伸长值 ΔL,除上述测量伸长值外,应加上初应力时的推算伸长值,即

$$\Delta L = \Delta L_1 + \Delta L_2 \qquad (2.7.8)$$

式中　ΔL_1——从初始拉力至最大张拉力间的实测伸长值，mm；

ΔL_2——初始拉力时的推算伸长值，mm，可采用相邻级的伸长值。

表 2.7.8-1　后张法预应力筋张拉程序

锚具和预应力筋类别		张拉程序
夹片式等具有自锚性能的锚具	钢绞线束、钢丝束	低松弛力筋：0→初应力→σ_{con}（持荷 5 min 锚固）
其他锚具	钢绞线束	0→初应力→1.05σ_{con}（持荷 5 min）→σ_{con}（锚固）
	钢丝束	0→初应力→1.05σ_{con}（持荷 5 min）→0→σ_{con}（锚固）
螺母锚固锚具	螺纹钢筋	0→初应力→σ_{con}（持荷 5 min）→0→σ_{con}（锚固）

注：1. 表中 σ_{con} 为张拉时的控制应力，包括预应力损失值。

2. 两端同时张拉时，两端千斤顶升降压、划线、测伸长、插垫等工作基本一致。

3. 超张拉数量超过《公路桥涵施工技术规范》（JTG/T 3650—2020）第 7.6.3 条规定的最大超张拉应力限值时，应按该条规定的限值进行张拉。

（3）预应力钢材张拉后，应测定预应力钢材的回缩与锚具变形量，对于钢制锥形锚具和夹片锚具，均不得大于 6 mm，对于镦头锚具不得大于 1 mm。如果大于上述允许值，应重新张拉，或更换锚具后重新张拉。

（4）预应力钢筋的断丝、滑丝，不得超过表 2.7.8-2 规定，如超过限制数，应进行更换，如不能更换，在许可的条件下，可提高其他束的控制张拉力，作为补救措施，但须满足设计上各阶段极限状态的要求。

表 2.7.8-2　后张预应力筋断丝、滑移限制数

类别	检查项目	控制数
钢丝束和钢绞线束	每束钢丝断丝或滑丝	1 根
	每束钢绞线断丝或滑丝	1 丝
	每个断面断丝之和不超过该断面钢丝总数的	1%
单根钢筋	断丝或滑移	不允许

注：超过表列控制数时，原则上应更换。当不能更换时，在许可的条件下，可采取补救措施，如提高其他束预应力值，但须满足设计上各阶段极限状态的要求。

（5）当计算延伸量时，应根据试样或试验证书确定弹性模量。

（6）在张拉完成以后，测得的延伸量与计算延伸量之差应在±6%以内，否则，监理单位可指示采取以下的若干步骤或全部步骤：

1）重新校准设备。

2）对预应力材料做弹性模量检验。

3）放松预应力钢材重新张拉。

4)预应力钢材用滑润剂以减少摩擦损失。仅水溶性油剂可用于管道系统,且在灌浆前清洗掉。

5)原先如仅一台千斤顶张拉,可改为两端用两台千斤顶张拉。

6)监理单位指示的其他方法。

7)监理单位可以要求按照《公路桥涵施工技术规范》(JTG/T 3650—2020)相关规定进行摩擦损失试验。

(7)当监理单位对预应力张拉认可后,预应力钢材应予锚固。放松千斤顶压力时应避免震动锚具和预应力钢材。

(8)预应力钢材在监理单位认可后才可截割露头。梁端锚口应按图纸所示用水泥砂浆封闭。

2.7.8.4　记录及报告

每次预应力张拉以后,如监理单位要求,应将下列数据抄录给监理单位。

(1)每个测力计、压力表、油泵及千斤顶的鉴定号。

(2)测量预应力钢材延伸量时的初始拉力。

(3)在张拉完成时的最后拉力及测得的延伸量。

(4)千斤顶放松以后的回缩量。

(5)在张拉中间阶段测量的延伸量及相应的拉力。

2.7.8.5　箱梁预应力钢绞线张拉

(1)预应力筋的张拉顺序应符合要求,在张拉预应力时,节段应该不受约束。

(2)箱梁纵向预应力束采取两端整束张拉,顶板横向预应力束采取单端单根张拉。

(3)施工单位在张拉束开始前,应向监理单位提交详细说明、图纸、张拉应力和延伸量的静力计算,请求审核。

(4)施工单位应先派富有经验的技术人员指导预应力张拉作业。所有操作预应力设备的人员,应通过设备使用的正式训练。

(5)除非另有书面允许,张拉工作应在监理单位在场时进行。

(6)预应力筋的张拉控制应力应按《公路桥涵施工技术规范》(JTG/T 3650—2020)相关规定执行。在初期当梁进行张拉时应按该《公路桥涵施工技术规范》(JTG/T 3650—2020)相关规定进行喇叭口及孔道摩阻损失测定,根据实际结果对张拉控制应力予以调整。

(7)张拉预应力钢材时的温度不宜低于 5 ℃。

(8)预应力束张拉时,混凝土强度大于或等于 90%的设计强度,弹性模量达到混凝土 28 d 弹性模量的 90%且龄期不小于 7 d 时才允许进行预应力张拉。在张拉预应力束过程中,应放松部分梁段的吊杆,直至所有钢束张拉完毕。

(9)预应力钢束张拉应严格按照设计提供的张拉顺序和张拉控制力及有关要求进行,当设计未规定时,可采取分批、分阶段张拉。

(10)箱梁两侧腹板应对称张拉,其不平衡最大不超过一束。同束钢绞线应由两端对称同步张拉,千斤顶升、降压速度相近。

(11)预应力筋按设计要求一次张拉到位。

张拉到 σ_{con} 后,关闭主油缸油路,测量钢绞线伸长值,若持荷 5 min 后油压稍有下降,须补油到设计吨位的油压值,千斤顶回油,夹片自动锁定,该束张拉结束,做好记录。

(12)预应力钢绞线束采用张拉力与伸长量双控,并以张拉力控制为主,以伸长值校核。钢束实际张拉伸长量应扣除钢束非弹性变性影响,钢束实际张拉伸长量与理论伸长量误差不应大于+6%～-6%。每端钢丝回缩量应控制在 6 mm 以内。

(13)除非钢筋的两端都受力,当施加了大约全部预应力的 10%时,应检查位于尽端的楔块的紧固程度。在测量受力端应力伸长阶段,应同时量测各个楔块的位移。

(14)体外索应能保证钢绞线受力时能在管内自由滑动,其张拉顺序应符合设计要求。

(15)体外索的锚固设施应能充分发挥作用,并做好预应力筋和锚头防腐措施。

(16)施工单位应按图纸要求做好箱梁体外预应力防护装置施工,构造应满足图纸要求,其详细构造及工程数量由厂商提供。

(17)体外索减震定位装置按图纸规定设置,无规定时每 2 m 设置一件。

体外索减震定位装置应根据不同位置按图纸要求来加工"底板减振定位装置""顶板减振定位装置"。

2.7.9　孔道压浆

2.7.9.1　压浆设备

(1)水泥浆拌和机应能制备具有胶稠状的水泥浆。水泥浆泵应可连续操作,对于纵向预应力管道,能进行 0.7 MPa 的恒压作业;对于竖向预应力钢材管道的压浆最大压力,能进行 0.4 MPa 的恒压作业。

(2)水泥浆泵应是活塞式的或排液式的,泵及其吸入循环系统应是完全密封的,以避免气泡进入水泥浆内。它应能在压浆完成的管道上保持压力,且装有一个喷嘴,该喷嘴关闭时,导管中无压力损失。

(3)压力表在第一次使用前及此后监理单位认为需要时应加以校准。所有设备在灌浆操作中至少每 3 h 用清洁水彻底清洗一次,每天使用结束时也应清洗一次。

(4)各类预应力混凝土桥梁的纵向预应力筋、预应力混凝土箱梁桥的横向预应力筋,均应采用真空辅助压浆。宜采用水环式真空泵,循环水用自来水,水温不超过 40 ℃,其抽真空能力应大于 90%(-0.09 MPa),抽真空效率不小于 40 m^3/h。

(5)应采用有称重计量装置的高速搅拌设备和智能压浆设备压浆。搅拌机转速不低于 1 000 r/min。

2.7.9.2　压浆

(1)压浆材料采用专用压浆料或专用压浆剂配制的浆液进行压浆。所用原材料应符合《公路桥涵施工技术规范》(JTG/T 3650—2020)有关要求。严禁掺入铝粉、含氯盐类、亚硝酸盐类或其他对预应力筋有腐蚀作用的外加剂。

(2)当监理单位认为需要时,应进行压浆试验。

(3)压浆前,应将锚具周围的钢丝间隙和孔洞填封,以防冒浆。

(4)压浆时,每一工作班应制作留取不少于 3 组试样(尺寸改为 40 mm×40 mm×160

mm)，标准养护 28 d，进行抗压强度和抗折强度试验，作为水泥浆质量评定依据。

(5)当气温或构件温度低于 5 ℃时，不得进行压浆。水泥浆温度不得超过 32 ℃。

(6)管道压浆应尽可能在预应力钢筋张拉完成和监理单位同意压浆后立即进行，一般不得超过 14 d。必须有监理单位在场，才允许进行管道压浆。压浆时，对曲线孔道和竖向孔道应由最低点的压浆孔压入，并且使水泥浆由最高点的排气孔流出，直到流出的稠度达到注入的稠度。管道应充满水泥浆。简支梁的管道压浆，应自梁一端注入，而在另一端流出，流出的稠度须达到规定的稠度。

(7)水泥浆自调制至压入孔道的延续时间，一般不宜超过 30~45 min，水泥浆在使用前和压注过程中应经常搅动。

(8)出气孔应在水泥浆的流动方向一个接一个地封闭，注入管在压力下封闭直至水泥浆凝固。压满浆的管道应进行保护，使在一天内不受振动，管道内水泥浆在注入后 48 h 内，结构混凝土温度不得低于 5 ℃，否则应采取保温措施。当白天气温高于 35 ℃时，压浆宜在夜间进行。在压浆后两天，应检查注入端及出气孔的水泥浆密实情况，需要时进行处理。

(9)孔道压浆施工记录包括：压浆材料、配比、压浆日期、搅拌时间、出机初始流动度、浆液温度、环境温度、稳压压力及时间，采用真空压浆工艺尚应包括真空度。采用智能压浆设备压浆的，应及时打印各次压浆记录。

(10)灰浆进入压浆泵前应通过 1.2 mm 的筛网进行过滤。

(11)压浆用水宜采用符合国家卫生标准的清洁饮用水，每升水中不得含有 350 mg 以上的氯化物离子或任何一种其他有机物。

(12)压浆前除进行常规浆体配比试验外，还应进行斜管试验、密实度试验和模拟压浆试验。

(13)水泥浆自调制至压入孔道的延续时间，不宜超过 40 min，水泥浆在使用前和压注过程中应保持流动状态。

(14)压浆结束后，立即用高压水对箱梁表面进行冲洗，防止浮浆黏结，影响垫层混凝土黏结质量。

2.7.10　质量检验

2.7.10.1　预应力筋的加工和张拉

1　基本要求

(1)预应力束中的钢丝、钢绞线应顺直，不得有缠绞、扭结现象，表面不得有损伤。

(2)单根钢绞线不得断丝，单根钢筋不得断筋或滑移。

(3)同一截面预应力筋接头面积应不超过预应力筋总面积的 25%，接头质量应符合施工技术规范的规定。

(4)预应力筋张拉或放张时混凝土强度和龄期应满足设计要求，应按照设计要求的张拉顺序进行操作。

(5)预应力钢丝采用镦头锚时，镦头应圆整，不得有斜歪或破裂现象。

(6)管道应安装牢固，接头密合，弯曲圆顺。锚垫板平面应与孔道轴线垂直。

(7)张拉设备应配套标定和使用,并不得超过标定期限使用。

(8)锚固后预应力筋应采用机械切割,外露长度符合设计要求。

2　检查项目

预应力筋的加工和张拉检查项目见表 2.7.10-1。

表 2.7.10-1　后张法检查项目

序号	检查项目		规定值或允许偏差	检查方法和频率
1	管道坐标/mm	梁长方向	±30	尺量:每构件抽查 30%的管道。每个曲线段测 3 点,直线段每 10 m 测 1 点;锚固点及连接点全部测
		梁宽方向	±10	
		梁高方向	±10	
2	管道间距/mm	同排	±10	尺量:每构件抽查 30%的管道,测 2 个断面
		上下层	±10	
3	张拉应力值/MPa		满足设计要求	查油表读数或智能张拉数据:每根检查
4	张拉伸长率/%		满足设计要求,设计未要求时±6	尺量或查智能张拉数据:每根检查
5	断丝滑丝数		每束 1 根,且每断面总数不超过钢丝总数的 1%	目测:每根检查

3　外观质量

(1)预应力筋应无油污、锈迹,锚具、连接器表面应无裂纹、油污、锈迹,外套管应无裂纹、机械损伤。

(2)预应力筋及管道线形不得出现弯折。

(3)预应力管道应无破损、连接松脱。

2.7.10.2　预应力管道压浆及封锚

1　基本要求

(1)浆体的各项技术性能应符合施工技术规范规定并满足设计要求。

(2)预应力管道在压浆前应清除内部的杂物及积水。采用真空辅助压浆时,其气密性应达到有关技术规范的规定。

(3)管道最高位置应设置排气孔,排气、排水孔应在原浆溢出后方可封闭。

(4)应在设计要求的时间内进行压浆,同一管道压浆应连续一次完成。不得有漏压浆的管道。

(5)压浆过程中及压浆完成后 48 h 内,环境温度低于 5 ℃时应采取防冻或保温措施。

(6)应按设计要求浇筑封锚混凝土。

2　检查项目

预应力筋的加工和张拉检查项目见表 2.7.10-2。

表 2.7.10-2　预应力管道压浆及封锚检查项目

序号	检查项目	规定值或允许偏差	检查方法和频率
1	浆体强度/MPa	在合格标准内	按 JTG F80/1—2017 附录 M 检查
2	压浆压力值/MPa	满足设计要求,并控制在 0.5~1.0	查油压表读数:每管道检查
3	稳压时间/s	满足设计要求,且不小于 300	计时器:每管道检查

3　外观质量

(1)封锚混凝土与相连混凝土应无大于 3 mm 的施工接缝错台。

(2)封锚混凝土不应存在《公路工程质量检验评定标准　第一册　土建工程》(JTG F80/1—2017)相关规定所列限制缺陷。

2.7.10.3　原材料质量

1　钢丝

(1)进场的预应力钢丝应具有厂方的质量保证书及自检报告,自检报告内容包括抗拉强度、伸长率和弯曲试验。

(2)进场后的预应力钢丝应进行下列检验:

1)外观检查:同一钢号、同一直径、同一抗拉强度和同一交货状态的钢丝以每 60 t 为一批,按 5%盘选取(不少于 5 盘)进行钢丝形状、尺寸检查。

钢丝外观应逐盘检查,钢丝表面不得有裂缝、小刺、劈裂、机械损伤、氧化铁皮和油迹。

2)力学性能试验:

从每批中任意选取 5%盘(不少于 3 盘)的钢丝,从每盘钢丝的两端各截取一个试件,进行抗拉强度、弯曲和伸长率试验。如有某一项试验结果不符合《预应力混凝土用钢丝》(GB/T 5223—2014)相关标准要求,则该盘钢丝为不合格品;并从同一批未经试验的钢丝盘中再取双倍数量的试件进行复验。如仍有一个指标不合格,则该批钢丝为不合格品,钢丝将拒收。钢丝屈服强度检验,按 2%盘数选取,但不得少于 3 盘。

2　钢绞线

(1)进场的钢绞线应具备厂方的质量保证书,同时要有国家建筑钢材质量监督检验测试中心检验合格的自检报告,报告内容应包括拉力试验、松弛试验。

(2)进场后的钢绞线,同一钢号、同一规格、同一生产工艺制造的钢绞线以每 60 t 为一批进行验收,每批选取 3 盘,每盘截取一个试件,做力学性能试验(由中心试验室统一取样验收)。如有某一项试验结果不符合《预应力混凝土用钢绞线》(GB/T 5224—2014)相关规定要求,则该盘钢绞线为不合格品;其复验方法与钢丝相同。

另外,每批钢绞线任选 3 盘,进行表面质量及直径偏差试验。

3　精轧螺纹钢筋

(1)精轧螺纹钢筋应具有厂方的质量保证书及自检报告,自检报告内容包括外形尺寸的检查、拉力试验、冷弯试验。

(2)应分批进行检验，每批质量不大于 100 t，对表面质量应逐根目视检查，外观检查合格后在每批中任选 4 根钢筋截取试件，其中 2 根进行拉伸试验，2 根进行弯曲试验，试验结果如有一项不符合表 2.7.10-3 所规定的要求，则另取双倍数量的试件重做全部各项试验，如仍有一根试件不合格，则该批钢筋为不合格。拉伸试验的试件，不允许进行任何形式的加工。

表 2.7.10-3　精轧螺纹钢筋力学性能

级别	屈服点 $\sigma_{0.2}$/MPa	抗拉强度 σ_b/MPa	伸长率 δ_5/%	冷弯	10 h 松弛率/%，≤
	不小于				
JL540	540	835	10	$d=6a$，90°	1.5
JL785	785	980	7	$d=7a$，90°	
JL930	930	1 080	6		

注：1. a 为钢筋直径，mm，其规格一般为 18 mm、25 mm、32 mm、40 mm；d 为弯心直径。
2. 除非生产厂另有规定，弹性模量取为 2×10^6 MPa。
3. 冷弯指标不作为交货条件。

4　热处理钢筋

(1)从每批钢筋中抽取 10%的盘数(不小于 25 盘)进行表面质量和尺寸偏差的检查。如检查不合格，则应对该批钢筋进行逐盘检查。

(2)从每批钢筋中抽取 10%的盘数(不小于 25 盘)进行力学性能试验。试验结果如有一项不合格，该不合格盘应报废，并再从未试验过的钢筋中取双倍数量的试样进行复检，如仍有一项不合格，则该批钢筋为不合格。

(3)每批钢筋的质量应不大于 60 t。

5　冷拉钢筋

(1)相同级别和相同直径的钢筋每 20 t 为一批进行检验，每批钢筋外观经逐根检查合格后，再从任选的两根钢筋上各取一套试件，按照现行国家标准的规定进行拉力试验(屈服强度、抗拉强度、伸长度)和冷弯试验。

(2)钢筋冷拉后，其表面不得有裂纹和局部缩颈。冷弯试验后，冷拉钢筋的外观不得有裂纹、断裂现象。

6　冷拔低碳钢丝

(1)对进场的冷拔低碳钢丝，应逐盘进行抗拉强度、伸长率和弯曲试验。

(2)从每盘钢丝上任一端截去不少于 500 mm 后再取两个试样，分别作拉力和 180°反复弯曲试验，弯曲试验后，不得有裂纹、鳞落或断裂现象。

7　锚具、夹具和连接器

(1)锚具、夹具和连接器进场时，应按出厂合格证和质量证明书核查其锚固性能类别、型号、规格及数量。

(2)预应力筋锚具、夹具和连接器验收批的划分：在同种材料和同一生产工艺条件下，锚具、夹具应以不超过 1 000 套组为一个验收批；连接器以不超过 500 套组为一验收批。

(3) 锚具、夹具和连接器按下列规定进行验收：

1) 外观检查：应从每批中抽取 10% 的锚具且不少于 10 套，检查其外观和尺寸。如有一套超过产品标准及设计图纸规定尺寸的允许偏差，则应另取双倍数量的锚具重做检查；如仍有一套不符合要求，则应逐套检查，合格者方可使用。如发现一套有裂纹，则应逐套检查，合格者方可使用。

2) 硬度检验：应从每批中抽取 5% 的锚具且不少于 5 套，对其中有硬度要求的零件做硬度试验，对多孔夹片式锚具的夹片，每套至少抽取 5 片。每个零件测试 3 点，其硬度应在设计要求范围内。如有一个零件不合格，则应另取双倍数量的零件重做试验；如仍有一个零件不合格，则应逐个检查，合格者方可使用。

3) 静载锚固性能试验：对大桥等重要工程，当质量证明书不齐全、不正确或质量有疑点时，经上述两项试验合格后，应从同批中抽取 6 套锚具（夹具或连接器）组成 3 个预应力筋锚具组装件，进行静载锚固性能试验。如有一个试件不符合要求，则应另取双倍数量的锚具（夹具或连接器）重做试验；如仍有一个试件不符合要求，则该批锚具（夹具或连接器）为不合格品。

对用于其他桥梁的锚具（夹具或连接器）进场验收，其静载锚固性能可由锚具生产厂提供试验报告。

2.8　主桥（斜拉桥）

2.8.1　一般规定

(1) 本节适用于斜拉桥的现场施工。

(2) 本节根据斜拉桥施工的基本特点对主要事项做出规定，其余有关事项应按本规程相应章节的规定执行。

(3) 斜拉桥的施工、设计、安装控制属互补和反馈关系，原则上施工单位应按照设计要求在施工监控指令下执行，施工前应全面了解设计意图和要求，根据成桥线形和内力的设计要求详细编制施工组织设计；施工过程中桥梁线形和内力与当前阶段设计值误差超出规定范围时应马上停止施工，通报监理工程师并汇同设计、施工监控方进行情况分析，在获得书面意见或监控指令后方可继续施工。

(4) 应根据设计要求、桥位条件、施工经验、设备条件及技术经济条件确定施工方法，并报送监理工程师批准；设计规定的施工步骤和具体工艺不得擅自更改；施工条件显著变更时，必须经设计同意且有重新调整后的书面文件。

(5) 斜拉桥施工过程必须有全程施工控制和计算，保证结构成桥内力和桥梁线形满足设计要求。

2.8.2　钢壳混凝土索塔

（1）钢混索塔施工除设置相应的塔吊设备、液压爬架外，还应设置工作电梯、安全通道等。

（2）索塔钢壳节段的工厂制造应由资质合格的专业单位进行。钢壳制作可按照现行有关规范的规定执行，钢壳制作完成并经检验合格后方可运至现场。

（3）现场索塔钢壳节段的安装工作可由塔吊完成。在钢壳节段线形、偏位等技术指标满足要求后，可进行钢壳节段环向焊缝的焊接工作。

（4）钢壳内的钢筋宜在工厂内完成加工并初步安装到位，在桥位现场做钢壳内钢筋接头连接施工即可。

（5）在夏季进行索塔混凝土拌制施工时，可采用冷砂机、冷水机等设备降低细集料及拌和用水的温度，以保证混凝土入模温度在 28 ℃以内。冬季进行混凝土拌和时，日均气温<10 ℃时，入模温度控制在 5～15 ℃，并做好混凝土施工的保温措施。

（6）对于上、中、下塔柱索塔节段混凝土输送，建议采用泵送混凝土方式或吊罐方式。

（7）施工单位须安排经验丰富的振捣人员进行索塔混凝土振捣，并加强钢壳边角及钢筋密集部位混凝土的振捣监管及混凝土密实性检测。

（8）对液压爬架等关键设备的使用、维护及保养管理，施工单位须制定详细的安全制度，并须落实到人。

（9）索塔钢横梁的安装，应考虑支撑系统的弹性和非弹性变形、支撑下沉、温度、日照、风力等影响，并做好施工作业安全防护措施。

（10）索塔钢横梁现场焊接工作可结合设计要求综合考虑，具体可按照现行相关规范的规定执行。

（11）索塔施工必须对各施工阶段索塔的强度和变形进行计算，应分高度设置横撑，保证索塔线形、应力、倾斜度满足设计要求，并保证施工安全。

（12）索塔施工时应考虑抗风措施，按照施工期预测的最大风速计算索塔受力和稳定性，抗风措施方案应报送监理工程师。

（13）同一索塔的两个塔肢宜同步施工，不能同步时，其差距不得多于 1 个节段。

（14）索塔施工不得遗漏各种预埋件及预埋设施的埋设。施工用临时预埋件、预留孔及临时设施等，必须书面报送设计单位同意后，方可实施。严禁在索塔钢壳上随意进行开孔或焊接施工。

（15）索塔及主梁的拉索钢管、锚梁位置及锚固面与水平面的交角均应控制准确，必须满足设计要求的精度，锚垫板必须与孔道垂直，控制角度偏差在±0.05°内。

（16）索塔施工组织设计必须制定下列整体和局部的安全措施：

1）起重运输设备必须具有安全装置。

2）防范强风、雷击、暴雨、飞行器对施工的影响。

3）防范掉（吊）落和作业事故并有应急措施。

4）应对塔吊、支架（支撑）使用和拆除阶段的强度、稳定等进行计算和检查。

（17）应采取措施避免上部塔体施工时对下部塔体表面的污染。

(18)索塔施工完毕后，测定裸塔倾斜度、塔顶高程和两索塔中心距，作为斜拉桥主梁、拉索安装时的(调整)依据。

2.8.3　钢混组合主梁

2.8.3.1　钢混组合梁中的钢梁部分应由资质合格的专业单位加工制作、试拼及现场拼接。组合梁中的钢结构制作可按照现行相关规范的规定执行。

2.8.3.2　钢混组合梁钢混组合梁散件在工厂完成经检验合格后，方可运至桥位现场。钢主梁现场焊接材料的选用、焊接要求、涂装等施工可按照现行相关规范的规定执行。

2.8.3.3　钢构件运输到现场存放，应设有专门的场地，并应合理有序放置，便于钢混组合梁进出。应采取措施保证存放的钢梁无损伤、无变形和无腐蚀。

2.8.3.4　应防止损伤和损坏组合梁结构或涂装漆面。结构受损的钢梁不得安装；涂装受损的，应予修补。

2.8.3.5　主梁 0#块及辅助跨梁段安装须设置可靠的支架系统。支架系统应进行专门设计，其强度、刚度和稳定性应满足使用要求。

2.8.3.6　组合梁标准节安装采用桥面吊机时，宜采用液压提升，启用前必须进行试吊并确定合理的提升速度；试吊可采用动载法或静载法，动载法应按设计荷载的 60%、100%、110%分阶段进行试验或静载法应按设计荷载的 60%、100%、125%分阶段进行试验。试验应选择在较为不利的风、水流等环境下进行。

2.8.3.7　现场拼装的桥面吊机使用前应消除非弹性变形。

2.8.3.8　桥面吊机在最不利施工条件和施工荷载下控制指标如下：

(1)吊机作用于桥面的荷载大小、位置、方向及作用面尺寸应满足设计要求。

(2)施工行走时的抗倾覆安全系数：≥2。

(3)自锚固系统的安全系数：≥2。

(4)水平限位系统安全系数：≥2。

(5)容许起吊最大变形(包括吊带变形的总和)：≤20 mm。

2.8.3.9　钢混组合梁现场施工时必须按设计规定使梁、塔临时固结。全桥合龙后，应按照设计要求程序解除临时固结，完成设计的支承体系设置。施工过程中必须加强对临时固结的观察。

2.8.3.10　主梁节段悬臂安装前应对桥面吊机进行详细检查，检查吊机结构自身的工作安全性；梁段间的走行装置、临时锁定(锚固)装置应保证工作正常。

2.8.3.11　钢混组合梁的工地安装

1　吊装过程必须严格遵守高空作业及水上作业的安全规定。

2　组合梁段工地连接应准备好临时工作平台、焊接设备、发电设备、焊接材料、通风设备、CO_2 焊所需防风棚架、除锈机具或风动砂轮机、气刨工具、火焰切割工具、防水防潮设备等施工器材。箱内焊接应配备通风、排尘设施。

3　在工作面上，从吊装第二节段起，相邻节段间吊装过程应预留 0.5~0.8 m 间隙(小于该数值时必须采取施工措施)，吊至标高后，牵拉连接；应避免相邻节段在吊装过程中发生碰撞，影响架梁工作顺利进行。钢主梁的底板、腹板的工地连接主要采用高强螺栓连接方式。

(1)高强度螺栓的领取必须严格按图纸标注的规格、数量,不得以短代长或以长代短,高强度螺栓严禁重复使用。

(2)钢构件安装前,应清除构件上的附着物,连接面应保持干燥、整洁,不得在雨中作业。

(3)高强度螺栓应符合图纸规定。

(4)采用的扭矩扳手,在每班作业前均应进行校正,其扭矩误差不得大于使用扭矩值的±5%。

4 钢主梁的工地焊接

(1)钢梁顶板等主要采取焊接方式。工地焊接应先做工艺试验评定,并严格按照评定的工地焊接工艺进行施工。

(2)焊缝施焊应按照设计规定的顺序进行,设计无规定时,横向宜从中线向两侧对称进行。

(3)工地焊接应设立可移动的防风棚,遮盖全部焊接处。对箱内焊接应做好通风防护措施。

(4)沿焊缝两侧各宽 50 mm 范围内,用砂轮表面除锈、清理并达到《涂装前钢材表面锈蚀等级和除锈等级》中 Sa3.0 级要求,并在除锈后规定时间内焊接完毕。

(5)焊接前应检查接头坡口、间隙和板面高低差是否满足规范要求。

(6)同一部位的焊缝返修不得超过二次,返修后的焊缝应按原质量标准进行复检,并且合格。

(7)工地焊接环境要求:风力<5 级,温度>5 ℃,湿度<80%;雨天不得进行工地焊接(箱内除外)。当不满足这些条件时应采取适当措施。

(8)在以下情况,宜对焊缝实施预热,焊缝预热范围为距焊缝中心各 100 mm:

1)点固定焊缝的环境温度低于 5 ℃,湿度大于 80%;

2)约束力大的定位焊缝;

3)无封底焊缝的坡口焊缝。

(9)焊缝预热方法可用电阻加热法或火焰烘烤法。预热温度及层间温度应符合表 2.8.3 的要求。所有预热与层间温度的偏差为 0~50 ℃。定位焊接前预热温度应比正式焊接预热温度高 50 ℃。焊前预热应特别注意厚板一侧的预热效果,以防止接头出现层状撕裂。

表 2.8.3 焊缝预热温度

板厚/mm	预热温度/℃	层间温度/℃	预热范围/mm
	环境温度宜大于 5 ℃,不得低于 0 ℃	环境温度宜大于 5 ℃,不得低于 0 ℃	
≤24	50~100	50~150	≥80
>24	100~150	100~150	

(10)应注意温度变化对焊接接头的影响,安装时必须有足够数量的固定点并保证足够的强度。当工地焊缝形成并具有足够的刚度和强度时,方可解除安装固定点的锚固;应防止焊缝裂纹及接口处错边量超差。

2.8.3.12　排水设施、灯座、护栏、路缘石、栏杆柱等附属设施预留件应按设计要求安装完成,无遗漏且位置准确。

2.8.3.13　工地涂装

1　涂层系统

钢主梁在工地连接后,应按照防腐设计要求进行表面处理,合格后方可进行涂装。

(1)工地焊接的表面补涂油漆应在表面除锈 4 h 内完成,应分层涂敷,并达到设计的涂装遍数和漆膜厚度;应及时测定湿膜厚度,保证干膜厚度,严禁减少涂装次数。

(2)涂装时发现漏涂、流挂发白、皱纹、针孔、裂纹等缺陷,应及时处理。每层涂装前,应对上层涂装进行检查;涂装后应进行涂层外观检查,表面应均匀、无气泡、无裂纹等缺陷。

(3)涂层干膜厚度大于或等于设计厚度的点数占总测点数的 90%以上,其他测定的干膜厚度不应低于 90%的设计厚度值。当不符合上述要求时,应进行修补。

(4)涂层干膜厚度应按设计要求检查,设计未要求时用测厚仪:抽查 20%且不少于 5 件,每 10 m^2 测 10 点,且不少于 10 点,当检测结果不符合要求时,应进行修补。

2　喷涂金属系统:

(1)可目测或用 5~10 倍放大镜观察,喷涂金属层应颗粒细密、厚薄均匀,并不得有固体杂质、气泡及裂缝等缺陷。

(2)喷涂厚度达不到要求时,应进行补喷或重喷。

(3)孔隙率检测,检测面积宜占总面积的 5%,当不合格时,应进行补喷或重喷。

(4)对喷涂金属层与钢结构的结合性能,可采用敲击或刀刮进行检测,当不合格时,应进行补喷或重喷。

3　封闭涂层质量可按照涂层质量检查的相关规定进行。

2.8.3.14　主梁施工过程必须全程监控,对梁体每一施工阶段的结果进行详细的检测分析和验算,保证下一施工阶段斜拉索张拉值和主梁线形、高程和索塔位移控制量值,循环进行直至合龙成桥。

2.8.3.15　主梁架设过程应进行钢梁的连续多日温度变形观测对照,确定适宜的合龙温度及实施程序,并应满足钢梁安装就位时连接定位所需的时间。

2.8.3.16　钢混组合梁段合龙时,还应事先准备好供合龙段强制到位的压重件、千斤顶等设备,同时,必须根据实际的合龙长度进行切配。合龙段的临时连接用高强度螺栓不允许用作永久结构用的高强度螺栓。

2.8.4　斜拉索

2.8.4.1　斜拉索钢绞线材质、拉索规格、型号、长度、数量及材料特性等应严格按照设计要求办理。

2.8.4.2　斜拉索的各项技术指标除满足现行的拉索材料及制造的国家或行业标准外,还应全面满足设计文件所提出的要求,当设计要求与国家或行业标准不一致时,按设计要求执行。

2.8.4.3　斜拉索及张拉锚具制作

(1)拉索钢绞线及张拉锚具应委托专业单位制作,严格按照国家标准或部颁行业标准生产、检测和验收。

(2)拉索钢绞线、张拉锚具交货时应提供下列资料:

1)产品质量保证书、产品批号、产品型号、生产日期、数量、长度、重量等。

2)产品出厂检验报告及有关数据。

(3)拉索的运输和堆放应保证索的弯曲半径符合要求,防止破损、锚头变形、腐蚀。

(4)斜拉索的质量标准应符合《斜拉桥钢绞线拉索技术条件》(GB/T 30826—2014)相关规定。

2.8.4.4　斜拉索的安装与张拉

(1)钢绞线斜拉索安装可选择单根安装、单根张拉、再整体张拉的方法。

(2)拉索钢绞线安装前,应在桥面上设置钢绞线放线架、导向轮和切割工作平台,并应在塔柱外顺桥向两侧附近安装可以上下的工作平台。

(3)拉索外套管的接长采用热熔焊接头时,焊接温度应符合外套管材料要求。在移动外套管时,应将套管支垫在滚轮或软垫上,不得直接在桥面上拖曳。

(4)施工中不得扭曲弯折钢绞线,不得损伤钢绞线保护层。

1)防止拉索钢绞线穿入塔、梁索管时发生损伤,索管口应设置限位导向的保护装置。

2)钢绞线拉索及防护管有损伤时不得使用,并应及时更换并计入有关表格存档。

(5)斜拉索减振器未安装前,必须确保索管和锚端的防水、防腐和防污染。较长的斜拉索,应采取临时抑振措施。

(6)斜拉索的张拉应按下列规定执行:

1)张拉施工设备应根据索型、锚具、塔梁上的锚固构造等确定。

2)应对千斤顶、油表等工具进行严格检查和配套校验标定,标定单位必须是经省级主管部门授权的法定计量机构;每套千斤顶标定后必须落实到具体操作个人,实行专人使用和管理。

3)张拉设备使用6个月、300次或使用过程出现不正常现象或检修后,应立即进行重新校验,未经重新校验严禁使用。

4)斜拉索张拉的顺序、次数和量值应按监控指令执行。应以油压表量值为准,振动频率计测定的索力和延伸值作校核。振动频率测量应考虑索体防振圈以及弯曲刚度的影响进行修正。

5)张拉应按“分级”“等力”的原则进行,每根同级的索力允许误差为±2%。索力终值的误差应小于±5%,若设计有明确规定,按照设计要求执行。

6)顺桥向塔柱两侧的拉索和横桥向对称的拉索必须同步张拉,同步张拉索力的差值不得超出设计规定;两侧不对称的或设计索力不同的拉索,应按照设计规定的索力分级同步张拉,各千斤顶同步之差不得大于油表读数的最小分格。

7)拉索锚固时不宜在锚环与承压板间加垫板,需要加垫时,其垫板的材料和强度应符合承压要求,并设成两个密贴的半环。

8)拉索施工过程中,应详细记录塔、梁的位移,记录时间、环境温度、索力、索伸长量、荷载条件、主要控制截面应力等内容。

2.8.5　钢锚梁和钢牛腿安装

(1)钢锚梁、钢牛腿的材料及制造加工要求按照设计文件和现行有关规范的规定执行。

(2)钢锚梁、钢牛腿在工厂试拼装,分类、编号必须标注清楚。

(3)钢锚梁、钢牛腿应在工厂完成安装后,可随钢壳节段一起运至现场。

(4)钢锚梁端部与塔壁预埋板中限位块间应留有一定间隙,具体按照设计要求办理。

(5)当全桥调索完毕后,进行钢锚梁的工地涂装,涂装从塔顶由上至下的顺序进行。

(6)钢锚梁与钢牛腿的工地安装质量标准应符合表 2.8.5 的规定。

(7)钢锚梁与钢牛腿制造完成后,应在厂内进行整体试拼装,检验整体几何尺寸、形位尺寸、栓孔重合度等,各项指标须符合图纸的规定,图纸中未给予明确规定的按《钢桥制造规范》(TB 10212—98)及《钢结构工程施工质量验收规范》(GB 50205—2001)相关要求执行。

表 2.8.5　钢锚梁与钢牛腿的工地安装精度要求

项目		允许偏差/mm
钢锚梁	梁轴线在横桥向的位置偏差	±5
	横桥向锚固点位置偏差	±5
	顺桥向锚固点位置偏差	±5
	锚固点高程偏差	±2
钢牛腿	上承板表面四角高差	1
	上下相邻预埋钢板错边量	≤0.5

(8)钢锚梁焊接完成后须采用适当的方法进行消除应力处理(如人工时效等方法),然后再进行机械加工。

(9)由于钢锚梁是斜拉桥受力的关键构件,因此主要连接焊缝均为熔透角焊缝。对于

(10)钢牛腿与钢壳节段在厂内完成精准定位及焊接,钢锚梁和钢牛腿在工厂内进行预组拼。现场吊装钢锚梁并完成锚梁与牛腿的临时连接,浇筑所在节段的混凝土。在征得设计同意的前提下,吊装单位可根据起吊需要,在钢牛腿上设计临时吊装件。

(11)施工单位应编制详细的钢锚梁及钢牛腿吊装方案,根据吊装方案设计吊点及吊具形式,防止吊装过程中钢锚梁发生扭曲变形。

2.8.6 斜拉桥施工控制

2.8.6.1 技术准备

施工前,应确定斜拉桥的施工技术方案、施工工艺、施工程序和施工步骤,并作为编制施工控制方案的依据;施工过程中,应严格执行施工控制的指令,对各项参数进行监测和控制。斜拉桥索塔施工时,应对其平面位置、倾斜度、应力和线形等进行监测和控制;上部结构施工时,应对其施工过程中的索力、高程以及索塔偏位等参数进行监测和控制。

2.8.6.2 施工控制

施工监控过程如下:

施工方进行变形测量并提供有关原始数据→监理工程师检查数据保证其客观性、准确性→监控单位对部分测量数据进行复测,同时测量应力、索力和温度场→施工控制小组计算分析→施工控制小组下达指令→监理工程师签收→施工方执行指令→监理工程师监督执行→反馈业主。施工控制流程见图 2.8.6。

施工控制数据传递和指令下达,各方签字时应注明签字日期和具体时间。控制系统中各部门要经常联络和传递信息,并负责整理各自资料,以专用表格形式汇集结果,讨论分析并明确下一步指令。

2.8.6.3 施工控制测量

施工控制的结构参数主要包括:施工记录(如混凝土弹性模量、混凝土强度、构件称重、构件尺寸、构件制作时间、斜拉索重量参数、施工荷载与偶然荷载等),主塔与主梁的空间线形(桥梁线形),主塔、主梁、斜拉索的温度场(如主塔、主梁温度,斜拉索 PE 与钢绞线的温度),斜拉索索力和主梁高程,主塔和主梁截面应力等。

1 测试要求

(1)主塔和主梁 0 号块施工完毕后,正式架梁前应测定结构的温度、应力,梁和塔空间坐标(线形)等初始状态。

(2)架梁时,各项测试工作应同步进行,并且要求气温相对稳定,应选择在早晨日出之前进行测量。

(3)进行各项测量时,施工方应清除桥上施工荷载,暂时无法清除的荷载,施工控制方应记录其大小和位置。

(4)在钢壳塔和钢梁上预埋(贴)测试的元件应考虑成功率。

2 索力测定

测定斜拉索的索力并将其调整到设计允许误差以内,斜拉索的标定可采用索力仪、压力传感器或千斤顶油表进行联合测试标定。测定索力的原则为:

(1)全桥斜拉索应根据初步施工计算结果,根据塔、梁、索的应力和线形控制需要划分成多组(对)拉索组,分组挂索并对已施工的索组的斜拉索索力进行部分或全部测量。

(2)关键工序(如边跨合龙前、最大双悬臂状态,成桥调索后)必要时进行索力和主梁高程测量。

(3)当结构实际状态与理论设计状态相差较大时,应进行全桥索力测定。

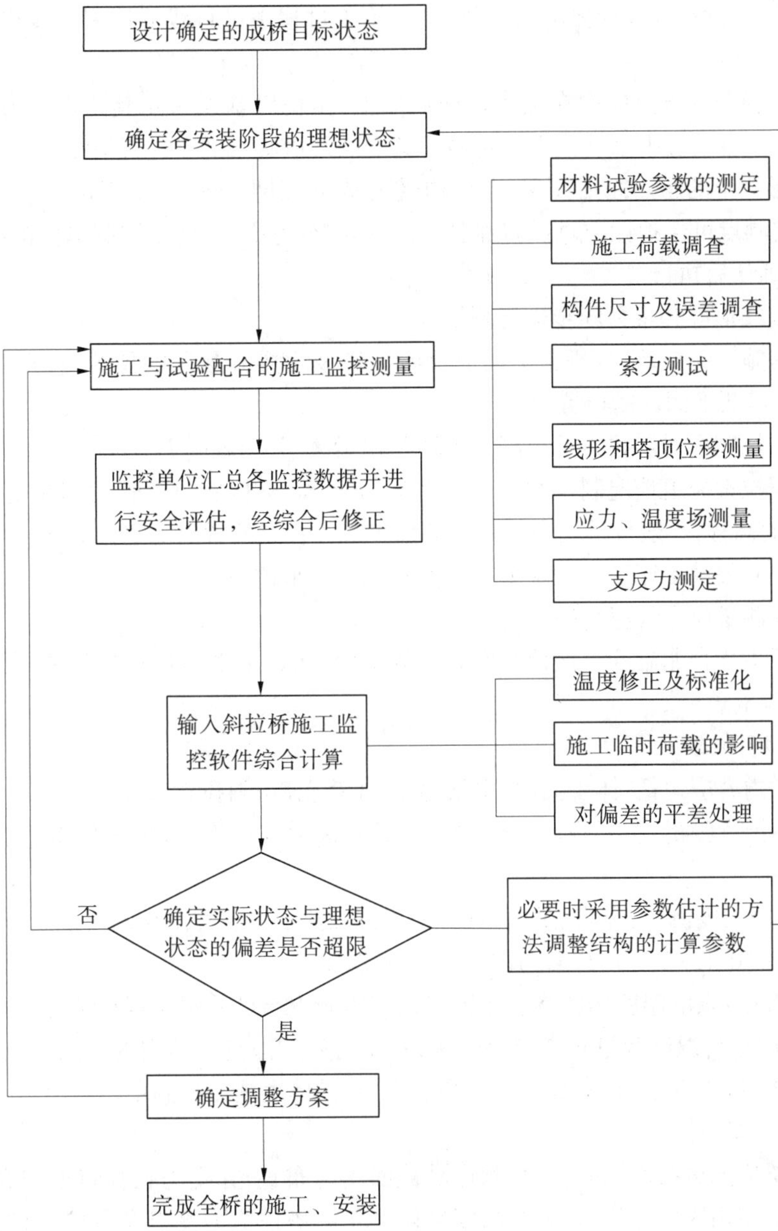

图 2.8.6　施工控制流程图

(4)成桥后桥面二期荷载全部加载完毕,应对全桥索力进行全面测定。

测量主梁高程应与测量索力阶段相同并在斜拉索张拉时进行,应准确记录每次张拉斜拉索时各索的索力和桥面高程。

3 线形的测量

为保证斜拉桥符合设计要求,必须在主梁施工过程中进行线形控制。线形测量主要原则和内容如下:

(1)高程控制基准点应设在主塔柱两侧墙上,由塔墩基点引测其高程。为防止点位移动或破坏,用自动安平水准仪定期对高程基准点及塔墩水准点进行检测。

(2)线形测量的布点原则:应结合结构受力情况,根据变形敏感部位、截面变形数值大小、永久监测点可保护性、布点的观测性等方面综合考虑,由施工控制单位提出,报监理工程师审核确认后执行。

(3)结构线形应和索力同步进行测量。

(4)主塔施工完成后,悬拼施工前应测量主塔及主梁 0 号段的位置,包括主梁高程、中线偏位,主塔两平面内的位置等。

(5)每挂拉完一对斜拉索后应测量主塔与主梁线形,内容同上。

(6)根据拉索分组情况制定测量相应节段分组数,根据斜拉索索力同步对应测量相应分组节段的高程,一般可采用当前阶段的前 5 节段各点的桥面高程。

(7)施工到关键工序进行一次全桥当前状态的线形测量。

(8)线形测量应在气温平稳时进行。

(9)按照主梁合龙温度与设计基准温度的差值,在施工主梁 0 号节段时,梁段的平面位置应设预偏量。

4 温度场测试

(1)测试内容应包括:体系温度、主梁温度、主塔温度、斜拉索温度。

(2)体系温度测量:主要测量塔柱内和主梁外的大气温度,测量采用水银温度计,温度测试精度±0.5 ℃。

主梁、主塔温度测量:在塔、梁内布点,采用铜镍热敏电阻并配合高灵敏度万用表方法测量,误差为$\pm(0.15+3\times10^{-3}t)$℃,其中 t 为被测温度。

斜拉索温度:索的温度场的测点布置采用实索布点与试验索布点相结合的办法。

(3)测点布置:温度测量布点应综合考虑体系整体升降温、结构内外温差及日照温度场的测量要求,应根据索力、索长和变形测量需要,具体由施工控制单位提出。

5 应力测量

对钢箱梁应测量截面纵向应力,测点沿截面均匀布置,在受力特征点处应布设测点;应变测量可采用贴式应变片,并做好温度补偿测量。塔柱应力测点布置按照控制布点要求办理,在塔柱施工时埋入应变计作为塔柱应力测量的依据。

2.8.6.4 施工控制计算

施工控制计算应采用较为成熟的国内外大型斜拉桥计算软件(空间或平面杆元程序),并具有三座以上类似结构的设计或施工控制计算应用;采用的控制计算软件应满足无应力状态计算原理要求,可输出各施工计算阶段的无应力索长;控制计算人员应具有类似桥梁控制经历。

2.8.6.5　合龙施工

(1)主梁合龙应按设计和施工控制的要求进行,施工前应确定施工程序进行合龙施工计算,制订详细的施工工艺及各项保障措施方案。

(2)对合龙前后若干个悬臂梁段的高程、线形、轴线偏差及索力应进行严格控制,使合龙口两侧主梁的自然相对偏差满足合龙误差要求。

(3)合龙段的临时连接用高强螺栓不允许用作永久结构用高强螺栓。

(4)主梁合龙施工期间,应对桥面上的临时施工荷载进行严格控制,不得随意施加除合龙施工需要的其他附加荷载。

(5)主梁中跨合孔后,应按设计要求的程序在规定时间内拆除塔梁临时固结装置,保证结构体系的安全转换。

(6)合龙通常有自然升温合龙和自然降温合龙两种方法供选择,合龙一般选择在一天温度较为稳定且持续时间较长的时间段内进行。

2.8.7　质量标准

(1)斜拉桥基础、混凝土、钢筋、预应力及钢结构等土建工程施工质量标准参照《安罗高速原阳至郑州段项目专用质量检验评定标准》内容执行。

(2)斜拉桥索塔钢壳制造与安装、索塔钢筋混凝土工程,钢主梁制造、桥面板预制及安装、钢混组合梁安装,钢锚梁及钢牛腿制作与安装等施工质量标准参照《安罗高速原阳至郑州段项目专用质量检验评定标准》内容执行。

(3)除上述质量标准外,设计有规定的按照设计要求执行。

2.9　副桥(双边箱钢混组合连续梁)

2.9.1　一般规定

(1)双边钢混组合梁中的钢梁部分应由资质合格的专业单位加工制作、试拼及现场拼接。组合梁制造及安装除应符合本技术标准外,尚应符合国家现行的有关强制性标准的规定。

(2)钢梁运输应单独编制专项方案报批后实施。运输前应根据运输钢梁节段的重量、高度、宽度等参数对运输沿线(特别是地方道路)的路况信息进行详细调查,重点应调查沿线的道路等级、限高、限宽、限载等是否影响钢梁的正常运输,必要时应提前进行拓宽、架高、加固。

(3)应提前根据工期要求和施工安排对钢梁的存放场地进行规划。钢梁存放场地应尽量靠近提梁站,以减少二次倒运工作量,存梁场地应坚实平整且进出方便,地基承载力应满足钢梁运输及存放要求,且有满足钢梁节段倒运的起重设备。钢梁段在存放场地存贮时应按工地架梁顺序合理存放,将先吊装的梁段放在外面,后吊装的梁段放在里面。

(4)合理安排预制桥面板的预制时间,确保桥面板的存放时间满足设计文件的要求。

(5)应根据组合梁结构特点结合现场施工环境选择合适的钢梁安装工艺,并编制专项施工方案按程序报批后实施,安装施工前应进行详细的安全技术交底。

(6)梁体吊装、运输工作频繁,危险性大,在施工作业过程中,应严格执行起吊、运输的有关操作规程,确保钢梁在吊装、运输过程中的绝对安全,禁止在大雨、大风、夜间等恶劣天气下进行梁段运输和起重吊装作业。

2.9.2　双边箱钢混组合梁安装

(1)提梁站的设计与安装。钢梁顶推施工通常需要在顶推起始位置设置提梁站。提梁站结构形式应根据提升梁段的提升重量、提升高度、提升位置、梁段组拼等条件综合确定。提梁站安装完成后应进行全面检查验收,特别是对于涉及现场组拼的大型起重设备安装完成后应进行荷载试验(静载和动载),试吊合格且报备取证后方可投入使用。

(2)顶推临时结构的设计与安装。顶推临时结构主要有拼装平台、临时顶推墩等。拼装平台应能满足钢梁一次性拼装的最大梁段数量、重量、长度等需求。临时顶推墩的位置、数量及结构形式应根据顶推梁段的刚度、顶推力大小、顶推设备的布置等综合确定,临时顶推墩的顶面标高应根据结构受力、顶推设备高度、顶推线形的控制、顶推到位后落梁、钢梁预拱度的变化等因素综合确定,误差控制在 5 mm 内。

(3)导梁的设计与安装。导梁应根据顶推梁段的刚度、顶推跨度、顶推长度等进行专门设计,在保证强度和刚度的前提下结构应尽量轻巧。导梁与梁体连接处的刚度应协调,连接的强度应满足梁体顶推时的受力要求,导梁前端的最大扰度应不大于设计规定。安装到位的导梁其中线的允许偏差应不大于 5 mm,纵横向底面高程的允许偏差应不大于±5 mm。

(4)正常使用过程中,对提升站、拼装平台及顶推支墩应定期进行结构检查和沉降观测(每月不少于一次),若发现结构焊缝开裂、承重梁发生明显形变、钢管垂直度发生变化、基础发生较大沉降,应立即停止施工,分析原因并对结构进行修复后方可继续施工。

(5)钢梁吊装定位。将钢梁节段运输至提梁通道下方,由提梁站起重设备将梁段提升至顶推拼装平台的对应位置缓慢落梁,落梁过程中以已就位的钢梁作为基准,控制待就位钢梁位置,将钢梁的落梁精度控制在横向不大于 50 mm、纵向不大于 100 mm,完成梁段初定位。钢梁初定位后按照监控要求利用三向千斤顶按照横向→纵向→竖向的顺序精确调整待安装梁段的空间姿态,3 个方向的精度均控制在 10 mm 以内。

(6)钢梁焊接。将调整到位的钢梁节段焊接成整体,一般 4 个或 5 个节段为 1 个顶推轮次。焊接前一般需要利用码板将阶段间的缝宽和错台等调整到适焊要求,然后将焊缝两侧 20~30 mm 范围内的铁锈、油污、预涂底漆打磨干净,露出金属光泽。焊接严格按照焊接工艺评定要求进行控制。焊接完成后所有焊缝均应 100%进行外观检查,经外观检查合格的焊缝方能进行无损检验,无损检验应在焊接 24 h 后进行。

(7)每轮次钢梁焊接完成后,用全站仪对已焊接钢梁平面位置、高程进行复测。

(8)钢梁拼装质量应符合表 2.9.2 的规定。

表 2.9.2　钢梁拼装质量

序号	检查项目		允许偏差	检查方法和频率
1	轴线偏位/mm	钢梁纵轴线	≤10	全站仪,每跨测 3 处
2		两跨相邻端横梁中线相对偏位/mm	≤5	尺量测各相邻端横梁
3	高程/mm	墩台处	±10	水准仪每墩台测 3 处
4		两跨相邻端横梁相对高差/mm	≤5	尺量测各相邻端横梁
5	固定支座处支承中心偏位/mm		≤20	尺量测每固定支座
6	焊缝尺寸		满足设计要求	量规每道焊缝 3 处
7	焊缝探伤			超声法检查全部,射线法按照设计要求

2.9.3　钢梁顶推施工

2.9.3.1　顶推前准备工作检查

正式顶推作业之前应对顶推设备的布置和工作状态、临时设施的可靠性、导梁的安装质量等进行全面检查,确认无误后方可开始正式顶推施工。

2.9.3.2　采用单点或多点水平顶推施工时,实际总顶推力应不小于设计顶推力的 2 倍;采用单点或多点拉杆方式顶拉时,拉杆的截面面积和根数应满足顶拉力的要求,拉锚器的锚固和放松应方便、快速,设置在各墩顶的反力台座应牢固且满足顶拉反力的要求;采用多点步履式千斤顶进行顶推作业时,应保证各顶推千斤顶同步作业。

2.9.3.3　导梁上墩

顶推过程中随着导梁悬臂长度的增加,导梁最前端下挠也逐渐增大。当导梁前端下挠后的标高低于拟上墩支撑垫梁的顶面标高时,则采用增加垫块的方式辅助导梁上墩。即在最前端的千斤顶顶起后增加垫梁垫块,千斤顶落下后增加千斤顶顶面垫块,循环起落千斤顶并增加垫块,直至导梁底面高于拟上墩的垫梁支撑顶面,向前顶推使导梁底面到达拟上墩的千斤顶滑块顶面,移除千斤顶滑块和垫梁超垫的垫块后继续顶推。

2.9.3.4　顶推控制及姿态调整

为确保同步顶推,每次顶推前应仔细检查总控制通信系统和各墩位处顶推设备的性能,顶推过程中通过顶升位移和顶升力进行双控,以顶升位移为主,确保梁段左右侧前行位移量协调统一。

(1)顶推控制。顶推过程中,顶升力需要限定不可以超过该支点最大允许值,顶推力也不可以超过该支点最大竖向允许值的 10%,同步顶升、顶推、下降位置精度控制在 5 mm 以内。

(2)横向线型控制。应在梁段前端和尾端顶面设中线偏移监测点,顶推过程中连续观测。梁段吊至拼装平台后，在梁段底面边缘处用红油漆笔作里程标线，标线间距 1 m，同时在两侧的滑道梁上选取相同里程的测量点，这样顶推过程中位于各滑道旁的操作人员能直观的观察并利用卷尺测量两侧进尺是否同步。施工现场除了按照测量单位提供的中心偏位数据外，每一排墩顶应安排有一名设备监控人员，每个监控人员在现场相对固定点做好标记，并在每个行程结束后报告该点的梁边实际偏位，同步顶推过程中，重点监控最前端和最后端的偏位值，如果某点的实际偏位超过 4 cm，则结合该点的相邻点的偏位情况，利用顶推设备的导向油缸进行梁体纠偏。

(3)竖向线形控制。顶推前模拟计算出每顶推 1 m 时顶推设备竖向千斤顶的反力值，根据设计值调节各顶推点泵站的最大输出压力，避免局部受力过大，引起钢箱梁线性变化。当某点受力超过设计值时，按照测量单位提供的钢箱梁线性数据，抄垫相对应的搁置梁的垫块高度，避免部分搁置梁脱空的情况，保证梁段的竖向线性。

2.9.3.5　落梁施工

钢梁顶推端部到达预计位置，进行位置精调后准备落梁，考虑到整体顶推长度范围内一起精调难度较大，通常采取逐联精调、逐联落梁的方式落梁。钢梁最前端顶推到位后，精确测量最前端一联的钢梁特征点(每个墩顶钢梁横隔板的中点)坐标，按照监控指令调整最前端一联的箱梁位置，直到满足控制精度要求(支座高程误差在±1 cm 内，千斤顶支反力误差在±10%以内)。将支座与梁底密贴，支座灌浆后与梁底焊接。为了整体顶推需要，钢梁联与联之间的伸缩缝位置先用钢板将钢梁焊接成整体，故在最前端一联的钢梁特征点坐标检测合格并落梁后，采用火焰切割机进行切割，以解除最前端一联与后面钢梁伸缩缝处的连接。

2.9.3.6　钢梁顶推施工监控

钢梁顶推施工过程中，结构的应力和线形时刻发生变化。为确保施工过程中结构安全和稳定，使成桥后的线形和内力达到设计要求，顶推施工过程中应对钢梁的线形、临时墩的变形、钢梁和导梁控制截面的挠度和应力变化等进行监控，发生异常时应立即停止顶推，查明原因并进行处理后方可继续施工。

2.9.4　预制混凝土桥面板安装

2.9.4.1　预制桥面板的吊装

根据现场施工条件选择合适的桥面板吊装方案，并在桥面板预制时就对吊点位置进行加强。桥面板安装前，先在钢主梁上翼缘划线标记桥面板位置，然后按设计要求在钢梁的支承部位粘铺橡胶条并涂抹环氧砂浆；桥面板安装时，检查待装桥面板的类型、编号、方向是否正确，检查吊具与吊点的连接是否安全可靠；桥面板吊装就位时，应注意剪力钉是否与桥面板剪力槽口位置相冲突，确有冲突时可适当调整剪力钉的位置，确保桥面板精确吊装就位，桥面板调整到位后，应将桥面板相互固定，防止桥面板位置发生移动。

2.9.4.2　桥面板湿接缝施工

按照设计图纸规定的工序进行湿接缝浇筑。桥面板湿接缝现浇施工前，每块预制桥面板需要进行凿毛处理(可在预制时处理)，保证新老混凝土结合面黏结可靠；然后按要求对连接并安装湿接缝部位的钢筋和预应力管道，重点控制主筋的焊接质量、预应力管道的定位精度,以及防撞护栏钢筋的预埋;再安装底模和侧模,底模和侧模安装前应清理干净并均匀涂刷脱模剂,安装完成浇筑混凝土前应检查吊挂或支撑是否牢靠,模板拼缝、错台是否满足规范要求;湿接缝混凝土需在一天中气温最低时一次性浇筑,以防止温度变化产生收缩裂缝,严格按设计要求分段、分部位依次有序浇筑,不得随意变更湿接缝混凝土浇筑顺序,接缝混凝土浇筑完成后应及时进行养护,覆盖保湿养护时间不少于 15 d;按规范要求进行预应力张拉并压浆。

2.10　堤内引桥(工字型钢混组合连续梁)

2.10.1　一般规定

(1)应建立健全质量保证体系和制造质量检验制度,确保制造及安装全过程的质量管理和控制。

(2)应建立健全安全生产管理体系,编制完善的专项方案及应急预案。

(3)钢结构制造及验收必须使用经计量检定合格的计量器具,并应按相关规定进行操作。

(4)组合梁制造、安装及桥面板预制、安装除应符合本技术规程外,尚应符合国家现行的有关强制性标准的规定。

2.10.2　材料

2.10.2.1　混凝土

桥面板采用 C55 混凝土,桥面板后浇带采用 C55 自密实微膨胀混凝土。自密实混凝土技术要求应符合《自密实混凝土应用技术规程》(JGJ/T 283—2012)相关规定。自密实混凝土粗集料采用连续级配,最大公称粒径不宜大于 16 mm;细集料宜采用级配Ⅱ区的中砂。自密实混凝土流动距离不宜超过 5 m,其自密性能及要求如表 2.10.2 所示。

表 2.10.2　自密实混凝土自密性能及要求

自密实性能	性能指标	技术要求
填充性	坍落扩展度/mm	700±50
	扩展时间 T500/s	<2
间隙通过性	坍落扩展度与 J 环扩展度差值/mm	0~25
抗离析性	离析率/%	≤15
	粗集料振动离析率/%	≤10

2.10.2.2　普通钢筋

桥面板普通钢筋为 HRB400 和 HRB500,其技术指标应符合《钢筋混凝土用钢　第 2

部分:热轧带肋钢筋》(GB/T 1499.2—2018)相关规定要求。

2.10.2.3 钢材

(1)钢梁主梁和拼接板采用Q420D钢材,横梁和小纵梁采用Q355D钢材,应为未使用的新材料,钢材技术指标含化学成分、力学性能等应符合《低合金高强度结构钢》(GB/T 1591—2018)相关规定的要求。

(2)有Z向性能要求的钢板,技术指标应满足《厚度方向性能钢板》(GB/T 5313—2010)中相关要求。

(3)有探伤要求的钢板,探伤检验执行《厚钢板超声检测方法》(GB/T 2970—2016)Ⅰ级标准。

(4)所有钢材必须具有国家技术质量监督部门确认的产品质量说明、出厂合格证明,采用色带标识。

(5)厚度大于6 mm的钢板(填板除外)均不得采用热轧卷材(开平板),必须采用热轧钢板(压平板)。

(6)钢材进场抽样检验应按同一厂家、同一材质、同一板厚、同一出厂状态每10个炉(批)号抽验一组试件;探伤钢板抽取每种板厚的10%(至少一块)进行超声波探伤。

2.10.2.4 焊接材料

焊接材料应采用与母材相匹配的焊条、焊剂、焊丝,符合相关技术要求,CO_2气体保护焊的气体纯度不小于99.5%。焊接材料牌号及规格应根据相应的焊接工艺评定试验结果确定。

2.10.2.5 高强度螺栓

钢梁连接用高强螺栓采用10.9S级,符合《钢结构用高强度大六角头螺栓》(GB/T 1228—2006)相关规定要求,螺母符合《钢结构用高强度大六角螺母》(GB/T 1229—2006)相关规定要求,垫圈符合《钢结构用高强度垫圈》(GB/T 1230—2006)相关规定要求,技术条件符合《钢结构用高强度大六角头螺栓、大六角螺母、垫圈技术条件》(GB/T 1231—2006)相关规定要求。

2.10.2.6 剪力钉

剪力钉采用ϕ22×200圆柱头焊钉,材质为ML15,应符合《电弧螺柱焊用圆柱头焊钉》(GB/T 10433—2002)相关规定要求。

2.10.2.7 垫条及现浇缝密封条

(1)钢梁上翼缘两侧与桥面板之间设置聚丙乙烯垫条,吸水率要求不高于4%,抗压强度要求不低于0.5 MPa,弹性模量4 000~5 000 kPa,恒定永久压缩变形不大于20%。工地垫条采取可靠措施固定在翼缘板和小纵梁边缘,保证在桥面板安装过程中及湿接缝混凝土浇筑过程中,垫条不发生移动。

(2)现浇湿接缝为自成底模的形式,在自成底模的托板与另一块桥面板之间预留1.0 cm的缝隙,现场混凝土浇筑时填塞氯丁橡胶密封条。

2.10.2.8 涂装材料

(1)钢梁的涂装防腐应严格遵守《公路桥梁钢结构防腐涂装技术条件》(JT/T 722—2008)相关规定,采用重防腐涂装体系,寿命不少于30年。

(2) 钢梁外表面：环氧富锌底漆、环氧云铁中间漆、氟碳面漆，总干膜厚度 280 μm；钢梁内表面：环氧富锌底漆、环氧厚浆漆(浅色)，总干膜厚度 260 μm。若业主有景观方面统一涂装要求，则经设计单位认可后涂装。

(3) 每个涂装材料品种按不同生产批号各抽取一个样品，样品的数量应满足检验的需要；检验结果中如有某项指标存在争议，允许在该批涂装材料中再随机抽取一个样品，重新进行检验。

2.10.3　工字型组合梁制造

2.10.3.1　一般规定

(1) 引桥工字型组合梁制造厂家应对设计图进行工艺性审查。当需要修改设计时必须取得设计单位同意，并办理相关设计变更文件。

(2) 制造厂家应根据设计文件绘制施工图并编制制造工艺等文件。

(3) 制造厂家应根据工字型组合梁钢梁结构特点，选取典型焊缝制定焊接工艺评定试验方案，按方案进行焊接工艺评定试验。试验试板采用大生产用钢板，轧制方向与产品实际接头相同。

(4) 工字型组合梁制造应根据施工图和制造工艺文件进行。

2.10.3.2　放样、号料

(1) 放样及号料应根据施工图和工艺文件进行，预留制造和安装时的焊接收缩余量、切割和边缘加工等的加工余量，以及调整制造和安装误差的配切余量等。

(2) 钢料不平直、锈蚀、有油漆等污物影响号料或切割质量时，应矫正和清理后再放样或号料。号料前应检查钢料的牌号、规格和质量。

(3) 钢板经过预处理后方可下料，以确保下料钢板的平整度和降低钢板的轧制残余应力，为加工和焊接变形的控制提供良好的条件。

(4) 材料进厂后，按照规范要求的抽检比例，及时进行材料的复验，未复验的材料不允许下料。钢板厚度出厂检验误差：板厚≤30 mm 时，+0.0～+0.5 mm；板厚>30 mm 时，+0.0～+1.0 mm。

2.10.3.3　切割

(1) 首次采用的切割工艺，以及切割设备发生变化或设备大修后应进行切割工艺评定试验，并根据评定试验结果编制切割工艺文件，按工艺文件要求进行切割。

(2) 剪切仅适用于次要零件或边缘进行机加工的零件，剪切尺寸允许偏差应为±2.0 mm。剪切边缘应整齐无毛刺、反口、缺肉等缺陷。

(3) 手工焰切仅适用于工艺特定或焰切后仍需再加工的零件，其尺寸允许偏差应为±2.0 mm。

(4) 主要零件应采用精密(数控、自动、半自动)切割，焰切后边缘不进行机加工的零件应符合下列要求：

1) 焰切面质量符合表 2.10.3-1 的规定。

2) 尺寸允许偏差应符合表 2.10.3-2 的规定。

3) 焰切面的硬度不超过 HV350。

表 2.10.3-1　焰切面质量

序号	项目	主要零件	次要零件
1	表面粗糙度	25 μm	50 μm
2	崩坑	不允许	1 000 mm 长度内允许有一处 1.0 mm
3	塌角	圆角半径不大于 1 mm	
4	切割面垂直度	≤0.05t(t 为板厚),且不大于 2.0 mm	

(5)圆弧部位应修磨匀顺,钢材切割面应无裂纹、夹渣、分层。

(6)型钢切割线与边缘垂直度允许偏差应为 2.0 mm。

(7)崩坑缺陷的修补应符合规范规定。

(8)主要零件下料时,应使其主应力方向与钢板轧制方向一致。

表 2.10.3-2　零件矫正允许偏差　　单位:mm

序号	名称	项目	图例	说明		允许偏差
1	钢板	平面度	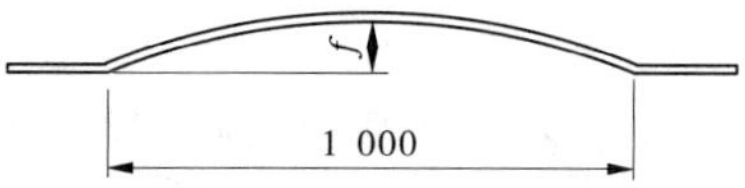	每米范围		f≤1.0
2		直线度	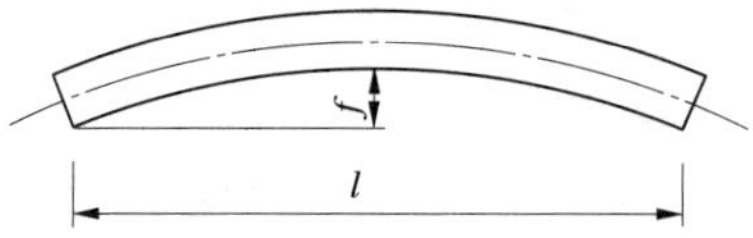	全长范围	l≤8 m	f≤2.0
					l>8 m	f≤3.0
3	型钢	直线度	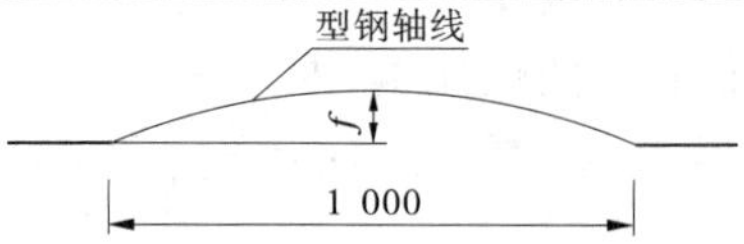	每米范围		f≤0.5

2.10.3.4　零件矫正与弯曲

(1)钢结构加工过程中不得采用火工矫正变形,只能采用机械矫正或预变形矫正变形。

(2)矫正后的钢材表面不应有明显的凹痕和损伤。

(3)零件冷矫时的环境温度不宜低于-12 ℃。

(4)主要零件冷作弯曲时,环境温度不宜低于-5 ℃,内侧弯曲半径不宜小于板厚的 15 倍。零件热煨温度应控制在 900~1 000 ℃。弯曲后的零件边缘不得产生裂纹。

(5)零件矫正允许偏差应符合上表 2.10.3-2 的规定。

2.10.3.5　零件加工

(1)加工面的表面粗糙度 Ra 不得大于 25 μm,零件边缘的加工深度不得小于 3 mm,当零件边缘硬度不超过 HV350 时,加工深度不受此限。

(2)顶紧传力面的表面粗糙度 Ra 不得大于 12.5 μm;顶紧加工面与板面垂直度偏差应小于 0.01t(t 为板厚),且不得大于 0.3 mm。

(3)零件应磨去边缘的飞刺、挂渣,使端面光滑匀顺。

(4)零件尺寸的允许偏差应符合表 2.10.3-3 的规定。

2.10.3.6　制孔

(1)螺栓孔应成正圆柱形,孔壁表面粗糙度 Ra 不得大于 25 μm,孔缘无损伤不平,无刺屑,不得采用冲孔、气割孔。

(2)螺栓孔径允许偏差应符合表 2.10.3-4 的规定。

(3)螺栓孔距允许偏差应符合表 2.10.3-5 的规定;有特殊要求的孔距偏差应符合设计文件的规定。

表 2.10.3-3　零件尺寸允许偏差　单位:mm

序号	名称	项目		允许偏差
1	工形、π 形杆件	盖板、腹板长度		按工艺文件
		盖板宽度	工形	±2.0
			π 形	+2.0~0
		腹板宽度		根据盖板厚度及焊接收缩量确定
2	支座垫板	长度、宽度		±2.0
3	接头板	焊接边至栓孔距离		根据焊接收缩量确定
4	拼接板	宽度		±2.0
5	其他零件	长度、宽度		±2.0 或按工艺文件
		直线度		≤2.0

表 2.10.3-4　螺栓孔径允许偏差　单位:mm

序号	螺栓直径	螺栓孔径	允许偏差	
			孔径	孔壁垂直度
1	M16	18	+0.5~0	板厚 t≤30 时,不大于 0.3
2	M20	22	+0.7~0	
3	M22	24	+0.7−0	
4	M24	26	+0.7~0	
5	M30	33	+0.7~0	
6	>M30	>33	+1.0~0	

注:本项目直径 M24 的高栓,设计螺栓孔径为 27 mm。

表 2.10.3-5　螺栓孔距允许偏差

项目		允许偏差/mm	
		主要杆件	次要杆件
两相邻孔距离		±0.4	±0.4(±1.0)*
多组孔群两相邻孔群中心距		±0.8	±1.0(±1.5)*
两端孔群中心距	$L\leqslant 11$ m	±1.5	±1.5
	$L>11$ m	±2.0	±2.0
孔群中心线与杆件中心线的横向偏移	腹板不拼接	2.0	2.0
	腹板拼接	1.0	—
杆件任意两侧面孔群纵、横向偏移		1.0	—

注：* 括号内数值为附属结构的允许偏差。

2.10.3.7　组装

(1)组装前应熟悉施工图和工艺文件，按图纸核对零件编号、外形尺寸、坡口方向及尺寸，确认无误后方可组装。

(2)构件组装应在胎架上进行。胎架应有足够的强度、刚度及稳定性，满足支撑、定位、固定、操作等工作需要。

(3)组装胎架可设置预拱度，满足构件几何线形的要求。胎架外应设置测量三角网和固定水准点，底面应设置构件组装定位线。组装时应将相邻接料的焊缝错开，错开的最小距离应符合图 2.10.3-1 的规定。

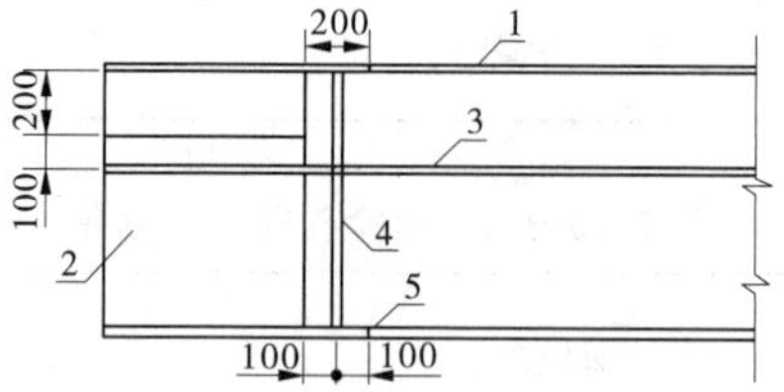

1—盖板；2—腹板；3—纵肋；4—横肋；5—盖板对接焊缝。

图 2.10.3-1　焊缝错开的最小距离　(单位：mm)

(4)组装前必须彻底清除待焊区域的铁锈、氧化铁皮、油污、水分等有害物，使其表面显露出金属光泽，清除范围应符合图 2.10.3-2 的规定。

(5)组装前必须熟悉图纸和工艺文件，认真核对零件编号、外形尺寸和坡口方向，确认无误后方可组装。

(6)板单元组装时严格控制纵肋间距，并使其与面板密贴。

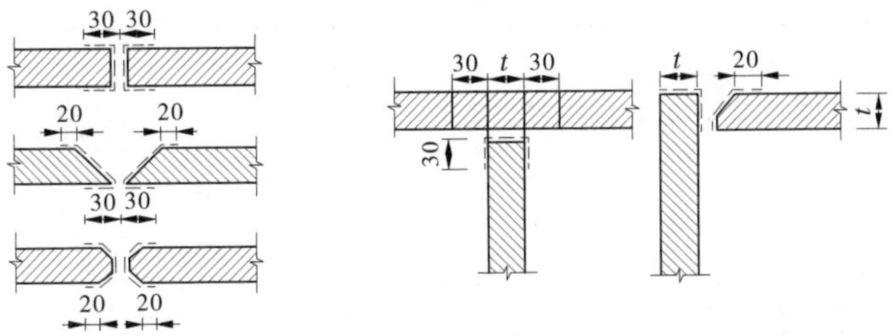

(a)对接接头　　(b)T形接头

图 2.10.3-2　清除范围　（单位:mm）

(7)拆除工艺板及引板时严禁锤击,要采用火焰切除并磨平。

(8)除修改换料外,需要接料的钢板,应在构件组装前接料,并满足:顶板、底板、腹板接料长度不宜小于 1 000 mm,宽度不宜小于 200 mm,接料焊缝至加劲肋焊缝的间距不宜小于 100 mm。横向接料焊缝至螺栓孔中心的间距不宜小于 100 mm。

(9)组装允许偏差应符合表 2.10.3-6 的规定并做好标识。

表 2.10.3-6　组装允许偏差　单位:mm

序号	图例	项目		允许偏差
1	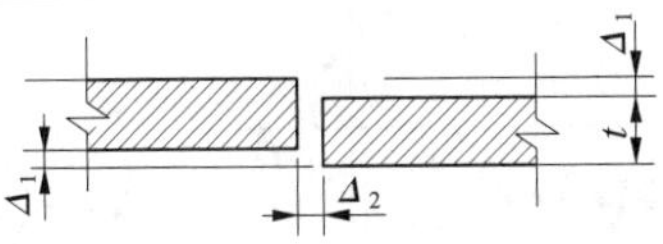	对接高低差 Δ_1		0.5(t<25) 1.0(t≥25)
		对接间隙 Δ_2		≤1.0
2	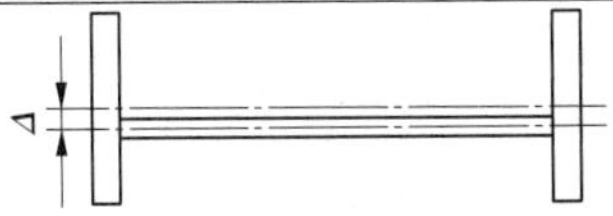	盖板中心与腹板中心线偏移 Δ		≤1.0
3	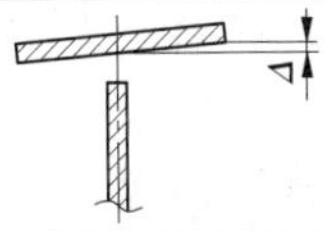	盖板倾斜 Δ		≤0.5
4	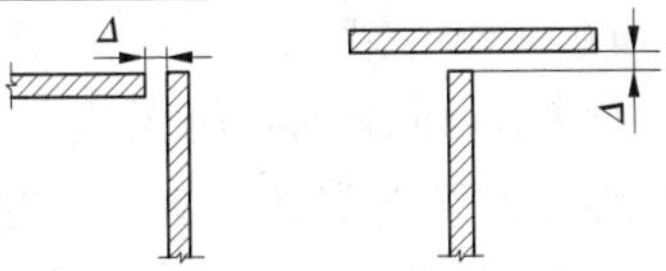	组装间隙 Δ		≤1.0
5	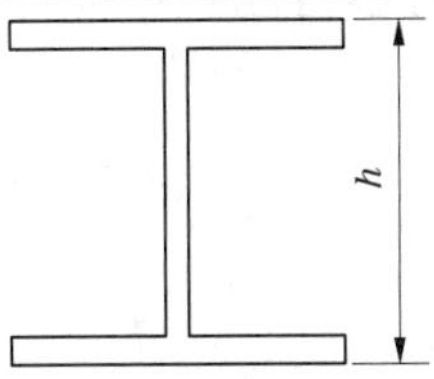	高度 h		+2.0 0
		箱形杆件宽度 b		±2.0
		旁弯 f	杆件长度≤12 m	≤3.0
			杆件长度>12 m	≤5.0

续表 2.10.3-6

<table>
<tr><th>序号</th><th>图例</th><th colspan="2">项目</th><th>允许偏差</th></tr>
<tr><td rowspan="2">6</td><td rowspan="2">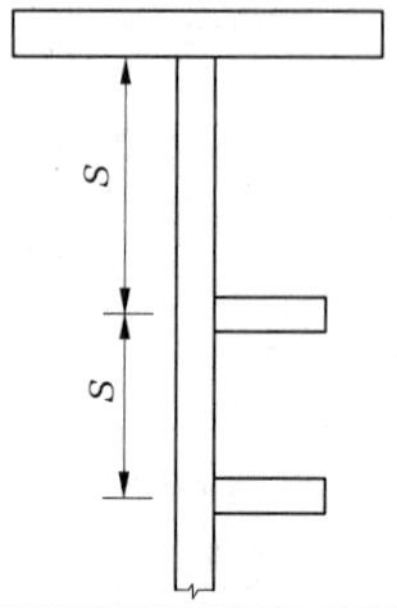</td><td rowspan="2">加劲肋间距 S</td><td>梁端栓孔位置</td><td>±1.0</td></tr>
<tr><td>其余位置</td><td>±3.0</td></tr>
<tr><td rowspan="2">7</td><td rowspan="2">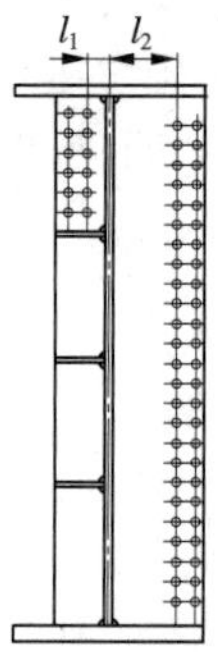</td><td colspan="2">接头板组装尺寸 l_1、l_2</td><td>+1.5
0</td></tr>
<tr><td colspan="2">任意两个接头板间距 S</td><td>±1.0</td></tr>
<tr><td>8</td><td>磨光顶紧部位</td><td colspan="2">局部缝隙</td><td>≤0.2</td></tr>
</table>

2.10.3.8 焊接和焊接检验

1 一般要求

(1)焊工必须取得资格证书,且只能从事资格证书中认定范围内的工作。各种焊工如果停止焊接工作时间超过 6 个月,应对其重新考核。

(2)焊接工艺必须根据焊接工艺评定报告编制,施焊时必须严格执行焊接工艺。

(3)焊接工作宜在室内进行,在室外焊接时应采取防风防雨措施。焊接环境湿度应不大于 80%;焊接低合金钢的环境温度不应低于 5 ℃,焊接低碳钢的环境温度不应低于 0 ℃。当环境温度或湿度未满足上述要求时,应在采取必要的工艺措施后进行焊接。

(4)焊接前必须彻底清除待焊区域内的有害物,焊接时不得随意在母材的非焊接部位引弧,焊接后应清理焊缝表面的熔渣及两侧的飞溅。

(5)焊剂、焊条必须按产品说明书烘干使用;焊剂中的脏物,焊丝上的油锈等必须清除干净;CO_2 气体的纯度应大于 99.5%。

(6)焊前预热及道间温度应按表 2.10.3-7 执行。

表 2.10.3-7　焊前预热及道间温度

材质	焊接方法	板厚/mm	预热温度/℃	道间温度/℃
Q355D Q420D	手工电弧焊、CO_2气体保护焊、埋弧焊(包括定位焊)	<30	不预热	5~200
		≥30~50	80~120	80~200
		>50	100~140	80~200

注:1. 上述板厚以组合中较厚板为准。

2. 预热方法:采用火焰预热。

3. 加热范围:焊缝及两侧 80~100 mm 范围内,测温点距离焊缝中心 50~80 mm。

2　定位焊

(1)定位焊缝应距设计焊缝端部 30 mm 以上,其长度为 50~100 mm,间距为 400~600 mm;定位焊缝的焊脚尺寸不得大于设计焊脚尺寸的 1/2。

(2)定位焊缝不得有裂纹、夹渣、焊瘤等缺陷,对于开裂的定位焊缝,必须在保证焊件组装尺寸正确的条件下补充定位焊,并清除开裂的焊缝。

3　焊接

(1)埋弧自动焊应在距设计焊缝端部 80 mm 以外的引板上起、熄弧。

(2)在埋弧自动焊焊接过程中,应待焊缝稍冷却后再敲去熔渣,敲渣部位到熔池的距离应大于 1 m。

(3)在自动焊过程中不应断弧,如有断弧则必须将停弧处刨成 1:5斜坡,并搭接 50 mm 再引弧施焊,焊后搭接处应修磨匀顺。

(4)单面焊双面成形的焊缝应在坡口背面贴严、贴牢工艺规定的陶质衬垫。

(5)对于承压板与重要位置拉板及其加劲板间角焊缝,拉板与主梁上翼缘板间熔透角焊缝,为改善焊接残余应力状态、焊趾几何形状、降低应力集中、提高焊接疲劳轻度,可焊后对焊趾进行超声波锤击处理。超声波锤击应按如下规定执行:

1)锤击工作应在焊缝外观检查、无损检验及变形修整合格后进行。

2)锤击前,将圆弧部位的端部沿圆弧打磨匀顺。

3)锤击前应清除焊趾处的熔渣、焊接飞溅等杂物。

4)需要锤击的部位,锤击前不得被潮湿、油渍或其他物质污染。

5)锤击能量必须足够,锤击部位不得出现皱叠和裂纹。

6)锤击者应熟悉电锤的使用性能。

7)锤击时力度应适中且锤坑均匀。

(6)圆柱头焊钉的焊接:

1)圆柱头焊钉焊接工作必须由经过圆柱头焊钉焊接培训、考试合格的焊工担任。钢主梁的探伤检测通过后方可焊接钢梁上翼缘板圆柱头焊钉,焊钉应在工厂焊接好,不得在工地焊接。

2)圆柱头焊钉焊接应严格按照圆柱头焊钉焊接工艺执行,未经焊接主管工程师同意不得随意更改焊接工艺参数。

3)施焊前焊工必须检查所用设备、工具良好,确保正常工作时才能施焊。

4)每日每台班开始生产前或更改一种焊接条件时,必须按规定的焊接工艺试焊2个圆柱头焊钉,进行外观和弯曲30°角检验,检验合格后方可进行正式焊接;若检验不合格,应分析原因重新施焊,直到合格为止。

5)焊接前,圆柱头焊钉及焊接部位应除去铁锈、氧化皮、油污、水分等不利于焊接的物质。瓷环应按规定要求烘干使用。

4　焊缝外观检验

(1)所有焊缝必须在全长范围内进行外观检查,不得有裂纹、未熔合、夹渣、未填满弧坑和焊瘤等缺陷,并应符合表2.10.3-8的规定。

表2.10.3-8　焊缝外观质量标准

单位:mm

序号	项目	焊缝种类	质量标准
1	气孔	横向对接焊缝	不允许
		纵向对接焊缝、主要角焊缝	直径小于1.0,每米不多于3个,间距不小于20
		其他焊缝	直径小于1.5,每米不多于3个,间距不小于20
2	咬边	受拉杆件横向对接焊缝、横梁接头板与弦杆角焊缝、竖向加劲肋角焊缝(腹板侧受拉区)	不允许
		受压杆件横向对接焊缝及竖加劲肋角焊缝(腹板侧受压区)	≤0.3
		纵向对接焊缝、主要角焊缝	≤0.5
		其他焊缝	≤1.0
3	焊脚尺寸	主要角焊缝	K_f+(2.0~0)
		其他角焊缝	K_f+(2.0~-1.0)
			手工焊角焊缝全长的10%允许+3.0~-1.0
4	焊波	角焊缝	≤2.0(任意25 mm范围高低差)
5	余高	不铲磨余高的对接焊缝	≤2.0(焊缝宽度b≤20)
			≤3.0(焊缝宽度b>20)
	有效厚度	T形角焊缝	凸面角焊缝有效厚度应不大于规定值2.0,凹面角焊缝应不小于规定值0.3
6	余高铲磨后的表面	横向对接焊缝	不高于母材0.5
			不低于母材0.3
			粗糙度50 μm

(2)圆柱头焊钉焊缝检验:

1)圆柱头焊钉焊完之后,应及时敲掉圆柱头焊钉周围的瓷环进行外观检验。焊钉底角应保证 360°周边挤出焊脚。

2)每 100 个圆柱头焊钉至少抽一个进行弯曲检验,方法是用锤打击圆柱头焊钉,使焊钉弯曲 30°时,其焊缝和热影响区没有肉眼可见的裂缝为合格;若不合格则加倍检验。

(3)产品试板焊缝的外观应符合产品焊缝的外观质量要求。

5　焊缝无损检验

(1)外观检查合格的焊缝方能进行无损检验,无损检验应在焊接 24 h 后进行。

(2)焊缝无损检验质量分级、检验方法、检验部位及执行标准应符合规范规定。

(3)用射线和超声波两种方法检验的焊缝,必须达到各自的质量要求,该焊缝方可认为合格。

(4)采用超声波和磁粉进行局部探伤的焊缝,当发现裂纹时,应将该条焊缝的探伤范围延至全长。采用射线探伤的焊缝,当发现超标缺陷时应加倍检验。

6　产品试板检验

(1)焊缝应按表 2.10.3-9 规定的焊缝类型确定产品试板数量,接头数量少于表中数量时应做一组产品试板。产品试板焊缝经外观和探伤检验合格后进行接头拉伸、侧弯和焊缝金属低温冲击试验,试样数量和试验结果应符合焊接工艺评定的相关规定。

表 2.10.3-9　产品试板数量

焊缝类型	接头数量	产品试板数量
受拉横向对接焊缝	30 条	1 组
桥面板横向对接焊缝	10 条	1 组
桥面板纵向对接焊缝	30 条	1 组
全断面对接焊缝	10 个断面	平、立、仰各 1 组

(2)若试验结果不合格,则应先查明原因,然后对该试板代表的接头进行处理,并重新进行检验。

7　焊缝修磨和返修

(1)杆件焊接后,两端的引板或产品试板必须用气割切掉,并磨平切口,不得损伤杆件。

(2)垂直应力方向的对接焊缝必须除去余高,并顺应力方向磨平。

(3)焊缝不超差的咬边应修磨匀顺,超差的咬边或焊脚尺寸不足时,可采用手工焊进行返修。

(4)应采用碳弧气刨或其他机械方法清除焊接缺陷,在清除缺陷时应刨出利于返修焊的坡口,并用砂轮磨掉坡口表面的氧化皮,露出金属光泽。

(5)焊接裂纹的清除长度应由裂纹端各外延 50 mm。

(6)用埋弧焊返修焊缝时,应将焊缝清除部位的两端刨成不小于 1:5的斜坡。

(7)返修焊缝应按原焊缝质量标准要求检验;同一部位的返修焊一般不应超过两次。

(8)圆柱头焊钉的补焊:

1)对有缺陷的焊钉焊缝可采用手工焊进行补焊,补焊长度应自缺陷两端外延 10 mm,焊角尺寸为 6 mm。

2)当钢板厚度达到手工焊要求预热的厚度时应预热,预热温度和手工焊要求的预热温度相同。

3)当焊钉焊缝不合格时,应将焊钉从杆件上切除,且不应伤及母材,切除圆柱头焊钉的部位应打磨平整,然后用原焊接方法重新焊上圆柱头焊钉,并达到合格的焊接质量。

2.10.3.9 矫正

(1)零件组焊后根据变形情况不得采用火工矫正变形,只能采用机械矫正或预变形矫正变形。

(2)矫正后的杆件表面不得有凹痕和其他损伤。

(3)矫正时应缓慢加力,环境温度不宜低于 5 ℃,总变形量不大于 2%。

(4)杆件矫正的允许偏差应符合表 2.10.3-10 的规定。

表 2.10.3-10 杆件矫正允许偏差

图例	项目	允许偏差/mm
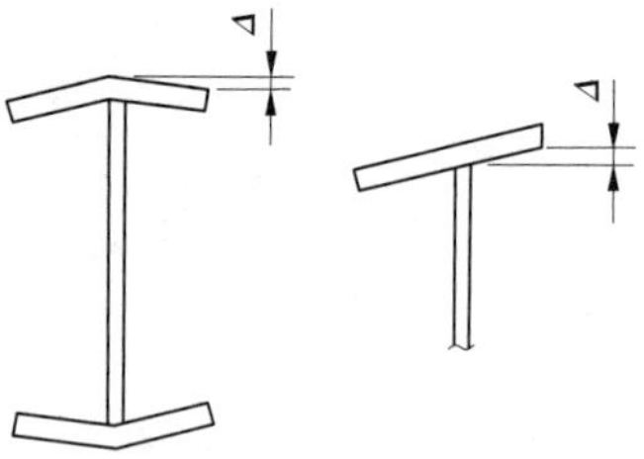	盖板对腹板的垂直度	0.5(有孔部位)
		1.5(其余部位)
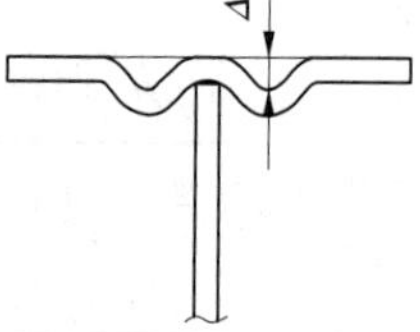	盖板横向及纵向平面度	0.3(有孔部位)
		1.0 mm/m(其余部位)
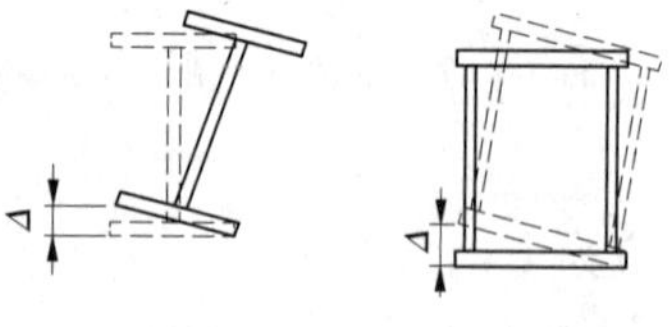	主梁、小纵梁	≤3.0
	横梁扭曲	≤5.0
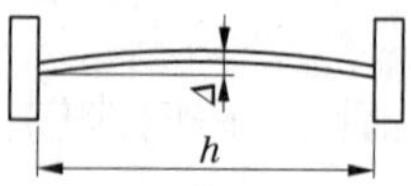	主梁、横纵梁腹板平面度	h/500 且不大于 5.0 有孔部位≤2.0

续表 2.10.3-10

图例	项目	允许偏差/mm
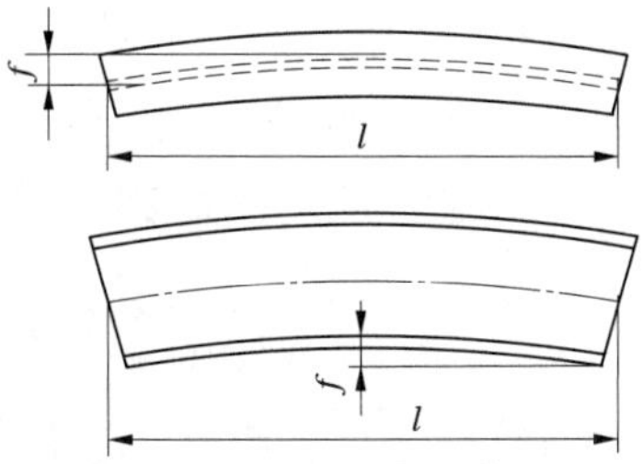	主梁、小纵梁的 水平及竖向弯曲 横梁的水平旁曲	2.0($l \leqslant 4\,000$) 3.0($4\,000 < l \leqslant 16\,000$) 5.0($l > 16\,000$)
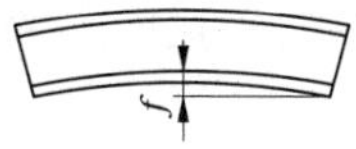	横梁拱度	+10 −3
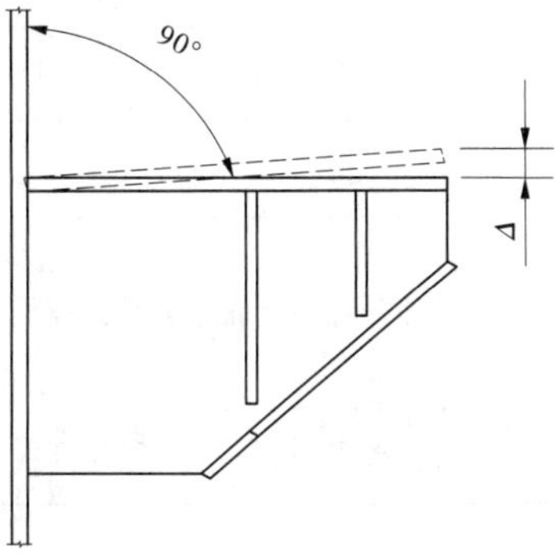	钢牛腿壁板与 水平板垂直度	≤2.0

2.10.3.10　试装

(1)杆件试装前应将孔边飞刺、板层间刺屑、电焊熔渣飞溅等清除干净。

(2)参与试装的杆件均应检验合格,试装应在杆件涂装前进行。

(3)试装应在测平的台架上进行,杆件应处于自由状态。

(4)试装时,必须使板层密贴,冲钉不宜少于螺栓孔总数的 10%,螺栓不宜少于螺栓孔总数的 20%。

(5)试装过程中应检查拼接处有无相互抵触情况,有无不易施拧螺栓处。

(6)试装时,必须用试孔器检查所有螺栓孔。主梁的螺栓孔应 100%自由通过较设计孔径小 0.75 mm 的试孔器;其他杆件的螺栓孔应 100%自由通过较设计孔径小 1.5 mm 的试孔器方可认为合格。

(7)试装检测时,应避开日照的影响。

(8)每次试装应进行检测,其结果应有详细记录。

(9)钢主梁试装的主要尺寸应符合表 2.10.3-11 的规定。

表 2.10.3-11　钢主梁试装主要尺寸允许偏差

序号	项目	允许偏差/mm	说明
1	拼接缝两侧主梁高差	≤2	—
2	横梁间距	±3	两相邻横梁间中心距
3	试装全长	±6	—
4	两主梁中心距	±3	两主梁腹板中心距
5	旁弯	l /5 000	主梁中心与其试装全长的两端中心所连直线的偏差
6	截面对角线差	5	—
7	水平对角线差	5	—
8	主梁倾斜	3	—
9	竖曲线线差	+10 3	主梁翼缘下平面,靠近腹板处
10	每段钢梁四角高低差	3	三点水平时,另一点翘起高度

2.10.4　工字型组合梁涂装

2.10.4.1　一般规定

(1)组合梁的涂装分为工厂涂装和工地涂装,应尽可能减少工地涂装工作量,现场仅在焊缝、栓接处补涂。

(2)工地焊接的焊缝区域,焊缝两侧各 50 mm 范围在工厂不做涂装,喷砂后用胶带保护,工地焊接完成后,按其所在部位涂装要求在工地修补各涂层。

(3)涂装施工单位应具备相应资质,涂装施工人员应通过涂装专业培训。关键施工工序(喷砂、喷漆、质检)的施工人员应获得涂装中级工及以上证书。特种作业人员应具备相应资格。

(4)涂装材料品种、规格、技术性能指标,应符合设计文件和相关技术规范的要求。选用的涂装材料应性能可靠、防蚀性好、耐候性好,防护年限应满足设计图纸规定的年限要求,色彩满足设计文件或业主的景观要求。涂料材料应具有完整的出厂证明书。

(5)涂装施工前应完成材料复验、涂装工艺试验、高强度螺栓连接摩擦面的抗滑移系数试验及钢材表面处理。

(6)涂装施工应符合安全、卫生及环境保护的要求。

2.10.4.2　表面处理

(1)构件在喷砂除锈前应进行如下的结构预处理:

1）粗糙焊缝打磨光顺，焊接飞溅物用刮刀或砂轮机去除。焊缝上深为 0.8 mm 以上或宽度小于深度的咬边应补焊处理，并打磨光顺。

2）锐边用砂轮打磨成曲率半径为 2 mm 的圆角。

3）切割边的峰谷差超过 1 mm 时，打磨到 1 mm 以下。

4）表面层叠、裂缝、夹杂物，须打磨处理，必要时补焊。

（2）喷砂前应按表 2.10.4 的要求进行钢结构表面清理。

（3）涂装施工前，应采用喷砂或抛丸等方法进行除锈，除锈等级和粗糙度应符合设计文件的要求，并应符合《公路桥梁钢结构防腐涂装技术条件》（JT/T 722—2008）相关规定。

表 2.10.4　喷砂前钢结构表面清理要求

序号	类别	清理方法	检测方法	检验标准	
1	油污	专用清洗剂清洗（或擦洗）	—	无可见盐迹	洒水法检验或按《工业制动器能效限额》（GB/T 13312—2018）（验油试纸法）检验
2	可溶性盐分	高压淡水冲洗	盐分测试仪	可溶性氯化物含量 ≤7 μg/cm²	《涂覆涂料前钢材表面处理　表面清洁度的评定试验　第 6 部分：可溶性杂质的取样　Bresle 法》（GB/T 18570.6—2011/ISO 8502-6:2006）和《涂覆涂料前钢材表面处理　表面清洁度的评定试验　第 9 部分：水溶性盐的现场电导率测定法》（GB/T 18570.9/ISO 8502-9:1999）（水溶性盐电导率测量法）
3	表面灰尘	真空吸尘器或无油、无水的压缩空气	—	表面灰尘清洁度≤3 级	《涂覆涂料前钢材表面处理　表面清洁度的评定试验　第 3 部分：涂覆涂料前钢材表面的灰尘评定（压敏粘带法）》（GB/T 18570.3—2005/ISO 8502-3:1992）
4	粉笔记号、涂料等附着物	人工清除	—	无可见杂物	目测

(4)在已涂无机硅酸锌、无机富锌或其他类车间底漆的钢结构外表面再涂装油漆前，应根据涂装体系设计要求采用喷砂或机械打磨方法进行二次表面处理；内表面无机硅酸锌等车间底漆基本完好时，可不进行二次表面处理，但要除去表面盐分、油污等。

(5)根据构件表面粗糙度的要求，选用合适粒度的磨料。磨料应存放于通风干燥的室内，应清洁、干燥、无油污，可溶性盐不应超过 50 ppm，灰粉含量符合规定，必要时应采取烘焙措施。

2.10.4.3　工厂涂装

(1)涂装施工环境应符合以下要求：

1)施工环境温度 5~28 ℃，空气相对湿度不大于 85%，并且钢材表面温度应高于露点温度 3 ℃以上。

2)在有雨、雾、雪、大风和较大灰尘的条件下，禁止户外施工。

3)施工环境温度为-5~5 ℃时，应采用低温固化产品或采取其他措施；涂料本身的温度需符合产品说明书的规定。

4)涂装后 4 h 内不得受雨淋。

(2)厂内焊缝两侧每道涂层向内递减 50~80 mm，便于现场修补，主梁上翼缘与混凝土桥面板接触面按高强度螺栓摩擦面处理。

(3)涂装前应仔细确认涂料的种类、名称、质量标准。对双组分涂料要明确混合比例，并搅拌均匀、熟化后使用，超过使用时间的涂料不得使用。

(4)应按照设计要求和材料工艺进行底涂、中涂和面涂施工。每道涂层的间隔时间应符合材料说明书的有关技术要求。超过最大重涂间隔时间时，进行拉毛处理后涂装。

(5)施工中随时检查湿膜厚度以保证干膜厚度满足设计要求。

(6)电弧喷涂应符合以下要求：

1)电弧喷涂施工时，应在受喷面积上连续喷涂到规定的厚度。

2)喷涂用气体应清洁、干燥，喷涂气体压力应不低于 0.5 MPa。

3)喷涂距离宜控制在 150~300 mm。

4)喷涂时，喷涂微颗粒应尽可能垂直冲击基体表面，喷枪与被喷涂面的夹角应不小于 60°。

5)喷涂过程中，应经常对喷枪进行清洁，避免积聚金属粉尘；喷枪移动速度应均匀；当发现基体表面温度过高时，可暂停喷涂。

(7)工厂涂装完成后应进行保护，防止运输和安装过程中损伤涂装。

2.10.5　检验与验收

2.10.5.1　一般规定

(1)钢结构制造过程中应按工序对零件、板单元、组拼、焊缝和构件分别进行质量控制检验，前一道工序检验合格后方可进行后一道工序的施工。

(2)首制件应进行检验和验收，首制件验收合格后方可进行批量生产。

(3)钢桥构件制造完成后应进行检验。

(4)建设、施工、监理、检测、设计及监控等单位项目技术负责人应参加验收，技术复杂的项目可邀请相关专家一同参加验收。

(5) 钢主梁节段首制件验收时，应具备下列文件：

1) 钢材、焊接材料和涂装材料的出厂质量证明书及复验资料；

2) 主要制造工艺文件；

3) 焊接工艺评定报告及其他主要工艺试验资料；

4) 工厂高强螺栓摩擦面抗滑移系数试验报告；

5) 焊缝外观检验和无损检验报告；

6) 焊缝重大修补记录；

7) 产品试板试验报告；

8) 预拼装或试拼装检验报告。

(6) 构件尺寸可用直角尺、钢板尺、钢平尺、塞尺、钢卷尺、经纬仪、水准仪检查或采用平台、拉线等方法检查。

(7) 构件内外表面采用观察检查方法检验，不应有凹痕、划痕、焊瘤、擦伤等缺陷，边缘无毛刺。

(8) 在钢梁无损检测前应具备明确的探伤清册或焊缝检测清单。

2.10.5.2　板单元

(1) 顶底板或腹板单元尺寸偏差应满足表 2.10.5-1 的规定。

表 2.10.5-1　顶底板及腹板单元主要尺寸允许偏差

序号	名称		允许偏差/mm	简图
1	长度 L、宽度 B		±2	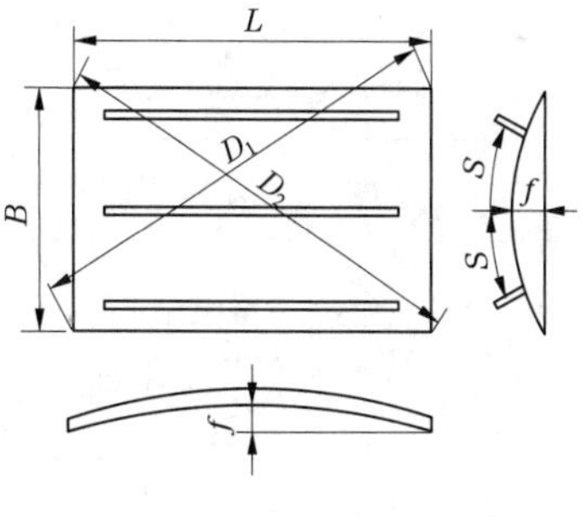
2	对角线 D_1、D_2		≤4	
3	平整度 f	横向	≤$L/250$	
		纵向	≤5	
4	角变形 δ		≤$B/150$	
5	板边直线度 f		≤3	
6	板肋直线度 f		≤2	
7	四角平面度 f		≤5	
8	纵向加劲肋间距 S_1	两端及隔板处	±1	
9		其他部位	±2	
10	纵向加劲肋垂直度 f		±2	
11	横向加劲肋间距 S_2	两端	±1	
12		其他部位	±2	
13	横向加劲肋垂直度 f		±2	

(2)横隔板、纵膈板及横肋单元尺寸偏差应满足表 2. 10. 5-2 的规定。

表 2. 10. 5-2　横隔板、纵膈板及横肋单元主要尺寸允许偏差

序号	名称	允许偏差/mm	简图
1	高度 H	±2	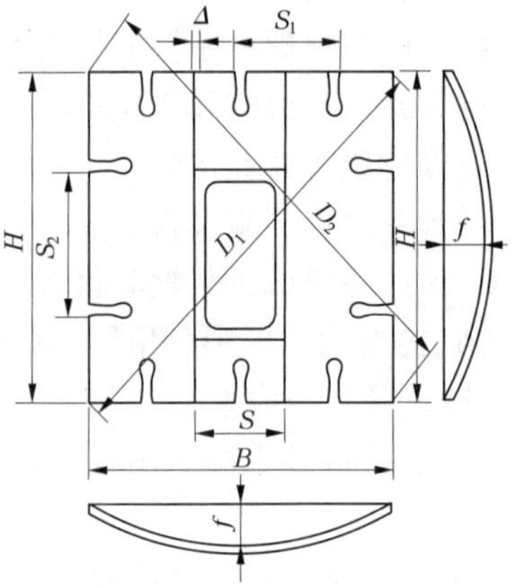
2	宽度 B	±2	
3	对角线 D_1、D_2	≤4	
4	板边直线度 f	≤B/150 且≤6	
5	横向平面度 f	≤2	
6	纵向平面度 f	≤1/1 000 范围	
7	边缘处槽口间距 S_1、S_2	≤1	
8	加劲肋间距 S	±2	
9	加劲肋垂直度 Δ	±2	

2. 10. 5. 3　钢梁构件允许偏差

(1)工字型钢梁主要尺寸偏差应满足表 2. 10. 5-3 的规定。

表 2. 10. 5-3　工字型钢梁主要尺寸允许偏差

序号	名称		允许偏差/mm	简图
1	钢梁长 L		±10	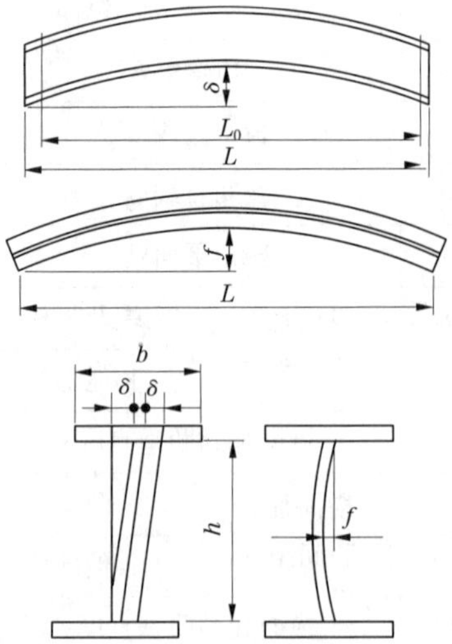
2	跨度 L_0(支点中心距)		±5	
3	拱度 δ(与计算相比)		+10~-3	
4	旁弯 f(桥梁中心线与理论值的偏差)		≤3	
5	梁高 h(跨中和支点处腹板高度)	h≤2 m	±2	
		h>2 m	±4	
6	顶板、底板宽度 b		±2	
7	顶板或底板与腹板的垂直度 Δ		≤2	
8	腹板平面度 f		≤h/350,且≤8	

(2)螺栓孔径、孔型、孔距符合制孔及表 2.10.3-4、表 2.10.3-5 的规定。

2.10.5.4 涂装

(1)进行表面处理检验及涂装施工环境检测,涂装材料的检验符合设计文件及规范要求。

(2)目视检测涂料涂层,表面应平整、均匀一致,无漏涂、起泡、裂纹、气孔和返锈等现象,允许轻微橘皮和局部轻微流挂。漆膜颜色应达到色卡要求,无明显色差。

(3)涂层干膜厚度应符合设计规定的要求。检验批次涂层厚度达不到规定要求时,应增加涂装道数,直至合格为止。漆膜厚度测定点的最大值不能超过设计厚度的 3 倍。

(4)涂层对基体的附着力和层间附着力按《色漆和清漆 漆膜的划格试验》(GB/T 9286—1998)相关规定进行划格法检验,检验结果不低于 1 级;或按《色漆和清漆 拉开法附着力试验》(GB/T 5210—2006)相关规定进行拉开法检验,检验结果应不低于规范规定。

(5)热喷铝或喷锌涂层对基体的附着力检验应按《热喷涂 金属和其他无机覆盖层 锌、铝及其合金》(GB/T 9793—2012)相关规定进行划格检验,检验结束后,方格内的涂层不得与基体剥离,采用拉开法检验时,检验结果应不低于规范规定。

(6)完成涂装后的主梁构件标识、编号应清晰完整。涂层验收可按构件分批次验收,验收时施工单位至少应提交下列验收资料:

1)设计文件及设计变更文件;

2)涂料出厂合格证和质量检验文件,进场验收记录;

3)钢结构表面处理和检验记录;

4)涂装施工记录(包括施工过程中对重大技术问题和其他质量检验问题处理记录);

5)修补和返工记录;

6)其他涉及涂层质量的相关记录。

2.10.5.5 出厂文件

主要有:产品合格证(含质量检验报告);钢材、焊接材料和油漆、剪力钉、高强度螺栓副的质量证明书及复验报告;焊接工艺评定试验报告及其他主要工艺试验报告;焊缝无损检验报告;焊缝重大修补记录;产品试板的试验报告;工厂高强度螺栓摩擦面抗滑移系数试验报告;质量事故处理报告;试拼装记录;评审鉴定意见;施工图、安装位置图、杆件发送表等。

2.10.6 存放、运输及安装

(1)为确保构件运输无误,施工单位应按照设计图纸划分的构件类型标识构件编号,标识应明显、耐久。

(2)为保证钢梁节段间高强度螺栓连接的顺利进行,施工单位在钢梁构件的存放和运输过程中应采取切实可行的措施防止构件变形。

(3)存放场地应坚实平整、通风且具有排水设施。支承处有足够的承载力,在钢结构梁段存放期间不允许有不均匀沉降,不允许出现翘翘板的情况。梁体与支撑墩间应设平面不小于 1 000 mm×1 000 mm,厚度小于 150 mm 的木块或其他垫块,但应做好保护措施,防止垫块损害梁体。

(4)吊装梁段在存放场地存贮时,应按工地现场架设顺序编号,并按吊运顺序安排位置,将先吊装的梁段放在外面,后吊装的梁段放在里面。梁段应单层堆放,且必须使各临时支点受力均匀。

(5)在构件存放、运输及安装过程中,应注意钢结构涂装面的保护,如有损伤应及时修补。

(6)梁段运输及安装过程起吊时采用临时吊点,临时吊点等需结合梁段运输和现场安装方案共同设计,并对梁体相应部位进行必要的加强,经设计单位验算认可后实施。

(7)梁段运输吊装时,其部件及螺栓等应妥善固定在该梁段上,随梁段一同吊装。

(8)高强度螺栓连接的表面抗滑移系数及钢梁出厂状态表面抗滑移系数应满足设计或规范要求。

(9)用作梁体拼装的支架或平台应专项设计,并进行详细计算,其强度、刚度、挠度应满足规范要求,确保拼装线形满足设计要求,并且安全、稳定。

(10)钢构件现场焊接应做工艺试验,按设计要求对焊缝进行无损检测。

(11)在拼装施工前,应根据跨径大小、结构特点、起吊重量、起吊设备等,综合考虑选择拼装方法和拼装工艺,在确定钢梁的拼装方法时,尚应考虑预制混凝土桥面板安装的可行性和方便性

(12)组合梁架设工艺需满足施工中对安全、质量、进度等的各项要求,架设前应对承重支架、支撑系统、吊具等临时受力结构,以及钢件本身在安装过程中不同受力工况下的强度、刚度及稳定性进行验算,保证架设施工的安全和结构的安全。

2.10.7 工地连接

2.10.7.1 高强度螺栓连接

(1)通过高强度螺栓连接的钢梁摩擦面,在安装前应复验所附试件的抗滑移系数,合格后方可安装。

(2)高强度螺栓连接副施拧前,应按出厂批号分别测定其扭矩系数,其平均值和标准偏差应符合设计或规范要求。

(3)高强度螺栓施拧采用的扭矩扳手,在作业前、后均应进行校正,其扭矩误差不得超过使用扭矩值的±5%。

(4)高强度螺栓连接副组装时,螺母和垫圈应按制造厂提供的批号配套使用,垫圈有内倒角的一侧应分别朝向螺栓头和螺母支撑面,螺栓穿入方向应全桥一致,螺栓长度符合设计要求,螺栓应自由穿入孔内,不得强行敲入。

(5)10.9S 级 M24 高强度螺栓设计预拉力 P 为 225 kN,施工预拉力 P_c 为 250 kN。采用扭矩法施拧高强度螺栓连接副时,初拧、复拧和终拧应在同一工作日完成。初拧扭矩为终拧扭矩的 50%,复拧扭矩等于初拧扭矩,终拧扭矩按相关规范计算。

(6)主梁大节段吊装就位后,高强度螺栓的连接按腹板、底板、顶板和其他加劲板的顺序,用冲钉(冲钉直径比孔径小 0.1 mm)和普通螺栓(或高强度螺栓初拧)进行临时连接,冲钉数量为空孔总数的 50%,螺栓数量为空孔总数的 30%。冲钉和螺栓应在拼接板

上均匀分布。打紧冲钉时,应逐个冲钉轮番打紧,不准连续击打一个冲钉。

(7)若临时连接时安装了普通螺栓,则应拆除一个普通螺栓随即安装一个高强度螺栓并完成初拧,严禁连续拆除多个螺栓或冲钉后再更换高强度螺栓和初拧;更换冲钉时亦然。

(8)全部冲钉和螺栓更换完成后,用初拧扳手按从中间向两侧的顺序对全部高强度螺栓复拧;仍按同样的顺序完成高强度螺栓的终拧。

(9)高强度螺栓终拧完成后,应按规范规定进行质量检查,扭矩检查应在螺栓终拧 1 h 以后、24 h 之前完成。不合格的螺栓,欠拧的螺栓应补拧到合格为止,超拧的应更换新螺栓重新初拧和终拧。检查验收合格后,按设计要求封闭板缝、涂漆防锈。

(10)高强度螺栓连接不得在雨中进行,摩擦面应保持清洁、干燥。高强度螺栓不得作为临时安装螺栓使用,不得采用塞焊对螺栓孔进行焊接,不得采用气割方法对螺栓孔进行扩孔。

2.10.7.2　工地焊接

(1)钢梁工地焊接时应设置防风、防雨设施,遮盖全部焊接位置,风力应小于 5 级,温度应大于 5 ℃,相对湿度应小于 80%。

(2)工地焊接前应做工艺评定试验,施焊应严格按照已评定的焊接工艺进行。焊接前应对接头坡口、焊缝间隙和焊接板面高低差等进行检查。

2.10.8　桥面板预制及安装

2.10.8.1　预制场及模板

(1)桥面板预制场的布置及建设应符合相关标准化要求,混凝土养护应考虑预埋管道采用喷淋系统喷淋养护。

(2)预制台座数量应满足工期要求,台座基础应处理牢固,防止下沉。台座面板宜采用钢板并采取措施防止变形,面板设置时尚应考虑剪力钉预留槽及吊点螺栓的预埋,并对吊点螺栓受力进行计算复核。

(3)预制台座应按图纸要求设置横坡,台座平整度需小于 3 mm。存梁方案含存梁台座基础等应进行详细的受力及沉降计算,并获得设计单位认可。

(4)桥面板侧模板刚度应满足要求,钢筋预留孔槽宜进行机加工,位置、尺寸应准确,脱模方便。

2.10.8.2　钢筋绑扎

(1)桥面板钢筋宜在胎架上整体加工,确保钢筋、预埋件位置准确,定位牢固。

(2)钢筋接长时,应避开钢筋应力最大处,直径大于 20 mm 的钢筋应采用机械连接。需要进行焊接连接的环形钢筋,焊接质量应满足规范要求。

(3)桥面板施工中,注意预埋附属工程的预埋钢筋和预埋件,按设计预留泄水孔。钢筋保护层垫块应耐久、牢固,布置均匀,确保钢筋净保护层不小于 25 mm,绑扎扎丝及其他金属物不得伸入净保护层内。

2.10.8.3　混凝土浇筑及养护

(1)桥面板宜采用高性能混凝土,可采用缓凝剂。混凝土浇筑中要严格控制混凝土工作性能、坍落度、泌水性。

（2）拆模后的桥面板应及时进行喷淋养护，养护时间应满足规范要求。桥面板湿接缝面进行凿毛，凿毛深度要控制到位，可在混凝土强度形成之前采用高压水枪冲刷处理。

2.10.8.4　桥面板存放

（1）桥面板混凝土强度达到80%后方可脱模起吊，起吊必须采用扁担梁，保证各吊点垂直起吊。拆模和起吊时应注意对桥面板边缘剪力健的保护，防止发生碰撞断裂。

（2）预制桥面板的存放时间不得少于180 d。存放期间，应对外露的钢筋及预埋件采取保护措施，确保钢筋和预埋件不会锈蚀、损伤。

（3）桥面板的存放临时支点设置在主梁上翼缘板对应位置，临时支点的具体设置及桥面板存放方案应获得设计单位认可。

2.10.8.5　桥面板安装

（1）桥面板运输过程中应保证桥面板水平放置，并设置防护措施，防止桥面板发生磕碰。

（2）吊装前应认真检查桥面板是否异常，仔细核对桥面板位置和方向，清除外露水泥浆等杂物。

（3）钢梁安装完成后，在无支架状态按设计给出的点位测量高程，根据高程确定桥面板垫条厚度，按厚度下料后在桥面板垫条位置粘贴牢固，应确保桥面板湿接缝混凝土浇筑的密封性，不得有水泥砂浆流出。

（4）桥面板吊装时，应采取有效措施分散吊点处应力集中现象，吊具不得挤压损坏桥面板混凝土，确保桥面板受力安全。

（5）桥面板吊装过程中，应精确、轻缓下放到位，随时检查环形钢筋、预埋件管道位置及橡胶垫条的完整性，否则应重新起吊安装。

2.10.9　湿接缝浇筑

（1）一联桥面板安装就位后，及时焊接相邻板间的环形钢筋，钢筋焊缝应饱满，无焊渣、气泡、砂眼，焊缝长度满足规范要求。

（2）浇筑桥面板后浇带及湿接缝混凝土前，应清除残渣、灰尘，用水湿润混凝土界面后再浇筑。

（3）在浇筑湿接缝时，应先完成各跨正弯矩区桥面板预留剪力钉槽口及湿接缝混凝土浇筑，待其达到设计强度和弹模后，再完成中墩负弯矩区桥面板预留剪力钉槽口及湿接缝混凝土浇筑。

（4）湿接缝混凝土宜在当天温度最低时施工，应先浇筑剪力钉预留槽口内的混凝土，再浇筑湿接缝混凝土，新老混凝土接触面应加强振捣，振捣时应避免触及模板。

（5）每道湿接缝混凝土应一次浇筑完成。浇筑结束后，表面拉毛处理，并覆盖洒水养护，冬季施工时应注意保温养护。

2.11　北堤外引桥(装配式波形钢腹板组合梁)

2.11.1　一般规定

(1)应建立健全质量保证体系和制造质量检验制度,确保预制及安装全过程的质量管理和控制。

(2)应建立健全安全生产管理体系,编制完善的专项方案及应急预案。

(3)波形钢腹板组合梁的制造及验收必须使用经计量检定合格的计量器具,并应按相关规定进行操作。

(4)波形钢腹板组合梁制造及安装除应符合本技术标准外,尚应符合国家现行的有关强制性标准的规定。

2.11.2　材料

2.11.2.1　混凝土

梁体采用 C50 混凝土,混凝土用原材料应符合规范要求,避免采用可能发生碱-集料反应的材料。应对混凝土配合比与浇筑进行必要的试验,使混凝土的各项性能达到设计及施工要求。

2.11.2.2　普通钢筋

采用热轧 HPB300、HRB400 和 HRB500 普通钢筋及钢筋焊接网,其技术指标应符合热轧光圆钢筋及热轧带肋钢筋的相关规定要求。

2.11.2.3　钢筋连接器

直径大于或等于 22 mm 的钢筋宜采用机械连接的方式接长,接头等级为Ⅰ级,技术标准应符合《钢筋机械连接技术规程》(JGJ 107—2010)相关规定。宜优先采用滚轧直螺纹接头,其技术标准应符合《滚轧直螺纹钢筋连接接头》(JG 163—2004)相关规定。

2.11.2.4　预应力钢绞线

纵向预应力束单根钢绞线均为高强度低松弛钢绞线,直径为 ϕs15.24 mm,抗拉强度标准值 $f_{pk}=1\ 860$ MPa,弹性模量 $E_p=1.95\times10^5$ MPa,预应力管道采用圆形金属波纹管。钢绞线应符合《预应力混凝土用钢绞线》(GB/T 5224—2014)相关规定。预应力筋锚下张拉控制应力为 $0.75f_{pk}$。

2.11.2.5　预应力锚具

预应力锚具技术标准应符合《预应力筋用锚具、夹具和连接器应用技术规程》(JGJ 85—2010)相关规定。

2.11.2.6　钢材

波形钢腹板采用 Q420D 钢材,波型均为 1200 型,A 型钢腹板厚度为 12 mm,B 型钢腹板厚度为 9 mm,上翼缘板为 16 mm 钢板。钢材技术指标含化学成分、力学性能等应符合《低合金高强度结构钢》(GB/T 1591—2018)相关规定要求。钢板的板厚负偏差不得大于 0.4 mm,其尺寸、外形、重量应符合《热轧钢板和钢带的尺寸、外形、重量及允许偏差》(GB/T 709—2006)。钢材表面锈蚀等级应符合《涂装前钢材表面锈蚀等级和除锈等级》(GB 8923—88)的规定。

2.11.2.7 焊接材料

焊接材料应采用与母材相匹配的焊条、焊剂、焊丝,其熔敷金属的屈服强度、极限强度、延伸率不应低于母材的机械性能,符合相关技术要求。

2.11.2.8 高强度螺栓

波形梁连接采用高强度螺栓连接,高强度螺栓为 10.9S 级,直径 M22 mm。螺栓应符合《钢结构用高强度大六角头螺栓》(GB/T 1228—2006)相关规定要求,螺母符合《钢结构用高强度大六角螺母》(GB/T 1229—2006)的要求,垫圈符合《钢结构用高强度垫圈》(GB/T 1230—2000)相关规定要求,技术条件应符合《钢结构用高强度大六角头螺栓、大六角螺母、垫圈技术条件》(GB/T 1231—2006)相关规定要求。

2.11.2.9 剪力钉

剪力钉为圆柱头型焊钉,直径为 ϕ22 mm,长度分别为 220 mm、180 mm 和 120 mm 共三种,材质为 ML15A1,其尺寸、化学成分、机械性能应符合《电弧螺柱焊圆柱头焊钉用》(GB/T 10433—2002)相关规定要求。

2.11.2.10 涂装材料

(1)波形梁钢腹板的涂装防腐应严格遵守《公路桥梁钢结构防腐涂装技术条件》(JT/T 722—2008)相关规定,采用重防腐涂装体系,防腐年限为 15~25 年。

(2)钢腹板外表面:环氧富锌底漆、环氧云铁中间漆、聚硅氧烷面漆,总干膜厚度 300 μm;钢梁内表面:环氧富锌底漆、环氧厚浆漆,总干膜厚度 350 μm;与混凝土接触表面(含剪力钉):环氧富锌底漆,总干膜厚度 80 μm。

(3)每个涂装材料品种按不同生产批号各抽取一个样品,样品的数量应满足检验的需要;检验结果中如有某项指标存在争议,允许在该批涂装材料中再随机抽取一个样品,重新进行检验。

2.11.3 波型梁制造

2.11.3.1 一般规定

(1)制造厂家应根据设计文件、技术要求和质量标准进行技术交底,编制生产方案,应含生产工艺、模具方案、生产计划、技术质量控制措施、成品保护、堆放及运输方案等内容。

(2)波形梁制造各项工序施工前,应熟悉设计文件,领会设计意图,根据设计要求、预制精度要求及现场状况等编制施工组织设计。

(3)波形梁钢板辊平、下料及节段制作等应在车间内完成;波形钢腹板预拼装宜在厂房内完成;成品涂装应在涂装厂房内完成;制作完成的成品节段存放在存梁区。

(4)所有材料应按照标准进行试验和检测。

(5)波形梁钢结构部分施工前,应进行焊接工艺试验与评定,评定规则应符合规范规定。

(6)波形钢腹板压型应考虑钢板反弹量及塑性变形量,制造应考虑预拱度、纵坡等参数,保证压型精度、现场安装精度及成桥线型。

(7)波形梁钢腹板加工完成预拼装合格后方可出厂,钢板连接部的二次涂装应在桥梁主体施工完成后及时进行。

(8)波形梁钢腹板制作工艺详见图 2. 11. 3-1。

(9)波形梁钢腹板制作检验流程图详见图 2. 11. 3-2。

2. 11. 3. 2　钢板下料

(1)钢板复验合格后辊平,按波形钢腹板节段的高度、单个波长的展开长度进行数控精切下料,并预留波形钢腹板节段对接处加量。

(2)对下完料的钢板画线,画出波形钢腹板的横竖基线,采用数控钻床钻制钢腹板埋入段 ϕ60 mm 纵向间距 200 mm 的钢筋孔,打磨钢筋孔毛刺。

(3)对于有半个波长的波形钢腹板,按 1 个波长的波形钢腹板进行画线钻孔、倒角,波形钢腹板压制完成后,采用小车精切一分为二。

2. 11. 3. 3　钢板压型

(1)由于波形钢腹板压制成型后会产生回弹变形,其回弹变形量较难控制。为确保波形钢腹板的压制质量,宜选取每种板厚的钢板进行波形钢腹板压制试验。收集分析压型后波形钢腹板的检测数据,确定波形钢腹板压型后的反弹量,依据反弹量对压制模具嵌块进行修整加工,待模具嵌块修整后,再次压制波形板,直到波形板压制合格。

(2)波形钢腹板压制前先检查安装模具嵌块是否正确,利用运输胎架,将需要压制的钢板平移至模具内,调整钢板位置,使钢板边缘与模具上的靠档紧贴。

(3)采用大型液压机利用模具对钢板进行成型压制,使波形钢腹板一次成型。

(4)波形钢腹板压制完成后,再用运输胎架将压制成型的波形钢腹板移出模具,检测波形钢腹板波长、波高、折弯角度,检查转角处圆弧是否平滑、有无纤维状暗筋出现等。

(5)修正波形钢腹板的横竖基线,以修正后的基线为标准,采用数控钻床钻制钢腹板连接段 ϕ24 mm 的高强螺栓孔,打磨孔边毛刺。

(6)每个加工完成合格的波形钢腹板均应进行详细标识、编号。

(7)波形钢腹板压制主要关键工艺详见表 2. 11. 3-1。

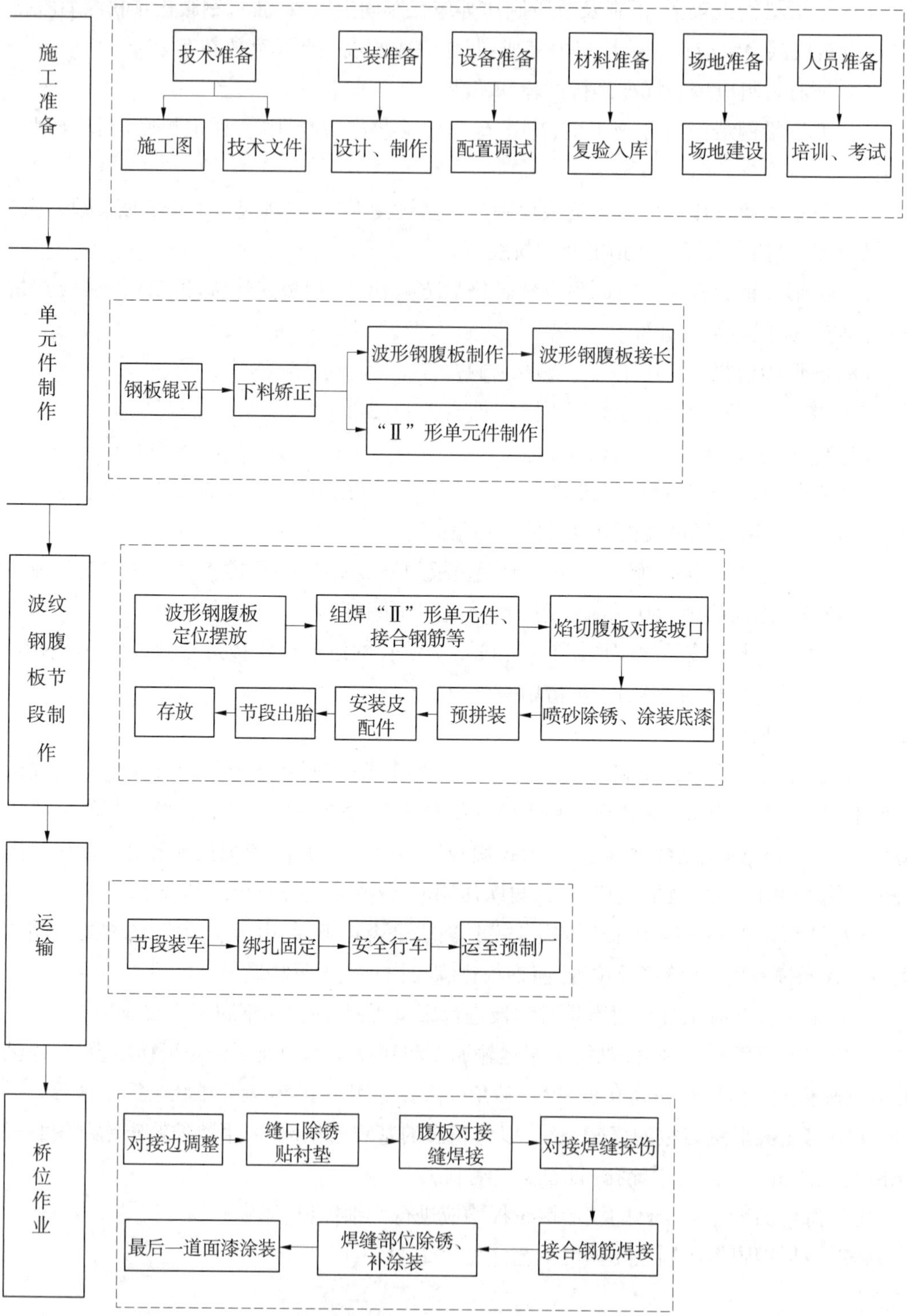

图 2.11.3-1　波形梁钢腹板制作工艺流程图

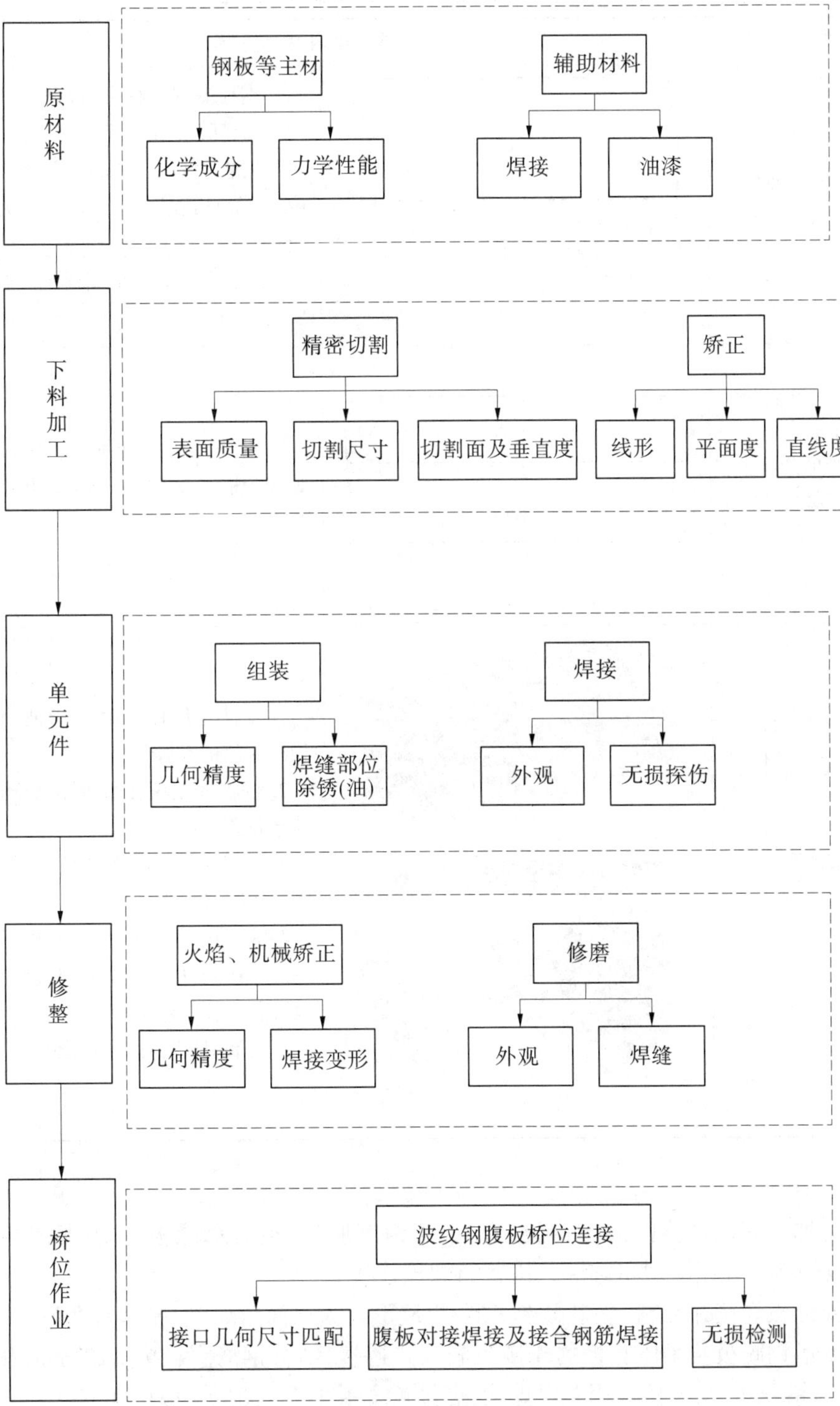

图 2.11.3-2　波形梁钢腹板制作检验流程图

表 2.11.3-1 波形钢腹板压制主要关键工艺

项目	主要工作内容及要领	
1. 钢板辊平处理后，数控下料		1. 钢板需辊平处理，以便释放钢板内应力，防止压制过程中产生马刀弯。 2. 按板厚中心线放样钢板展开长度 L，在长度方向上预留二次切边余量。 3. 数控下料时切割钢筋孔，按简图要求倒角
2. 画横竖基线	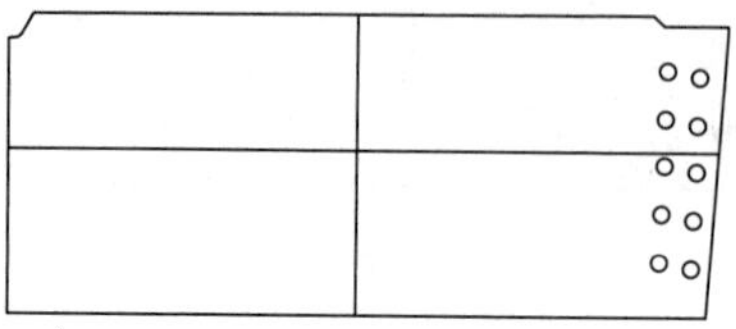	以钢筋孔为基准画线。画波形钢腹板的横竖基线，作为压型和组装的基准
3. 波形钢腹板压制	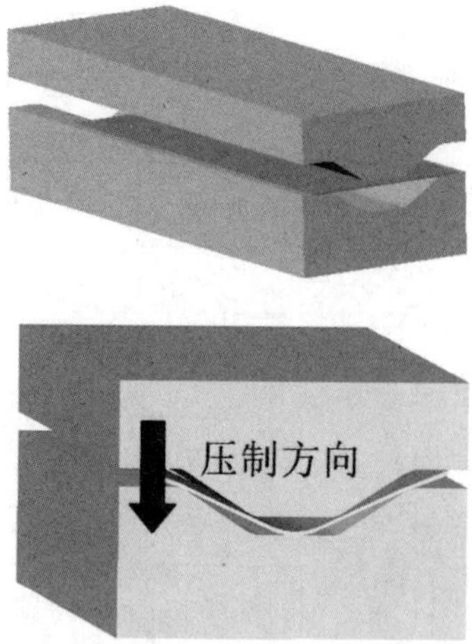	1. 设计专用模具时考虑波形钢腹板压制后的反弹量； 2. 利用大型液压机将钢板压制成波形钢腹板； 3. 在下模一侧设置靠挡，压制之前需检验靠挡位置； 4. 液压过程要缓慢，在液压行程结束后应维持压力一段时间，确保成型尺寸符合要求； 5. 压制时注意区分左右件

2.11.3.4 组装

（1）将加工完成合格的波形钢腹板平放于组装胎架，组装翼缘板、开孔板和接合钢筋，钢腹板的接长在组装时可临时采用普通螺栓连接。

（2）翼缘板焊接并控制、修整焊接变形，焊缝形式为双面角焊缝，焊缝高度为 7 mm。

（3）波形钢腹板与梁体底板的连接为嵌入式连接，结合钢筋直径为 ϕ22 mm，相邻结合钢筋上下错开布置，连接采用单面焊接，焊接长度不小于 10d（d 为钢筋直径）。

（4）结合钢筋与波形钢腹板之间连接采用单面焊接，焊接长度不小于 10d，此焊接连接应在工厂内完成，焊缝等级为Ⅱ级。贯穿钢筋宜居中于预留孔，安装偏差不应超过 5

mm，且应垂直于开孔板并定位牢固。

（5）波形钢腹板与顶板的连接处、横隔板与钢腹板的交接处、预应力齿块与钢腹板交接处及钢腹板底部内衬混凝土交接处采用剪力钉连接，应按焊接工艺在波形钢腹板节段上组焊焊钉，对焊接变形进行修整。注意边梁腹板上横隔板剪力钉在边梁内侧，外侧无剪力钉。

（6）波形钢腹板加工质量允许偏差见表 2.11.3-2。

表 2.11.3-2　波形钢腹板加工质量要求

序号	检验项目	允许偏差
1	翼缘板宽度/mm	±2
2	翼缘板平整度/mm	±L/1 000
3	翼缘板垂直度	±b/200
4	波形钢腹板高度/mm	±2
5	波形钢腹板节段长和节段对角线长/mm	±3
6	波形钢腹板高度方向垂直度	±h/750
7	波形钢腹板波高/mm	±3
8	波形钢腹板波长/mm	±5
9	单个节段波形钢腹板平面挠曲量/mm	±3

注：L 为波形钢腹板波长，mm；b 为翼缘板板宽，mm；h 为波形钢腹板高度，mm。

2.11.3.5　预拼装

（1）所有波形钢腹板节段均应逐个检查，焊缝及几何尺寸符合要求后，方可进行预拼装。

（2）预拼装胎架按照设计单位提供的制造线形及引起的拱度影响，按照线形空间坐标控制胎架支撑板标高和靠挡平面位置，直线梁只需考虑胎架支撑板测平和靠挡平面位置。

（3）从中跨或边跨开始，在预拼装胎架上，依次摆放波形钢腹板节段试拼。每拼完一个节段，均应进行接口错台、间隙、线形和几何尺寸检查，根据需要进行调整，并对接口进行临时螺栓连接，再继续试拼。

（4）30 m 跨波形钢腹板单跨钢梁分为三个节段，分为 A 型、A 型及 B 型，长度分别为 7.8 m、7.8 m、13.2 m；28 m 跨波形钢腹板单跨钢梁分为三个节段，分为 A 型、A 型及 B 型，长度分别为 6.8 m、6.8 m、13.2 m。制造时可根据实际情况，在保证安装精度的情况下调整节段长度。

（5）所有节段拼装完成后，对节段连接位置、预拼装线形、预拼装长度等项点进行全面检测。检测合格后，在节段接口组焊的匹配件。波形钢腹板的拼装定位要求见表 2. 11. 3-3。

(6)对完成预拼装的波形钢腹板构件及零、部件进行编号、登记,为现场安装、高强螺栓连接提供方便。

(7)解除匹配件临时焊缝;拆除节段接口临时码固件等,然后将节段下胎,进行除锈、涂装。

表 2. 11. 3-3 波形钢腹板的拼装定位要求

序号	检测项目	允许偏差	检测频率
1	轴线偏差/mm	±5	间隔 2 m 测量 3 处
2	间距偏差/mm	±5	
3	高度偏差/mm	±5	
4	横桥向垂直度	1/500	
5	纵桥向坡度	1/500	

2. 11. 3. 6 焊接工艺

1 波形钢板对接焊缝

两波形钢板之间对接焊缝宜采用埋弧自动焊进行平位焊接,可选用埋弧焊丝 H08MnA $\phi5$ 焊丝,配 SJ101q 焊剂进行焊接,根据钢板厚度开单面 V 形坡口或者不开坡口,焊接第一道时背面要求垫焊剂垫以防焊漏,反面焊前采用碳弧气刨清根,焊前做简易的支撑胎架以方便放置。

2 翼缘板与开孔劲板的焊接

根据翼缘板与开孔劲板焊缝的特点,一般采用 CO_2 气体保护焊半自动焊,可选用 E501T-1 $\phi1.2$ 焊丝,翼缘板放置水平后横位焊接,两条焊缝同方向对称焊接,同一条焊缝采用分中对称施焊,焊缝端部要求包角焊。

3 波形钢板与接合钢筋、波纹钢腹板与翼缘板的焊接

波形钢板与接合钢筋宜采用 CO_2 气体保护焊半自动焊,可选用焊丝为 E501T-1 $\phi1.2$ 焊丝。波形钢板修整完成后,在平台上将其放平,组焊接合钢筋,在焊接至与波形钢板接触接合钢筋端部时进行包角绕焊。

波纹钢腹板与翼缘板的焊接,将波形钢腹板节段翼缘板向下放置,焊接前对波形钢板两侧进行临时支撑,焊接时可由两名焊工在两侧分段、对称焊接,采用 CO_2 气体保护焊半自动焊,选用焊丝为 E501T-1 $\phi1.2$ 焊丝,焊缝位于横位焊接,焊缝两端部要求不停弧绕焊完成,焊接完成后打磨匀顺。

4 桥位的焊接

桥位腹板对接焊缝采用单面焊双面成形焊接工艺,背面贴陶质衬垫。采用小线能量焊接方法,分散施焊,减小焊接变形。焊接时先立位对接焊缝,再焊接预留角焊缝。

5 焊钉的焊接

波形钢腹板上的焊钉采用螺柱电弧焊进行焊接,焊钉的材质、工艺、施焊、检验等,应

符合《电弧螺柱焊用圆柱头焊钉》(GB/T 10433—2002)的技术要求;焊接设备采用专用螺柱焊机及焊枪。

2.11.4　涂装

(1)波形钢腹板的涂装分为工厂涂装和工地涂装,应尽可能减少工地涂装工作量,除外表面最后一道面漆之外的其余面漆宜在工厂施工。

(2)涂装施工应符合安全、卫生及环境保护的要求。涂装设置简易支架时,对波形钢腹板上部和下端及高栓摩擦面等不涂装部位进行支承覆盖、薄膜防护,将波形钢腹板略微倾斜放置(以不倾倒为宜)。

(3)波形钢腹板纵向节段间采用 10.9 级 M22 的摩擦型镀锌高强螺栓进行连接,接触面摩擦系数不小于 0.45,为保证波形钢腹板搭接面的摩擦系数,搭接面喷砂(丸)后,仅需进行抗滑型无机富锌底漆涂装,禁止进行面漆涂装。

(4)涂装施工单位应具备相应资质,涂装施工人员应通过涂装专业培训。关键施工工序(喷砂、喷漆、质检)的施工人员应获得涂装中级工及以上证书,特种作业人员应具备相应资格。

(5)涂装材料品种、规格、技术性能指标,应符合设计文件和相关技术规范的要求。选用的涂装材料应性能可靠、防蚀性好、耐候性好,防护年限应满足设计图纸规定的年限要求,色彩满足设计文件或业主的景观要求。涂料材料应具有完整的出厂证明书。

(6)涂装施工前应完成材料复验、涂装工艺试验、高强度螺栓连接摩擦面的抗滑移系数试验及钢材表面处理。

(7)涂装施工前,应采用喷砂或抛丸等方法进行除锈,除锈等级和粗糙度应符合设计文件的要求,并应符合《公路桥梁钢结构防腐涂装技术条件》(JT/T 722—2008)相关规定。

(8)在已涂无机硅酸锌、无机富锌或其他类车间底漆的钢结构外表面再涂装油漆前,应根据涂装体系设计要求采用喷砂或机械打磨方法进行二次表面处理;内表面无机硅酸锌等车间底漆基本完好时,可不进行二次表面处理,但要除去表面盐分、油污等。

(9)根据构件表面粗糙度的要求,选用合适粒度的磨料。涂装施工环境应符合要求,涂装后 4 h 内不得受雨淋。

(10)涂装前应仔细确认涂料的种类、名称、质量标准。对双组分涂料要明确混合比例,并搅拌均匀、熟化后使用,超过使用时间的涂料不得使用。

(11)应按照设计要求和材料工艺进行底涂、中涂和面涂施工。每道涂层的间隔时间应符合材料说明书的有关技术要求。超过最大重涂间隔时间时,进行拉毛处理后涂装。涂料涂装主要工艺要求:

1)油漆施工时环境温度应在 5~38 ℃,钢板温度必须高于露点 3 ℃以上(因各种油漆对环境的要求不同,故应以油漆施工技术参数为准)。

2)每道油漆喷涂前检测环境温度、相对湿度、露点温度、钢板基体温度、油漆黏度等是否符合该油漆施工要求,均满足要求方可施工,否则采取有效措施或停止喷漆。

3)喷漆前检查每道油漆和稀释剂的名称、型号、批号、混合比、配比方法、混合使用时间及重涂时间。

4)双组分油漆混合前应先将基料搅拌均匀,然后将固化剂加入,再根据油漆使用要求或油漆技术服务人员要求按比例加入稀释剂,采用风动搅拌机或其他方式搅拌直到颜色一致、底部无沉淀为止,对搅拌方法和搅拌时间进行记录。

5)大面积喷涂前,首先对边角、焊缝、喷涂角度不佳的部位及两种涂层体系交界位置用刷子进行预涂,不涂装的部位要采取保护措施。

6)喷枪与工作表面之间的距离保持在 350 mm 左右,喷涂时尽量与待涂表面保持 90°。

7)每道油漆喷涂时,要按设计的湿膜厚度进行喷涂,同时不间断地用湿膜厚度测量仪测量(并做好记录),以保证涂层的厚度和均匀性。

8)每道油漆喷涂完后,要对漆膜进行全面检查,对缺陷部位或厚度不够的部位进行修补。

(12)施工中随时检查湿膜厚度以保证干膜厚度满足设计要求。涂装完成后应进行保护,一般在防止运输和安装过程中损伤涂装。

(13)为了对波形钢腹板涂层进行保护,以免在运输、安装和浇筑混凝土时造成损伤和污染,可在外露于大气中的腹板内外涂层表面覆一层聚氯乙烯保护膜,覆膜时要求将波形钢腹板节段完全覆盖。要求所使用聚氯乙烯保护膜具有一定的厚度和黏结力,待现场安装完成后才可以将保护膜撕除。

(14)波形钢腹板防护涂装检验要求见表 2.11.4。

表 2.11.4　波形钢腹板防护涂装检验要求

序号	检查项目		规定值或允许偏差	检查方法和频率
1	除锈清洁度		符合设计规定,设计未规定时表面取 Sa2.5	比照板目测:100%
2	粗糙度/μm	外表面	70~100	按设计规定检查,设计未规定时,用粗糙度仪检,内表面 40~80 μm,每段检查 6 点,取平均值
		内表面	40~80	
3	总干膜厚度/μm		符合设计要求	漆膜测厚仪检查
4	附着力/MPa		符合设计要求	划格或拉力试验:按设计规定频率检查

注:序号 3 的检查频率按设计规定执行,设计未规定时,每 10 m^2 测 3~5 个点,每个点附近测 3 次,取平均值,每个点的量测值如小于设计值应加涂一层涂料,每涂完一层后,应检测干膜总厚度。

2.11.5　出厂文件

(1)波形梁钢腹板及其零部件成品出厂时,应提供下列文件:

1) 产品合格证书(含质量检验报告);

2) 钢材、焊材及涂装材料出厂质量证明书及全部复检资料;

3) 焊接工艺评定试验报告及其他主要工艺试验报告;

4) 焊缝检验报告、焊缝重大修补记录(包括质量事故处理报告)和焊接接头破坏性检验报告;

5) 涂装试验报告;

6) 工厂预拼装记录。

(2) 施工图、拼装简图和设计变更文件、设计变更内容应在施工图中相应部位注明。

2.11.6　存放和运输

2.11.6.1　存放

(1) 在制造场地存放:波形钢腹板在制造场内可利用原组装胎架叠放堆存,减少波腹板堆存时场地需求。叠放堆存时应注意:

1) 构件节段成品的存放场地,应当坚实、平整、通风;

2) 构件支垫点应放在翼板或其他允许的部位;

3) 存放构件节段应按预制的顺序安排位置;

4) 成品节段短途转移时,应避免擦伤扭折、坠落等人为损伤;

5) 运输、贮存时波形钢腹板可以多层叠放,但叠放的层数按设计要求不超过 2 层,底层钢板应支撑在木制存放垫上。

(2) 预制场堆存:同样可采取叠放堆存形式。考虑到方便生产过程中与预制节段梁匹配的波形钢腹板吊装,提前对即将安装匹配的波腹板采用架立堆存。架立堆存时应注意:

1) 波腹板堆放支架与波腹板接触处(波腹板翼板及底部)增设橡胶皮垫等柔性支撑,保护波腹板表面涂装层;

2) 适当增大波腹板间及波腹板与堆存支架间间距;

3) 波腹板吊装时采用垂直吊装,并在尾部栓带缆风绳,避免吊装过程中波腹板碰撞破坏涂装层情况。

2.11.6.2　运输

(1) 利用横吊钳或吊带进行平放吊装,不允许用捆绑,挂钩等方式起吊;

(2) 运输宜采用合适长度的货车陆运;

(3) 构件节段的包装必须在涂装干燥后进行,并应防止损伤漆面;

(4) 构件节段应标明编号、分类以免混淆;

(5) 构件节段在运输过程中应防止倾倒、碰撞,支点要平稳、多点、可靠,应采取可靠措施防止意外和碰损;

(6) 制造厂家的发运明细表和附件应随构件节段配套一并发送。

2.11.7 波形钢腹板组合梁混凝土浇筑

2.11.7.1 预制场

(1)预制场的选址与规划:主要包括位置、占地面积、功能区划分、场内道路布置、排水设施布置、水电设施及施工设备的型号、数量等。功能区划分除考虑预制区外,还应考虑合适的预制梁存梁区、波形钢腹板存放区、模板存放区等。

(2)预制场应选择地质良好、地基稳定的区域,防止产生不均匀沉降变形影响预制梁的质量,地面宜进行硬化处理。选址宜与拌和站、钢筋加工场综合考虑,宜设置视频监控系统。

(3)预制梁台座的数量应根据波形钢腹板组合梁数量和工期要求进行配置,台座应进行承载力和沉降计算。台座两端应特别加强,以满足梁板张拉起拱后基础两端的承载力要求,台座上应设置沉降观测点进行监测。

(4)预制梁台座面板(底模)宜采用钢板制作,不得直接利用混凝土面板作为底模。钢板厚度宜 8~10 mm。底模平整度、光滑度应满足规范要求,并按设计要求设置合适的反拱度。

(5)预制梁台座之间中心间距应有利于波形钢腹板组合梁撤除侧模和方便工人操作为原则,宜不小于梁底板宽度加 3 倍箱梁单侧翼板(以最大翼板宽度控制)宽度的总和。

(6)为适应波形钢腹板组合 T 梁采用捆绑式或吊带式起吊出台座的要求,可在距 T 梁两端合适位置处将部分台座改成活动式底板支撑,T 梁两端吊点位置应经设计认可。

(7)预制场尚应配备波形钢腹板组合梁起吊设备、模板及钢筋骨架安装设备、张拉压浆设备、混凝土振捣设备等;其配置数量应根据工期及预制梁数量确定。

(8)梁体养护宜采用自动喷淋设备,设备应有足够的水压,确保梁的每个部位均能养护到位,尤其是翼缘板底面及横隔板部位。养护用水所需水管应埋入地下,其埋置深度应满足其不被损坏。

2.11.7.2 模板

(1)波形钢腹板组合梁底板及顶板模板以采用整体钢模,其配置数量应根据工期及预制梁数量确定。模板在周转间隙必须覆盖,防止雨淋、生锈、被污染。

(2)考虑波形钢腹板入模及精确定位、钢混结合区的混凝土浇筑等,模板系统主要分为端模、底板侧模、顶板底模及侧模、锯齿块侧模、横梁底模、侧模及相应的支撑支架、连接系统、拉杆系统等部分组成。

(3)模板及支架构造应简单、合理,结构受力应明确,安装、拆除应方便,并应具备足够的强度、刚度和稳定性,确保预制完成的 T 梁几何尺寸与线形符合设计要求,避免模板在混凝土浇筑过程中发生变形。

(4)模板及支架的设计、制造宜委托专业化、业绩丰富的模板厂家完成,其中顶板底模支撑支架设计时需预留底板混凝土浇筑及振捣空间。模板加工时宜采用数控加工工艺,进行精确控制。模板加工完成后,应在厂家进行预拼、验收,板面应平整,接缝处严密且不漏浆，焊缝牢固，尺寸及线行符合验收标准及设计要求。

(5)模板及支架运输到现场后，应对整个模板系统在制梁台座上进行预拼，预拼装合格后方可使用。模板在周转间隙应进行保养，板面与混凝土的接触面应除锈、涂刷隔离剂，露天时必须覆盖，防止雨淋、生锈、被污染。

2.11.7.3　波形钢腹板安装

(1)波形钢腹板从加工厂运往工地后，集中按编号堆放，待现场需安装时，由小型平板车运输。为减小起吊时变形，宜将波形钢腹板竖直安放于平板车上，拉好揽风，防止倾倒。

(2)波形钢腹板在安装前应对连接件进行外观检查，其外观应平整、无裂缝、毛刺、凹坑、变形等缺陷。按波形钢腹板板块设计编号进行核对并查验产品出厂合格证及材料的质量证明书。

(3)波形钢腹板在预制台座上按加工时预拼装的顺序及节段分段安装。应事先在台座上标记出底板钢筋位置及波形钢腹板位置等控制线，使其精确就位，确保横隔板位置准确。安装顺序宜从一端向另一端顺序安装，并及时采取可靠的临时支撑固定措施，防止倾覆。

(4)波形钢腹板接长采用高强螺栓连接，高强螺栓及摩擦面的质量检测及高强螺栓的施拧应符合设计及规范要求。安装过程中及时校正钢腹板位置，遇有偏差时，宜在波形钢腹板底部设临时千斤顶调整标高，翼缘板上设置可调支撑脚，微调波形钢腹板位置和线形，保持钢腹板各向线形顺直。

(5)波形钢腹板安装时，不得在现场对其进行未被批准的临时性的焊接和切割作业。安装完成后采取不影响钢筋绑扎及模板安装的可靠措施对波形钢腹板进行固定。

(6)波形钢腹板连接控制指标见表 2.11.7。

表 2.11.7　波形钢腹板连接控制指标

序号	项目	规定值或允许偏差	检验方法和频率
1	钢腹板高程/mm	±10	水准仪或钢尺
2	钢腹板中心偏位/mm	±5	拉中线用尺量偏位：检查两端、跨中及 1/4 处
3	钢腹板横断面对角线差/mm	±30	尺量：检查两端断面
4	钢腹板拱度/mm	+10～-5	拉线用尺量：检查跨中
5	高强螺栓扭矩	±10%	测力扳手：检查 5%，且不少于 2 个

2.11.7.4 钢筋及预应力管道安装

(1)在钢腹板安装定位后,同时注意连接件中贯穿钢筋与顶底板钢筋的绑扎次序,以免顶底板钢筋与连接件贯穿钢筋相抵触。波形钢腹板应与其接触的钢筋进行单面焊接,焊接长度不小于10d。

(2)波形钢腹板组合梁钢筋及预应力管道可分二次绑扎,先绑扎底板钢筋及预应力管道,合格后安装底板侧模及顶板底模,完成后再绑扎顶板钢筋及负弯矩处预应力管道,管道应伸出模板不少于10 cm。

(3)钢筋绑扎和预应力管道安装除应符合相关的规定外,还应注意顶底板钢筋加工时与波形钢腹板连接件的匹配。横桥向任一相邻钢筋间距偏差应小于3 mm,每10个间距总和的偏差不应超过5 mm。

(4)预应力管道与钢筋相碰时,应优先保证纵向预应力管道位置正确,适当挪动普通钢筋。预应力管道定位网钢筋间距,直线段为50 cm,曲线段为25 cm,定位网钢筋应位置准确、焊接牢固且不得损伤波纹管。浇筑混凝土前在波纹管内穿入相应直径的硬塑料管,以防管道堵塞和上浮,并且在混凝土初凝前间歇抽动,保证波纹管道畅通。

(5)钢筋保护层垫块的尺寸及形状应能确保波形钢腹板组合梁混凝土保护层厚度的准确性,垫块应绑扎牢固,布置合理。梁内预应力筋锚固用锚垫板及附属设施预埋钢筋及预埋件不得遗漏,埋设准确,波纹管应伸出锚垫板外并用合适材料塞堵防止水泥砂浆进入管道内堵塞管道。

2.11.7.5 模板安装

(1)波形钢腹板T梁模板的安装顺序宜为:底板侧模安装、横隔板底模、侧模安装、齿块模板安装、端模安装及顶板底模及侧模安装。模板板面应涂刷对混凝土外观性能较好的隔离油,禁止使用废机油,台座面板可在钢筋安装前涂刷。

(2)模板应按设计要求准确就位,且不宜与脚手架连接。安装侧模板时支撑应牢固,防止模板在浇筑混凝土时产生移位。

(3)模板安装完成后,其尺寸、平面位置和顶部高程等应符合设计要求,节点联系应牢固。

(4)模板安装时,不得使已安装且定位好的波形钢腹板出现移位及损伤、变形等。固定在模板上的预埋件和预留孔洞均不得遗漏,安装应牢固、位置应准确。

(5)钢模拼装时可能出现拼接不密贴现象,可在加工制作时沿内外模板边缘侧预留宽度为1 cm的止浆条卡槽,安装定做挤塑胶条使之超过模板边侧1~2 mm,可有效地解决模板拼接因不密贴而出现的漏浆情况。

2.11.7.6 混凝土浇筑及养护

(1)混凝土浇筑前,应检查连接型钢和栓钉安装质量。连接件周边的普通钢筋安装过程中,严禁损伤型钢和栓钉。梁段模板、钢筋、预应力管道、波形钢腹板、锚垫板、预埋件等应经检查合格后方可浇筑混凝土。

(2)混凝土的材料要求、配合比设计、搅拌、运输、浇筑、振捣等具体要求,可参照《公路桥涵施工技术规范》(JTG/T 3650—2020)的相关规定执行。在必要时可使用早强水泥或掺入早强减水剂,以提高早期强度,缩短拆模混凝土等时间。

(3)波形钢腹板 T 梁的抗扭及横向抗弯刚度相比同等结构的混凝土 T 梁均有不同程度的降低,在浇筑过程中,应合理考虑混凝土布料顺序、布料速度及混凝土振捣等,混凝土应全部在初凝前浇筑完成。

(4)混凝土按设计要求底板、横隔板、顶板采用一次浇筑,底板下灰时应避免碰到顶板模板支架。混凝土振捣时应避免振动器碰撞预应力筋管道、预埋件等。

(5)梁体底板浇筑时需特别注意钢混结合段气泡的排除,浇筑顺序从中间向两侧均匀对称浇筑。顶板浇筑时需特别注意钢混结合段的防漏浆措施,浇筑过程中要实时检查,严禁混凝土污染波形钢腹板。

(6)梁体钢混结合部位普通钢筋、预应力管道及锚后加强钢筋、波腹板连接件及穿孔钢筋等较密集,混凝土浇筑应注意充分振捣密实。

(7)对直立栓钉,宜采用平板式振捣器;对侧立栓钉,宜选用较小直径的插入式振捣棒,棒体距离栓钉端部 30~50 mm,在保证振捣效果的前提下,避免触碰栓钉造成损坏。

(8)梁体顶板浇筑完成后,先人工将表面浮浆刮除,再利用刮尺将表面刮平,刮尺两侧紧贴两侧端模顶面,保证混凝土表面与模板顶面齐平。

(9)在混凝土终凝前,进行顶面混凝土的二次收面工作,减少顶板干收缩裂缝的出现。混凝土终凝后应进行喷淋或洒水养护,并采用土工布覆盖保水,养护时间应满足规范要求。

2.11.7.7　模板拆除

(1)为防止混凝土裂缝和边棱破损,设计要求混凝土强度达到 20 MPa 时方可拆模。

(2)波形钢腹板组合梁模板拆除期间及拆除完成后,均应及时对梁体设置保险垛或支撑,防止梁体倾覆。

(3)梁体模板拆除后,及时对梁段工作缝的接触面凿毛并洗刷干净,或采取其他可加强混凝土接触的措施。

2.11.7.8　波形钢腹板组合梁存放

(1)波形钢腹板组合梁在梁体张拉、压浆完成后移至存梁台座存放。存梁台座应牢固,不应有沉降,梁体支点应放置枕木或方木进行抄垫,支点位置应符合设计要求,梁体安放平稳后及时进行支撑,防止梁体倾覆。

(2)梁体存放时间不得多于 3 个月。存放期间,应对外露的钢筋及预埋件采取保护措施,确保钢筋和预埋件不会锈蚀、损伤。

(3)梁体混凝土养护未到时限的,尚应按规范要求继续养护。

(4)梁体不得出现宽度超过设计和规范规定的受力裂缝。一旦出现,必须查明原因,经过设计认可并处理后方可安装。

2.11.8　波形钢腹板组合梁安装

(1)波形钢腹板组合梁安装前,应先将堤外引桥连续梁中跨临时支座安装完成,边跨伸缩缝端应安装正式支座,边跨连续段为临时支座。

(2)波形钢腹板组合梁宜采用架桥机安装,架桥机在桥面上的支撑点应位于梁肋上。按设计要求,运梁车最大轮载不超过7.5 t,运梁工况下单片T形梁承受的轮载总和不超过30 t。

(3)根据采用的架桥机的型号及预制梁运输、安装工况对主梁进行施工荷载验算,并经设计单位确认后方可进行波形钢腹板组合梁的安装。

(4)安装前应进行详细的技术交底。预制梁运输、吊装及架设完成后,应采取临时支撑措施保持梁体的横向稳定,防止梁体倾覆。预制梁安装验收合格后,及时对梁段横隔板进行抄垫并与相邻梁体横隔板横向接缝钢筋进行焊接,以增加梁体的稳定性和整体性。

(5)梁体吊装、运输工作频繁,危险性大,在施工作业过程中,应严格执行起吊、运输的有关操作规程,确保T梁在吊装、运输过程中的绝对安全,禁止在大雨、大风、夜间等恶劣天气下进行运输、架桥机过孔和起重吊装作业。

(6)波形钢腹板组合梁安装施工允许误差见表2.11.8。

表2.11.8　波形钢腹板组合梁安装施工允许误差

<table>
<tr><th>序号</th><th colspan="3">检查项目</th><th>规定值或允许偏差</th><th>检查方法和频率</th></tr>
<tr><td>1</td><td colspan="3">混凝土强度/MPa</td><td>在合格标准内</td><td>按JTG/T F50—2011检测</td></tr>
<tr><td>2</td><td colspan="3">梁长度/mm</td><td>+5,-10</td><td>尺量:每梁</td></tr>
<tr><td rowspan="4">3</td><td rowspan="4">宽度/mm</td><td colspan="2">干接缝(梁翼缘、板)</td><td>±3</td><td rowspan="4">尺量:检查3处</td></tr>
<tr><td colspan="2">湿接缝(梁翼缘、板)</td><td>±20</td></tr>
<tr><td rowspan="2">箱梁</td><td>顶宽</td><td>±30</td></tr>
<tr><td>底宽</td><td>±20</td></tr>
<tr><td rowspan="2">4</td><td rowspan="2">高度/mm</td><td colspan="2">梁、板</td><td>±5</td><td rowspan="2">尺量:检查3处</td></tr>
<tr><td colspan="2">箱梁</td><td>+5,-0</td></tr>
<tr><td rowspan="3">5</td><td rowspan="3">截面尺寸/mm</td><td colspan="2">顶板厚</td><td rowspan="3">+5,-0</td><td rowspan="3">尺量:检查3个截面</td></tr>
<tr><td colspan="2">底板厚</td></tr>
<tr><td colspan="2">腹板或梁肋</td></tr>
<tr><td>6</td><td colspan="3">平整度/mm</td><td>≤5</td><td>2 m直尺:每侧面每10 m梁长测1处</td></tr>
<tr><td>7</td><td colspan="3">横系梁及预埋件位置/mm</td><td>≤5</td><td>尺量:每件</td></tr>
</table>

2.11.9　波形钢腹板组合梁湿接缝浇筑

(1)预制梁一联安装就位后,及时进行横隔板湿接缝、梁体顶板湿接缝及相邻跨连续端湿接缝的施工。湿接缝混凝土与预制梁两者的龄期差不应超过三个月。

(2)对组合梁湿接缝外露钢筋进行整理、除锈、调整位置,绑扎及焊接湿接缝钢筋。梁体负弯矩区预应力管道,在制梁时已预埋,在 T 梁安装好后,浇筑连续接头段前将对应的波纹管连接,连接应牢固,密封。

(3)湿接缝横向钢筋与预制梁横向钢筋的连接,设计要求焊接,焊缝长度不小于较大钢筋直径的 10 倍,纵向通长钢筋与连续端湿接缝钢筋搭接,搭接长度应符合设计要求,横隔板横向钢筋应与相邻梁体横隔板横向钢筋焊接。

(4)安装并固定湿接缝模板,模板与梁体搭接面应密贴,不得因漏浆而造成梁体污染,模内湿接缝几何尺寸应符合设计要求。

(5)在安装中间墩墩顶湿接缝底模前,应安装好墩顶正式支座,模板应与支座顶面齐平,支座顶面预埋钢板应与模板板面密贴,位置正确,固定牢固。

(6)浇筑湿接缝混凝土前,应清除残渣、灰尘,用水湿润混凝土界面后再浇筑。

(7)湿接缝混凝土可采用微膨胀混凝土,宜在当天温度最低时施工,新老混凝土接触面应加强振捣,振捣时应避免触及模板及预应力管道。

(8)每道湿接缝混凝土应一次浇筑完成,浇筑结束后,表面拉毛处理,并覆盖洒水养护,冬季施工时应注意保温养护。

(9)待组合梁墩顶负弯矩钢束张拉、压浆完毕,安装张拉槽口钢筋及模板并浇筑混凝土进行封锚。在封锚混凝土达到设计强度后,整联组合梁按设计要求同时下放临时支座,使梁体受力转移至正式支座,完成梁体体系转换。体系转换过程中应防止梁体出现不均匀下沉而造成混凝土开裂。

2.11.10　波形钢腹板组合梁预应力

2.11.10.1　预应力张拉

(1)波形钢腹板组合梁预应力张拉有正弯矩区梁体预应力张拉及组合梁安装后湿接缝浇筑完成形成连续梁的墩顶负弯矩区张拉。

(2)梁体预应力张拉在混凝土强度不低于设计强度等级值 90%,弹性模量不低于混凝土 28 d 弹性模量 90%,且混凝土的龄期不少于 7 d 时,方可施加预应力。预应力张拉顺序应满足设计要求。

(3)负弯矩区预应力张拉,待中间墩墩顶湿接缝及梁体顶面湿接缝混凝土强度达到设计强度的 90%,设计弹性模量 90%后,两端对称张拉相应中间墩墩顶负弯矩区预应力钢束,预应力张拉顺序应满足设计要求。

(4)预应力张拉前,清理锚垫板上外露混凝土,清洗管道并检查管道有无堵塞,按略长于设计钢绞线的长度下料，设计长度钢绞线已预留 80 cm 的工作长度，按设计根数编束并每隔 1～1.5 m 捆绑一道，防止穿束时钢绞线缠绕，最后通过牵引系统在梁体预应力管道内穿束后，安装锚具及夹片。

（5）张拉千斤顶及相匹配的油泵、油表应经有资质的检测单位标定合格后方可使用，以标定报告计算油表读数，作为控制张拉力的依据。

（6）张拉前，应检查钢绞线对应位置的根数及千斤顶、锚具是否安装正确。张拉时锚具及千斤顶后方不得站人，防止夹片及钢绞线飞出伤人。

（7）施加预应力应采用张拉力与引伸量双控，以引伸量为主。当预应力钢束张拉达到设计张拉力时，实际引伸量值与理论引伸量值的误差应控制在±6%以内。实际引伸量值应扣除钢束的非弹性变形影响。

（8）锚下张拉控制应力为 75%f_{pk}，张拉伸长量宜按钢绞线的实测弹性模量及管道摩阻相关参数计算确定，张拉偏差应控制在±6%内否则应暂停张拉，查明原因。

（9）预应力筋的锚固，应在张拉控制应力处于稳定状态下进行。锚固阶段张拉端锚具变形、预应力筋的回缩量和接缝压缩值，应不大于设计及规范规定。钢束截面断丝率不得大于截面钢丝总量的 1%，不允许出现整根钢绞线滑移情况。

（10）预应力筋的张拉程序应符合设计及规范规定，预应力张拉过程应有真实、完整的原始记录。

2.11.10.2 预应力压浆

（1）预应力筋锚固后夹片错台不大于 2 mm、夹片外露不大于 4 mm；预应力筋应采用机械切割，外露长度符合设计要求，设计未要求时按不小于 30 mm 且不小于 1.5 倍预应力筋直径。

（2）在梁体一端锚具预应力管道出浆孔处安装带阀门的出浆管，在另一端安装同样带阀门的压浆管。梁体两端锚具外面的预应力筋间隙应用高强度水泥砂浆或环氧砂浆填塞，以免漏浆而损失灌浆压力及抽真空时达不到负压。

（3）预应力筋管道在压浆前宜用压力水冲洗，排除孔内杂物，保证孔道畅道。冲洗后用高压空气吹去孔内积水，并要保持孔道湿润，使浆液与孔壁结合良好。

（4）预应力管道应在张拉后 48 h 内压浆，压浆采用掺入微膨胀外加剂的低泌水水泥浆或专用压浆料。压浆浆液强度不低于设计要求，并需进行配合比设计。

（5）压浆料拌和时间不少于 2 min，拌和数量应满足每根管道的压浆一次连续完成，压浆浆液自调制到压入管道时间不能超过 40 min。

（6）预应力管道压浆宜采用真空压浆辅助工艺，管道的真空度不小于-0.8 MPa。压浆顺序宜先下后上，若中间因故停歇应立即将孔道内的水泥浆冲洗干净，以防止因浆液凝固造成管道堵塞。

（7）压浆可选用活塞式压浆泵，压浆压力一般为 0.6～1.0 MPa，也可适当加大压力，但每个孔道必须有一定的稳压时间，使压浆孔另一端饱满和出浆，并达到排气孔排出与规定稠度相同的浆液为止，然后关闭出浆阀门，另一端补压至 0.5~0.7 MPa，持续 3 min，关闭进浆阀门。

(8)孔道压浆时，操作工人应戴防护眼镜，以防水泥浆喷伤眼睛。应有浆液收集设施，防止污染预制场地及梁体。在拌制水泥浆同时应按规范规定制作标准试块，与构件同等条件养护，压浆过程中应及时真实填写压浆记录。

2.12　跨线桥(钢箱梁)

2.12.1　一般规定

(1)跨线桥钢箱梁中的钢梁部分应由资质合格的专业单位加工制作、试拼及现场拼接。钢箱梁制造应符合国家现行的有关强制性标准的规定。

(2)钢箱梁运输应单独编制专项方案报批后实施。若采用水运，则提前对桥位处停靠码头水深、码头停靠能力、起重运输能力等情况进行调查，选择合适的运输船只；采用陆运方式运输的，运输前应根据运输钢梁节段的重量、高度、宽度等参数对运输沿线(特别是地方道路)的路况信息进行详细调查，重点应调查沿线的道路等级、限高、限宽、限载等是否影响钢梁的正常运输，必要时应提前进行拓宽、架高、加固。

(3)应提前根据工期要求和施工安排对钢梁的存放场地进行规划。钢梁存放场地应尽量靠近安装位置，以减少二次倒运工作量，存放场地应坚实平整且进出方便，地基承载力应满足钢梁运输及存放要求，且有满足钢梁节段倒运的起重设备。钢梁段在存放场地存贮时应按工地架梁顺序合理存放，将先吊装的梁段放在外面，后吊装的梁段放在里面。

(4)跨线桥钢箱梁采用少支架法进行安装时，应对跨线施工安全防护和交通迁改疏导进行专项分析研究，编制专项施工方案按程序报批后实施，安装施工前应进行详细的安全技术交底。

(5)钢箱梁安装前应对临时支架、支撑、门吊等临时结构结合钢箱梁在不同受力状态下进行强度、刚度和稳定性验算，应对桥梁的墩台顶面高程、中线及各孔跨径进行复测，误差在允许偏差内方可安装。

(6)钢箱梁工地安装时，不得在现场对钢梁结构进行未经批准的随意切割和焊接，钢箱梁在运输、存放和安装过程中损坏的涂层应按规范要求进行补涂，钢箱梁的最后一道面漆宜在安装完成后涂装。

(7)钢箱梁吊装、运输工作频繁，危险性大，在施工作业过程中，应严格执行起吊、运输的有关操作规程，确保钢箱梁在吊装、运输过程中的绝对安全，禁止在大雨、大风、夜间等恶劣天气下进行钢箱梁运输和起重吊装作业。

2.12.2　跨线桥钢箱梁安装

2.12.2.1　钢管支架安装施工

(1)采用少支架法进行钢箱梁安装时,承重支架应根据钢箱梁的结构特点、节段划分、节段重量和宽度等进行专项设计,临时支架通常设置在钢箱梁接缝位置,其强度、刚度和承载力应满足钢箱梁吊装、调位和焊接的需要。

(2)支架的基础采用混凝土扩大基础时,扩大基础应设置在可靠的地基上,当地基沉降过大或承载力不能满足要求时,应对地基进行加固处理,地基加固完成后应进行地基承载力试验。地基加固成本较大时可采用钢管桩或钻孔桩基础。

(3)支架用钢管、型钢等进场后应进行验收,钢管桩重点检查钢管的直径、壁厚、椭圆度、旁弯等是否满足要求,型钢应重点检查规格型号、腹板和翼缘板厚度等,采用格构柱的,格构柱应在钢结构厂加工成合理的节段后运至现场安装。支架搭设前,需对现场钢结构进行防腐涂装处理。

(4)严格按照设计图纸要求进行支架安装,支架安装完成后应进行整体验收,重点检查支架立柱的垂直度是否满足要求、钢管立柱底部的锚固是否可靠、纵横向连接系连接是否牢靠。

(5)钢管支架顶周边应设置标准化的防护栏杆和踢脚板;上下应设置专用梯道,建议采用定型化的登高梯笼作为上下安全通道;支架安装过程中或钢箱梁吊装到位后节段定位调整时,利用槽钢或其他型钢和钢管搭设操作平台,作为其施工过程的安全操作平台;必要时可根据现场实际情况,采用移动式爬梯或登高车替代型钢等安全操作平台;支架底部周边应设置防撞设施。

2.12.2.2　钢箱梁吊装

(1)应对吊装用吊具、吊耳等进行专项设计,吊具和吊耳加工完成后其主要焊缝应进行无损探伤。根据钢箱梁的最大吊重、吊幅、吊点数量等经吊装计算合理选用钢丝绳或软吊带,钢丝绳或软吊带使用前应进行验收,严禁有明显外观缺陷的吊索具用于吊装作业。

(2)根据钢箱梁的吊重、吊高,结合现场的作业环境合理选用起重设备。起重设备进入后应进行报验。若采用履带吊则应单独编制履带吊安拆专项施工方案,履带吊现场拼装完成后应按要求进行试吊,试吊分三步:空载试吊、110%动载荷试吊、125%静载荷试吊,经过对试吊检验,各项指标、状态均满足要求并按程序报验取证后才能正式吊装。

(3)吊装过程中吊机的行走路线和吊机站位处的地基承载力必须满足要求,必要时应提前进行地基加固并进行地基承载力试验,关键支点位置应设置荷载承压板。

(4)按安装方案确定的吊装顺序进行钢箱梁节段的吊装。吊机安装预定位置就位,吊机大臂伸长至钢箱梁分段就位时所需的工作半径,严禁在起吊时随意调整大臂长度和倾斜角度。检查吊具与钢箱梁临时吊耳之间的连接是否可靠,满足要求后分级加载,直至将梁段脱离运输车辆,静置5~10 min后继续起吊,达到一定高度确认支架或墩柱不会碰撞后缓慢回转,回转时用缆风绳牵引导向,避免钢箱梁与臂杆、支架或桥墩等相撞,就位后缓慢回钩，回钩时钢箱梁就位要尽量靠近预先投射的测量控制点，再利用导链或千斤顶进行就位，控制好桥梁线形，尽量减少二次调梁的位移量。确认钢梁重量全部转移至临时支撑上后，吊机方可卸载松钩。

2.12.2.3 钢箱梁节段定位和线形调整

(1)横桥向初定位。钢箱梁吊装通常以墩顶段为起点，墩顶段整体起吊，其横桥向定位以最外侧侧底板边缘线为基准，对应支架上预先设置的限位板即可。后续每个节段钢箱梁根据吊装顺序，以先吊装小节段为基准设置限位板，后吊装小节段以先吊装小节段为基准。通过测量对应节段控制点，用限位板定位的方法：将吊装节段下底板的安装线在支架上画好，限位板焊接在支撑横梁的上面，使限位板与钢箱梁下底板边缘对齐。以此限位板为基准，定位安装先吊装小节段，后续节段以此为基准，依次初步定位。

(2)顺桥向初定位。后续顶推节段均以第 1 轮节段为基准。首先通过限位板大致定出第 1 个节段，再通过全站仪测量调整到位。后续节段顺桥向定位以此为基准，完成初步定位。采用定位码板定位的方法，在已吊装节段接缝处安装定位码板，保证节段间 6 mm 间隙。每间隔 0.5 m 左右设置一块码板。

(3)高程初定位。综合考虑纵横坡及预拱度计算出拼装支架处对应梁段的设计标高，在拼装支架上装焊对应长度的调节钢管，梁段就位后即完成高程的初步定位。

(4)线形精调。平面线形及立面线形，通过千斤顶和螺杆紧涨器精调，调整过程中不断监测各监测点的标高和设计坐标值，直到测量数值与设计值在误差范围内，才可开始钢箱梁的焊接。顺桥向间隙调节采用螺旋千斤顶，根据实际需要采用 4 台或 6 台；立面线形调节千斤顶采用同型号、同起重量千斤顶，保证每个小节段四个千斤顶。

(5)平面线形精调。粗调完成后再通过螺杆紧涨器调整小节段横桥向间隙，千斤顶调整顺桥向间隙。保证间隙 4~6 mm。调节完成后用码板定位，为后续焊接做准备。

(6)立面线形精调。立面线形精调通过布置在拼装支架上的多台千斤顶完成，线形调节符合设计要求后用定位码板固定，码固后实施装焊工作，合拢段应根据现场实测数据切除余量后再调整线形，码固后实施装焊工作。

2.12.2.4 钢箱梁桥位现场焊接

(1)根据钢箱梁结构特点和现场施工环境，进行工地焊接工艺评定试验，取得重要参数与经验，经业主、监理单位、设计单位和专家组审查、批准后实施，施工中严格执行工艺文件，不得任意修改。

(2)焊前准备工作检查。现场施工作业前，应搭建好临时工作平台，配置好足够数量的设备、工具，采取必要的防水、防潮及防风雨措施。现场焊接环境条件：风力<5 级(施焊部位)，温度≥5 ℃，湿度≤80%，在符合工艺条件时，才可进行焊接；当温度<5 ℃，湿度>80%时应对焊缝母材实施预热，预热范围为焊缝中心两侧各 100 mm。

(3)对接焊缝均采用 CO_2 气体保护焊进行焊接。焊接应严格按照焊接工艺评定要求进行施焊。多层多道焊的接头应错开，每层焊道的高度在 4~5 mm；每道每层之间要求严格清渣，自检前层前道焊缝无裂纹等缺陷后，才可进行下道下层的焊接，直至焊接完成；每层每道宜连续施焊。

(4)焊缝焊接完毕后,应敲净熔渣并把飞溅物清除干净。对焊缝外观进行 100% 检查,焊缝咬边超过 1 mm 或焊脚尺寸不足时,应进行补焊。焊脚尺寸、焊波或余高等超出规范规定的上限值的焊缝及小于 1 mm 且超差的咬边必须修磨匀顺。焊缝外观检验合格,并待焊缝冷却至室温 24 h 后进行无损检测。

(5)焊缝返修:

1)焊波、余高超标、焊缝咬边≤1 mm 时,采用砂轮机修磨匀顺。

2)焊脚尺寸不足、焊缝咬边>1 mm 时,可进行补焊,然后用砂轮机修磨匀顺。

3)焊缝内部缺陷的返修先用碳弧气刨或砂轮机清除后,再采用药芯焊丝 CO_2 气体保护焊进行焊接,焊前预热 50~100 ℃。

4)焊接裂纹清除时应沿裂纹两端各外延 50 mm,焊接坡口要求光顺圆滑,打磨掉尖角缺口,焊前预热 100~150 ℃,防止裂纹扩展。

5)返修焊缝焊后均要求打磨光顺,其质量要求与原焊缝同,返修焊缝的最小长度大于 50 mm。

(6)钢梁安装各项目应符合表 2.12.2-1 的相关规定。

表 2.12.2-1　钢梁安装实测项目及允许偏差

序号	检查项目		允许偏差	检查方法和频率
1	轴线偏位/mm	钢梁纵轴线	≤10	全站仪,每跨测 3 处
2		两跨相邻端横梁中线相对偏位	≤5	尺量测各相邻端横梁
3	高程/mm	墩台处	±10	水准仪每墩台测 3 处
4		两跨相邻端横梁相对高差	≤5	尺量测各相邻端横梁
5	固定支座处支承中心偏位/mm		≤20	尺量测每固定支座
6	焊缝尺寸		满足设计要求	量规每道焊缝 3 处
7	焊缝探伤			超声法检查全部,射线法按照设计要求

2.12.2.5　钢箱梁现场涂装

(1)现场涂层损坏处的修补涂装。因储存、运输及起吊过程中的摩擦、碰撞等机械因素造成的涂层损坏及工地焊缝区域(厂内涂装前预留 30~50 mm),根据损坏面积的大小及损坏的程度按修补涂装流程的要求进行修复和检验,经修复的涂层其各项性能均与母体涂层相近。涂层修补可采用打磨机除锈至表面清洁度 St3 级标准，然后根据其所处位置的涂层配套进行修补，小面积可刷涂至设计厚度。

(2)节段接口对接焊位置的涂装。焊接结构应预留焊接区域，焊接预留区域为 30~50 cm，对预留区域进行除锈要求达到 Sa3.0 级，钢材表面的粗糙度要求达到 R_Z30~70 μm，再按照涂装技术要求采用涂刷机具设备依次涂装。

(3)现场面漆的涂装对已喷涂涂层表面污染处进行清洁，并将损坏处的涂层进行修复，然后进行整桥面漆的涂装，涂装工艺与厂内涂装基本相同；做好防风措施以达到涂装环境要求。

(4)涂装质量控制。在整个施工过程中，操作人员均严格按相关要求作业并做好自检；下道工序对上道工序进行复检；专职检验、试验人员按相关标准检验、试验合格后经监理工程师签字确认。钢梁防护涂装质量控制应符合表 2.12.2-2 的相关规定。

表 2.12.2-2　钢梁防护涂装实测项目及允许偏差

序号	检查项目	规定值或允许偏差	检查方法和频率
1△	除锈等级	满足设计要求，设计未要求时，热喷锌或铝 Sa3.0，无机富锌底漆及其他 Sa2.5	样板对比，全部
2△	粗糙度 R_Z/μm	满足设计要求，设计未要求时	按设计要求检查
3	总干膜厚度/μm	满足设计要求	按设计要求检查
4	附着力/MPa	满足设计要求	按设计要求检查

注：△表示关键项目。

2.12.2.6　钢箱梁支架卸载及拆除

(1)各联钢箱梁整体卸载前准备检查：

1)各联整个联长钢箱梁施工完成，并报监理及第三方检测部门对质量进行检查验收，提交施工过程资料及检测资料。

2)整体成桥的线形测量检查时，要附安装和焊接过程中的测量检测数据，检查合格并由测量工程师签字确认后，将整体成桥的线形测量数据报监理单位审核确认，合格后才能进行钢箱梁的卸载工作。

3)在落架前，应对支座顶面高程进行测量，以确定支座高程符合规范要求，否则应在低于设计标高的支座处加垫钢板，钢板厚度要与差值一致。

(2)落梁施工。钢箱梁吊装完毕，应待支座混凝土施工完毕养护期满后再行落梁。钢箱梁临时支架应力逐步转换到梁跨两端支座受力。落梁过程中要控制整体轴线偏差、底部支撑点十字线与支座上表面中心偏差。落梁后应对钢箱梁的轴线、标高进行检查。钢箱梁位置、标高落正后，解除支座限位，将支座垫板与支座焊接牢固。落梁从中跨跨中开始往两边，拆除调节管及支架。拆除时通过分散对称切除调节钢管使荷载缓慢均匀转换至桥梁支座。

(3)支架拆除。支架的拆除在装焊并涂装完成后进行,首先割除支架横梁上短管立柱,则钢箱梁受力转换于墩顶支座上,完成体系转换。拆除时必须有专职信号员进行信号作业,并做好四周的警界线,拆除时钢箱梁上、下不得站人,与吊装作业无关的人员和不直接参加吊装的人员不得进入吊装作业区域。拆除过程中应由专人负责观察桥梁的标高。支架拆除完成,钢箱梁落梁后,解除支座限位。先完成支座垫板与支座焊缝,再完成支座垫板与梁底焊缝。

2.13 预制构件的安装

2.13.1 范围

本节工作包括钢筋混凝土及预应力混凝土预制构件的起吊、运输、装卸、储存和安装。

2.13.2 一般要求

(1)预制构件的起吊、移运、装卸、安装等施工细节,施工单位应至少在施工前 28 d 报送监理单位批准。

(2)预制构件的起吊、运输、装卸和安装时的混凝土强度应符合图纸规定,一般不低于预制构件混凝土设计等级的 75%。对于预应力混凝土梁,应通过与梁相同的混凝土制成的且与梁同一条件下养护的混凝土立方体试件,表明梁的抗压强度达到图纸规定的抗压强度,且至少达到 14 d 龄期,才能装运。预应力混凝土预制构件孔道内的水泥浆强度,应符合图纸规定,如图纸无规定,不应低于 30 MPa。

(3)装卸、运输及储存预制构件时,其位置应正立,不准上下倒置,应按标定的上下记号安放。支承点应接近于构件最后放置的位置的情况。

(4)预制构件在起吊、运输、装卸和安装过程中的应力应始终小于设计应力。

(5)在起吊、运输、装卸和安装过程中由施工单位损坏的任何预制构件均应由施工单位修复或更换,直至监理单位检查合格为止。

(6)在桥墩、支柱或桥台未达到图纸规定强度或 75%设计等级(当图纸未规定时)和其他方面未经监理单位许可时,不得架设预制构件。

(7)分段拼装的预制构件,除图内有规定外,其接合用的混凝土的设计等级应不低于预制构件的设计等级。

(8)预制构件安装就位,并经监理单位检查认可后,才允许浇筑接合用的混凝土或焊接。

(9)构件应在正式起吊安装前,进行满载或超载的起吊试验,以检验起吊设备的可靠性,进一步完善操作方法。

(10)预制构件安装前,构件的上拱度应符合图纸规定值,构件制作完成到开始浇筑结构整体混凝土的时间不得大于 90 d。

(11)成垛堆放装配式构件时,应注意下列事项:

1)堆放构件的场地,应整平压实,不积水。

2)构件应按吊运及安装次序顺号堆放,并有适当通路,防止越堆吊运。

3)堆放构件时,应按构件刚度及受力情况平放或竖放并保持稳定;小型构件及块件的堆放,如有折断可能,应以其刚度较大的方向作为竖直方向。

4)构件堆垛时,应放置在垫木上,吊环向上,标志向外,混凝土养护期未满的应继续洒水养护。

5)水平分层堆放构件时,其堆垛高度应按构件强度,地面耐压力、垫木强度以及垛堆的稳定而定,但大型构件一般以2层为宜,不宜超过3层;层与层之间应以垫木隔开,各层垫木的位置应在吊点处,上下层垫木必须在一条垂直线上。

6)雨季应注意防止地面软化下沉而造成构件折裂破坏。

2.13.3　梁、板的安装

(1)安装前应对墩、台支座垫层表面及梁底面清理干净,支座垫石应用水灰比不大于0.5的1:3水泥砂浆抹平,使其顶面高程符合图纸规定,抹平后的水泥砂浆在预制构件安装前,必须进行养护,并保持清洁。为了保证桥面整体化层的厚度,梁板架设前监理单位应对该桥支座垫石的标高进行检查,满足要求后才允许架设。

(2)板式橡胶支座上的构件安装温度,应按图纸规定。对于非桥面连续简支梁,当图纸未规定安装温度时,一般在5~20 ℃的温度范围内安装。

(3)预制梁就位后应妥善支承和支撑,直到就地浇筑或焊接的横隔梁强度足以承受荷载。支撑系统图纸应在架梁开始之前报请监理单位批准。

(4)简支梁、板的桥面连续设置,应符合图纸要求。桥面连续钢筋的焊接,应符合本章第2.3节的要求。

(5)预制板的安装直至形成结构整体各个阶段,都不允许板式支座出现脱空现象,并应逐个进行检查。

(6)架桥机应采用专业厂家生产的产品,选型应至少满足起吊位置处最大起重量的1.2倍安全系数。

(7)梁板安装前应在盖梁顶面弹线确定梁板安装位置,确保梁板安装定位准确,同时应按图纸和规范要求严格控制伸缩缝位置宽度。

(8)在整体化层混凝土浇筑前,如果存在支座变形现象,应采用千斤顶对梁进行顶升,消除支座变形。

2.13.4　质量检验

2.13.4.1　梁、板安装

1　基本要求

(1)拼接粗糙面的质量和键槽的数量、质量应满足设计要求。

(2)在吊移出预制底座时,混凝土的强度不得低于设计所要求的吊装强度,预制件不得受到损伤;在安装时,支承结构(墩台、盖梁、垫石)的强度应满足设计要求。

(3)安装前,梁、板应检验合格,墩、台支座垫板应稳固;就位后,梁、板两端支座应对位,梁底与支座以及支座底与垫石顶应密贴,临时支撑应稳固。

2　检查项目

梁、板安装检查项目见表 2.13.4。

表 2.13.4　梁、板安装检查项目

<table>
<tr><th>项次</th><th colspan="2">检查项目</th><th>规定值或允许偏差</th><th>检查方法和频率</th></tr>
<tr><td rowspan="2">1</td><td rowspan="2">支承中心偏位/mm</td><td>梁</td><td>≤5</td><td rowspan="2">尺量:每跨测 6 个支承处,不足 6 个时全测</td></tr>
<tr><td>板</td><td>≤10</td></tr>
<tr><td>2</td><td colspan="2">梁、板顶面高程/mm</td><td>±10</td><td>水准仪:每跨测 5 处,跨中、桥墩(台)处应布置测点</td></tr>
<tr><td rowspan="2">3</td><td rowspan="2">相邻梁、板顶面高差/mm</td><td>L≤40</td><td>≤10</td><td rowspan="2">尺量:测每相邻梁、板高差最大处</td></tr>
<tr><td>L>40</td><td>≤10</td></tr>
</table>

3　外观质量

(1)混凝土表面不应存在《公路工程质量检验评定标准　第一册　土建工程》(JTG F80/1—2017)相关规定中所列限制缺陷。

(2)应无建筑垃圾、杂物和临时预埋件。

(3)梁段接缝胶结材料不得存在脱落和开裂。

2.14　桥面铺装

2.14.1　范围

本节工作内容为混凝土及沥青混凝土桥面铺装。

2.14.2　材料

2.14.2.1　钢筋

钢筋应符合本章第 2.3 节的要求。

2.14.2.2　混凝土

混凝土应符合本章第 2.6 节的要求。

2.14.2.3　沥青混凝土

沥青混凝土材料必须符合本章第 2.4 节的要求。

2.14.2.4　钢纤维混凝土

(1)合成纤维的分散性相对误差、混凝土抗压强度和韧性指数应符合规范要求。分散相对误差:-10%~+10%,混凝土抗压强度≥90%。

(2)合成纤维主要性能的试验方法应符合现行国家标准《水泥混凝土和砂浆用合成纤维》(GB/T 21120—2018)的规定。

2.14.2.5 泄水管

(1)泄水管采用铸铁件或塑料管。

(2)泄水管管部与盖子必须密合,且不得有裂缝、砂眼和其他影响强度及使用价值的缺陷。

(3)铸件的边缘应做成整齐的圆角。

(4)应清除所有铸铁件的鳞屑,使表面光洁均匀。

2.14.2.6 防水层

(1)水泥混凝土防水层的材料及配合比应符合本章第 2.7 节的相关规定。

(2)水泥砂浆防水层水泥和砂的配合比一般可采用 1:2~1:2.5(体积比);水灰比可采用 0.4~0.5;坍落度可采用 70~80 mm;水泥宜采用普通硅酸盐水泥或膨胀水泥,亦可采用矿渣硅酸盐水泥;侵蚀性环境中的水泥砂浆防水层,应按图纸要求采用水泥。

(3)卷材防水层应采用耐腐蚀、抗老化的石油沥青油毡、沥青玻璃布油毡、再生胶油毡等,不得使用纸胎油毡。

(4)涂料防水层可采用沥青胶结材料或合成树脂、合成橡胶的乳液或溶液;较潮湿基面应采用湿固型涂料或乳化沥青、阳离子氯丁橡胶乳化沥青等亲水性涂料。

2.14.3 施工要求

2.14.3.1 一般要求

(1)预制板或现浇桥面板与桥面铺装混凝土的混凝土龄期相差应尽量缩短,以避免两者之间产生过大的收缩差。

(2)为使桥面铺装与下面的混凝土构件紧密结合,应对桥面铺装下面的混凝土凿毛,并用高压水冲洗干净。

(3)若桥面设置钢筋网,应采取措施保证其位置正确和保护层厚度。浇筑混凝土时,施工人员及机具不得踩踏在钢筋网上。

(4)浇筑桥面混凝土前,应在桥面范围内布点测量高程,以确定浇筑后的铺装厚度。

(5)当进行混凝土桥面铺装时,应按图纸所示预留好伸缩缝工作槽。当进行沥青混凝土铺装时,可不留伸缩缝预留工作槽,而在安装伸缩缝前先行切割沥青混凝土铺装所占的伸缩缝的位置。

(6)桥面铺装宜在全桥宽上同时进行,或按监理单位的指示办理。

2.14.3.2 混凝土桥面的铺装

(1)混凝土桥面铺装的施工应按《公路水泥混凝土路面施工技术细则》(JTG/T F30—2014)有关要求进行摊铺。

(2)混凝土的铺设要均匀,铺设的高度应略高于完成的桥面高程。

(3)混凝土桥面铺装的最终修整工作,应包括镘平及清理。在修整前要清理所有的表面自由水,但不能用如水泥、石粉或沙子来吸干表面水分。

(4)在一段桥面铺装修整完成并在其收浆、凿毛后,应尽快予以覆盖和进行养护。

(5)当混凝土桥面铺装之上另有一层沥青混凝土铺装时,该混凝土桥面铺装除按上述要求外,其表面应凿毛或粗糙处理。

(6)当桥面需要铺防渗混凝土时,应参照本规程抗渗混凝土要求进行配合。如使用外加剂改善混凝土的和易性与质量时,应通过监理单位认可的试验确定。

2.14.3.3 沥青混凝土桥面铺装

(1)沥青混凝土桥面铺装必须按照《公路沥青路面施工技术规范》(JTG F40—2004)相关章节的要求进行摊铺。

(2)在水泥混凝土桥面上铺设沥青混凝土铺装层时,应符合下列要求:

1)铺装沥青层的下卧层必须符合平整、粗糙、整洁的要求;桥面纵横坡符合图纸要求。

2)水泥混凝土下卧层表面应做铣刨拉毛处理,清除浮浆,除去过高的突出部分。

3)铺设沥青混凝土桥面铺装前,必须确保混凝土强度达到设计强度的90%以上,并完全干燥,严禁在潮湿条件下铺设防水黏结层及摊铺沥青混合料,防止混凝土中的水分在施工或使用过程中遇热变成水汽使防水黏结层产生鼓包。

2.14.3.4 钢桥面铺装

(1)钢桥面铺装实际指在钢箱梁顶面的铺装。钢桥面铺装施工前应制订专项施工方案,并做好人员培训、材料的调查试验以及机具设备的检查维护等准备工作。

(2)铺装施工在一道工序完成之后,下道工序应连续进行;上一层铺装施工前,其下层应保持干燥、整洁,不得有灰土、杂物、油污或损坏,不符合要求时应予处理。完工后的铺装层表面应规定时限,严禁车辆通行。

(3)钢桥面铺装宜避开雨季施工。钢桥面铺装的每个层次均不得在雨天施工,施工中遇雨应立即停工,在消除雨水所带来的危害后,方可重新施工。钢桥面铺装不宜在夜间施工。

2.14.3.5 防水层

(1)沥青类桥面防水黏结层的施工应符合下列要求:

1)整个铺筑过程直至铺设石屑保护层前,严禁包括行人在内的一切交通。

2)不洒粘层油,直接分2~3层喷洒或人工涂刷热沥青、热融或溶剂稀释的改性沥青、改性乳化沥青的防水黏结层,必须均匀一致,且达到设计要求的厚度。

3)喷洒防水层黏结后,应立即撒布一层洁净的尺寸为3~5 mm的石屑作保护层,并用轻型压路机(6~8 t)以较慢的速度碾压。

(2)防水卷材防水层的铺筑应符合下列要求:

1)防水卷材应符合图纸要求,无破洞、不漏水,内部有金属或聚合物纤维,表面有均匀的石屑撒布层。

2)铺筑的防水黏结层不得有漏铺、破漏、脱开、翘起、皱折等现象。

3)铺设前应喷洒粘层油和涂刷黏结剂,铺筑时边加热边滚压,黏结后必须检查确认任何部位都不能被人工或铁锹撕、揭开。

4)铺设卷材后不得通行任何车辆或堆放杂物,防止卷材污染。

5)防水卷材防水层不得在摊铺机或运料车作用下遭到损坏。

2.14.3.6　泄水管

(1)在浇筑桥面板时应预留泄水管安装孔,桥面铺装时应避免泄水管预留孔堵塞。

(2)泄水管顶面应略低于桥面铺装面层,下端应伸出结构物底面 100~150 mm,或按图纸所示将其引入地下排水设施。

2.15　桥梁支座

2.15.1　范围

(1)本节工作包括桥梁摩擦摆减隔震支座和普通橡胶支座及球型支座的预埋和安装。

(2)桥梁支座(含大型支座附属配件)由支座制作施工单位运输至支座安装施工单位指定的仓库,自仓库至桥位安装处的支座运输、装卸、就位均由支座安装施工单位自行负责。

(3)支座施工单位的大型支座安装图(包含但不限于支座结构图、支座安装图、预埋件位置图)必须在支座安装施工单位进行对应位置的土建结构施工前提供到位,必要时支座制作施工单位的预埋件必须提供至支座安装施工单位处。

2.15.2　一般要求

(1)桥梁支座技术标准应符合《建筑摩擦摆隔震支座》(GB/T 37358—2019)及《公路桥梁摩擦摆式减隔震支座》(JT/T 852—2013)的相关要求。

(2)桥梁支座应按图纸所示,或由施工单位推荐、监理单位认可的厂商制造和供应。施工单位应在支座制造期间,为监理单位检查支座制造及支座成品提供设备和方便。厂商应提供支座承受其上反力的静力计算和变形数据。

(3)施工单位应对进场的支座按图纸及本规程有关要求进行检查,并将检查结果报送监理单位批准。当监理单位要求时,应在现场抽样,摘除厂商标记,统一编号,并送监理单位认为合格的试验室进行成品检验。

(4)支座在设计、制造和安装时,应考虑在不影响桥梁正常运营条件下更换的可能,同时制订在不影响桥梁正常运营条件下更换的方案。产品供应商应提供支座的维护保养技术要求。

(5)所有自制支座预埋钢板应进行热浸镀锌;由生产厂成套提供的支座,应要求生产厂将上下钢板进行热浸镀锌;螺栓、螺母、垫圈也应进行热浸镀锌,并应清理螺纹。热浸镀锌防锈处理应按相应规范要求执行。

(6)抗震性能,南副桥采用减隔震支座。承包商应根据设计提出的具体参数和相关图纸要求,进行支座及其相应连接件的深化设计,并提交设计单位认可后才能实施。支座的设计使用寿命 50 年。摩擦摆支座在 E1 地震状态下发生减隔震功能,E2 地震作用下桥墩、基础等结构基本处于弹性状态。支座具有限位防落梁(座)的功能,采用限位块配合球冠衬板实现,设计剪断力和水平极限承载力见施工图纸支座布置图。摩擦摆支座配套有易拆卸、更换的防尘罩,防尘罩使用寿命不低于 10 年。

(7)主桥为满足结构纵、横向变形及抗震、抗风要求,在索塔处设置了竖向球钢支座,横向限位耗能装置和 E 型动力耗能装置,在辅助墩和过渡墩设置了减隔震支座。承包商应根据设计提出的具体参数和相关图纸要求,进行支座及其相应连接件的深化设计,并提交设计单位认可后才能实施。支座的设计使用寿命 50 年。摩擦摆支座在 E1 地震状态下发挥减隔震功能,E2 地震作用下桥墩、基础等结构基本处于弹性状态。摩擦摆支座配套有易拆卸、更换的防尘罩,防尘罩使用寿命不低于 10 年。

2.15.3　材料

2.15.3.1　橡胶

橡胶支座的橡胶材料物理性能应分别符合表 2.15.3-1～表 2.15.3-3 的规定。支座采用的橡胶种类应符合图纸及规范要求。不得使用再生橡胶制造支座。

表 2.15.3-1　板式支座用胶料的物理机械性能

项目		指标		
		氯丁橡胶(CR)	天然橡胶(NR)	三元乙丙橡胶(EPDM)
硬度/IRHD		60±5	60±5	60±5
拉伸强度/MPa,≥		17.0	18.0	15.0
扯断伸长率/%,≥		400	450	350
脆性温度/℃,≤		-40	-50	-60
恒定压缩永久变形(70 ℃×24 h)/%,≤		15	30	25
耐臭氧老化(试验条件:20%伸长率, 40 ℃×96 h)		100×10^{-8}	25×10^{-8}	100×10^{-8}
		无龟裂	无龟裂	无龟裂
热空气老化试验	试验条件/(℃×h)	100×70	70×168	100×70
	拉伸强度变化率/%,≤	15	15	15
	扯断伸长率变化率/%,≤	40	20	40
	硬度变化/IRHD	0～+10	-5～+10	0～+10
橡胶与钢板黏结剥离强度/(kN/m),≥		10	10	10
聚四氟乙烯板与橡胶剥离强度/(kN/m),≥		7	7	7

表 2.15.3-2　盆式支座用胶料物理机械性能

项目		橡胶承压板			橡胶密封圈		
		氯丁橡胶（CR）	天然橡胶（NR）	三元乙丙橡胶（EPDM）	氯丁橡胶（CR）	天然橡胶（NR）	三元乙丙橡胶（EPDM）
硬度/IRHD		60±5	60±5	60±5	50±5	50±5	50±5
拉伸强度/MPa，≥		17.5	18.0	15.0	14.5	12.0	12.0
扯断伸长率/%，≥		400	450	350	400	450	350
脆性温度/℃，≤		-40	-50	-60	-40	-50	-60
恒定压缩永久变形（70 ℃×24 h）/%，≤		25	25	25	25	25	25
耐臭氧老化（试验条件：20%伸长率，40 ℃×96 h）		100×10^{-8}	25×10^{-8}	100×10^{-8}	100×10^{-8}	25×10^{-8}	100×10^{-8}
		无龟裂	无龟裂	无龟裂	无龟裂	无龟裂	无龟裂
热空气老化试验	试验条件/（℃×h）	100×70	70×168	100×70	100×70	70×168	100×70
	硬度变化/IRHD	0～+10	±10	0～+10	±10	±10	±10
	拉伸强度变化率/%，≤	15	15	15	15	15	15
	扯断伸长率变化率/%，≤	40	20	40	40	20	40

表 2.15.3-3　隔震橡胶支座的橡胶材料物理性能

技术指标		天然橡胶	氯丁橡胶
拉伸性能		见《橡胶支座　第 2 部分：桥梁隔震橡胶支座》（GB 20688.2—2006）相关要求	
老化性能	拉伸强度变化率/%	±25	
	扯断伸长率变化率/%	最大值-50	
	试验条件/（℃×h）	70×168	100×72
黏合性能		90°剥离强度的最小值为 7.0 N/mm	

续表 2.15.3-3

技术指标		天然橡胶	氯丁橡胶
压缩永久变形	天然橡胶支座(LNR)所用橡胶/% 铅芯橡胶支座(LRB)所用橡胶/% 其他低阻尼支座所用橡胶/%	<35	
	高阻尼橡胶支座(HDR)所用橡胶/%	<60	
	试验条件	70 ℃、24^{0}_{-2} 小时,压缩率为 25%	
抗臭氧性能	外观要求	橡胶保护层不出现龟裂	
	试验条件	50×10^{-8},20%伸长率,40 ℃×96 h	
硬度		硬度可作为质量控制指标之一, 但不应作为主要的设计指标	

2.15.3.2　聚四氟乙烯板

聚四氟乙烯板材应采用新鲜纯料模压而成,严禁使用再生料、回头料模压加工的板材。聚四氟乙烯板的物理机械性能应符合图纸要求及表 2.15.3-4 的规定。

表 2.15.3-4　聚四氟乙烯板材的物理性能

项目	指标值
相对密度(比重)/(kg/m^3)	2 130~2 200
拉伸强度/MPa	≥30
断裂伸长率/%	≥300
球压痕硬度(H132/60)/MPa	23~33

2.15.3.3　钢材

(1)支座用钢板的强度应符合《碳素结构钢》(GB/T 700—2006)或《低合金高强度结构钢》(GB/T 1591—2018))或《优质碳素结构钢》(GB/T 699—2015)的相关规定。加劲钢板的质量应满足《碳素结构钢和低合金结构钢　热轧钢板和钢带》(GB/T 3274—2017)的要求。

(2)支座用不锈钢板应符合《不锈钢冷轧钢板和钢带》(GB/T 3280—2007)的相关规定。

(3)支座用铸钢件的机械性能、化学成分均应符合《一般工程用铸造碳钢件》(GB/T 11352—2009)的相关规定。

2.15.3.4　聚四氟乙烯板黏结剂

用于聚四氟乙烯板的黏结剂应是不可溶的和热固性的，黏结剂必须质量稳定。橡胶与聚四氟乙烯板、橡胶与钢板之间的黏结剥离强度应满足表 2.15.3-1 要求和橡胶支座的使用性能要求。

2.15.3.5　润滑剂

支座的润滑剂应符合《5201 硅脂》(HG/T 2502—1993)的要求或经监理单位批准的其他产品。

2.15.3.6　黄铜

盆式支座紧箍圈采用 H62 黄铜板或黄铜带，其化学成分及机械性能应符合《铜及铜合金板材》(GB/T 2040—2008)的相关规定。

2.15.4　产品类型

2.15.4.1　板式橡胶支座

(1)板式橡胶支座可用工厂定型产品，其性能及尺寸应符合图纸要求及《橡胶支座　第 4 部分：普通橡胶支座》(GB/T 20688.4—2007)的相关规定。

(2)板式支座内部加劲钢板公称最小厚度应为 2 mm。加劲钢板之间每层橡胶的公称厚度至少应为 5 mm。所有部件都应完全模制成一个整体，板式支座侧面橡胶保护层公称厚度不应小于 5 mm；上、下橡胶保护层的公称最小厚度为 2.5 mm。

(3)橡胶和钢夹板之间的黏结应在对试件进行分离试验时，破坏发生在橡胶内，而不在橡胶与钢夹板的黏结面处出现。

(4)板式橡胶支座成品的力学性能应符合表 2.15.4-1 的要求。

表 2.15.4-1　板式橡胶支座成品的力学性能要求

序号	项目		指标
1	极限抗压强度 R_a/MPa		≥70
2	实测抗压弹性模量 E_1/MPa		$E \pm E \times 20\%$
3	实测抗剪弹性模量 G_1/MPa		$G \pm G \times 15\%$
4	实测老化后抗剪弹性模量 G_2/MPa		$G_1 \pm G_1 \times 15\%$
5	实测转角正切值($\tan\theta$)	混凝土桥	≥1/300
		钢桥	≥1/500
6	实测四氟滑板与不锈钢板表面摩擦系数 μ_f(加硅脂时)		≤0.03

注：四氟滑板式橡胶支座不考核抗剪弹性模量和老化后抗剪弹性模量。

(5)板式支座抗压弹性模量 E 和支座形状系数 S 应按《橡胶支座　第4部分:普通橡胶支座》(GB/T 20688.4—2007)的相关规定计算。

(6)活动支座。

聚四氟乙烯滑板支座粘贴的聚四氟乙烯板材最小公称厚度应符合表2.15.4-2的规定;四氟滑板式支座配套使用的不锈钢板厚度应符合表2.15.4-3的规定。

表2.15.4-2　聚四氟板材最小厚度

矩形支座		圆形支座	
长边范围 L_f/mm	厚度 t_f/mm	直径范围 d/mm	厚度 t_f/mm
≤500	2.0	≤500	2.0
>500	3.0	>500	3.0

表2.15.4-3　不锈钢板厚度

矩形支座		圆形支座	
长边范围 L_b/mm	厚度 t_b/mm	直径范围 d/mm	厚度 t_b/mm
≤500	2.0	≤500	2.0
>500	3.0	>500	3.0

(7)板式支座尺寸偏差。

对于工厂制造的纯橡胶和夹板支座,其平面尺寸和厚度允许偏差应符合表2.15.4-4及表2.15.4-5的规定。

(8)板式支座成品外观质量不得有《橡胶支座　第4部分:普通橡胶支座》(GB/T 20688.4—2007)规定的缺陷存在。板式支座内在质量应满足《橡胶支座　第4部分:普通橡胶支座》(GB/T 20688.4—2007)相关规定。

表2.15.4-4　平面尺寸偏差表

矩形支座		圆形支座	
长边范围/mm	偏差	直径范围/mm	偏差
≤500	+5.0 mm	≤500	+5.0 mm
>500	+1%	>500	+1%

表 2.15.4-5　厚度偏差表

厚度范围/mm	偏差 /mm
$t \leqslant 50$	+1
$50 < t \leqslant 100$	+2
$100 < t \leqslant 150$	+3

(9)板式支座的成品质量检验应符合《橡胶支座　第 4 部分:普通橡胶支座》(GB/T 20688.4—2007)的相关规定。每批产品应向监理单位提供成品的质量检验及物理力学性能检验报告一份。

2.15.4.2　盆式橡胶支座

(1)盆式橡胶支座由封闭在钢盆内的橡胶圆板组成。滑动支座系用聚四氟乙烯(PTFE)板设于橡胶板之上,设于梁支点下面的不锈钢板在其上相对水平滑动。盆式橡胶支座的制造成品质量检验应符合《橡胶支座　第 4 部分:普通橡胶支座》(GB/T 20688.4—2007)的相关规定。

(2)支座竖向转动角度不得小于 0.02 rad。

(3)盆式支座用橡胶承压板的压应力设计值不应大于 25 MPa,支座的橡胶承压板的尺寸允许偏差应符合表 2.15.4-6 的规定。活动支座用聚四氟乙烯板的压应力设计值不应大于 30 MPa,聚四氟乙烯板的最小公称厚度为 7 mm,尺寸允许偏差应符合表 2.15.4-7 的规定,外露厚度尺寸 $H \geqslant 3^{+1.0}$ mm 。

表 2.15.4-6　橡胶承压板尺寸允许偏差

橡胶板直径 ϕ/mm	直径允许偏差/mm	厚度允许偏差/mm
$\phi \leqslant 500$	$^{+0.5}_{0}$	±1.0
$500 < \phi \leqslant 1\,000$	$^{+1.0}_{0}$	±1.5
$\phi > 1\,000$	$^{+1.5}_{0}$	±2.0

(4)橡胶承压板橡胶密封圈的外观不得有裂纹、掉块、损伤及鼓泡,外观质量应符合《橡胶支座　第 4 部分:普通橡胶支座》(GB/T 20688.4—2007)的相关规定要求。

(5)盆式支座的钢盆必须整体铸造,严禁使用焊接件。各焊接件应牢固,焊接技术应符合《工程机械　焊接件通用技术条件》(JB/T 5943—2018)的相关规定要求。

表 2.15.4-7　聚四氟乙烯板尺寸允许偏差

直径 ϕ 或对角线/mm	直径或长度偏差/mm	厚度偏差/mm
$\phi \leq 600$	+1.5 0	+0.5 0
$600 < \phi \leq 1\ 200$	+2.0 0	+0.75 0
$\phi > 1\ 200$	+2.0 0	+1.0 0

(6)放置在支座钢质圆形盆腔内的金属件(不含铜材和不锈钢),应按图纸要求进行防腐蚀处理;盆式支座外露的金属表面(除不锈钢板表面外)按图纸要求进行防护;锚固螺栓应采用镀锌处理,其技术要求应符合《锌铬涂层技术条件》(GB/T 18684—2002)的有关的规定。

(7)盆式支座组装后整体高度偏差应符合下列规定:承载力小于 20 MN 时,偏差不应大于±2 mm;承载力大于等于 20 MN、小于 50 MN 时,偏差不应大于±3 mm;承载力大于等于 50 MN 时,偏差不应大于±5 mm。

(8)当支座最后被检查及验收后,应将支座各部分组装并栓接在一起。夹紧板应足够结实,保证异物不污染滑动面,并且支座组成各部分在运输及装卸时都应保持在原来位置。夹紧板应保持其位置,直到支座最后就位。支座部件出厂后任何时候均不得任意拆卸。

2.15.4.3　桥梁隔震橡胶支座

(1)桥梁隔震橡胶支座应采用工厂定型产品,产品的分类和力学性能及尺寸等应符合图纸要求及《橡胶支座　第 2 部分:桥梁隔震橡胶支座》(GB/T 20688.2—2006)的规定。支座的性能试验应按《橡胶支座　第 1 部分:隔震橡胶支座试验方法》(GB/T 20688.1—2007)的规定执行。

(2)隔震橡胶支座的橡胶材料物理性能应满足表 2.15.4-8 的要求。支座橡胶保护层的厚度不应小于 5 mm,并应满足工作环境和条件的要求。

表 2.15.4-8　钢板的强度要求

牌号	强度设计值/MPa			
	钢板厚度 t/mm(括号内为 Q345 钢板厚度)			
	$t \leq 16$	$16 < t \leq 40$ ($16 < t \leq 35$)	$40 < t \leq 60$ ($35 < t \leq 50$)	$60 < t \leq 100$ ($50 < t \leq 100$)
Q235	215	205	200	190
Q345	310	295	265	250

(3)钢材应符合《碳素结构钢》(GB/T 700—2006)、《低合金高强度结构钢》(GB/T 1591—2018)的相关规定,支座连接板、封板和内部钢板的强度设计值不应低于表 2.15.4-8 的规定。钢板厚度应满足应力检验的要求,并应满足地震时大变形的稳定性要求。

(4)隔震橡胶支座的老化、徐变及疲劳性能应满足表 2.15.4-9 的要求。

表 2.15.4-9　隔震橡胶支座的耐久性性能要求

性能	要求
老化性能	水平等效刚度和阻尼性能的允许变化率为±30%
徐变性能	在 60 年后的徐变不应超过 10%
疲劳性能	水平等效刚度允许变化率为±15%,试件外观无裂缝

(5)隔震橡胶支座表面应光滑平整,外观质量应符合表 2.15.4-10 的规定。

表 2.15.4-10　外观要求

缺陷名称	质量指标
气泡	单个气泡表面面积不超过 50 mm^2
杂质	杂质面积不超过 30 mm^2
缺胶	缺胶面积不超过 150 mm^2,不得多于 2 处,且内部嵌件不许外露
凹凸不平	凹凸不超过 2 mm,面积不超过 50 mm^2,不得多于 3 处
胶钢黏结不牢(上、下端面)	裂缝长度不超过 30 mm,深度不超过 3 mm,不得多于 3 处
裂纹(侧面)	不允许
钢板外露(侧面)	不允许

(6)隔震橡胶支座产品的尺寸应按《橡胶支座　第 1 部分:隔震橡胶支座试验方法》(GB/T 20688.1—2007)相关规定的方法进行测量,其尺寸偏差应满足下列规定。

1)平面尺寸允许偏差应满足表 2.15.4-11 的规定。

表 2.15.4-11　支座产品平面尺寸的允许偏差

标称平面尺寸(a'、b'和 D')/mm	允许偏差
≤500	5 mm
500<尺寸≤1 500	1%
>1 500	15 mm
设有凹槽的Ⅲ型支座	取 2 mm 或 0.4%中的较大值

注:a'、b'分别为矩形支座包括保护层厚度的长边及短边长度;D'为圆形支座包括保护层厚度的直径。

2)支座高度允许偏差应满足表 2.15.4-12 和表 2.15.4-13 的规定。

表 2.15.4-12 支座高度 H_n 的允许偏差

标称产品高度 H_n/mm	允许偏差
$20<H_n\leqslant160$	±2.5%
$H_n>160$	±4 mm

注:1. 本表不适用于设暗销Ⅲ型支座。

2. H 为橡胶支座包括连接板的总高度;H_n 为橡胶支座不包括连接板的高度。

表 2.15.4-13 支座总高度 H 的允许偏差

标称连接板直径 D_f 或边长 L_f/mm	允许偏差
≤1 500	±(H_n×0.025+1.5)mm
>1 500	±(H_n×0.025+2.5)mm

注:1. 本表不适用于设暗销Ⅲ型支座。

2. H 为橡胶支座包括连接板的总高度;H_n 为橡胶支座不包括连接板的高度。

3)支座产品平整度的偏差应满足表 2.15.4-14 的规定。

表 2.15.4-14 支座平整度的允许偏差

标称平面尺寸(a'、b'和 D')/mm	允许偏差
≤1 000	1
>1 000	(a'、b'和 D')/1 000

4)隔震橡胶支座水平偏移不应超过 5.0 mm,经历试验后 48 h 内的残余变形限制也不应超过 5.0 mm。

5)支座连接板平面尺寸及厚度允许偏差及连接板螺栓孔径位置允许偏差等应符合《橡胶支座 第 2 部分:桥梁隔震橡胶支座》(GB/T 20688.2—2006)的相关规定。

2.15.4.4 球型支座

(1)球型支座应采用工厂定型产品,其性能及尺寸均应符合图纸要求及《桥梁球型支座》(GB/T 17955—2009)的相关规定。

(2)球型支座的结构由上支座滑板、下支座板、球形板、平面四氟乙烯滑板(平面四氟板、球面四氟板)及橡胶挡圈等组成。

(3)球型钢支座的水平位移,由上支座板与四氟板之间的活动来实现。支座的转角通过球形板与球面四氟板之间的活动来实现。支座竖向承载力、支座转角、支座位移量均应符合图纸规定。

（4）支座出厂时应由生产厂家将支座调平，并拧紧连接螺栓，以防止支座在安装过程中发生转动和倾覆。施工单位可根据设计需要预设转角及位移，但应在订货时提出预设转角及位移量的要求。生产厂家在装配时预先调整好。

2.15.5　支座的安装

所有支座安装都必须按照图纸规定，确保其平面位置的正确。

2.15.5.1　板式橡胶支座的安装，应注意下列事项：

（1）支座安装前，应检查产品的技术指标、规格尺寸是否符合图纸要求，如不相符，不得使用。

（2）桥墩和桥台上放置支座部位的混凝土表面应平整清洁，以保证整个面积上的均匀压力。并认真检查所有表面、底座及垫石高程，对处于纵坡及弯道上的桥梁，在其支座施工时应做相应调整和处理或采用坡形支座。支座垫石高程的容许误差，简支梁为±10 mm，连续梁为±5 mm。

（3）为便于更换，板式支座不采用固定装置。

（4）在上部结构的构件吊装时，应采取措施保持支座的正确位置，以达到本规程相关要求。

（5）橡胶支座与上下部结构间必须接触紧密，不得出现空隙。

（6）橡胶支座应水平安装。因施工原因而倾斜安装时应征得监理单位的同意，但其坡度不能超过 2%。选择用橡胶支座时，必须考虑由于支座倾斜安装而产生的剪切变形所需要的橡胶层厚度。

2.15.5.2　盆式橡胶支座的安装，应注意下列事项：

（1）活动支座安装前应采用丙酮或酒精将支座各相对滑移面及有关部分擦拭干净，擦净后在四氟滑板的储油槽内注满硅脂润滑剂，并注意硅脂保洁；坡道桥注硅脂应注意防滑。

（2）安装支座的高程应符合设计要求，支座顶板、底座表面应水平，支座承压能力小于或等于 5 000 kN 时，其四角高差不得大于 1 mm；支座承压能力大于 5 000 kN 时，四角高差不得大于 2 mm。

（3）盆式橡胶支座的顶板和底板可用焊接或锚固螺栓栓接在梁体底面和墩台顶面的预埋钢板上；采用焊接时，应防止烧坏混凝土；安装锚固螺栓时，其外露杆的高度不得大于螺母的厚度。现浇梁底部预埋的钢板或滑板，应根据现浇时的温度、预应力张拉、混凝土收缩与徐变对梁长的影响，设置相对于设计支承中心的预偏值。

（4）支座安装的顺序，宜先将上座板固定在大梁上，而后根据顶板位置确定底盆在墩台上的位置，最后予以固定。

（5）支座中线应尽可能与主梁中线重合，其最大水平位置偏差不得大于 2 mm；安装时，支座上下各个部件纵轴线必须对正，对活动支座，其上下部件的横轴线应根据安装时的温度与年平均的最高、最低温差，由计算确定其错位的距离；支座上下导向挡块必须平行，最大偏差的交叉角不得大于 5′。

(6)支座垫石混凝土浇筑后必须及时覆盖塑料薄膜保水养护。对有裂缝、高程或几何尺寸偏差超过允许值,以及混凝土强度不满足要求的支座垫石,现场应一律做返工处理,不得进行修补或加固。

(7)架梁后应立即进行支座检查,注意检查板式橡胶支座与梁底密贴情况,避免出现脱空。可采用铁锤敲击支座侧面的方法检查,对于脱空的支座应加垫大于支座受压面积的耐候钢板;对于横、纵坡较大的桥梁,梁板安装时应注意防止支座的侧向变形过大,影响支座使用寿命。

(8)防震锚栓钢筋预埋位置应准确,如有防震锚栓钢筋位置不准确造成梁板无法架设,应割掉锚栓钢筋后重新植筋。

(9)支座安装前,应对制作垫石的标高、尺寸进行复检,尤其是顶面四角高差应不大于1 mm,同时放出支座纵横向十字中线,标出支座安放的准确位置。

(10)支座安装完成后,其顺桥方向的中心线应与梁顺桥方向的中心线水平投影重合或相平行,且支座应保持水平,不得有偏斜、不均匀受力和脱空等现象。安装完成后,应及时拆除支座上的各种临时固定构件和装置,并应全面核对检查支座的形式、规格和安装方向等是否符合设计要求,如有误应及时调整处理。

2.15.5.3　隔震橡胶支座的安装,应注意下列事项:

(1)用于桥梁的隔震橡胶支座必须是按《橡胶支座　第2部分:桥梁隔震橡胶支座》(GB/T 20688.2—2006)相关规定进行检验合格的产品,并应有合格证书。支座安装前应开箱检查装箱清单、原材料检验报告和产品合格证书,是否符合图纸要求,如不相符,不得使用。开箱后不得任意松动连接螺栓,并不得任意拆卸支座。

(2)支座安装高度应符合图纸要求,要保证支座支承平面的水平及平整,支座支承面的四角高差不得大于图纸规定。

(3)隔震橡胶支座与梁体及墩台采用预埋螺栓连接,必要时可采用与预埋钢板焊接,但将支座与预埋钢板焊接时,要防止支座钢体过热,以免烧坏支座内的橡胶。

(4)安装支座板及地脚螺栓时,在下支座板四角用钢楔块调整支座水平,找正支座纵、横向中线位置,使之符合图纸要求后,用环氧砂浆灌注地脚螺栓孔及支座底面垫层。

(5)环氧砂浆硬化后,拆除支座四角临时楔块,并用环氧砂浆填满抽出楔块的位置。

(6)梁体安装完毕后,或现浇混凝土梁体形成整体并达到图纸规定强度后,在张拉梁体预应力之前,拆除上、下临时连接板,以防止约束梁体正常转动。

2.15.5.4　球形支座的安装,应注意下列事项:

(1)支座安装前开箱检查装箱清单、原材料检验报告的复印件和产品合格证是否符合图纸要求,如不相符,不得使用。开箱后不得任意松动连接螺栓,并不得任意拆卸支座。

(2)支座与梁体及墩台采用预埋螺栓连接,必要时亦可采用与预埋钢板焊接,但将支座与预埋钢板焊接时,要防止支座钢体过热,以免烧坏硅脂及聚四氟乙烯板。

(3)支座安装时,支座的相对滑动面应用丙酮、酒精仔细擦净,不得夹有灰尘和杂质。然后表面均匀地涂满硅脂润滑剂。

(4)支座安装高度应符合图纸要求,应保证支座支承平面的水平及平整,支座支承面四角高差不得大于 2 mm。

(5)安装支座板及地脚螺栓时,在下支座板四角用钢楔块调整支座水平,并使下支座板底面高出桥墩顶面 20~50 mm,找正支座纵、横向中线位置,使之符合图纸要求后,用环氧砂浆灌注地脚螺栓孔及支座底面垫层。

(6)环氧砂浆硬化后,拆除支座四角临时钢楔块,并用环氧砂浆填满抽出楔块的位置。

(7)梁体安装完毕后,或现浇混凝土梁体形成整体并达到图纸规定强度后,在张拉梁体预应力之前,拆除上、下连接板,以防止约束梁体正常转动,并及时安装活动支座的橡胶防尘罩。

2.15.5.5 支座垫石混凝土浇筑后必须及时覆盖塑料薄膜保水养护。对有裂缝、高程或几何尺寸偏差超过允许值,以及混凝土强度不满足要求的支座垫石,现场应一律做返工处理,不得进行修补或加固。

2.15.5.6 架梁后应立即进行支座检查,注意检查板式橡胶支座与梁底密贴情况,避免出现脱空。可采用铁锤敲击支座侧面的方法检查,对于脱空的支座应加垫大于支座受压面积的耐候钢板;对于横、纵坡较大的桥梁,梁板安装时应注意防止支座的侧向变形过大,影响支座使用寿命。

2.15.5.7 防震锚栓钢筋预埋位置应准确,如有防震锚栓钢筋位置不准确造成梁板无法架设,应割掉锚栓钢筋后重新植筋。

2.15.5.8 支座安装前,应对制作垫石的标高、尺寸进行复检,尤其是顶面四角高差应不大于 1 mm,同时放出支座纵横向十字中线,标出支座安放的准确位置。

2.15.5.9 支座安装完成后,其顺桥方向的中心线应与梁顺桥方向的中心线水平投影重合或相平行,且支座应保持水平,不得有偏斜、不均匀受力和脱空等现象。安装完成后,应及时拆除支座上的各种临时固定构件和装置,并应全面核对检查支座的形式、规格和安装方向等是否符合设计要求,如有误应及时调整处理。

2.16 桥梁伸缩装置

2.16.1 范围

本节工作包括桥梁所有竖向、横向或斜向伸缩装置,包括橡胶止水片,沥青类接缝填料,及桥面上伸缩装置的预埋和安装。

2.16.2 材料

2.16.2.1 除图纸或规范另有规定外,桥梁接缝和伸缩装置的材料应符合《公路水泥混凝土路面施工技术细则》(JTG/T F30—2014)、《公路桥梁伸缩装置通用技术条件》(JT/T

327—2016)、《桥梁阻尼减振多向变位梳齿板伸缩装置》(JT/T 1064—2016)及《单元式多向变位梳形板桥梁伸缩装置》(JT/T 723—2008)的相关规定要求。

(1)钢材:

1)伸缩装置的钢材,其质量应符合图纸及《公路桥梁伸缩装置通用技术条件》(JT/T 327—2016)的要求,并应符合《碳素结构钢》(GB/T 700—2006)、《优质碳素结构钢》(GB/T 699—2015)或《低合金高强度结构钢》(GB/T 1591—2018)相关的规定。

2)伸缩装置中使用的钢板、圆钢、方钢、角钢等应符合《碳素结构钢和低合金结构钢热轧钢板和钢带》(GB/T 3274—2007)、《热轧钢棒尺寸、外形、重量及允许偏差》(GB/T 702—2008)相关的规定。

3)伸缩装置使用的异型钢材应符合《公路桥梁伸缩装置通用技术条件》的相关规定,且不允许使用焊接成型异型钢材。

(2)钢筋:符合本规程本章第 2.3 节的规定。

(3)橡胶封条及橡胶伸缩装置

1)橡胶止水片及伸缩装置可模制或挤压成型,其横截面应均匀,不应有孔隙或其他缺陷,符合图纸所示的型号及标称尺寸。经监理单位认可,可采用等效的标准产品。

2)橡胶伸缩装置、模数式伸缩装置中使用的密封带的橡胶的物理机械性能应满足表 2.16.2-1 的要求。不允许使用再生胶或粉碎的硫化橡胶。

表 2.16.2-1 密封带的橡胶材料性能要求

项目	氯丁橡胶(适用于 -25~60 ℃地区)		天然橡胶(适用于 -40~60 ℃地区)		三元乙丙橡胶适用于 -40~60 ℃地区)	
	密封橡胶带	橡胶伸缩装置	密封橡胶带	橡胶伸缩装置	密封橡胶带	橡胶伸缩装置
硬度/IRHD	55±5	60±5	55±5	60±5	55±5	60±5
拉伸强度/MPa	≥15		≥16		≥14	
扯断伸长率/%	≥400		≥400		≥350	
脆性温度/℃	≤-40		≤-50		≤-60	
恒定压缩永久变形(室温×24 h)	≤20		≤20		≤20	
耐臭氧老化(25~ 50 pphm)(20% 伸长率,40 ℃×96 h)	无龟裂		无龟裂		无龟裂	

续表 2.16.2-1

项目		氯丁橡胶(适用于 -25～60 ℃地区)		天然橡胶(适用于 -40～60 ℃地区)		三元乙丙橡胶适用于 -40～60 ℃地区)	
		密封橡胶带	橡胶伸缩装置	密封橡胶带	橡胶伸缩装置	密封橡胶带	橡胶伸缩装置
热空气老化试验(与未老化前数值相比发生最大变化)	试验条件/(℃×h)	70×96		70×96		70×96	
	拉伸强度/%	±15		±15		±10	
	扯断伸长率/%	±25		±25		±20	
	硬度变化/IRHD	0～+10		-5～+10		0～+10	
橡胶与钢板黏结剥离强度/(kN/m)		>7		>7		>7	
耐盐水性	体积变化/%	≤+10		≤+10		≤+10	
(23 ℃×14 d,浓度 4%)	硬度变化/IRHD	≤+10		≤+10		≤+10	
耐油污性(一号标准油,23 ℃×168 h)	体积变化/%	-5～+10		<+45		<+45	
	硬度变化/IRHD	-10～+5		<-25		<-25	

3)模数式伸缩装置使用的橡胶压紧支座、承压支座的橡胶的物理机械性能应满足表 2.16.2-2 的要求。

表 2.16.2-2　模数式伸缩装置的橡胶压紧支座、承压支座的橡胶机械性能

项目		压紧支座	承压支座
硬度/IRHD		70±2	62±2
拉伸强度/MPa	天然胶	≥18.5	≥18.5
	氯丁胶	≥17.5	≥17.5
扯断伸长率/%	天然胶	≥350	≥500
	氯丁胶	≥300	≥450

注:氯丁胶、天然胶的其他性能应符合《公路桥梁板式橡胶支座》(JT/T 4—2019)的规定。

4)模数式伸缩装置使用的聚氨酯位移控制弹簧,其技术性能应满足表 2.16.2-3 的要求。

5)伸缩装置中使用的黏结剂、聚四氟乙烯板材、硅脂等材料应符合《公路桥梁板式橡胶支座》(JT/T 4—2019)的相关规定。

表 2.16.2-3　聚氨酯位移控制弹簧的技术性能

<table>
<tr><th colspan="2">项目</th><th>计量单位</th><th>指标</th></tr>
<tr><td colspan="2">密度</td><td>kg/m³</td><td>550±10</td></tr>
<tr><td colspan="2">拉伸强度</td><td>MPa</td><td>≥4</td></tr>
<tr><td colspan="2">扯断伸长率</td><td>%</td><td>≥350</td></tr>
<tr><td rowspan="2">恒定压缩变形
(任选一项)</td><td>70 ℃×72 h</td><td>%</td><td>≤6.5</td></tr>
<tr><td>150 ℃×24 h</td><td>%</td><td>≤8</td></tr>
<tr><td colspan="2">抗撕裂强度</td><td>kN/m</td><td>≥120</td></tr>
<tr><td colspan="2">60%压缩模量</td><td>MPa</td><td>4.0±0.2</td></tr>
<tr><td rowspan="2">疲劳试验
(200 万次)</td><td>频率≤3</td><td>Hz</td><td rowspan="2">无裂纹</td></tr>
<tr><td>压应力=7</td><td>MPa</td></tr>
</table>

2.16.2.2　检验证书

(1)施工单位应提供制造厂家用于制造接缝或伸缩装置的材料及制造规范,和有关成品的检验说明。

(2)监理单位可以要求进行他认为必需的任何试验,以验证各种材料是否符合本规程。所有试验都应在监理单位预先批准的专门试验室内进行。

2.16.3　施工要求

2.16.3.1　一般要求

(1)桥梁接缝和伸缩装置类型,应按照图纸所示。施工单位如要改变类型,须制定各项安装参数,报监理单位书面批准。

(2)所有产品在任何时候都应严格按照生产厂家推荐的方法装卸、放置、装配和安装。

(3)当接缝处的温度低于 10 ℃时不应浇筑热浇封缝料。

(4)沥青混凝土铺装应在伸缩装置安装前完成,且不为伸缩装置预留位置,而在安装伸缩装置前,切割先前铺设的沥青混凝土铺装所占伸缩装置的位置。

(5)伸缩装置的牌号、型号应符合图纸规定。安装伸缩装置时,上部构造端部间的空隙宽度及伸缩装置的安装预定宽度,均应与安装温度相适应,并应遵照图纸规定。伸缩装置的安装,应在伸缩装置制造商提供的夹具控制(将伸缩装置预置)下进行。伸缩装置一般应在+5～+20 ℃的温度范围内安装。当伸缩装置的安装温度不同于图纸规定时，各项安装参数应予调整。

(6)伸缩装置的安装须满足制造商的有关要求。伸缩装置下面或背面的混凝土应密实，不留气泡，预埋件位置应准确。安装完成后的伸缩装置应与桥面铺装接合平整。

(7)伸缩缝的预留槽口应在桥面调平层施工完成后用素混凝土填平，梁端应塞满泡沫板，缝底应垫衬板，素混凝土中应用泡沫板预留伸缩位置。伸缩装置在最后一层沥青混凝土摊铺完成后施工，水泥混凝土桥面在桥面养护 7 d 后应尽早安排伸缩装置的安装施工。

(8)施工单位必须保证梁端间、梁段与桥台之间的接缝清洁，如果由于施工单位未采取该措施导致该接缝污染的，应由施工单位负责清理。

2.16.3.2　橡胶伸缩装置

(1)按照图纸的要求选用伸缩装置，安装时应根据气温的高低，对橡胶伸缩体进行必要的预压。

(2)当气温在 5 ℃以下时，不得进行橡胶伸缩装置的施工。

(3)采用后嵌式橡胶伸缩体时，应在桥面混凝土干燥收缩完成且徐变大部完成后再进行安装。安装时，应根据温度高低予以施加必要的预压力。

(4)安装伸缩装置时，施工单位应按照生产厂家的安装说明进行施工。

2.16.3.3　模数式伸缩装置

模数式伸缩装置，种类型号众多，由异型钢与单元橡胶密封带组合而成。不同牌号和型号的伸缩装置均应由专门的生产厂家成套供应。

(1)伸缩装置应根据图纸提出的型号、长度、密封橡胶件的类别以及安装时的宽度等要求进行购置和装配。

(2)伸缩装置应预先在工厂组装好，由专门的设备包装后运送工地。装配好的伸缩装置在出厂前，生产厂家应按图纸要求的安装尺寸，用夹具固定，以便保持图纸需要的宽度，并应分别标出重量、吊点位置。若组合式伸缩装置过长，受运输长度限制或别的其他原因，经监理单位批准，在工厂试组装后，可以分段组装运输，但模数式伸缩装置必须在工厂组装。伸缩装置运到工地存放时，应垫离地面至少 300 mm，并不得露天存放，施工单位应确保其不受损害。

(3)在浇筑桥面板或桥台混凝土时，施工单位应按图纸或生产厂家提供的安装图，预留安装伸缩装置的凹槽，并按图纸要求预埋钢筋，且钢筋头应伸进凹槽内。

(4)伸缩装置的安装，应在生产厂家提供的夹具控制下进行。安装前，施工单位应检查上部构造端部间的空隙宽度和预埋钢筋的位置是否符合图纸要求，并将预留凹槽内混凝土打毛，清扫干净。根据生产厂家提供的安装温度或温度范围，查验实际气温与安装温度是否相符合。如果有出入，则应调整伸缩装置的安装宽度。

(5)在预留凹槽内划出伸缩装置定位中心线(顺缝向和垂直缝向)和高程，用起重机将伸缩装置吊入预留凹槽内,使伸缩装置正确就位。如伸缩装置坐落在坡面上,需做适应纵横坡的调整。此后将锚固钢筋与预埋钢筋焊连,使伸缩装置固定。禁止在伸缩装置边梁上施焊,以免造成边梁局部变形。伸缩装置固定后即可松开夹具,使伸缩装置参与工作。

(6)安装伸缩装置的最终一道工序是在槽口上立模板浇筑混凝土。模板应严密无缝,防止混凝土进入控制箱内,同时,也不允许将混凝土溅撒到密封橡胶件上,如果发生上述现象应立即予以清除。在边梁、控制箱及锚固板周围的混凝土务必要振捣密实,并及时进行养护。浇筑混凝土前,安装好的伸缩装置应经监理单位检查认可。

(7)当伸缩装置在桥面铺装前安装时,在桥面铺装施工中对伸缩装置应加盖临时保护措施,避免撞击及直接承受车辆荷载。桥面铺装完成后,在桥面上不应出现缝隙,且桥面与伸缩装置齐平。

(8)伸缩装置的安装,宜由专业施工单位施工,或在伸缩装置生产厂家派员的指导下施工。

2.16.3.4 梳齿板式伸缩装置

(1)梳齿板式伸缩装置应按图纸要求型号、长度、尺寸及安装时的宽度在工厂加工制作,并由生产厂家安装。

(2)施工安装梳齿板式伸缩装置前,应按图纸提供的尺寸,核对梁端部及桥台处安装伸缩装置的预留槽尺寸。同时应检查核对预埋锚固钢筋的规格、数量、位置与图纸的一致性,与梁(板)、桥台锚固的可靠性;检查核对梁(板)与桥台间的伸缩缝宽度与图纸是否一致,若不符合图纸要求,土建工程施工单位应首先处理,满足图纸要求后生产厂家方可安装伸缩装置。

(3)伸缩装置安装前,应将预留槽内的混凝土打毛,清扫干净。应按照安装时气温调整伸缩装置安装时的定位值,并经监理单位检查确认后,方可用专用卡具将其固定。

(4)梳齿板式伸缩装置安装,应防止产生梳齿不平、扭曲及其他的变形,严格控制由于伸缩方向的误差及横向伸缩等原因造成梳齿之间的间隙偏差,在最高温度时,梳齿间横向间隙不应小于 5 mm,齿板间隙不应小于 15 mm。

(5)浇筑混凝土前,应彻底清扫预留槽,采取防止水泥混凝土渗入伸缩缝间隙的措施,按图纸要求填充捣实混凝土预留槽,预留槽混凝土强度满足图纸要求后,方可开放交通。

2.16.3.5 填充式材料伸缩装置

填充式材料伸缩装置亦称无缝伸缩缝,是由支承钢板和弹性材料混合石料加固的填料组成。弹性材料应经过特殊改性,具有特殊性能,以保证该材料能在较大温度范围内既具有柔韧性又有较高的软化点,在室外温度下不会发生流变现象。弹性材料有多种,其中“TST”是目前公路桥梁中使用的一种。弹性材料混合石料填料的材料性能、指标及规格应符合图纸规定。施工技术要求及注意事项应符合图纸要求。

2.16.3.6　伸缩缝施工

(1)伸缩装置宜在桥面铺装施工完成后,采用反开槽的方式进行安装;当采用先安装铺装桥面的方式,应采取有效措施对安装好的伸缩装置进行妥善保护。

(2)切槽及清缝时,污染范围较大,应在两边各铺设 5 m 宽临时放置杂料的彩条布,并及时清运废料,严禁污染已铺沥青混凝土路面。安装型钢前,槽口底面、侧面混凝土必须凿毛,顶留槽内松散混凝土应凿除干净,伸缩缝所处盖梁顶、桥台处及缝内垃圾杂物必须清理彻底,并用高压水枪冲洗干净。

(3)伸缩缝应充分利用已有预埋钢筋,伸缩缝的型钢环形筋与梁板预埋筋须一一对应焊接,并保证焊接质量。如预埋筋少埋或严重错位,应采取植筋措施。钢筋焊接完毕必须经监理和业主代表检查同意才能浇筑混凝土。

(4)开槽时一定要确保切割到坚实的桥面整体化层处,不允许槽口侧面松散。且应保证槽边沥青铺装层不悬空,层下水泥混凝土密实。切槽过程中用 3 m 尺测量槽口两侧沥青路面的平整度,确保 3 m 范围内平整度不大于 3 mm/3 m,如沥青路面平整度较差,应扩大切割范围。如开槽宽度过大,要及时通知业主、监理做现场记录,以变更计量。

(5)梁端间隙过大时,必须采取有效补救措施进行处理,避免伸缩缝型钢架空;梁端间隙过小时,要凿除多余混凝土,确保伸缩缝受力正常。

(6)填槽应使用钢纤维混凝土。混凝土浇筑前必须在紧靠两侧沥青混凝土面上贴胶带,以防污染。混凝土必须振捣密实,混凝土浇筑后应及时覆盖养护,避免出现收缩裂缝,待混凝土强度满足设计要求方可开放交通。对混凝土面应加强平整度控制,确保混凝土表面与桥面、型钢相接的四条边线处平整,型钢面低于沥青面 0~2 mm,不允许高于沥青面。

(7)对防撞墙预留的槽口,在伸缩缝安装完成后及时修补,确保与防撞墙外观颜色一致。

(8)对于 160 型及以上较大的伸缩缝,要在防撞墙侧安装挡板,以利美观、安全。

(9)每一条伸缩缝混凝土必须做一组混凝土试块。

(10)对已施工完毕的伸缩缝要进行专人看护,在伸缩缝装置两侧混凝土强度满足设计要求且不少于 7 d 后,方可开放交通。若因条件限制,则必须在缝上设临时行车的钢栈桥。

2.17　箱　涵

2.17.1　范围

本节工作内容为钢筋混凝土箱涵(通道)的建造及其有关的作业。

2.17.2 材料

所需材料应符合图纸要求的相关规定。

2.17.3 施工要求

2.17.3.1 挖基

(1)基础开挖应符合图纸要求的相关规定。当在原有灌溉水流的沟渠修筑时,施工单位应开挖临时通道保护好灌溉水流。

(2)基槽开挖后,经地基承载力检查合格后应进行垫层铺设、涵管敷设及基槽回填等作业。如果出现不可避免的耽误,无论是何原因,施工单位均应采取一切必要措施,保护基槽的暴露面不致破坏。

2.17.3.2 垫层与基础

(1)砂砾垫层应为压实的连续材料层,其压实度应在95%以上,按重型击实法试验测定;砂砾垫层应分层摊铺压实,不得有离析现象,否则要重新拌和铺筑。

(2)石灰土作垫层时,混合料的配合比设计,施工单位应在施工前报监理单位批准;施工中要拌和均匀,分层摊铺,分层压实,其压实度应在90%以上,按重型击实法试验测定。

(3)基座尺寸及沉降缝应符合图纸要求,沉降缝位置应与管节的接缝位置相一致。

(4)基础应按图纸要求设置沉降缝。

2.17.3.3 涵洞施工

(1)现浇混凝土涵洞的台帽、台身、一字墙如为整体式,台身和基础可以连续浇筑,也可不连续浇筑。八字式洞口或锥坡式洞口与涵台之间应是分离式。

(2)混凝土的涵台及基础分别浇筑时,基础顶面与涵台相接部分应拉成毛面。

(3)涵台或盖板,可按图纸设置的沉降缝处分段修筑。

(4)图纸有要求将钢筋混凝土盖板用锚栓与涵台锚固在一起时,应按图纸规定或监理单位批准的其他方法固定锚栓。

(5)箱形涵洞现场浇筑时应满足以下要求:

1)在浇筑底板以前,应清除基座上的杂物,然后按图纸立模板、绑扎钢筋、浇筑混凝土。

2)底板混凝土强度达到设计强度的70%后,方可在底板上立模浇筑侧板及顶板。

3)在浇筑侧板上的牛腿时,应按图纸和监理单位的指示预埋搭板连接锚固筋。

4)严格按图纸所示的高程、纵坡和预拱度,设置垫层和基座以及浇筑涵洞混凝土。

(6)台背回填必须在支撑梁(或涵底铺砌)及箱涵混凝土强度达到设计强度的75%以后,方可进行,回填应两个涵台同时对称填筑,回填材料应符合图纸要求。涵洞顶部的填土厚度必须大于0.5 m后方可通行车辆和筑路机械。

2.17.3.4　沉降缝

(**1**)沉降缝的设置道数、缝宽和位置应符合图纸要求及监理单位指示,并按图纸规定填塞嵌缝料或采用监理单位批准的加氟化钠等防腐掺料的沥青浸过的麻絮或纤维板紧密填塞,用有纤维掺料的沥青嵌缝膏或其他材料封缝。

(**2**)在缝处应加铺抗拉强度较高的卷材,如沥青玻璃纤维布或油毡,加铺的层数及宽度按图纸所示,具体的施工方法,应经监理单位批准。

2.17.3.5　防水层

(1)混凝土盖板或顶板、侧板外表面上在填土前应涂刷沥青胶结材料和其他材料,以形成防水层。

(2)涂刷的层数或厚度应按图纸和监理单位的指示进行。

第3章　路基工程

3.1　通　则

3.1.1　范围

本章为路基工程，其工作内容包括路基土石方工程、排水工程、路基防护工程施工及其有关的作业。

(1)路基土石方工程包括：填方路基、挖方路基和特殊路基处理及其有关的作业。

(2)排水工程包括：坡面排水施工及其有关的作业。

(3)路基防护工程包括：河道防护及锥坡和其他防护工程的砌筑，以及其基础开挖与回填的施工作业。

3.1.2　材料

3.1.2.1　土石方

在公路路基土石挖方中如用不小于 112.5 kW 推土机单齿松动器无法松动，须用爆破或用钢楔大锤或用气钻方法开挖的，以及体积大于或等于 1 m^3 的孤石为石方，余为土方。其土石分类应以设计为依据由监理单位批准确定。

3.1.2.2　混凝土、水泥砂浆

混凝土、水泥砂浆应符合图纸要求规定。

3.1.2.3　钢筋

钢筋应符合图纸要求和本规程第 2 章第 2.3 节的规定。

3.1.2.4　模板、支架

模板、支架应符合图纸要求和本规程第 2 章第 2.2 节的规定。

3.1.2.5　石料

石砌体所用材料应符合图纸要求及相关规范的规定。

3.1.2.6　沥青材料

(1)沥青涂层应按图纸要求由建筑石油沥青与汽油配制而成，其中建筑石油沥青(40号及 30 号)应符合《建筑防腐蚀工程施工规范》(GB 50212—2014)相关规定及表 3.1.2-1的规定。

(2)沥青油毡应符合《石油沥青纸胎油毡》(GB 326—2007)的相关规定。

(3)沥青麻絮应符合图纸要求或经监理单位批准的标准。

3.1.2.7　垫层材料

(1)砂宜采用洁净的中、粗砂，含泥量不应大于 5%，有机质含量不大于 1%。

表 3.1.2-1　建筑石油沥青主要技术指标

名称	规定值	
	40 号	30 号
针入度(25 ℃,100 g,5 s)/0.1 mm	36~50	26~35
延度(25 ℃,5 cm/min)/cm	≥3.5	≥2.5
软化点(环球法)/℃	≥60	≥75

(2)砂砾碎石垫层材料粒径不大于 50 mm,含泥量不超过 5%,含砂量不超过 40%。

3.1.2.8　反滤层

(1)材料粒径应满足表 3.1.2-2 的规定。

表 3.1.2-2　反滤层材料粒径规定值

材料名称	粒径范围/mm	平均粒径/mm
砂砾	0.5~5	2.5
粗砾	15~20	17
卵石	75~100	—
片石	150 以上	—

(2)砾砂及粗粒反滤层的空隙率均不得小于 35%。

(3)用作反滤层的材料应清洗干净,不允许含有有机物质或其他有害物质。粗砾和卵石应质地坚硬、耐久。

3.1.2.9　土工织物

用于防水的土工织物应符合图纸有关要求。

3.1.3　一般要求

3.1.3.1　路基土石方工程

1　施工期间防水、排水

(1)在路基工程施工期间,为防止工程或附近农田、建筑物及其他设施受冲刷、淤积,应修建临时排水设施,以保持施工场地处于良好的排水状态。

(2)临时排水设施应与永久性排水设施相结合。施工场地流水不得排入农田、耕地或污染自然水源,也不应引起淤积、阻塞和冲刷。

(3)施工时,不论挖方或填方,均应做到各施工层表面不积水,因此各施工层应随时保持一定的泄水横坡或设置纵向排水通道。挖方路基顶面或填方基底含水率过大时,施工单位应采取措施降低其含水率。

（4）施工单位的临时排水设施及排水方案应报请监理单位检查验收。任何因污染、淤积和冲刷遭受的损失，均应由施工单位承担。

2　冬季施工

在反复冻融地区，当昼夜平均气温连续 10 d 以上在-3 ℃以下时，或者昼夜平均气温虽然升到-3 ℃以上，但冻土未完全融化时，施工单位应按照《公路路基施工技术规范》（JTG/T 3610—2019）有关季节性冻土地区路基施工的规定执行，将计划安排的工程项目和施工方案报监理单位审批。

3　雨季施工

雨季施工前，施工单位应根据现场具体情况确定可进行雨季施工地段，按照《公路路基施工技术规范》（JTG/T 3610—2019）有关雨季施工的规定执行，编制雨季施工组织计划，报监理单位审批。

4　特殊地区路基的施工

特殊地区的路基施工应根据不同的特殊土、特殊地段、季节气候等条件，按照《公路路基施工技术规范》（JTG/T 3610—2019）相关规定，组织安排施工。施工计划及施工方案应报监理单位审批。

3.1.3.2　排水工程

（1）在开工之前，施工单位应向监理单位提供本工程有关的施工方法和施工安排书面报告，获得监理单位的批准后方可开工。

（2）施工单位应按图纸确定的排水构造物的位置和高程，进行施工放样测量，并经监理单位核准。

（3）排水构造物的基槽开挖和回填，应按本规程的相关规定进行。

（4）排水构造物的基槽底面均应夯实到图纸规定的压实度。若基槽底面的地质状况与图纸要求不符，施工单位应根据实际情况提出处理方案和加固措施，经监理单位审核批准后进行地基处理。

（5）为防止排水构造物的基底冲刷，施工单位应严格按图纸要求施工。若监理单位根据实际地形指示增加基底深度，施工单位应按监理单位的指示执行。

（6）所有砂浆砌体均应按《公路桥涵施工技术规范》（JTG/T 3650—2020）相关规定进行勾缝及养护。

（7）所有地面以下的隐蔽工程，未经监理单位检验合格不得掩埋。

3.1.3.3　防护工程

（1）施工单位应在防护工程开工前对工程所处位置的原地面进行复测，以核实图纸上结构物尺寸、形状和基础高程是否符合实际。复测结果应做详细记录，经监理单位批准后方可施工。

（2）所有防护工程及其有关作业，除应符合本规程的要求外，还应按照图纸所示和监理单位的指示进行施工。

（3）对于有水浸或属风化岩石的边坡，应在土石方施工同时，按图纸或监理单位指示，及时进行防护工程的施工。

(4)除有监理单位的书面允许外,不得在昼夜平均气温低于+5 ℃或石料受冻的情况下进行浆砌砌体的施工。所有混凝土及石砌体应按《公路桥涵施工技术规范》(JTG/T 3650—2020)相关规定进行养护。

(5)砌体应按图纸要求进行勾缝,如图纸上无规定,则应采用 M7.5 级水泥砂浆勾凹缝。砌体勾缝应嵌入砌缝内不小于 20 mm。

3.2　施工准备

3.2.1　范围

本节工作内容为公路用地范围施工测量、试验、地表处理、试验段等有关作业。

3.2.2　一般要求

(1)施工单位应在施工前确定现场工作界线,并保护所有规定保留和监理单位指定的要保留的植物及构造物。

(2)场地清理拆除及回填压实后,施工单位应重测地面高程,并将填挖断面和土石方调配图提交监理单位审核。

(3)清理及拆除工作完成后,应由监理单位进行现场检查验收,在验收合格后方可行下一工序的施工。

3.2.3　施工要求

3.2.3.1　施工测量

(1)根据公路等级和测量精度要求,选择测量方法。控制性桩点,应进行现场交桩,在复测原控制网的基础上,根据施工需要适当加密、优化,建立施工测量控制网,妥善保护。

(2)平面控制测量应符合:平面控制测量应采用卫星定位测量、导线测量、三角测量或三边测量方法进行。

(3)高程控制测量应符合:高程控制测量应采用水准测量或三角高程测量的方法进行。

(4)施工期间,应保护好所有控制桩点,及时恢复被破坏的桩点,根据情况对控制桩点进行复测。

(5)路基放样应符合下列规定:

1)施工前应对原地面进行复测,核对或补充横断面。

2)施工前应设置标识桩,对路基用地界、路堤坡脚、路堑坡顶、取土坑、护坡道、弃土堆等的具体位置标识清楚。

3)深挖高填路段,每挖填一个边坡平台或者 3~5 m,应复测中线和横断面。

3.2.3.2　试验

(1)路基填前碾压前,应对路基基底原状土进行取样试验。每千米应至少取 2 个点,并应根据土质变化增加取样点数。

(2)应及时对拟作为路堤填料的材料进行取样试验。土的试验项目应包括天然含水率、液限、塑限、颗粒分析、击实试验、CBR 试验等,必要时还应做相对密度、有机质含量、易溶盐含量、冻胀和膨胀量等试验。

(3)使用特殊材料作为填料时,应按相关标准进行相应试验检验,经批准后方可使用。

3.2.3.3 清理场地

(1)路基用地范围内的树木、灌木丛等均应在施工前砍伐或移植。砍伐的树木应堆放在路基用地之外,并妥善处理。

(2)路基用地范围内的垃圾、有机物残渣及取土坑原地面表层(100~300 mm)腐殖土、草皮、农作物的根系和表土应予以清除,并将种植表土集中储藏在监理单位指定的地点,以备将来作为种植用土。场地清理完成后,应全面进行填前碾压,使其密实度达到规定的要求。

(3)路堤或填方高度小于 1 m 的公路路堤,应将路基基底范围内的树根全部挖除并将坑穴填平夯实。

(4)地基表层处理应符合下列规定:

1)公路路堤基底的压实度应不小于 90%,路基填土高度小于路面和路床总厚度时,基底应按图纸要求进行处理。

2)原地面坑、洞、穴等,应在清除沉积物后,用合格填料分层回填分层压实。压实度应符合上述 1 项的规定。

3)泉眼或露头地下水,应按图纸要求采取有效导排措施后,方可填筑路堤。

4)地基为耕地、土质松散、水稻田、湖塘、软土、高液限土等时,应按图纸要求进行处理;局部软弹的部分或地下水位较高段也应采取有效的处理措施。

3.2.3.4 拆除与挖掘

(1)路基用地范围内的旧桥梁、旧涵洞、旧路面和其他障碍物等应予以拆除。正在使用的旧桥梁、旧涵洞、旧路面及其他排水结构物,应在对其正常交通和排水做出妥善安排后,才能拆除。

(2)原有结构物的地下部分,其挖除深度和范围应符合设计图纸或监理单位指示的要求。

(3)拆除原有结构物或障碍物需要进行爆破或其他作业,如有可能损伤新结构物,必须在新工程动工之前完成。

(4)所有指定为可利用的材料,都应避免不必要的损失。为了便于运输,可由施工单位分段或分片,按监理单位指定的地点存放;对于废弃材料,施工单位应按监理单位的指示妥善处理。

(5)施工单位应将所有拆除后的坑穴回填并压实。施工单位由于拆除施工造成其他建筑物、设施等损坏时,应负责赔偿。

3.2.3.5 试验路段

(1)试验路段应选择地质条件、路基断面形式等具有代表性的地段,长度宜不小于

200 m。

(2)试验路段施工总结宜包括下列内容：

1)填料试验、检测报告等；

2)压实工艺主要参数：机械组合；压实机械规格、松铺厚度、碾压遍数、碾压速度、最佳含水率及碾压时含水率范围等；

3)过程工艺控制方法；

4)质量控制标准；

5)施工组织方案及工艺的优化；

6)原始记录、过程记录；

7)对施工图的修改建议等；

8)安全保证措施；

9)环保措施。

3.3　挖方路基

3.3.1　范围

本节工作内容为挖方路基施工和边沟、截水沟、排水沟以及改河、改渠、改路等开挖有关作业。

3.3.2　一般要求

(1)在挖方路基开工前至少28 d,施工单位应将开挖工程断面图报监理单位批准,否则不得开挖。

(2)所有挖方作业均应符合图纸和《公路路基施工技术规范》(JTG/T 3610—2019)的相关规定,并应按监理单位的要求施工。

(3)挖方作业应保持边坡的稳定,不得对邻近的各种结构物及设施产生损坏或干扰,否则由此引起的后果应由施工单位自负。

(4)在开挖中出现石方时,施工单位应测量土石分界线,经监理单位鉴定认可后,分层进行开挖。如果出现零星石方,施工单位应在事前量测石方数量,报经监理单位批准后,方能继续施工。

(5)路堑挖方材料应尽量予以利用,但不得重复计算利用材料的开挖数量。可作为路基填料的土方,应分类开挖分类使用。除图纸规定或被定为非适用材料外,不得任意废弃,并力争填、挖、借、弃合理。

(6)如路床面开挖超过图纸或监理单位的要求,施工单位应回填并压实。

(7)在整个施工期间,施工单位必须始终保证路基排水畅通。如因排水不当而造成工程损坏,施工单位应立即对其进行修补。

(8)施工前,应对图纸提供的弃土方案进行现场核对,若有疑问,应及时处理。沿线弃土堆的设置应符合图纸要求和《公路路基施工技术规范》(JTG/T 3610—2019)相关规定。

3.3.3 施工要求

3.3.3.1 土方开挖

（1）土方开挖应按图纸要求自上而下进行，不得乱挖或超挖。无论工程量多大，土层多深，均严禁用爆破法施工或掏洞取土。

（2）开挖中如发现土层性质有变化，应修改施工方案及挖方边坡，并及时报监理单位批准。开挖过程中，应采取措施保证边坡稳定。开挖至边坡线前，应预留一定宽度。预留宽度应保证刷坡过程中设计边坡线外的土层不受到扰动。

（3）如果指定的弃土场不能满足弃方要求，施工单位应尽早重新选择弃土位置并相应修改施工方案报监理单位批准。

（4）沿溪及沿山坡和其他按图纸规定不能横向弃置废方的开挖路段，施工单位必须严格在指定的弃土场弃方；否则，施工单位必须清除和移运到指定地点，并赔偿所造成的损失。

（5）施工单位必须注意对图纸未示出的地下管道、缆线、文物古迹和其他结构物的保护。开挖中一旦发现上述结构物，应立即报告监理单位，且应停止作业并保护现场听候处理。

（6）居民区附近的开挖，施工单位应采取有效措施，以保护居民区房屋及保证居民和施工人员的安全，并为附近居民的生活及交通提供临时便道或便桥。

（7）土方地段的路床顶面高程，应考虑因压实而产生的下沉量，其值由试验确定。路床顶面以下 0~800（或 1 200）mm 的压实度，应符合《公路路基施工技术规范》（JTG/T 3610—2019）的要求。施工单位应按《公路土工试验规程》重型击实法进行检验；如不符合要求，施工单位应进一步压实，或采取其他措施进行处理，使之达到规定的压实度。

（8）当因气候条件使挖出的材料无法按照本规范的要求用于填筑路基和压实时，施工单位应停止开挖，直到气候条件转好。

（9）开挖至零填、路堑路床部分后，应尽快进行路床施工；如不能及时进行，宜在设计路床顶高程以上预留至少 300 mm 厚的保护层。

（10）挖方路基施工遇到地下水时，应按下列规定处理：

1）应采取排导措施，将水引入路基排水系统。不得随意堵塞泉眼。

2）路床土含水率高或为含水层时，应采取设置渗沟、换填、改良土质、土工织物等处理措施。路床填料除应符合本规程表 3.4.2 的规定外，还应具有良好的透水性能。

3.3.3.2 非适用材料的处理

（1）当要求施工单位在填方区挖除低于原地表面的非适用材料时其挖除深度及范围应由监理单位确定。在挖除前，应测量必要的断面报监理单位批准。

（2）路基挖至完工断面后，如仍留有非适用材料，应按监理单位要求的宽度和深度继续挖除，并用监理单位批准的材料回填和压实到图纸规定或与其毗连路段相同规定的密实度。在回填前，应测量必要的断面报监理单位批准。

（3）除非监理单位另有许可，在暴露出的挖方是适用材料和非适用材料相混杂的部分，应分别开挖、移运。适用材料供填方使用，且不应被非适用材料污染。已污染的材料应按弃方处理。

(4)凡经监理单位批准,在路基挖方或填方区内挖除的非适用材料,应按弃方要求处理。

3.3.3.3　弃方的处理

(1)施工单位在有弃方的路段开工前至少 28 d,应提出开挖、调运施工方案,报监理单位批准。该方案包括挖方及弃方的数量、调运方案、弃方位置及其堆放形式、坡脚加固处理、排水系统的布置,以及有关的计划安排等。

(2)当弃土场的位置、堆放形式或施工方案等有更改时,必须在更改前不少于 14 d 将更改方案报监理单位批准。

(3)弃土堆应堆置整齐、稳定,排水畅通,避免对土堆周围的建筑物、排水及其他任何设施产生干扰或损坏,避免对环境造成污染;否则,因此引起的一切后果,应由施工单位承担。

(4)沿线弃土堆设置应符合图纸要求。弃土不得占用耕地。沿河弃土不得影响排洪、通航,不得加剧河岸冲刷。不得向水库、湖泊、岩溶漏斗及暗河口处弃土。禁止在贴近桥墩台、涵洞口处弃土。

(5)弃土应按图纸要求进行压实,且应按图纸要求及时完成弃土场的结构防护、排水工程。施工单位还应按本规程的有关技术要求对弃土场进行绿化,以保障生态环境不受破坏。

3.4　填方路基

3.4.1　范围

本节工作内容为填方路基有关的施工作业。

3.4.2　填筑材料

(1)凡具有规定强度且能被压实到规定密实度和能形成稳定填方的材料均为适用填料。通常情况下,下列材料为非适用材料:

1)含草皮、生活垃圾、树根和腐殖质的土。

2)泥炭、淤泥、冻土、沼泽土、建筑垃圾。

3)有机质含量大于 5%的土。

4)液限大于 50%、塑性指数大于 26 的土。

(2)对于泥炭、冻土、强膨胀土、有机质土及易溶盐超过允许含量的土,以及含水率超过规定的土,不得直接作为路堤填料,在采取图纸要求的技术措施并经监理单位批准后,方可使用。季节性冻土地区路床及浸水部分的路堤不应直接采用粉质土填筑。

(3)利用粉煤灰等工业废渣填筑路堤,应先进行试验,并将试验报告及其施工方案报监理单位批准后,方可使用。

(4)对填挖交界、台背回填、上路床(0~300 mm)等部位的填筑材料,应先报告监理单位批准后,方可使用。粉质土不宜直接填筑于路床,不得直接填筑于浸水部分的路堤及冻土地区的路床。

(5)填石路堤填料中,其石块最大粒径应不大于 500 mm,并不宜超过层厚的 2/3,不均匀系数宜为 15~20;路床底面以下 400 mm 范围内,填料粒径应小于 150 mm。

(6)路基填料最小强度和最大粒径应符合表 3.4.2 的规定。

表 3.4.2 路基填料最小强度和最大粒径要求

填料应用部位(路床顶面以下深度,m)		填料最小强度(CBR)/%	填料最大粒径/mm
路堤	上路床(0~0.30)	8	100
	下路床(0.30~0.80)	5	100
	下路床(0.30~1.20)	5	100
	上路堤(0.80~1.50)	4	150
	上路堤(1.20~1.90)	4	150
	下路堤(>1.50)	3	150
	下路堤(>1.90)	3	150
零填及挖方路基	(0~0.30)	8	100
	(0.30~0.80)	5	100

注:1. 表列强度按《公路土工试验规程》(JTG 3430—2020)规定的浸水 96 h 的 CBR 试验方法测定。

2. 表中上、下路堤填料最大粒径 150 mm 的规定不适用于填石路堤和土石路堤。

3.4.3 施工要求

3.4.3.1 一般要求

(1)填方路堤施工前,应按本章第 3.2 节的相关规定对原地面进行清理及压实。所有填方作业均应严格按照图纸或监理单位的要求施工。

(2)路堤基底应在填筑前进行压实,施工单位应将压实后新测绘的填方工程断面图提交监理单位核准,否则不得填筑。

(3)填方作业不得对邻近的结构物和其他设施产生损坏及干扰;否则,由此而引起的后果应由施工单位自负。

(4)整个施工期间,施工单位必须保证排水畅通。如因排水不当而造成工程损坏的,施工单位应立即进行修补。

(5)采用粒径大于 37.5 mm 且含量超过总质量 70%的石料填筑路基时,应按填石路堤施工;采用石料含量占总质量 30%~70%的土石混合填筑路堤时,按土石混填路堤施工;石料含量小于 30%时,按填土路堤施工。

(6)特殊路基施工前,施工单位应按图纸要求,提出处理方案报监理单位批准。

(7)路堤基底及路堤每层施工完成后未经监理单位检验合格,不得进行上一层的填土施工。

（8）施工机械选择，应考虑工程特点、土石种类及数量、地形、填挖高度、运距、气候条件、工期等因素，经济合理地确定。适宜各种填方路基的碾压机械可参照《公路路基施工技术规范》（JTG/T 3610—2019）的相关规定执行。

3.4.3.2　零填挖路基

（1）对于零填挖及挖方路床顶面以下0~800（或1 200）mm范围内的压实度，不应小于96%；如不符合上述要求，施工单位应翻松后再压实，使压实度达到规定的要求。

（2）特殊路基土层上的零填挖路床面，施工单位应按图纸或监理单位的要求，进行换填、改善或翻拌晾晒。换填、改善厚度应按图纸或由监理单位根据现场情况确定，并分层压实。换填填料的最小强度和最大粒径应符合本规程相关的要求，其压实度应达到《公路路基施工技术规范》（JTG/T 3610—2019）的要求。

3.4.3.3　填土路堤

（1）填方路基必须按路面平行线分层控制填土高程；填方作业应分层平行摊铺；保证路基压实度。每一填筑层压实后的宽度不得小于设计宽度。性质不同的填料，应水平分层、分段填筑，分层压实。同一水平层路基的全宽应采用同一种填料，不得混合填筑。每种填料压实后的连续厚度不宜小于500 mm。填筑路床顶最后一层时，压实后的厚度应不小于100 mm。

（2）路堤填土高度小于800 mm（不包括路面厚度）时，对于原地表清理与挖除之后的土质基底，应将表面翻松深300 mm后整平压实。其压实度应符合国家现行规范要求。

（3）含水率适宜或冻融敏感性小的填料应填筑在路基上层，强度较小的填料应填筑在下层。在有地下水的路段或临水路基范围内，宜填筑透水性好的填料。

（4）路堤填筑应从最低处分层填筑，逐层压实。地面自然横坡陡于1∶5时或纵坡陡于12%时，应将原地面挖成台阶，台阶宽度应满足摊铺和压实设备操作的需要，且不得小于2 m。台阶顶一般做成向内并大于4%的内倾斜坡。砂类土上则不挖台阶，但应将原地面以下200~300 mm的表土翻松。

（5）加宽旧路堤时，应沿旧路堤边坡挖成向内倾斜的台阶；所用填料宜与旧路堤相同或选用透水性较好的材料。

（6）连接结构物的路堤工程，其施工方法不应危害结构物的安全与稳定。

（7）如在路堤范围内修筑便道或引道，该便道或引道不得作为路堤填筑的部分，应重新填筑成符合规定要求的新路堤。

（8）任何靠压实设备无法压碎的大块硬质材料，应予以清除或破碎。破碎后的硬质材料最大尺寸不超过压实层厚度的2/3，并应均匀分布，以便达到要求的压实度。

（9）填土路堤分几个作业段施工时，如两个相邻段交接处不在同一时间填筑，则先填段应按1∶1坡度分层留台阶；如两段同时施工，则应分层相互交叠衔接，其搭接长度不得小于2 m。

（10）采用透水性较小的土填筑路堤时，应控制含水率在最佳含水率的2%范围内；当填筑路堤下层时，其顶部应做成4%的双向横坡；当填筑上层时，不应覆盖在由透水性较好的土所填筑的路堤边坡上。

3.4.3.4　高填方路堤

(1)高填方路堤填料宜优先采用强度高、水稳性好的材料,或采用轻质材料。

(2)基底承载力应满足图纸要求。特殊地段或承载力不足的地基应按图纸要求进行处理;覆盖层较浅的岩石地基,宜清除覆盖层。

(3)施工中应按图纸要求预留路堤高度与宽度,并进行动态监控。

(4)高填方路堤宜优先安排施工。

(5)高填方路堤如果材料来源不同,其性能相差较大时,应分层填筑,不应分段或纵向分幅填筑。

(6)半挖半填的一侧高填方路基为斜坡时,应按图纸规定挖好横向台阶,并应在填方路堤完成后,对设计边坡外的松散弃土进行清理。

(7)高填方路堤必须进行沉降和位移观测,观测方法按照经监理单位批准方案。观测资料应提供监理单位审查,以便做出路面铺筑的有关决定。

3.4.3.5　半填半挖路基、路堤与路堑过渡段

(1)应从填方坡脚起向上设置向内侧倾斜的台阶,台阶宽度不小于 2 m,在挖方一侧,台阶应与每个行车道宽度一致、位置重合。

(2)纵向填挖结合段,应按图纸要求合理设置台阶。

(3)有地下水或地面水汇流的路段,应按图纸要求采取合理措施导排水流。

(4)纵(横)向半填半挖路堤与路基,应从最低高程处的台阶开始分层填筑,分层压实。

(5)填筑时,应严格处理横向、纵向、原地面等结合界面,以确保路基的整体性。

(6)高度小于 800 mm 的路堤、零填及挖方路床的换填,宜选用水稳性较好的材料。

(7)若纵(横)向半填半挖路基采用土工合成材料加筋,则土工合成材料的设置部位、层数和材料规格、质量应符合图纸要求。

(8)纵(横)向填、挖交界处的开挖,必须待填方处原地面处理好并经监理单位检验合格后,方可开挖挖方断面。挖方中非适用材料严禁用于填筑。

3.5　路　床

3.5.1　范围

本节工作内容为规范规定进行的路床有关作业。

3.5.2　一般要求

(1)路床填料应符合下列规定:

1)路床填料应符合《公路路基施工技术规范》(JTG/T 3610—2019)的相关规定。

2)路床填料宜采用砂砾、碎石等水稳性好的粗粒料,也可采用级配好的碎石土、砾石土等;粗粒料缺乏时,可采用无机结合料改良细粒土。

(2)零填、挖方路段的路床施工应符合下列规定:

1)路床范围原状土符合要求的,可直接进行成形施工。

2)路床范围为过湿土时应进行换填处理,设计有规定时按设计厚度换填,设计未规定时按以下要求换填:换填厚度宜为 0.8~1.2 m,若过湿土的总厚度小于 1.5 m,则宜全部换填。

3)路床范围为崩解性岩石或强风化软岩时应进行换填处理,设计有规定时按设计厚度换填,设计未规定时换填厚度宜为 0.3~0.5 m。

(3)路床填筑,每层最大压实厚度宜不大于 300 mm,顶面最后一层压实厚度应不小于 100 mm。

3.5.3　施工要求

(1)土方地段的路床顶面高程,应考虑因压实而产生的下沉量,其值由试验确定。路床顶面以下 0~800(或 1 200)mm 的压实度,应符合相应规程的要求。施工单位应按《公路土工试验规程》(JTG 3430—2020)重型击实法进行检验;如不符合要求,施工单位应进一步压实,或采取其他措施进行处理,使之达到规定的压实度。

(2)开挖至零填、路堑路床部分后,应尽快进行路床施工;如不能及时进行,宜在设计路床顶高程以上预留至少 300 mm 厚的保护层。

(3)对填挖交界、台背回填、上路床(0~300 mm)等部位的填筑材料,应先报告监理单位批准后,方可使用。粉质土不宜直接填筑于路床,不得直接填筑于浸水部分的路堤及冻土地区的路床。

3.6　台背与墙背填筑

3.6.1　范围

本节工作内容为规范规定进行的台背与墙背填筑的有关作业。

3.6.2　一般要求

(1)填料宜采用透水性材料、轻质材料、无机结合料稳定材料等,崩解性岩石、膨胀土不得用于台背与墙背填筑。

(2)台背与墙背填筑施工应符合下列规定:

1)按设计做好过渡段,过渡段路堤压实度应不小于 96%;路堤与回填的联结部,应预留台阶。

2)台背和锥坡的回填宜同步进行。

3)台背与墙背 1.0 m 范围内回填宜采用小型夯实机具压实。

4)分层压实厚度宜不大于 150 mm,填料粒径宜小于 100 mm,涵洞两侧回填填料粒径宜小于 50 mm,压实度应不低于 96%。

5)部位狭窄时可采用低强度等级混凝土、浆砌片石等材料回填。

6）涵洞两侧，应对称分层回填压实。

7）回填部分的路床宜与路堤路床同步填筑。

8）台背与墙背回填，应在结构物强度达到设计强度的75%以上时进行。

3.6.3 施工要求

（1）结构物（包括桥涵台背、锥坡、挡土墙墙背等）的回填是指结构物完成后，用符合要求的材料分层填筑结构物与路基之间的遗留部分。

（2）填料宜采用透水性材料、轻质材料、无机结合料等；非透水性材料不得直接用于回填。

（3）基坑回填必须在隐蔽工程验收合格后方可进行。基坑回填应分层填筑、分层压实，分层厚度宜为100～200 mm。采用小型夯实机具时，基坑回填的分层压（夯）实厚度不宜大于150 mm，并应压（夯）实到图纸要求的压实度。在涵洞上填土时，第一层的最小摊铺厚度不得小于300 mm，并防止剧烈的冲击。

（4）应按图纸做好过渡段，过渡段路堤压实度应不小于96%，并应按图纸做好纵向防排水系统和横向防排水系统。

（5）结构物处的回填，应按图纸和监理单位的指示进行。回填时圬工强度的具体要求及回填时间，应按《公路桥涵施工技术规范》（JTG/T 3650—2020）的相关规定执行。桩板式挡土墙墙身强度应达到设计强度的75%以上时，方可开始回填。如果回填滞后，必须和挖方路基或填方路基有效搭接，纵向接缝必须设置台阶。桥台路基填筑碾压顺序为自台前至台后。

（6）结构物处台背回填部分的路床，应尽量与路堤路床同步填筑。

（7）锥坡填土应与桥背填土同时进行，一次填足并保证压实整修后能达到设计宽度要求。紧靠台背部分的填土应采用小型压实设备分薄层碾压。

（8）台背回填范围应符合图纸要求。图纸无规定时应按如下要求执行：台背填土顺路线方向长度，顶部为距翼墙尾端不小于台高加2 m；底部距基础内缘不小于2 m；拱桥台背填土长度不应小于台高的3～4倍；涵洞填土长度每侧不应小于2倍孔径长度。

（9）搭板的设置应在路基填筑预压期完成并基本稳定后，经监理单位批准方可进行。搭板下垫层基面应平整、密实，垫层的材料及密实度应符合图纸要求。

（10）涵洞洞身两侧，应对称分层回填压实，填料粒径宜小于150 mm；两侧及顶面填土时，应采取措施防止压实过程对涵洞产生不利后果。

3.7 路基拓宽改建

3.7.1 范围

本节工作内容为规范规定进行的路基拓宽改建的有关作业。

3.7.2　一般要求

(1)不中断交通路基拓宽施工时,应采取交通管制和安全防护措施。

(2)施工前应截断流向拓宽作业区的水源,开挖临时排水沟。施工期间应在水流汇集的路肩外侧设置拦水带,根据水流情况在拓宽路基中合理设置临时急流槽与泄水口。

(3)拓宽路堤的填料宜与老路基相同,或选用水稳性好的砂砾、碎石等填料,且应满足表(路基填料最小承载比和最大粒径要求)的要求。路床应采用水稳性好的粗粒土或无机结合料稳定材料填筑。

(4)一般路堤拓宽施工应符合下列规定:

1)拓宽路堤填筑前,应拆除原有排水沟、隔离栅等设施,拓宽部分的基底清除原地表土应不小于 0.3 m,清理后的场地应进行平整压实;老路堤坡面,清除的法向厚度应不小于 0.3 m。

2)拓宽路基的地基处理应符合设计和本规程的有关规定。

3)上边坡的既有防护工程宜与路基开挖同步拆除,下边坡的防护工程拆除时应采取措施保证既有路堤的稳定。既有路堤的护脚挡土墙及抗滑桩可不拆除。路肩式挡土墙路基拼接时,上部支挡结构物应予以拆除,宜拆除至路床底面以下。

4)既有路基有包边土时,宜去除包边土后再进行拼接。

5)从老路堤坡脚向上开挖台阶时,应随挖随填,台阶高度应不大于 1.0 m, 宽度应不小于 1.0 m。

6)拼接宽度小于 0.75 m 时,可采取超宽填筑再削坡或翻挖既有路堤等措施。

7)宜在新、老路基结合部铺设土工合成材料。

(5)高路堤与陡坡路堤拓宽施工应符合下列规定:

1)原坡脚支挡结构不宜拆除,结构物临近处可用小型机具薄层夯实。

2)老路底部设置有渗沟或盲沟时,应做好排水通道的衔接施工。

(6)挖方路基拓宽施工应符合下列规定:

1)应在既有路基边缘设置防止飞石或落石的安全防护措施,并应设置警示标志。

2)边通车边施工时,宜采用机械开挖或静力爆破方式进行开挖。

3)如采用爆破方式,应按爆破施工方案组织施工;宜统一规定爆破时间段,爆破时应临时封闭交通。

(7)拓宽路基应进行沉降观测,观测点应按设计要求设置。高路堤和陡坡路堤路段尚应进行稳定性监测。

3.7.3　施工要求

(1)应按图纸要求及本规程相关要求拆除老路路缘石、旧路肩、边坡防护、边沟及原有构造物的翼墙或护墙等。

(2)施工前应截断流向拓宽作业区的水源,开挖临时排水沟,保证施工期间排水通畅。

(3)拓宽部分路堤的地基处理应按图纸要求和本规程相关条款处理。

(4)老路堤与新路堤交界的坡面挖除清理的法向厚度不宜小于 0.3 m,然后从老路堤坡脚向上按图纸要求挖设台阶;当老路堤高度小于 2 m 时,对其进行坡面处理后,可直接填筑新路堤。严禁将边坡清挖物作为新路堤填料。

(5)拓宽部分的路堤采用非透水性填料时,应在地基表面按图纸铺设垫层。垫层材料一般为砂砾或碎石,含泥量不大于 5%。

(6)拓宽路堤的填料宜选用与老路堤相同的填料,或选用水稳性较好的砂砾、碎石等填料。

(7)拓宽施工中的挖方路基按本规程的相关规定执行;拓宽施工中的半填半挖路基按按本规程的相关规定执行。

(8)边通车边拓宽时,应有交通管制和安全防护措施。

(9)拓宽施工不得污染环境,不得破坏或污染原有水系。

3.8　排水工程

3.8.1　范围

本节工作为坡面排水和路界内地表水排除,包括边沟、排水沟、跌水与急流槽、盲沟和截水沟等结构物的施工及有关的作业。

3.8.2　材料

所需材料均应符合图纸要求和本章第 3.1 节的规定。

3.8.3　一般要求

(1)坡面排水施工应符合图纸要求和本章第 3.1 节的规定。

(2)各种水沟边坡必须平整、稳定,严禁贴坡。纵坡应按图纸施工,沟底平整,排水畅通,无阻水现象,并应按图纸所示将水引入排水系统。

(3)各种水沟浆砌片石工程应咬扣紧密,嵌缝饱满、密实,勾缝平顺无脱落,缝宽大体一致。

(4)各种水沟的位置、断面、尺寸、坡度、高程均应符合图纸要求并经监理单位验收合格。

(5)若路基范围内采用各种地下排水沟、渗沟来排除地下水,其施工方法应严格按《公路路基施工技术规范》(JTG/T 3610—2019)的相关规定要求执行。

(6)施工单位应按《公路桥涵施工技术规范》(JTG/T 3650—2020)的要求,加强水泥混凝土、水泥砂浆的养护管理。

3.8.4　施工要求

3.8.4.1　边沟施工要求

(1)挖方地段和填方地段均应按图纸规定设置边沟。路堤靠山一侧应设置不渗水的边沟。

(2)边沟应按图纸规定施工。边沟和涵洞接合处应与涵洞洞口建筑配合,以便水流通畅进入涵洞。

(3)平曲线处边沟施工时,沟底纵坡应与曲线前后沟底纵坡平顺衔接,不允许曲线内侧有积水或外溢现象发生。曲线外侧边沟应适当加深,其增加值等于超高值;但曲线在坡顶时可不加深边沟。

(4)边沟的加固:土质地段当沟底纵坡大于 3%时,应采取加固措施;采用干砌片石对边沟进行铺砌时,应选用有平整面的片石,各砌缝要用小石子嵌紧;采用浆砌片石铺砌时,砌缝砂浆应饱满,沟身不漏水;若沟底采用抹面,抹面应平整压光。

3.8.4.2　截水沟施工要求

(1)截水沟的位置:在无弃土的情况下,截水沟的边缘离开挖方路基坡顶的距离视土质而定,以不影响边坡稳定为原则。如系一般土质至少应离开 5 m,对黄土地区不应小于 10 m 并应进行防渗加固。截水沟挖出的土,可在路堑与截水沟之间修成土台并进行夯实,台顶应筑成 2%倾向截水沟的横坡。

路基上方有弃土堆时,截水沟应离开弃土堆坡脚 1~5 m,弃土堆坡脚离开路基挖方坡顶不应小于 10 m,弃土堆顶部应设 2%倾向截水沟的横坡。

(2)路堤截水沟离开路堤坡脚至少 2 m,并用挖截水沟的土填在路堤与截水沟之间,修筑向沟倾斜坡度为 2%的护坡道或土台,使路堤内侧地面水流入截水沟排出。

(3)截水沟应先施工并与其他排水设施平顺衔接。截水沟应按图纸要求设置出水口,必要时应设置排水沟、跌水或急流槽。

(4)为防止水流下渗和冲刷,截水沟应进行严密的防渗和加固。地质不良地段和土质松软、透水性较大或裂隙较多的岩石路段,对沟底纵坡较大的土质截水沟及截水沟的出水口,均应采用加固措施防止渗漏和冲刷沟底及沟壁。

3.8.4.3　排水沟施工要求

(1)排水沟的线形应平顺,尽可能采用直线形,转弯处宜做成弧形,其半径应符合图纸要求。

(2)排水沟的出水口,应按图纸要求设置跌水和急流槽,将水流引出路基或引入排水系统。

(3)排水沟沿路线布设时,应离路基尽可能远一些,距路基坡脚不宜小于 3~4 m。

(4)当排水沟、截水沟、边沟因纵坡过大产生水流速度大于沟底、沟壁土的容许冲刷流速时,应采取边沟表面加固措施。

3.8.4.4　跌水与急流槽施工要求

(1)跌水与急流槽必须采用浆砌圬工结构,跌水的台阶高度可根据地形、地质等条件决定。片石砌缝应不大于 40 mm,砂浆饱满,槽底表面粗糙。

(2)急流槽的纵坡应按图纸所示进行施工,不宜超过 1:1.5,同时应与天然地面坡度相配合。

(3)当急流槽较长时,应分段砌筑,每段长度宜为 5~10 m,接头用防水材料填塞,密实无空隙。混凝土预制块急流槽,分节长度宜为 2.5~5.0 m,接头采用榫接。

(4)急流槽基础应嵌入地面以下,其底部应按图纸要求砌筑抗滑平台并应设置端护墙。

(5)路堤边坡急流槽的修筑,应能为水流入排水沟提供一个顺畅通道。路缘石开口及流水进入路堤边坡急流槽的过渡段应连接圆顺。

(6)无消力池的跌水,其台阶高度应小于 600 mm,每阶高度与长度之比应与原地面坡度相协调。

3.8.4.5　蒸发池

(1)蒸发池与路基之间的距离应符合图纸对路基稳定的要求。湿陷性黄土地区,蒸发池与路基排水沟外缘的距离应大于湿陷半径。

(2)不得因设置蒸发池而使附近地基泥沼化或对周围生态环境产生不利影响。

(3)蒸发池池底宜设 0.5%的横坡,入口处应与排水沟平顺连接。

(4)蒸发池四周应进行围护。

3.8.4.6　油水分离池

(1)污水进入油水分离池前,应先通过格栅和沉砂池处理。

(2)不得由于设置油水分离池而污染当地生态环境。

(3)池底、池壁和隔板应采用砌浆片石或现浇混凝土进行加固。

3.8.4.7　地下排水

暗沟、渗沟、渗井及仰斜式排水孔、排水隔离层以及承压水的排除等的施工应符合图纸要求及《公路路基施工技术规范》(JTG/T 3610—2019)的相关规定。

3.8.4.8　拦水缘石施工要求

(1)为避免高路堤边坡被路面水冲毁,可在路肩上设拦水缘石,将水流拦截至挖方边沟或在适当地点设急流槽引离路基。与高路堤急流槽连接处应设喇叭口。

(2)拦水缘石必须按设计安置就位。

(3)设拦水缘石路段的路肩宜适当加固。

3.8.4.9　路基盲沟

(1)盲沟通常为矩形或梯形,在盲沟的底部和中部用较大碎石或卵石(粒径 30~50 mm)填筑,在碎石或卵石的两侧和上部,按一定比例分层(层厚约 150 mm),填较细颗粒的粒料(中砂、粗砂、砾石),做成反滤层,逐层的粒径比例,大致按 4:1递减。砂石料颗粒小于 0.15 mm 的含量不应大于 5%。或用土工合成材料包裹有孔的硬塑管,管四周填以大于硬塑管孔径的等粒径碎、砾石,组成盲沟。在盲沟顶部做封闭层,用双层反铺草皮或其他材料(如土工合成的防渗材料)铺成,并在其上夯填厚度不小于 0.5 m 的黏土防水层。

(2)盲沟的埋置深度,应满足渗水材料的顶部(封闭层以下)不得低于原有地下水位的要求。当排除层间水时,盲沟底部应埋于最下面的不透水层上。在冰冻地区,盲沟埋深不得小于当地最小冻结深度。

(3)当采用土工织物做反滤层时,应先在底部及两侧沟壁铺好就位,并预留顶部覆盖所需的土工织物,拉直平顺紧贴下垫层。所有纵向或横向的搭接缝应交替错开,搭接长度均不得小于 300 mm。

(4)盲沟只宜用于渗流不长的地段,且纵坡不应小于 1%。出水口底面高程,应高出沟外最高水位 0.2 m。

(5)除盲沟外,其他形式的渗沟施工方法应严格按《公路路基施工技术规范》(JTG/T 3610—2019)的相关规定执行。

3.8.4.10　纵向雨水沟(管)

(1)在超高路段中央分隔带上侧边缘设置的纵向雨水沟,其起讫桩号及高程、尺寸均应符合图纸规定或监理单位的指示。

(2)纵向雨水沟沟底纵坡除图纸另有规定外应与路线纵坡相同,但应不小于 0.3%,否则应调整纵坡。

(3)纵向雨水沟除端部预制件集中预制外,其余段均在现场就地浇筑。纵向雨水沟预制块应在基础混凝土未凝结前放置于基础上。

(4)纵向雨水沟顶面高程不得高出相邻路面高程。

(5)纵向雨水沟的栅形盖板材料、尺寸应符合图纸要求。

3.8.4.11　集水井

(1)中央分隔带超高路段应按图纸规定位置准确定位后,在开挖路槽的同时,开挖集水井及横向排水管基坑。

(2)位于涵洞、通道处的小型集水井按图纸规定尺寸、配筋集中预制,并按图纸所示安装。

(3)衔接于横向排水管的集水井按图纸规定高程、尺寸立模现浇、横向排水管管节嵌入集水井壁内,并严格按图纸或监理单位批准的方法做好防水处理。

(4)集水井铸铁梳形盖板尺寸、规格应按图纸规定加工,并按图纸所示安装。

3.9　防护工程

3.9.1　范围

本节工作内容为植物护坡、拱形骨架、浆砌片(块)石或预制混凝土块护坡、封面等有关的施工作业。

3.9.2　材料

(1)石砌体所用材料应符合图纸和相关规范的规定。

(2)水泥、集料、钢筋应符合图纸和第 2 章第 2。3 节及第 2 章第 2。6 节的规定。

(3)客土应颗粒均匀,土壤团粒结构好,呈粉细壤土状,无石块和其他杂物存在;客土必须具有足够的肥力,有利于草籽生长;客土的各项指标应符合图纸规定。

(4)草籽配方应符合图纸要求。应选择适合于当地自然条件易于生长的草种,或经监理单位同意或指示的其他混合草种。混合草种应试验其萌芽情况,其纯度和萌芽率均应达到 95%以上。

(5)肥料应优先使用经过沤制的农家肥。如使用化肥,应为标准农用化肥并按袋装提供。

(6)土工合成材料的选用应符合《公路土工合成材料应用技术规范》(JTG/T D32—2012)和《公路工程土工合成材料》等九项的规定。土工合成材料的试验项目和方法应符合《公路工程土工合成材料试验规程》(JTG E50—2006)的规定。

(7)边坡柔性防护材料的选用应符合《公路边坡柔性防护系统构件》(JT/T 528—2004)的规定。

(8)锚杆、网、绿化基材等应符合图纸要求。

3.9.3 施工要求

3.9.3.1 一般要求

(1)遵守本章第3.1节的规定。

(2)在需要施工的区域内,应按图纸所示整修成坡度整齐的新鲜坡面,坡面不应有树桩、有机质或废物。坡面修整后应立即进行护坡铺砌。开挖一级防护一级,并及时进行养护。

(3)砌筑之前必须将基面或坡面夯实平整后,方可砌筑。各类防护和加固工程应置于稳定的基础或坡体上。

(4)砌体外露面的坡顶、边口应选用较平整的石块并加以修整。

(5)护坡及锥坡坡脚应挖槽,使基础嵌入槽内。基础埋置深度应按图纸规定或监理单位指示进行。

(6)挖方边坡有渗水之处的护面墙,应适当增加泄水孔。应采取有效措施截排地表水和导排地下水。

(7)设置砂砾垫层应符合图纸要求。铺设砂砾垫层前,应将地表面拍打平整密实,厚度均匀,密实度应符合图纸规定,并不低于90%。

(8)砌体沉降缝、伸缩缝、泄水孔的设置应符合图纸要求。

(9)施工单位应按《公路桥涵施工技术规范》(JTG/T 3650—2020)的要求,加强水泥混凝土、水泥砂浆的养护管理。

3.9.3.2 植物护坡

1 植被防护

(1)植被防护应按图纸要求铺设表土,铺设厚度不应少于图纸规定。当表土过分潮湿或不利于铺设时,不应进行铺设。

(2)植被护坡表土铺设的线形、坡度、边坡等应符合图纸要求。

(3)草种喷播方法和用量及植草皮的施工要求,应符合图纸要求相关规定。

(4)铺、种植被后,应适时进行洒水、施肥等养护管理,直到植被成活。

(5)灌木(树木)应在适宜季节栽植。

(6)养护用水应采用不含油、酸、碱、盐等有碍草木生长的成分。

2 三维植被网防护

(1)三维植被网中的回填土应符合图纸要求相关规定,宜采用客土,或土、肥料及腐殖土的混合物。

(2)三维植被网应符合图纸要求规定。

(3)三维植被网的搭接宽度,应符合图纸要求,一般不宜小于 100 mm。三维植被网用 U 形钢钉固定,固定间距和 U 形钢钉材质及尺寸等应符合图纸要求。

(4)三维土工网铺设完毕后,以上述的肥沃种植土覆盖土工网且不外露,然后按图纸要求喷播或撒播草籽。

(5)铺设土工网时应力求平整,不能褶皱。

(6)三维植被网施工后,应进行后期养护直至草籽成活达到坡面防护绿化的要求。

3　客土喷播施工

(1)喷播植草混合料的配合比,应符合图纸要求或由施工单位根据边坡坡度、地坡、地质情况和当地气候条件拟定,并经监理单位批准的配合比实施。

(2)植草混合料由植生土、土壤稳定剂、保水剂、肥料、混合草籽、水等组成。

(3)气温低于 12 ℃时不宜喷播草籽作业。

3.9.3.3　石砌体的工艺要求

(1)基础砌筑应选用较大石块,如基础与排水沟相连,其基础应设在沟底以下,并按设计要求砌筑浆砌片石。砌筑应彼此镶紧,接缝要错开,缝隙间用小石块填满塞紧。

(2)铺砌层的砂砾垫层材料应符合图纸要求。垫层应与铺砌层配合铺砌,随铺随砌,厚度不宜小于 100 mm。

(3)软土地基的砌体工程应在预压沉降期后才可开始砌筑。

3.9.3.4　预制空心砖网格护坡及各式砌体护坡

(1)各式骨架植草护坡的施工,应先清理施工场地,修整边坡使砌筑地带的高程和边坡坡度与图纸要求相一致。浅挖砌筑空心砖网格的基坑,并进行人工夯实。垫层厚度不宜小于 100 mm。

(2)路堤边坡预制块铺置宜在路堤沉降稳定后施工。埋置预制混凝土空心砖应整齐、顺直,无凹凸不平现象。

(3)经必要的养护后,将砌筑材料的残留物清除干净,同时不得损坏已成的网格,如有松动或脱落之处必须及时修整。

(4)水泥混凝土预制板护坡砌筑时应错缝安装,板缝用砂浆填实并勾凸缝。

(5)预制块应与坡面紧贴,不得有空隙,并与相邻坡面平顺。

(6)骨架形成后,应及时按图纸要求进行铺草皮或播种草种。

3.10　特殊路基

3.10.1　范围

本节工作内容为与特殊路基工程有关的施工作业,主要有涵洞、通道地基处理(碎石垫层、碎石桩)、特殊路基(碎石桩、碎石垫层、土工布)。

3.10.2 一般要求

3.10.2.1 碎石垫层

(1)应符合第4章第4.1节的要求,垫层用碎石的最大粒径不应超过37.5 mm。

(2)按《公路工程集料试验规程》(JTG/T E42—2005)标准方法进行试验时,压碎值对不大于30%。

(3)碎石中不应有黏土块、植物及其他有害物质,针片状颗粒含量不应超过20%。

3.10.2.2 碎石桩

(1)施工前应进行成桩工艺和成桩强度试验。

(2)混合料应拌和均匀,桩体施工应选择合理的施打顺序,成桩过程中应对已打桩的桩项进行位移监测。

3.10.2.3 土工合成材料处置

(1)土工合成材料的选用应符合《公路土工合成材料应用技术规范》(JTG/T D32—2012)的规定。

(2)土工合成材料的试验项目和方法应符合《公路工程土工合成材料试验规程》(JTG E50—2006)的规定。

3.10.3 施工要求

3.10.3.1 碎石垫层

(1)应分层碾压施工;碎石垫层宽度应宽出路基边脚0.5~1.0 m,两侧端以片石护砌;层厚度及其上铺设的反滤层应满足设计要求。

(2)施工单位应在监理单位验收合格的路基上铺筑垫层材料,未经监理单位批准而在其上摊铺的材料,应由施工单位清除。

(3)在铺筑垫层前,应将路基面上的浮土、杂物全部清除,并洒水湿润。

(4)施工单位应采用经监理单位批准的机械进行垫层材料的摊铺。

(5)摊铺后的碎石应无明显离析现象,或采用细集料做嵌缝处理。

3.10.3.2 碎石桩

(1)应分层碾压施工;碎石垫层宽度应宽出路基边脚0.5~1.0 m,两侧端以片石护砌;层厚度及其上铺设的反滤层应满足设计要求。

(2)施工工艺应符合规范规定;施工前应进行成桩工艺和成桩挤密试验;桩体应连续、密实。

(3)施工单位应在监理单位验收合格的路基上铺筑垫层材料,未经监理单位批准而在其上摊铺的材料,应由施工单位清除。

3.10.3.3 土工合成材料

(1)土工合成材料的设置部位、层数和材料规格、质量应符合图纸要求。

(2)土工布的铺设应拉直平顺,接缝搭接要求符合图纸及规范要求。

(3)若铺设土工布,按图纸规定或监理单位的指示,在压实平整的砂砾层上全断面铺设土工布,土工布应拉直平顺,紧贴砂砾层上。

(4)施工中,土工布不应出现任何损坏;否则,施工单位应予更换重铺,并承担相应责任。

第4章 路面工程

4.1 通 则

4.1.1 范围

本章工作内容为在已完成并经监理单位验收合格的路基上铺筑各种垫层、底基层、基层和面层;路面及中央分隔带排水施工;培土路肩、中央分隔带回填及路缘石设置,以及修筑路面附属设施等有关的作业。

4.1.2 材料

4.1.2.1 土

土根据颗粒成分可分为碎石土、砂土、粉土和黏性土。无机结合料稳定材料中的土按粒径可分为细粒土、中粒土、粗粒土。

1 细粒土

细粒土是颗粒最大粒径不大于4.75 mm,公称最大粒径不大于2.36 mm的土,包括各种黏质土、粉质土、砂和石屑等。

2 中粒土

中粒土是颗粒最大粒径不大于26.5 mm,公称最大粒径大于2.36 mm且不大于37.5 mm的土或集料,包括砂砾土、碎石土、级配砂砾、级配碎石等。

3 粗粒土

粗粒土是颗粒最大粒径不大于53 mm,公称最大粒径大于19 mm且不大于37.5 mm的土或集料,包括砂砾土、碎石土、级配砂砾、级配碎石等。

4.1.2.2 集料

集料是指在混合料中起骨架和填充作用的粒料,包括碎石、砾石、石屑、砂等。

1 碎石

碎石由岩石或砾石轧制而成,应洁净、干燥,并具有足够的强度和耐磨耗性,其颗粒形状应具有棱角,接近立方体,不得含有软质和其他杂质。碎石的技术指标应符合设计及有关规范的规定。

2 砾石

砾石应坚硬、耐久、无杂质,颗粒尺寸应满足施工需要,且级配稳定。砾石的技术指标应符合设计及有关规范的规定。

3 砂

砂应洁净、坚硬、干燥、无风化、无杂质,颗粒尺寸应满足施工需要,且级配稳定。砂的技术指标应符合设计及有关规范的规定。

4　石屑

石屑系机械轧制而成。石屑应坚硬、清洁、干燥、无风化、无杂质,并具有适当的级配。石屑的技术指标应符合设计及有关规范的规定。

4.1.2.3　水

拌和用水及养护用水应符合《公路路面基层施工技术细则》(JTG/T F20—2015)相关规定。

4.1.2.4　水泥

水泥根据路用要求可采用普通硅酸盐水泥、硅酸盐水泥、矿渣硅酸盐水泥、火山灰质硅酸盐水泥和道路硅酸盐水泥等。采用其他种类水泥应报监理单位批准。

4.1.2.5　石灰

(1)石灰应符合表 4.1.2 的要求,石灰应不低于Ⅱ级技术要求。

表 4.1.2　石灰的技术指标

项目	钙质生石灰			镁质生石灰			钙质消石灰			镁质消石灰		
	等级											
	Ⅰ	Ⅱ	Ⅲ	Ⅰ	Ⅱ	Ⅲ	Ⅰ	Ⅱ	Ⅲ	Ⅰ	Ⅱ	Ⅲ
有效钙加氧化镁含量/%	≥85	≥80	≥70	≥80	≥75	≥65	≥65	≥60	≥55	≥60	≥55	≥50
未消化残渣含量 5 mm 圆孔筛的筛余/%	≤7	≤7	≤17	≤10	≤14	≤20						
含水率/%							≤4	≤4	≤4	≤4	≤4	≤4
细度　0.71 mm 方孔筛的筛余/%							0	≤1	≤1	0	≤1	≤1
细度　0.125 mm 方孔筛的累计筛余/%							≤13	≤20		≤13	≤20	
钙镁石灰的分类界限,氧化镁含量/%	≤5			>5			≤4			>4		

(2)石灰应在用于工程之前 7 d,充分消解成能通过 10 mm 筛孔的粉状,并尽快使用。

(3)石灰应设棚存放,并能防风避雨,在用于工程之前按《公路工程无机结合料稳定材料试验规程》(JTG E51—2009)相关规定进行试验,不符合上述要求时,监理单位有权拒绝使用,由施工单位承担责任。

4.1.2.6　沥青

沥青材料应为道路石油沥青、乳化沥青、液体石油沥青、煤沥青、改性沥青、橡胶复合改性沥青和改性乳化沥青等,沥青质量应符合《公路沥青路面施工技术规范》(JTG F40—

2004)的相关规定要求。每一批沥青材料都应有厂家的技术标准、试验分析证明书,并提交监理单位审核。

4.1.3 一般要求

(1)路面施工应符合《公路路面基层施工技术细则》(JTG/T F20—2015)、《公路沥青路面施工技术规范》(JTG/T F40—2004)和《水泥混凝土路面施工技术细则》(JTG/T F30—2014)的要求。

(2)施工单位不得随意改变材料的来源,未经批准的材料不得用于工程。

(3)路面材料存放场地应硬化处理,材料应物理分离堆放,并搭设防雨棚。

(4)施工单位应根据工程的结构特点,按图纸要求及相关规范的规定以及设备情况,编制路面工程各结构层的施工组织设计,在各结构层开工前 28 d 报请监理单位审查批准,否则不得开工。

4.1.4 材料的取样和试验

各种材料必须在使用前 56 d 选定。施工单位应将具有代表性的样品,委托中心试验室或监理单位确认的试验室,按规定进行材料的标准试验或混合料配合比设计。试验结果提交监理单位审批,未经批准的材料不得使用,未经批准的混合料配合比设计不能用于施工。监理单位未批准的混合料,应由施工单位在规定的时间清除出现场,并用符合要求的材料替换,并由施工单位承担责任。

4.1.5 试验路段

(1)施工单位在各结构层施工前,均应铺筑试验路段(基层、底基层试验路段应设置在生产路段上,长度宜为 200~300 m ;水泥混凝土路面在主线路面外试铺,长度不应短于 100 m;沥青混凝土路面试验段宜选择 100~200 m 在正线上铺筑)。

(2)在试验路段开始至少 14 d 之前,施工单位应提出铺筑试验路段的施工方案并报送监理单位审批。施工方案内容包括试验人员、机械设备、施工工序和施工工艺等详细说明。

(3)试验路段的目的是验证混合料的质量和稳定性,检验施工单位采用的机械能否满足备料、运输、摊铺、拌和及压实的要求和工作效率,以及施工组织和施工工艺的合理性和适应性。

(4)试验路段确认的压实方法、压实机械类型、工序、压实系数、碾压遍数和压实厚度、最佳含水率等,均作为正式施工时施工现场控制的依据。

(5)此项试验应在监理单位监督下进行,如果试验路段经监理单位批准验收,可作为永久工程的一部分;否则,应移出重做试验,由施工单位承担相应责任。

4.1.6 基层及沥青搅拌站建设

(1)施工单位应按合同规定及监理单位要求,对基层拌和场和沥青拌和站场地进行硬化处理及搭设遮雨棚。

(2)拌和站建设应综合考虑施工生产情况,合理划分拌和作业区、材料计量区、材料库、运输车辆停放区、试验区、集料堆放区及生活区,内设洗车池(洗车台)、污水沉淀池和排水系统。拌和站场地面积、搅拌机组配置及产能应满足生产、施工需求和工程进度要求。

(3)场地(含堆料区、加工区)应做硬化处理,主要运输道路应采用不小于 20 cm 厚的 C20 混凝土硬化,基础不好的道路应增设碎石掺石屑垫层。场内排水宜按照中间高四周低的原则预设不小于 1.5%的排水坡度,四周宜设置砖砌排水沟,并采用 M7.5 砂浆抹面。

(4)水泥混凝土、路面面层储料场应用混凝土进行硬化处理,路面基层储料场可用水稳材料进行硬化处理。料场底应高于外部地面,修筑成向外顺坡(不小于 3%),并在料场口设置排水沟,防止料场积水。

(5)水泥混凝土、路面面层储料场应搭设顶棚,禁止太阳直接照晒或雨淋,顶棚宜采用轻型钢结构,高度应满足机械设备操作空间(一般不宜小于 7 m),并满足受力、防风、防雨、防雪等要求。路面基层、底基层储料场地中细集料堆放区宜搭设防雨大棚,防止石料雨淋。

(6)所有拌和机的集料仓应搭设防雨棚,并设置隔板,隔板高度不宜小于 100 cm,确保不串料。

4.1.7　雨季施工

(1)集中力量,分段铺筑,在雨季前做到碾压坚实,并采取覆盖措施,以防雨水冲刷。

(2)施工时应随时疏通边沟,保证排水良好。

(3)在垫层或基层施工之前,完工的路基顶面或垫层,应根据监理单位的指示始终保持合格的状态。在雨季期间,路基或垫层不允许车辆通行。

4.2　水泥稳定碎石基层

4.2.1　范围

本节工作内容为在已完成并经监理单位验收合格的路基或垫层上,铺筑水泥稳定碎石基层,包括所需的设备、劳力和材料,以及施工、试验等全部作业。

4.2.2　材料

4.2.2.1　水泥

普通硅酸盐水泥、硅酸盐水泥、矿渣硅酸盐水泥和火山灰质硅酸盐水泥均适用于稳定土,但不得使用快硬水泥、早强水泥以及已受潮变质的水泥。

4.2.2.2　碎石

(1)水泥稳定碎石用作底基层时,其最大粒径不超过 37.5 mm;用作基层时,其最大粒径不超过 31.5 mm。颗粒组成见表 4.2.2。

表 4.2.2 适宜用水泥稳定的集料的颗粒组成范围

结构层	通过下列方筛孔(mm)的质量百分率/%									液限/%	塑性指数
	37.5	31.5	26.5	19	9.5	4.75	2.36	0.6	0.075		
底基层	100	90~100	—	67~90	45~68	29~50	18~38	8~22	0~7①	< 28	< 9
基层		100	90~100	72~89	47~67	29~49	17~35	8~22	0~7①	< 28	< 9

注:集料中粒径 0.6 mm 以下细土有塑性指数时,粒径小于 0.075 mm 的颗粒含量不应超过 5%;细土无塑性指数时,粒径小于 0.075 mm 的颗粒含量不应超过 7%。

(2)用于基层的碎石(砾石),应预先筛分成 3~4 个不同粒径组备料,然后配合成颗粒组成符合表 4.2.2 所列级配范围的混合料。

(3)水泥稳定土中碎石或砾石的压碎值,基层不大于 30%,对底基层不大于 30%。

(4)有机质含量超过 2%的土,不适宜做水泥稳定土。

(5)硫酸盐含量超过 0.25%的土,不适宜做水泥稳定土。

4.2.2.3 水

应符合本章第 4.1 节的要求。

4.2.3 混合料组成设计

(1)混合料的组成设计应符合《公路路面基层施工技术细则》(JTG/T F20—2015)的相关规定。

(2)试验:

1)用于基层、底基层的原材料应进行标准试验,试验项目见表 42.3-1。

2)混合料按设计掺配后,应进行重型击实试验、承载比试验及抗压强度试验。

表 4.2.3-1 水泥稳定碎石底基层和基层原材料的试验项目

试验项目	材料名称	试验频率
含水率	土、砂砾、碎石等集料	每天使用前测 2 个样品
颗粒分析	砂砾、碎石等集料	每种土使用前测 2 个样品,使用过程中每 2 000 m^3 测 2 个样品
液限、塑限	土、级配砾石或级配碎石中 0.5 mm 以下的细土	每种土使用前测 2 个样品,使用过程中每 2 000 m^3 测 2 个样品
相对密度、吸水率	砂砾、碎石等	使用前测 2 个样品,砂砾使用过程中每 2 000 m^3 测 2 个样品,碎石种类变化重做 2 个样品
压碎值	砂砾、碎石等	同上
有机质和硫酸盐含量	土	对土有怀疑时做此试验
水泥强度等级和终凝时间	水泥	做材料组成设计时测 1 个样品,料源或强度等级变化时重测
重型击实	土	每种土使用前进行

(3)水泥稳定混合料的设计应考虑气候、水文条件等因素，按《公路工程无机结合料稳定材料试验规程》(JTG E51—2009)规定进行试验，通过试验选取最适宜于稳定的材料，确定最佳的水泥剂量和最佳含水率。在需要改善土的颗粒组成时，还应包括掺加料的比例。工地实际采用的水泥剂量可比室内试验确定的剂量适当增加，采用集中厂拌法时，最多不超过 0.5%，并应取得监理单位的批准。

(4)水泥稳定碎石的 7 d 浸水抗压强度应符合图纸要求。

(5)水泥的最小剂量应符合表 4.2.3-2 的规定。

表 4.2.3-2　水泥最小剂量

土类	拌和方法	水泥最小剂量/%
中粒土和粗粒土	集中拌和法	3
细粒土	集中拌和法	4

4.2.4　施工要求

4.2.4.1　拌和与运输

(1)水泥稳定混合料的拌和应采用厂拌法。

(2)厂拌的设备及布置位置应在拌和以前提交监理单位并取得批准，方可进行设备安装、检修与调试，使拌和的混合料颗粒组成和含水率达到规定要求。施工单位应在监理见证下，每隔 2 h 从拌和厂取样测定含水率，每隔 4 h 从拌和厂取样测定结合料剂量。

(3)运输混合料的车辆应根据需要配置并装载均匀，及时将混合料运至现场。

(4)当摊铺现场距拌和厂较远时，混合料在运输中应加覆盖，以防水分蒸发。水泥稳定混合料从装车到运输至现场时间宜不超过 1 h，超过 2 h 应作为废料处理。

4.2.4.2　摊铺

(1)本项目引入水泥稳定碎石基层 3D 摊铺技术。较传统水稳摊铺技术而言，3D 摊铺技术不需要拉线、放样，从而可以节省大量的人力、物力，在传统的摊铺机上安装自动控制系统车载设备，这套设备包含一个横坡传感器，通过传感器将全程人为控制的数据转换成工程机械能够读懂的数据，再利用数据来控制机械操作，减少了人为控制误差，提高摊铺的精准度。而且还能够系统精确控制基层摊铺每层的厚度，合理控制用料量，真正从技术上改变了传统翻斗“粗放型”用料模式。避免纵向接缝，提高基层整体性、承载力和使用寿命。

(2)混合料的摊铺、压实设备应经监理单位批准，并按试验路段确定的松铺厚度进行摊铺，摊铺厚度不宜小于 160 mm，最大厚度宜不大于 200 mm 均匀地摊铺在要求的宽度上。

(3)摊铺时混合料的含水率应处于略大于最佳含水率状态下，气候干燥时，碾压含水率可比最佳含水率增加 0.5%~1.5%，以补偿摊铺及碾压过程中的水分损失。

(4)摊铺前下承层质量应检测合格，如发现问题应采取翻晒、换土、掺灰或返工等进行处理合格。当采用两层连续摊铺时，下层出现质量问题，上层应同时处理。

(5)根据本项目基层特点,上层施工前应将下承层清扫干净,并洒铺水泥净浆,再摊铺上层混合料。

4.2.4.3 碾压

(1)混合料的碾压程序应按试验路段确认的方法施工。初压可采用双钢轮压路机稳压2~3遍,再用激振力大于35 t重型振动压路机、18~21 t三轮压路机或25 t以上轮胎压路机继续碾压,最后采用双钢轮压路机碾压消除轮迹。也可采用25 t以上重胶轮压路机稳压1~2遍,错轮不超过1/3轮迹带宽度,再采用重型振动压路机碾压密实,最后采用双钢轮压路机碾压消除轮迹。

(2)碾压过程中,水泥稳定土的表面应始终保持潮湿。如表面水蒸发得快,应及时补洒少量的水。

(3)严禁压路机在已完成的或正在碾压的路段上掉头或紧急制动,以保证水泥稳定土层表面不受破坏。

(4)施工中,从加水拌和到碾压终了的延迟时间不得超过水泥初凝时间,按试验路段确定的合适的延迟时间严格施工。

4.2.4.4 接缝和掉头的处理

施工接缝和压路机掉头,应按《公路路面基层施工技术细则》(JTG/T F20—2015)的规定处理。

4.2.4.5 养护

碾压完成后应立即进行养护。养护时间不应少于7 d。养护方法可视具体情况采用洒水,覆土工布、草袋,砂后洒水或洒透层油或封层等。养护期间除洒水车外应封闭交通;不能封闭时,应经监理单位批准,并将车速限制在30 km/h以下,严禁重型车辆通行。

4.2.4.6 气候条件

工地气温低于5 ℃时,不应进行施工,并应在重冰冻之前一个月结束施工。雨季施工,应特别注意天气变化,勿使水泥和混合料受雨淋。降雨时应停止施工,但已摊铺的混合料应尽快碾压密实。

4.2.4.7 取样和试验水泥稳定土应在施工现场每天进行一次或每2 000 m^2取样一次,检查混合料的级配是否在规定的范围内;并按《公路工程无机结合料稳定材料试验规程》(JTG E51—2009)标准方法进行混合料的含水率、水泥含量和无侧限抗压强度试验;在已完成的铺筑层上按《公路路基路面现场测试规程》(JTG 3450—2019)进行压实度试验。基层应取钻件(路面芯样)检验其整体性。水泥稳定基层的龄期7~10 d时,应能取出完整的钻件。对于所有试验结果,均应报监理单位审批。

4.3 透层、粘层和封层

4.3.1 范围

本节工作内容为在已完成并经监理单位验收合格的基层上洒布透层沥青;在基层顶面透层油洒铺完毕后进行封层铺设;在沥青面层、水泥混凝土路面或桥面上洒布粘层沥青,包括所需的设备、劳力和材料,以及施工、试验等全部作业。

4.3.2 材料

4.3.2.1 透层

应根据基层类型选择渗透性好的乳化沥青,喷洒后通过钻孔或挖掘确认透层油渗透入基层的深度宜不小于 5(无机结合料稳定集料基层)~10 mm(无结合料基层),并能与基层联结成为一体。透层油使用之前应按照《公路工程沥青及沥青混合料试验规程》(JTG/T E20—2011)的方法进行试验,且满足规范的要求。透层材料的规格和用量,应符合《公路沥青路面施工技术规范》(JTG F40—2004)相关规定要求。

透层油的质量应符合《公路沥青路面施工技术规范》(JTG F40—2004)相关规定要求。沥青标号应根据基层的种类、当地气候等条件确定。

4.3.2.2 粘层

粘层的沥青材料宜采用快裂或中裂乳化沥青、改性乳化沥青,也可采用快、中凝液体石油沥青,粘层沥青材料使用之前应按照《公路工程沥青及沥青混合料试验规程》(JTG E20—2011)规定的方法进行试验,且满足规范的要求。粘层材料的规格和用量,应符合《公路沥青路面施工技术规范》(JTG F40—2004)相关规定的要求,所使用的基层基质沥青标号宜与主层沥青混合料相同。

4.3.2.3 封层

封层的沥青材料宜采用普通乳化沥青或改性乳化沥青,乳化沥青的类型根据集料品种及使用条件选择,粘层沥青材料使用之前应按照《公路工程沥青及沥青混合料试验规程》(JTG E20—2011)规定的方法进行试验,且满足规范的要求。封层材料的规格和用量,应符合《公路沥青路面施工技术规范》(JTG F40—2004)相关规定的要求,在高温条件下宜采用黏度较大的乳化沥青,寒冷条件下宜使用黏度较小的乳化沥青。

4.3.3 施工要求

4.3.3.1 透层、粘层

1 准备工作

准备浇沥青的工作面,应整洁而无尘。监理单位应对已准备好的工作面进行检查,在未批准前不得喷洒沥青材料。

2 气候条件

洒布沥青材料时的气温不应低于 10 ℃,风速适度。浓雾或下雨时不应施工。

3 喷洒温度

液体石油沥青和乳化沥青在正常温度下洒布,如气温较低,稠度较大的沥青材料可适当加热。

4 沥青用量

施工单位应按监理单位的指示,根据基层的种类通过试洒确定透层、粘层所用的沥青品种和用量,并符合《公路沥青路面施工技术规范》(JTG F40—2004)相关规定要求。

5 喷洒

(1)施工单位应在喷洒工作开始前3 d报经监理单位批准。

(2)透层及粘层沥青应采用沥青洒布车均匀洒布,并按《公路路基路面现场测试规程》(JTG 3450—2019)中有关要求和方法检测洒布用量,每次检测不少于3处。透层及粘层沥青的洒布方法、洒布要求及质量控制应按图纸要求及《公路沥青路面施工技术规范》(JTG F40—2004)相关规定执行。

(3)沥青洒布设备应配备有适用于不同稠度沥青喷洒用的喷嘴,在沥青洒布机喷不到的地方可采用手工洒布机。喷洒超量或漏洒或少洒的地方应予纠正。

(4)喷洒区附近的结构物和树木表面应加以保护,以免溅上沥青受到污染。当其受到污染时,施工单位应清除。

(5)粘层沥青应在铺筑覆盖层之前24 h内洒布或涂刷。

6 养护

(1)施工单位应使洒好透层、粘层沥青的基层和面层保持良好状态。当出现泛油或监理单位有指示时,应按指定用量补撒吸附沥青材料。

(2)如果透层沥青被尘土或泥土完全吸收,致使覆盖的面层无法与透层黏结,监理单位可要求在摊铺沥青路面之前在透层上补洒一次粘层沥青。

(3)养护期间,一般不应在已洒好透层沥青的路面上开放交通。如果在沥青材料充分渗入之前需要开放交通,为了防止车轮黏附沥青,应按监理单位的指示撒铺吸附材料,以覆盖尚未完全吸收的沥青。吸附材料应洁净无石粉。

(4)除运送沥青外,任何车辆均不得在完成的粘层上通行。

4.3.3.2 封层

1 准备工作

封层施工前,应检查透层是否有泥土污染,对污染部分应提前冲洗干净并补洒乳化沥青。监理单位应对已准备好的工作面进行检查,在未批准前不得喷洒沥青材料。

2 气候条件

封层的最低施工温度不得低于10 ℃,严禁在雨天施工。

3 封层施工

封层混合料的拌和必须均匀,不得有结块、成块或花白现象,采用封层车施工。摊铺槽四周的橡胶刮板要安装准确牢固,保证槽内混合料按要求摊铺,不发生外露。封层混合料摊铺后,立即使用橡胶耙进行人工找平。摊铺两幅纵缝搭接宽度不宜超过80 mm,横向接缝宜做成对接缝。封层在破乳初凝后和固化前用轮胎压路机碾压2遍,如发现团块或松散等缺陷,应将其铲除重铺。

4 质量管理

施工单位应按监理单位的指示,根据铺筑厚度、铺筑目的、公路等级等条件选用合适的矿料级配以及乳化沥青、填料、水和外加剂用量,并符合《公路沥青路面施工技术规范》(JTG F40—2004)相关规定要求。在封层施工过程中,应随时检查基层接缝、裂缝及损坏的透层是否预先处理并符合要求。对稀浆封层混合料每天应至少抽查两次,检验集料级配及油石比是否符合批准的生产配合比要求。应随时检查铺筑层外观,是否平整、颜色均匀,无花白、无油块、无松石,以及厚度是否符合设计要求。

5　养护

铺筑好的封层应严格控制交通,做好保护,保持整洁,不得造成污染,严禁在封层上堆放施工产生的土或杂物,待干燥成型后才能开放交通。

4.4　热拌沥青混合料路面

4.4.1　范围

本节工作内容为在经监理单位验收合格的基层上,按照图纸和监理单位指示铺筑一层或多层的热拌沥青混合料面层(橡胶沥青混合料面层),包括提供全部设备、劳力和材料,以及施工、养护、试验等全部作业。

4.4.2　普通沥青混合料面层材料

4.4.2.1　粗集料

(1)粗集料包括碎石、破碎砾石、筛选砾石、钢渣、矿渣等,不得使用筛选砾石和矿渣。它应洁净、干燥、表面粗糙。

(2)粗集料的质量应符合表 4.4.2-1 的要求。

(3)粗集料的粒径规格应符合图纸要求,并按表 4.4.2-2 的要求选用。

(4)当按《公路工程沥青及沥青混合料试验规程》(JTG E20—2011)相关规定的方法试验时,沥青与集料的黏附性不低于 4 级。否则应掺加外掺剂。外掺剂的精确比例由试验室确定。

表 4.4.2-1　沥青面层用粗集料质量技术要求

指标	单位	高速公路、一级公路		其他公路
		表面层	其他层次	
石料压碎值,不大于	%	26	28	30
洛杉矶磨耗损失,不大于	—	28	30	35
表观相对密度,不小于	%	2.60	2.50	2.45
吸水率,不大于	%	2.0	3.0	3.0
坚固性,不大于	%	12	12	—
针片状颗粒含量(混合料),不大于	%	15	18	20
其中粒径大于 9.5 mm,不大于	%	12	15	—
其中粒径小于 9.5 mm,不大于	%	18	20	—
水洗法<0.075 mm 颗粒含量,不大于	%	1	—	1
软石含量,不大于	%	3	5	5

表 4.4.2-2　沥青面层用粗集料规格

规格	公称粒径/mm	通过下列筛孔(mm)的质量百分率/%												
		106	75	63	53	37.5	31.5	26.5	19.0	13.2	9.5	4.75	2.36	0.6
S1	40~75	100	90~100	—	-	0~15	—	0~5						
S2	40~60		100	90~100	—	0~15	-	0~5						
S3	30~60		100	90~100	—	—	0~15	-	0~5					
S4	25~50			100	90~100	—	—	0~15	—	0~5				
S5	20~40				100	90~100	—	—	0~15	—	0~5			
S6	15~30					100	90~100	—	—	0~15	—	0~5		
S7	10~30					100	90~100	—	—	-	0~15	0~5		
S8	15~25						100	90~100	—	0~15	—	0~5		
S9	10~20							100	90~100	—	0~15	0~5		
S10	10~15								100	90~100	0~15	0~5		
S11	5~15								100	90~100	40~70	0~15	0~5	
S12	5~10									100	90~100	0~15	0~5	
S13	3~10									100	90~100	40~70	0~20	0~5
S14	3~5										100	90~100	0~15	0~3

4.4.2.2　细集料

(1)细集料可采用天然砂、石屑。

(2)细集料应洁净、干燥、无风化、无杂质或其他有害物质,并有适当的颗粒级配。

(3)天然砂、石屑的规格和细集料的质量技术要求,应符合表 4.4.2-3~表 4.4.2-5 的要求规定。

表 4.4.2-3　沥青面层用天然砂规格

方孔筛/mm	通过各筛孔的质量百分率/%		
	粗砂	中砂	细砂
9.5	100	100	100
4.75	90~100	90~100	90~100
2.36	65~95	75~90	85~100
1.18	35~65	50~90	75~100
0.6	15~30	30~60	60~84
0.3	5~20	8~30	15~45
0.15	0~10	0~10	0~10
0.075	0~5	0~5	0~5

表 4.4.2-4　沥青面层用机制砂或石屑规格

规格	公称粒径/mm	水洗法通过各筛孔的质量百分率/%							
		9.5	4.75	2.36	1.18	0.6	0.3	0.15	0.075
S15	0~5	100	90~100	60~90	40~75	20~55	7~40	2~20	0~10
S16	0~3	—	100	80~100	50~80	25~60	8~45	0~25	0~15

表 4.4.2-5　沥青面层用细集料质量技术要求

项目	单位	高速公路、一级公路	其他公路
表观相对密度,不小于	—	2.50	2.45
坚固性(>0.3 mm 部分),不大于	%	12	—
含泥量(小于 0.075 mm 的含量),不大于	%	3	5
砂当量,不小于	%	60	50
亚甲蓝值,不小于	g/kg	25	—
棱角性(流动时间),不小于	s	30	—

4.4.2.3　填料

填料必须采用石灰岩或岩浆岩中的强基性岩石等憎水性石料经磨细得到的矿粉,原石料中的泥土杂质应除净。矿粉应干燥、洁净,能自由地从矿粉仓流出,其质量应符合表 4.4.2-6 的技术要求。

4.4.2.4　沥青

（1）使用的沥青材料应为道路石油沥青、橡胶复合改性沥青。

表 4.4.2-6　沥青面层用矿粉质量技术要求

项目		单位	高速公路、一级公路	其他公路
表观密度，不小于		t/m^3	2.50	2.45
含水率，不大于		%	1	1
粒度范围	<0.6 mm	%	100	100
	<0.15 mm	%	90～100	90～100
	<0.075 mm	%	75～100	70～100
外观		—	无团粒结块	
亲水系数		—	<1	
塑性指数		—	<4	
加热安定性		—	实测记录	

（2）运到现场的每批沥青都应附有制造厂的证明和出厂试验报告，并说明装运数量、装运日期、定货数量等。

（3）沥青材料的技术要求应符合《公路沥青路面施工技术规范》（JTG F40—2004）相关规定。沥青标号应按照公路等级、当地的气候条件、交通条件、路面类型及在结构层中的层位及受力特点、施工方法等，结合当地的使用经验情况和图纸要求确定，并取得监理单位的批准。

（4）施工单位应于施工开始前 28 d 将拟用的沥青样品和上述证明及试验报告提交监理单位检验、批准。除监理单位另有指示外，施工单位不得在施工中以其他沥青替代。

（5）进场沥青每批都应重新进行取样和试验。取样和试验应符合《公路工程沥青及沥青混合料试验规程》（JTG E20—2011）相关规定。

（6）不同生产厂家、不同标号的沥青必须分开存放，不得混杂，并应有防水措施。

4.4.3　普通沥青混合料面层组成设计

（1）沥青混合料各层应满足所在层位的功能性要求，便于施工，不容易离析。

（2）各层沥青混合料的技术标准应符合《公路沥青路面施工技术规范》（JTG F40—2004）相关规定。

（3）施工单位应按目标配合比设计、生产配合比设计和生产配合比验证三阶段进行沥青混合料的配合比设计。沥青混合料配合比的设计与检验应按《公路沥青路面施工技术规范》（JTG F40—2004）相关规定的方法进行。

（4）施工单位应在 28 d 前向监理单位提交拟用的沥青混合料级配、沥青结合料用量及沥青混合料稳定度、流值、空隙率、动稳定度、残留稳定度等各项技术指标做出书面详细说明。在施工单位提交的目标配合比未经监理单位批准前，不得进入生产配合比设计。

(5)如果施工单位建议改变料源,应在材料生产之前,把新的目标配合比设计报告监理单位审批。审批新的工地拌和料级配时应做试验。

(6)在沥青混合料未被批准之前,不得进行下一步工序。未经监理单位认可,批准的沥青混合料配合比和原材料品种不得更改。

4.4.4　普通沥青混合料面层施工要求

4.4.4.1　施工设备

1　沥青拌和厂

(1)沥青拌和厂应在其设计、协调配合和操作方面,都能使生产的沥青混合料符合工地配合比设计要求。拌和厂必须配备足够试验设备的试验室,能及时提供试验资料,并应将试验人员的资质及试验设备报请监理单位批准。

(2)拌和设备应为按用量(以质量计)分批配料的间歇式拌和机,其产量应不小于120 t/h,并装有温度检测系统及保温的成品储料仓和二级除尘设施。拌和设备的产量应和生产进度相匹配,在安装完成后应进行标定,并按批准的配合比进行试拌调试,直到符合要求。其偏差值应符合《公路沥青路面施工技术规范》(JTG F40—2004)的相关规定。

(3)拌和场地布置应保证热料运送距离合理,进出方便,电、水供应好,且远离居民区,并应符合《公路环境保护设计规范》(JTG B04—2010)的相关规定要求。

2　运料设备应采用干净有金属底板的自卸槽斗车辆运送混合料,车槽内不得沾有杂物。运输车辆应备有覆盖设备,车槽四角应密封坚固。

3　摊铺机械

(1)沥青混合料摊铺设备应是自动找平式的,安装有可调的熨平板或整平组件。熨平板在需要时可以加热,能按规定的典型横断面和图纸所示的厚度在车道宽度内摊铺,摊铺机应有振动夯锤或可调整振幅的振动熨平板的组合装置,夯锤与振动熨平板的频率和振幅,应能各自单独地调整。

(2)摊铺沥青混合料时,摊铺机的摊铺速度应根据拌和机产量、施工机械配套情况及摊铺层厚度、宽度确定。

(3)摊铺机应配备整平板自控装置,传感器可通过基准线自动发出信号来操纵熨平板,使摊铺机能铺筑出理想的纵横坡度和平整度。

4　压实机械

压实设备应配有钢筒式压路机、轮胎式及振动压路机,能按合理的压实工艺进行组合压实。还应备有监理单位认可的小型振动压路机具,以用于压路机不便压实的地方。

4.4.4.2　沥青混合料的拌和

(1)粗、细集料应分类堆放和供料,取自不同料源的集料应分开堆放。每个料源的材料应进行抽样试验,并经监理单位批准。

(2)拌和时,每种规格的集料、矿粉和沥青都必须按批准的生产配合比准确计量,其计量误差应控制在规定的范围内。

(3)沥青的加热温度、矿料加热温度、沥青混合料的出厂温度,保证运到施工现场的温度均应符合《公路沥青路面施工技术规范》(JTG F40—2004)的相关规定要求。

(4)所有过度加热即沥青混合料出厂温度超过正常温度高限的 30 ℃时,混合料应予废弃。拌和后的混合料必须均匀一致,无花白、粗细料离析和结团现象。

(5)材料的规格或配合比发生改变时,都应根据室内试验资料进行试拌。试拌时必须抽样检查混合料的沥青含量、级配组成和有关指标,并报请监理单位批准。

4.4.4.3　沥青混合料的运送

(1)已经离析、结成团块或在运料车辆卸料时滞留于车上的混合料,以及低于规定铺筑温度或被雨水淋湿的混合料都应废弃。

(2)运至铺筑现场的混合料,应在当天或当班完成压实。

4.4.4.4　沥青混合料的摊铺

(1)半刚性基层沥青路面的基层与沥青层宜在同一年内施工,以减少路面开裂。在清扫干净的基层上,也可先做下封层,以防止基层干缩开裂,同时保护基层免遭施工车辆破坏,宜在铺设下封层后的 10~30 d 内开始铺筑沥青面层的底面层。在经监理单位验收合格的基层上,方可铺筑沥青混合料。摊铺必须均匀、缓慢、连续不断地进行。摊铺面层时,必须采取措施防止层面之间被污染。

(2)通常应采用两台或两台以上摊铺机组成梯队联合摊铺,两台摊铺机前后的距离,一般为 10~20 m。前后两台摊铺机轨道重叠 30~60 mm。

(3)沥青混合料的摊铺温度应符合《公路沥青路面施工技术规范》(JTG F40—2004)的相关规定要求,并应随沥青的标号及气温的不同通过试验确定。

(4)摊铺机应以均匀的速度行驶。其摊铺速度根据拌和能力,摊铺厚度、宽度及连续摊铺的长度而定。

(5)要注意摊铺机接料斗的操作程序,以减少粗细料的离析,并避免运料车卸料时撞击摊铺机。

(6)摊铺时应调整好摊铺机熨平板的激振强度,使各块熨平板激振力相一致。以避免激振强度强弱不均使铺层粗、细料在表面和铺层下部分布不均,摊铺的初始压实度不小于 85%。

(7)对于铺面上所出现洞眼,应在碾压前用人工及时填入适量热沥青混合料,以达到平整。

(8)沥青混合料摊铺过程中随时检查其宽度、厚度、平整度、路拱及温度,对不合格之处应及时进行调整。

(9)对外形不规则、路面厚度不同、空间受到限制以及人工构造物接头等摊铺机无法工作的地方,经监理单位批准可采用人工铺筑混合料。

4.4.4.5　沥青混合料的压实

(1)混合料摊铺后应立即进行压实作业。压实分初压、复压和终压(包括成型)三个阶段,每阶段的碾压速度应符合《公路沥青路面施工技术规范》(JTG F40—2004)相关规定的要求。

(2)压路机不得在未碾压成型或未冷却的路段上转向、制动或停留。同时,应采取有效措施,防止油料、润滑脂、汽油或其他杂质在压路机操作或停放期间落在路面上。

(3)压路机的碾压温度应按试验路确定的碾压温度进行碾压,并应符合《公路沥青路面施工技术规范》(JTG F40—2004)相关规定要求,并根据混合料种类、压路机、气温、层厚等情况经试压确定。在不产生严重推移和裂缝的前提下,初压、复压、终压都应在尽可能高的温度下进行。同时不得在低温状况下做反复碾压,以防石料棱角磨损、压碎、破坏集料嵌挤。

(4)碾压中应注意压路机的粘轮现象,对于钢轮压路机和轮胎压路机应分别采用各自相适应的措施进行处理。

(5)沥青混合料施工应按试验室标准密度和最大理论密度双控指标进行控制,即压实度应大于试验室标准密度的 97%,并大于最大理论密度的 93%(空隙率 4%~7%)。

(6)在沿着缘石或压路机压不到的其他地方,应采用小型振动压路机或振动夯板把混合料充分压实。已经完成碾压的路面,不得修补表皮。

(7)桥面铺装不得采用振动碾压,应使用振荡式压路机。

4.4.4.6　气候条件

(1)沥青混合料的摊铺应避免在雨天进行。当路面滞水或潮湿时,应暂停施工。

(2)当施工气温低于 10 ℃时,不得进行沥青施工。

(3)未经压实即遭雨淋的沥青混合料应全部清除,更换新料。

4.4.4.7　路面平整度的控制

(1)各面层平整度的质量缺陷应及时得到弥补,否则将会影响上一级面层的平整度。应特别注意清除表面污染,保证表面清洁;应按规定做好桥头搭板前后、面层施工接缝和桥梁接缝等位置衔接。

(2)必须严格控制面层集料最大粒径的含量和级配的准确性,以减少压实系数的波动,从而保证路面平整度。

(3)注意机械设备的调试和日常检修,应采用具有自动调整摊铺厚度装置(接触式或非接触式平衡梁)的摊铺机进行沥青面层施工;应注意减小压路机初压产生的推挤现象,保证平整度。

(4)合理确定拌和、运输的生产能力,使其和摊铺能力相匹配,以保证均匀、连续不断地摊铺。

4.4.4.8　取样和试验

(1)沥青混合料应按《公路工程沥青及沥青混合料试验规程》(JTG E20—2011)相关规定的方法取样,以测定矿料级配、沥青含量。混合料的试样,每台拌和机应在每天进行 1~2 次取样,并按《公路沥青路面施工技术规范》(JTG F40—2004)相关规定进行检验。

(2)压实的沥青路面应按《公路路基路面现场测试规程》(JTG 3450—2019)相关规定要求的方法钻孔取样,或用核子密度仪测定其压实度。

(3)所有试验结果均应报监理单位审批。

4.4.5　改性沥青及橡胶沥青混合料材料

4.4.5.1　基质沥青

制造改性沥青的基质沥青应与改性剂有良好的配伍性,其质量宜符合《公路沥青路面施工技术规范》(JTG F40—2004)相关规定要求。

4.4.5.2 改性剂

(1)改性剂应符合图纸及《公路沥青路面施工技术规范》(JTG F40—2004)相关规定要求。

(2)根据改善路面性能的特殊要求,宜选择使用热塑性橡胶类、橡胶类或热塑性树脂类改性剂及辅助外掺剂。

(3)在沥青混合料中掺加的纤维稳定剂宜选用木质素纤维、矿物纤维等。木质素纤维的质量应符合表4.4.5-1的要求。

表4.4.5-1 木质素纤维质量技术要求

项目	单位	指标
纤维长度,不大于	mm	6
灰分含量	%	18±5
pH值	—	7.5±1.0
吸油率,不小于	—	纤维质量的5倍
含水率(以质量计),不大于	%	5

(4)矿物纤维宜采用玄武岩等矿石制造,但使用纤维必须符合环保要求,确保人体健康。

(5)通常情况下用于SMA路面的木质素纤维不宜低于沥青混合料总量的0.3%(矿物纤维不宜低于0.4%),必要时可适当增加纤维用量。

4.4.5.3 集料与填料

1 粗集料

(1)用于改性沥青混合料面层的粗集料宜采用碎石或破碎砾石,其粒径和质量要求均应符合《公路沥青路面施工技术规范》(JTG F40—2004)相关规定。

(2)粗集料应洁净、干燥、无风化、无有害杂质,且具有一定硬度和强度,以及良好的颗粒形状。

(3)当采用酸性石料时,必须采用抗剥落剂,以保证沥青与石料的黏附性,并经监理单位批准。

2 细集料

(1)可采用天然砂、机制砂及石屑。其规格和质量要求,均应符合《公路沥青路面施工技术规范》(JTG F40—2004)相关规定。

(2)细集料应洁净、坚硬、干燥、无风化、无杂质或其他有害物质,并有适当级配,与改性沥青有良好的黏附性。

3. 填料

(1)必须采用石灰岩或者岩浆岩中的强基性岩石等憎水性石料经磨细的矿粉,原石料中的泥土杂质应除净。

(2)矿粉应干燥、洁净,能自由地从矿粉仓流出,其质量应符合《公路沥青路面施工技术规范》(JTG F40—2004)相关规定要求。

4　橡胶粉

(1)材料出厂应有质量检验单,材料到场后应进行检验验收。进场与存储管理应符合《安罗高速公路原阳至郑州段工程材料设备管理办法》相关规定要求。

(2)橡胶粉应有专门的堆放仓库,并采取有效的防淋、防潮措施及消防措施,其现场存储时间不宜超过 180 d。

(3)橡胶粉应选用废旧轮胎在常温状态下研磨粉碎加工而成的橡胶粉,且宜选择斜交胎胶粉或天然胶含量较高的废旧轮胎加工而的橡胶粉。

(4)橡胶粉颗粒粒径宜在 20~60 目范围内,橡胶粉颗粒级配筛分试验应符合表 4.4.5-2 的规定。

表 4.4.5-2　筛孔直径与标准目数对照表

筛孔尺寸/mm	标准目数/目	筛孔尺寸/mm	标准目数/目
2.00	10	0.212	70
1.18	16	0.180	80
0.850	20	0.150	100
0.600	30	0.125	120
0.425	40	0.106	140
0.300	50	0.090	170
0.250	60	0.0750	200

(5)橡胶粉应均匀、干燥、洁净、无杂质,其质量技术要求应符合表 4.4.5-3、表 4.4.5-4 的规定。

表 4.4.5-3　橡胶粉的物理技术要求

试验项目	单位	技术要求	试验方法
筛余物	%	<10.0	附录 A
相对密度	—	1.10~1.30	JT/T 797—2019
含水率	%	<1.0	GB/T 19208—2020
金属含量	%	<0.05	JT/T 797—2019
纤维含量	%	<1.0	GB/T 19208—2020

表 4.4.5-4　橡胶粉的化学技术要求

试验项目	技术要求	试验方法
天然橡胶含量/%	≥25	GB/T 13249
灰分/%	≤7	GB/T 4498
丙酮抽出物/%	≤0	GB/T 3516
炭黑含量/%	≥28	GB/T 14837
橡胶烃含量/%	≥48	GB/T 14837

(6)应进行橡胶粉与沥青的配伍性试验,并提供配伍性报告。宜选用 A-90 或 A-70 号道路石油沥青,技术指标应符合《公路沥青路面施工技术规范》(JTG F40—2004)的规定。橡胶沥青应采用专用设备现场制备。橡胶沥青中橡胶粉的掺量宜为道路石油沥青质量的 18%~25%。橡胶复合改性沥青、改性沥青及 A 级 70 号道路石油沥青技术要求应符合表 4.4.5-5 的规定。

表 4.4.5-5　橡胶复合改性沥青、改性沥青及 A 级 70 号道路石油沥青技术要求

<table>
<tr><th colspan="2" rowspan="2">技术指标</th><th colspan="3">沥青种类</th></tr>
<tr><th>橡胶复合改性沥青</th><th>改性沥青</th><th>A 级 70 号沥青</th></tr>
<tr><td colspan="2">针入度(25 ℃,100 g,5 s)/0.1 mm,最小</td><td>40~60</td><td>40~60</td><td>60~80</td></tr>
<tr><td colspan="2">针入度指数 PI,最小</td><td></td><td></td><td>-1.5~1.0</td></tr>
<tr><td colspan="2">延度(5 ℃,5 cm/min)/cm,最小</td><td>20</td><td>20</td><td></td></tr>
<tr><td colspan="2">延度 10 ℃/cm,最小</td><td></td><td></td><td>20</td></tr>
<tr><td colspan="2">延度 15 ℃/cm,最小</td><td></td><td></td><td>100</td></tr>
<tr><td colspan="2">软化点 $T_{R\&B}$/℃,最小</td><td>65</td><td>60</td><td>46</td></tr>
<tr><td colspan="2">含蜡量(蒸馏法)/%,不大于</td><td></td><td></td><td>2.2</td></tr>
<tr><td colspan="2">60 ℃动力黏度/(Pa · s),最小</td><td></td><td></td><td>180</td></tr>
<tr><td colspan="2">运动黏度 135 ℃/(Pa · s),最大</td><td>2~3</td><td>3</td><td></td></tr>
<tr><td colspan="2">闪点/℃,最小</td><td></td><td>230</td><td>260</td></tr>
<tr><td colspan="2">溶解度/%,最小</td><td></td><td>99</td><td>99.5</td></tr>
<tr><td colspan="2">离析,软化点差/℃,最大</td><td>3</td><td>2.5</td><td></td></tr>
<tr><td colspan="2">弹性恢复 25 ℃/%,最小</td><td>80</td><td>75</td><td></td></tr>
<tr><td rowspan="4">TFOT 或 RTFOT 后</td><td>质量损失/%,最大</td><td></td><td>±1.0</td><td>0.8</td></tr>
<tr><td>残留针入度比/%,最小</td><td></td><td>65</td><td>61</td></tr>
<tr><td>残留延度(10 ℃)/cm,最小</td><td></td><td></td><td>6</td></tr>
<tr><td>延度(5 ℃)/cm,最小</td><td></td><td>15</td><td></td></tr>
</table>

4.4.6　改性沥青及橡胶沥青混合料储存

4.4.6.1　改性沥青加工及储存

(1)施工单位应在生产前 14 d,将现场制备改性沥青所需的材料、设备、加工工艺的试验报告报请监理单位审批。

(2)聚合物改性沥青的技术要求应根据工程所在地的气候、交通及特殊使用要求选定,并符合《公路沥青路面施工技术规范》(JTG F40—2004)相关规定。按《公路工程沥青及沥青混合料试验规程》(JTG E20—2011)规定的方法进行试验,确定改性沥青的相应等级,选取最适宜的基质沥青、改性剂的剂量、加工温度及加工工艺。施工单位应将试验结果报监理单位审批。

(3)成品改性沥青应附有产品的说明书,并注明产品名称、代号、标号、运输、储放条件、使用方法、生产工艺、安全须知等。施工单位使用前应取样进行检验。确认无明显分离、凝聚现象,且各项性能指标均符合上述要求,报监理单位批准方可使用。

(4)成品改性沥青的储存应符合规定的要求,储存时间不得超过保质期。经检验确认已经发生离析的改性沥青不得使用。

4.4.6.2　橡胶沥青加工及储存

(1)橡胶沥青应采用间歇式设备现场加工,加工设备使用前应进行标定,橡胶沥青加工设备的生产能力宜不小于 15 t/h。沥青主要加工设备应符合表 4.4.6-1 规定的要求。

表 4.4.6-1　橡胶沥青主要加工设备

设备名称	规格	技术要求
道路石油沥青储存罐	≥50 t	具有加热功能
快速升温装置	—	可将道路石油沥青的温度由进口的不小于 150 ℃提高到沥青出口处的 190 ℃左右
预混罐	≥5 t	具有加热功能,控温精度±5 ℃,具有立式搅拌功能
橡胶粉添加设备	—	添加速率不低于橡胶沥青设备生产率的 25%,并配备精确的计量装置,具有半自动添加功能。计量精度±0.5%
发育罐	≥20 t	具有加热功能,控温精度土 5C;具有卧式搅拌功能
成品罐	≥50 t	具有加热功能;具有卧式搅拌功能
供热设备	热转换功率 宜不小于 100 万千卡	具有自动控温系统

(2)沥青宜采用搅拌工艺生产,生产过程中宜在发育 45~60 min 之间检测橡胶沥青黏度,黏度波动范围宜小于±0.3 Pa·s,加工温度和时间应符合表 4.4.6-2 的规定,生产合格后宜立即使用。橡胶沥青存储过程中应不间断对其搅拌。

表 4.4.6-2　橡胶沥青加工温度和时间

加工工序	温度范围	时间
道路石油沥青加热	140~160 ℃	—
橡胶沥青混合	180~190 ℃	≥150 min
橡胶沥青发育	175~190 ℃	≥1 h
橡胶沥青成品存储	170~180 ℃	≤24 h

注:时间指橡胶粉全部加入后的搅拌混合时间。

4.4.7　改性沥青及橡胶沥青混合料配合比设计

(1)改性沥青混合料应按本节的要求进行混合料组成设计。确定的目标配合比、生产配合比设计均应报监理单位批准。

(2)以提高高温抗车辙能力为主要目的的新拌改性沥青混合料,按“沥青混合料车辙试验”方法测定的动稳定度应符合《公路沥青路面施工技术规范》(JTG F40—2004)相关规定要求。同时,经改性的沥青混合料的低温性能不得低于未改性的基质沥青混合料的指标。

(3)以提高低温抗裂性能为主要目的的改性沥青混合料,按“沥青混合料弯曲试验”方法测定的低温弯曲试验的破坏应变应符合《公路沥青路面施工技术规范》(JTG F40—2004)相关规定的要求。同时,经改性的沥青混合料的高温性能不得低于未改性沥青混合料的指标。

(4)必须在规定的试验条件下进行浸水马歇尔试验和冻融劈裂试验,检验改性沥青混合料的水稳定性。试验结果应符合《公路沥青路面施工技术规范》(JTG F40—2004)相关规定的浸水马歇尔试验残留稳定度和冻融劈裂试验的残留强度比的要求。达不到要求时应采取抗剥落措施。

(5)沥青玛瑞脂碎石混合料(SMA)使用的粗集料应采用破碎石料,细集料宜采用破碎人工砂,稳定剂可采用木质素纤维、矿物纤维或聚合物纤维,马歇尔试验配合比设计及使用性能检验的技术要求应符合图纸要求及上述相关规定。

(6)橡胶沥青配合比设计宜采用马歇尔试验方法,宜采用间断级配,混合料矿料级配范围应符合表4.4.7-1、表4.4.7-2的规定。水稳性和高温稳定性不能满足要求时,应掺加相应的添加剂。

表4.4.7-1 间断级配橡胶沥青混合料矿料级配范围

级配类型	通过下列筛孔(mm)的质量百分率/%										
	19	16	13.2	9.5	4.75	2.36	1.18	0.6	0.3	0.15	0.075
ARG-13	—	100	90~100	50~75	20~34	15~26	14~24	12~20	10~16	7~12	4~8
ARG-16	100	90~100	65~85	45~65	20~32	15~24	14~22	12~18	10~15	7~12	4~8

注:ARG为间断级配橡胶沥青混合料。

表4.4.7-2 连续级配橡胶沥青混合料矿料配范围

级配类型	通过下列筛孔(mm)的质量百分率/%										
	19	16	13.2	9.5	4.75	2.36	1.18	0.6	0.3	0.15	0.075
ARC-13	—	100	95~100	77~88	35~45	25~30	15~24	12~20	8~15	6~10	4~6
ARC-16	100	90~100	75~90	58~72	35~45	23~32	15~24	12~20	8~15	6~10	4~6

注:ARC为连续级配橡胶沥青混合料。

(7)配合比设计技术要求应符合表4.4.7-3、表4.4.7-4的要求。

表 4.4.7-3　橡胶沥青混合料马歇尔试验配合比设计技术要求

试验指标	单位	技术要求		试验方法
		高速、一级公路	其他等级公路	
击实次数	次	两面击实 75 次		JTG E20—2011（T0702）
设计空隙率 VV	%	3.0～4.5	3.0～5.0	JTG E20—2011(T0702)
沥青饱和度 VFA	%	70～85		JTG E20—2011(T0705)
矿料间隙率 VMA	%	16.5～19	应符合 JTG F40—2004 中表 5.3.3-1 的规定	JTG E20—2011(T0705)
稳定度 MS	kN	≥8		JTG E20—2011(T0709)

表 4.4.7-4　橡胶沥青混合料路用性能检验技术要求

检验指标	单位	技术要求	试验方法
浸水马歇尔试验残留稳定度	%	≥85	JTG E20—2011(T0709)
冻融劈裂试验残留强度比	%	≥80	JTG E20—2011(T0729)
车辙试验动稳定度	次/mm	≥5 000	JTG E20—2011(T0719)
低温弯曲试验的破坏应变	με	≥2 800	JTG E20—2011(T0715)
渗水系数	ml/min	≤80	JTG E20—2011(T0730)

4.4.8　改性沥青及橡胶沥青混合料路面施工设备

(1)施工单位应配置满足工程施工需要、功能先进、工作状态良好的机械设备。在施工过程中,对监理单位认为不能满足工程需要,或不能保证工程质量的机械设备,施工单位应将其更换。

(2)沥青拌和场、运料设备、摊铺设备、压实机械等施工设备可参照本章第 4.5 节相关要求。

4.4.9　改性沥青及橡胶沥青混合料路面施工

4.4.9.1　一般规定

(1)应具有下承层的“中间交工证书”。

(2)应具有经监理单位批准的该层沥青混合料配合比设计资料和“开工报告”。

(3)对下承层应彻底清扫(冲洗)干净,并均匀洒布粘层沥青。

(4)严格控制摊铺层的设计高程、厚度、平整度、横坡度和压实度。

(4)根据气温情况严格控制混合料的施工温度。

(6)严格控制各道工序的质量,上道工序的质量未经检验合格并签认,不得进行下道工序的施工。

(7)气温 10 ℃以下和雨天不得进行改性沥青混合料路面施工。未压实而被雨淋的沥青混合料应铲除废弃,不得回收利用。

(8)集料应有篷盖,防止被水淋湿。

(9)注意机械设备检修调试,保证其正常运转。储备够使用半月以上的经检验合格的各种材料。

(10)改性沥青混合料路面施工应符合《公路沥青路面施工技术规范》(JTG F40—2004)的相关规定。

4.4.9.2 气候条件

(1)改性沥青混合料的施工温度应根据所用改性沥青的黏度与温度关系曲线确定,并参照《公路沥青路面施工技术规范》(JTG F40—2004)的相关规定。改性沥青混合料的最低摊铺温度应不低于《公路沥青路面施工技术规范》(JTG F40—2004)的相关规定。

(2)热拌橡胶改性沥青混合料的施工气候条件应按常规橡胶类改性沥青混合料的要求执行。沥青-橡胶混合料适宜在温暖、干燥的气候条件下施工,大气和路表面的温度均宜大于 18 ℃。开级配或铺层厚度不大于 25 mm 的沥青-橡胶混合料,大气温度应大于 18 ℃,路表面温度应大于 21 ℃。

4.4.9.3 试验路段铺筑

(1)铺筑试验路段前应制订试验路段的施工和试验方案,明确铺设试验路段的目的、工作任务和内容。

(2)试验路段的施工应包括试拌和试铺两个阶段,试拌工作未达到预定要求前,不得进行试铺。

(3)试拌阶段应包括下列内容:

1)确定搅拌设备的工作参数,包括各冷料仓的供料流量、各筛网的筛孔尺寸、热料仓的供料比例、搅拌过程的拌和时间(干拌和湿拌),集料、沥青的加热温度与成品料的拌和温度等,并确定搅拌设备合理的生产能力。

2)采集搅拌设备生产数据,分析集料、矿粉、沥青的称量控制值的误差和变异性。

3)通过热料取样筛分和成品料的抽提分析与马歇尔试验,验证实际拌和的混合料与试验室拌和混合料的矿料级配与油石比的一致性,并进一步调整生产配合比。

(4)试铺阶段应包括下列内容:

1)检验各种施工机械的类型、数量、组合方式的匹配性。

2)检验摊铺作业工艺参数(摊铺速度、供料流量、料位高度、振捣机构的振幅、频率、摊铺温度等)的合理性,确定松铺系数。

3)检验碾压工艺,包括压实机的选用和组合、碾压的工艺参数(振幅、频率、碾压速度和碾压遍数)、碾压模式的设计和碾压温度设置,对不同的碾压方案进行比较,确定碾压工艺。

4)验证生产配合比的设计并确定最终生产用的标准生产配合比。

5)验证所拟订的施工方案、施工组织、质量管理体系,并确定正式施工时的施工方案、施工组织和质量管理体系。

6)试验路段铺筑完成后应对试验路面的工程质量进行全面检测,检查的频率应比生产路段路面施工时增加 1 倍。对于取芯检验,芯样的数量不应少于 12 个,渗水系数的检测点不应少于 10 个,摩擦系数和构造深度的检测点不应少于 5 个。

4.4.9.4 改性沥青混合料的拌和

(1)粗、细集料应严格分类堆放和供料。不同料源即使粒径相同的集料也应分开堆放,且不能混合使用。每个料源的材料应进行抽样试验,并经监理单位批准。

(2)必须严格按批准的配合比进行配料,并应将集料充分烘干。

(3)回收的粉尘不得利用,应全部废弃在指定地点进行处理,防止污染环境。

(4)应严格控制拌和温度,不得超过 195 ℃;超过时必须废弃。

(5)沥青料拌和时间根据具体情况经试拌确定,以沥青均匀裹覆集料为度。SMA 混合料的拌和时间应适当延长。

(6)改性沥青混合料储存时间不应超过 24 h。

(7)出厂的沥青混合料应逐车用经过标定的地磅称重。同时测量其温度,签发运料单,归档备查。

(8)如发现其配合比偏差过大或性能指标不合格,应立即通知停机,查明原因,予以调整。

(9)拌和场应逐盘打印各种材料用量及预热温度、拌和温度与时间、沥青混合料质量与出厂时间等数据资料,并及时报告监理单位。

(10)橡胶沥青混合料湿拌时间不宜少于 50 s,一个拌和周期不宜少于 65 s,其他拌和要求应按照《公路沥青路面施工技术规范》(JTG F40—2004)的相关规定执行。

4.4.9.5 沥青混合料的运输

(1)热拌沥青混合料宜采用较大吨位的运料车运输,运输车运量应与拌和能力、摊铺能力协调,摊铺机前方应有不少于 3 辆运料车等候卸料。但不得超载运输,或紧急制动、急转弯掉头使透层、封层造成损伤。

(2)运料车每次使用前后必须清扫干净,在车厢板上涂一薄层防止沥青黏结的隔离剂或防粘剂,但不得有余液积聚在车厢底部。沥青混合料在运输、等候过程中,如发现有沥青混合料沿车厢滴漏,应采取措施予以避免。自卸卡车应配备覆盖混合料的不透水篷布,宜采用多层式保温篷布,篷布应遮盖严密。

(3)搅拌设备向运料车卸料时,料车应前后移动,分三次装料。运料车每次卸料必须倒净,如有剩余,应及时清除,防止硬结。

(4)橡胶沥青混合料不应长时间储存,混合料的运输距离不应过长。短时间的储存不宜超过 24 h。

(5)自卸车应在摊铺机前 10~30 cm 处停住,让摊铺机前方滚轮逐级接近卡车车轮,不得撞击摊铺机,卸料过程中自卸车应挂空挡,靠摊铺机推动前进。

(6)自卸车混合料到达摊铺机现场的温度为165~175 ℃,气温高于18 ℃,运距较短时取低值,气温高于18 ℃应取高值。

(7)运料车进入摊铺现场时,轮胎上不得粘有泥土等可能污染路面的异物。

4.4.9.6　沥青混合料的摊铺

(1)摊铺沥青面层时必须按图纸规定的平面、高度数据设控制导线或导梁,确保铺筑层的高度、横坡度和宽度符合设计要求。铺筑改性沥青路面时宜采用非接触式平衡梁。橡胶沥青混合料的摊铺机宜配备具有温度可调节的加热熨平板装置,熨平板的温度宜调节至130~135 ℃。

(2)应做到匀速、连续(不停地)摊铺。摊铺速度应根据拌和机产量,运力配置情况、摊铺宽度和厚度等条件,通过试验段确定。一般为2~4 m/min,改性沥青混合料宜放慢至1~3 m/min。不得随意变换速度或中途停顿,以提高平整度,减少混合料的离析。摊铺机的停顿时间不宜超过15 min,需较长时间停顿时,应将摊铺机驶离作业面,将已摊好的铺层压实后,方可切边形成一道横向接缝。当摊铺机与压路机之间的距离超过30 m,碾压作业跟不上摊铺作业的速度时,应增加压路机。

(3)摊铺机的摊铺宽度不宜超过8 m,当铺层较宽时,宜采用多台摊铺机按梯队作业的方式摊铺。

(4)在摊铺过程中应随时观察摊铺机的工作状态和摊铺层的外观质量,出现异常且调节无效时,应立即停机查明原因,进行调整。对不合格的摊铺层经过整修仍不达标时,应铲除重铺。

(5)在摊铺过程中应跟踪检测质量,发现缺陷应“趁热”修补;修补不好的应刨除重铺。

(6)在没有其他负面影响的前提下,应将熨平板的振频振幅调整到摊铺层的压实度达85%,且以高频低幅为宜。

(7)沥青路面上面层应全幅摊铺,摊铺时应采用沥青混合料转运车。

(8)监测摊铺机料斗前和熨平板后方铺层混合料的温度,混合料在卸入摊铺机料斗前的温度低于160 ℃时应废弃不用。改性沥青混合料摊铺温度应符合《公路沥青路面施工技术规范》(JTG F40—2004)相关规定,橡胶沥青混合料的摊铺温度宜符合表4.4.9的规定。

表4.4.9　橡胶沥青混合料的摊铺温度

摊铺温度	气温与待摊路面表面温度/℃	
	≥18	<18
摊铺机料斗内混合料温度	160~175	165~175
摊铺机熨平板正后方刚摊铺好的铺层温度	150~165	155~165

4.4.9.7　混合料的压实

(1)混合料摊铺后无明显质量缺陷时,应随即用通过试验段确定的压实设备和工艺进行碾压,防止因降温而影响压实密度。改性沥青混合料一般应在温度降至 120 ℃前结束碾压作业。

(2)配备足够数量的压路机,并应在较高温度下完成压实作业,每台压路机承担的碾压道数不应超过 2 道。压实设备应采用高频、低振幅的双钢轮振动压路机,宜选择高频振动压路机或大吨位的振荡压路机。沥青-橡胶混合料不宜采用轮胎压路机碾压。

(3)遵循"紧跟慢压、高频低幅、先低后高、均匀少水"的碾压原则,在初压和复压过程中,宜采用同型号压路机并列呈梯队碾压,不宜采用首尾相接的纵列方式。采用振动压路机碾压改性沥青混合料路面时,压路机的轮迹重叠宽度不应大于 200 mm;但用于静载钢轮压路机碾压时,压路机轮迹重叠宽度不应小于 200 mm。超薄结构层的橡胶沥青混合料和薄层罩面的碾压工艺应控制压实能量,不得压碎集料。宜采用多台振动压路机或 10 t 级的静碾压路机或静作用方式的振动压路机,在每碾压一遍时,同时覆盖整个铺层。改性沥青混合料碾压较困难,需要更多的压实功,应尽可能提高碾压温度和振动频率,在其不稳定温度区以上获得足够的密度。如果在指定温度内还未压实,则应改用轮胎压路机碾压,不能用钢轮碾,更不能起振,防止推移破坏。碾压速度可参照《公路沥青路面施工技术规范》(JTG F40—2004)相关规定。

(4)实时监测沥青混合料的碾压温度和压实密度。及时调整沥青混合料的生产、运输、摊铺与碾压过程的温度。宜采用非核子密实度仪监测碾压过程中铺层密度的增长情况,并检查压实质量。既要达到压实标准,又要防止过度碾压而破坏集料的棱角嵌挤,或出现弹簧现象。当无法在规定温度范围内碾压或现场空隙率与压实度不满足规定时,应停止摊铺作业进行返工。

4.4.9.8　接缝处理

(1)纵向接缝宜采用热接缝,将已铺部分留下 100~200 mm 不碾压,作为后续部分基准面,然后做跨缝碾压。

(2)冷接缝的铺设可采用下列方法:纵向冷接缝宜加设挡板或加设切刀切齐,也可在混合料尚未冷却前用镐刨除边缘留下毛茬的方式,但不宜在冷却后采用切割机做纵向切缝。加铺另半幅前应涂少量沥青,重叠在已铺层上 50~100 mm,再铲走铺在前半幅上面的混合料,碾压时由边向中碾压留下 100~150 mm。再跨缝挤紧压实。或者先在已压实路面上行走碾压新铺层 150 mm 左右,然后压实新铺部分。

(3)横向接缝的处理应符合下列规定:

1)施工前宜采用沿路面纵向在接缝处测量,使 3 m 直尺平整度在 2 mm 以下,确定横向接缝的位置。

2)应采用混凝土切缝机沿确定的位置横向切开铺层,切深应为铺层厚度,并应清除多余的铺层材料。

3)宜采用汽油喷灯对横缝立面边移动边加热,加温时喷灯应移动进行,温度不应太高,防止立面处沥青老化。

4)在接槎处,应涂刷适量橡胶沥青或粘层油。

5)上下相连两层的横向接缝应至少错开 2 m 以上。

6)横向碾压宜在碾压 1~2 遍后,转为纵向碾压。

4.4.9.9 开放交通

热拌沥青混合料应待摊铺层完成冷却,混合料表面温度低于 50 ℃后方可开放交通。橡胶改性沥青混合料不应少于 24 h,沥青-橡胶混合料不应少于 48 h。当要求缩短开放交通时间时,应采取可靠方法使路表温度低于 40 ℃方可开放交通。

4.4.9.10 钢箱梁桥面铺装注意事项

(1)钢桥面铺装必须具有以下功能性要求:

1)能与钢板紧密结合成为整体,变形协调一致。

2)防水性能良好,防止钢桥面生锈。

3)具有足够的耐久性和有较小的温度敏感性,满足使用条件下的高温抗流动变形能力、低温抗裂性能、水稳定性、抗疲劳性能、表面抗滑的要求。

(2)与钢板黏结良好,具有足够的抗水平剪切重复荷载及蠕变变形的能力。

(3)钢桥面铺装结构通常由防锈层、防水黏结层、沥青面层等组成。

(4)涂刷防水层前应对钢板焊缝和吊钩残留物仔细平整,彻底除锈,清扫干燥。

(5)钢桥面铺装的防水黏结层必须紧跟防锈层后涂刷,防水黏结层宜采用高黏度的改性沥青、环氧沥青、防水卷材。当采用浇注式沥青混凝土铺筑桥面铺装时,可不设防水黏结层。

(6)钢桥面铺装使用的改性沥青,宜单独提出相应的技术要求。沥青面层可采用聚合物或天然沥青改性沥青混凝土、环氧沥青混凝土、浇注式沥青混凝土、SMA 等做合理的组合。沥青层的压实设备和压实工艺,应通过力学验算并经试验验证,防止钢桥面主体受损。

(7)铺设过程中必须保持桥面整洁,不得堆放与施工无关的材料、机械、杂物。

(8)钢桥面铺装宜在无雨少雾季节、干燥状态下施工。

4.4.9.11 钢混组合梁桥面铺装注意事项

(1)桥梁伸缩缝处用衬板衬垫缝底,用砂袋填充,在砂袋上铺土工布后铺筑不小于 20 cm 的素水泥混凝土等将缝隙填平,确保运输畅通和连续摊铺。

(2)为了避免桥面铺装层出现泛白病害,桥面摊铺时应降低摊铺速度,开启摊铺机夯锤和熨平板振动,提高摊铺初始密实度。

(3)对压路机碾压不到的部位(如桥梁、挡土墙等结合部、拐弯死角和铺筑层的边部等),应趁高温用小型振动压路机压实;摊铺层的自由边斜坡面可用铁锤夯实。

(4)为减小路面碾压对桥梁结构的影响和确保桥面沥青混合料的压实,桥梁范围碾压时采用振荡压路机,开启夯锤和熨平板振动,采用高频低幅碾压工艺,同时降低压路机碾压速度。

(5)为防止过度碾压对桥梁产生破坏，不宜采用振动压路机振动压实；先采用振动压路机进行静压一遍，再采用振荡压路机振动碾压 4 遍，最后用振动压路机静压至无轮迹为准。

4.5　水泥混凝土面板

4.5.1　范围

本节内容为在完成并经监理单位验收合格的基层上，铺筑水泥混凝土面板的工作，包括所需的设备、人工和材料，以及施工、养护、试验、检测等全部作业。

4.5.2　材料

4.5.2.1　水泥

(1)各级路面用水泥的物理性能和化学成分应符合图纸要求和《通用硅酸盐水泥》(GB 175—2007)和《道路硅酸盐水泥》(GB/T 13693—2017)的规定，并应符合《公路水泥混凝土路面施工技术细则》(JTG/T F30—2014)相关规定。

(2)特重、重交通混凝土路面宜采用旋窑道路硅酸盐水泥，也可采用旋窑硅酸盐水泥或普通硅酸盐水泥；中、轻交通的路面可采用矿渣硅酸盐水泥；低温天气施工、有快通要求的路段可采用 R 型水泥，此外宜采用普通型水泥。

(3)采用机械化铺筑时，宜选用散装水泥，散装水泥的入灌最高温度不宜高于 60 ℃；低温期施工时，水泥进入搅拌缸前的温度不宜低于 10 ℃。

(4)当贫混凝土和碾压混凝土用作基层时，可使用各种硅酸盐类水泥。不掺用粉煤灰时，宜使用强度等级 32.5 级以下的水泥。掺用粉煤灰时，只能使用道路水泥、硅酸盐水泥、普通硅酸盐水泥。

(5)水泥进场时，应附有产品合格证及化验单。施工单位应对品种、强度等级、包装、数量、出厂日期等进行检查验收，并报监理单位审批。

4.5.2.2　粗集料

(1)粗集料应使用碎石、破碎卵石和卵石。粗集料应质地坚硬、耐久、洁净。粗集料技术指标应符合图纸要求及表 4.5.2-1 的规定。粗集料按技术要求分为Ⅰ级、Ⅱ级、Ⅲ级。混凝土路面使用的粗集料级别应不低于Ⅱ级，有抗(盐)冻要求时，Ⅰ级集料吸水率不应大于 1.0%，Ⅱ级集料吸水率不应大于 2.0%。

(2)粗集料的级配范围应符合表 4.5.2-2 的要求。

表 4.5.2-1　碎石、碎卵石和卵石技术指标

项目	技术要求		
	Ⅰ级	Ⅱ级	Ⅲ级
碎石压碎指标/%	<10	<15	① <20
卵石压碎指标/%	<12	<14	<16
坚固性(按质量损失计,%)	<5	<8	<12
针片状颗粒含量(按质量计,%)	<5	<15	② <20
含泥量(按质量计,%)	<0.5	<1.0	<1.5
泥块含量(按质量计,%)	<0	<0.2	<0.5
有机物含量(比色法)	合格	合格	合格
硫化物及硫酸盐(按 SO_3 质量计%)	<0.5	<1.0	<1.0
岩石抗压强度	火成岩不应小于 100 MPa;变质岩不应小于 80 MPa; 水成岩不应小于 60 MPa		
表观密度/(kg/m^3)	>2 500		
松散堆积密度/(kg/m^3)	>1 350		
空隙率/%	<47		
碱-集料反应	经碱-集料反应试验后,试件无裂缝、酥裂、胶体外溢等现象, 在规定试验龄期的膨胀率应小于 0.10%		

注:①Ⅲ级碎石的压碎指标,用作路面时,应<20%;用作下面层或基层时,可<25%。

②Ⅲ级粗集料的针片状颗粒含量,用作路面时,应<20%;用作下面层或基层时,可<25%。

表 4.5.2-2　粗集料级配范围

项目		方孔筛尺寸/mm							
		2.36	4.75	9.50	16.0	19.0	26.5	31.5	37.5
		累计筛余（按质量计）/%							
合成级配	4.75~16	95~100	85~100	40~60	0~10				
	4.75~19	95~100	85~95	60~75	30~45	0~5			
	4.75~26.5	95~100	90~100	70~90	50~70	25~40	0~5		
	4.75~31.5	95~100	90~100	75~90	60~75	40~60	20~35	0~5	
粒级	4.75~9.5	95~100	80~100	0~15					
	9.5~16		95~100	80~100	0~15				
	9.5~19		95~100	85~100	40~60	0~15			
	16~26.5			95~100	55~70	25~40	0~10		
	16~31.5			95~100	85~100	55~70	25~40	0~10	

(3)路面和桥面混凝土粗集料不得使用不分级的统料，应按公称最大粒径的不同采用 2~4 粒级集料进行掺配，并应符合图纸要求及表 4.5.2-2 合成级配的要求。卵石最大公称粒径不宜大于 19.0 mm；碎卵石最大公称粒径不宜大于 26.5 mm；碎石最大公称粒径不应大于 31.5 mm。

(4)当怀疑有碱活性集料或夹杂有碱活性集料时，应进行碱-集料反应检验，确认无碱-集料反应后，方可使用。

(5)当粗集料中含有活性二氧化硅或其他活性成分时，水泥中碱的含量不得大于 0.6%，并应按照《公路工程集料试验规程》(JTG E42—2005)的规定进行试验，确认对混凝土质量无有害影响后方可施工。

(6)在含碱环境中(如盐碱地、含碱工业废水侵蚀)的混凝土，不得使用含有活性成分的集料。

4.5.2.3　细集料

(1)细集料应采用质地坚硬、耐久、洁净的天然砂或混合砂，细集料的技术指标应符合图纸要求及表 4.5.2-3 的规定。细集料按技术要求分为Ⅰ级、Ⅱ级、Ⅲ级。混凝土路面使用的砂类别应不低于Ⅱ级，特重、重交通混凝土路面宜使用河砂，砂的硅质含量不应低于 25%。

(2)细集料级配要求应符合图纸要求及表 4.5.2-4 的规定。砂按细度模数分为粗砂、中砂、细砂。路面和桥面用天然砂宜为中砂，可使用细度模数应在 2.0~3.5 的砂。同一配合比用砂的细度模数变化范围不应超过 0.3;否则,应分别堆放,并调整配合比中砂率后使用。

(3)当怀疑有碱活性集料或夹杂有碱活性集料时,应进行碱-集料反应检验,确认无碱-集料反应后,方可使用。

表 4.5.2-3 细集料技术指标

项目	技术要求		
	Ⅰ级	Ⅱ级	Ⅲ级
机制砂单粒级最大压碎指标/%	<20	<25	<30
氯化物(按氯离子质量计,%)	<0.01	<0.02	<0.06
坚固性(按质量损失计,%)	<6	<8	<10
云母(按质量计,%)	<1.0	<2.0	<2.0
天然砂、机制砂含泥量(按质量计,%)	<1.0	<2.0	② <3.0
天然砂、机制砂泥块含量(按质量计,%)	0	<1.0	<2.0
①机制砂 MB 值<1.4 或合格石粉含量(按质量计,%)	<3.0	<5.0	<7.0
机制砂 MB 值≥1.4 或不合格石粉含量(按质量计,%)	<1.0	<3.0	<5.0
有机物含量(比色法)	合格	合格	合格
硫化物及硫酸盐(按 SO_3 质量计,%)	<0.5	<0.5	<0.5
轻物质(按质量计,%)	<1.0	<1.0	<1.0
机制砂母岩抗压强度	火成岩不应小于 100 MPa;变质岩不应小于 80 MPa;水成岩不应小于 60 MPa		
表观密度/(kg/m^3)	>2 500		
松散堆积密度/(kg/m^3)	>1 350		
空隙率/%	<47		
碱-集料反应	经碱-集料反应试验后,由砂配制试件无裂缝、酥裂、胶体外溢等现象,在规定试验龄期的膨胀率应小于 0.10%		

注:①亚甲蓝试验(MB 试验)方法见《公路工程集料试验规程》(JTG E42—2005)。

②天然Ⅲ级砂用作路面时,含泥量应<3%;用作贫混凝土基层时,含泥量可<5%。

表 4.5.2-4　细集料级配范围

砂分级	方孔筛孔尺寸/mm					
	0.15	0.30	0.60	1.18	2.36	4.75
	累计筛余(以质量计)/%					
粗砂	90~100	80~95	71~85	35~65	5~35	0~10
中砂	90~100	70~92	41~70	10~50	0~25	0~10
细砂	90~100	55~85	16~40	0~25	0~15	0~10

4.5.2.4　掺和料

(1)混凝土路面可掺用质量指标符合图纸要求及表 4.5.2-5 规定电收尘的Ⅰ级、Ⅱ级干排或磨细粉煤灰,不得使用Ⅲ级粉煤灰。

表 4.5.2-5　粉煤灰分级和质量指标

粉煤灰等级	①细度(45 μm 气流筛,筛余量)/%	烧失量/%	需水量比/%	含水率/%	Cl/%	SO_3/%	②混合砂浆活性指数	
							7 d	28 d
Ⅰ	≤12	≤5	≤95	≤1.0	<0.02	≤3	≥75	≥85(75)
Ⅱ	≤20	≤8	≤105	≤1.0	<0.02	≤3	≥70	≥80(62)
Ⅲ	≤45	≤15	≤115	≤1.5	—	≤3	—	—

注:①45 μm 气流筛的筛余量换算为 80 μm 水泥筛的筛余量换算系数约为 2.4。

②混合砂浆活性指数为掺粉煤灰的砂浆与水泥砂浆的抗压强度比的百分数,适用于所配制混凝土强度等级≥C40 的混凝土;当配制的混凝土强度等级<C40,混合砂浆活性指数要求应满足 28 d 括号中的数值。

(2)路面混凝土和桥面混凝土中可使用硅灰或磨细矿渣等掺和料,但使用前必须经过试配对弯拉强度、工作性、抗磨性、抗冻性等技术指标进行检验,并报请监理单位批准后方可使用,以确保路面和桥面混凝土的质量。

(3)粉煤灰宜采用散装粉煤灰,进货应有等级检验报告。应确切了解所用水泥中已经加入的掺和料种类和数量。

4.5.2.5　外加剂

外加剂的产品质量及掺量应符合图纸要求及《公路水泥混凝土路面施工技术细则》(JTG/T F30—2014)表 3.6.1 的规定。供应商应提供具有相应资质外加剂检测机构认定的品质检测报告,检验报告应说明外加剂的主要化学成分,对钢筋无锈蚀、对混凝土无腐蚀和对人员无毒副作用。施工单位在施工中应进行配合比试验确定其品种质量和剂量。所有外加剂的使用均应得到监理单位批准。

4.5.2.6　水

混凝土搅拌和养护用水应清洁,宜采用饮用水。对水质有疑问或使用非饮用水,应进行检验,并符合《公路水泥混凝土路面施工技术细则》(JTG/T F30—2014)相关规定。

4.5.2.7　钢筋

(1)钢筋应符合图纸及《钢筋混凝土用钢　第 2 部分:热轧带肋钢筋》(GB/T 1499.2—2018)和《钢筋混凝土用钢　第 1 部分:热轧光圆钢筋》(GB/T 1499.1—2017)相关规定的要求。

(2)钢筋应顺直,不得有裂缝、断伤、刻痕,表面油污和颗粒状或片状锈蚀应清除。

4.5.2.8　接缝材料

(1)胀缝板宜选用塑胶板、橡胶(泡沫)板、沥青纤维板、浸油木板等材料。其技术要求应符合图纸及《公路水泥混凝土路面施工技术细则》(JTG/T F30—2014)相关规定的要求。

(2)填缝料可选用橡胶沥青、道路石油沥青等加热施工式填缝料和硅酮类、聚氨酯类等常温施工式填缝料。其技术要求应符合《公路水泥混凝土路面施工技术细则》(JTG/T F30—2014)相关规定。

4.5.2.9　其他材料

用于混凝土路面夹层与封层的材料及养护材料的技术性能及物理力学性能应符合《公路水泥混凝土路面施工技术细则》(JTG/T F30—2014)相关规定。

4.5.3　配合比设计

(1)普通混凝土配合比设计适用于滑模摊铺机、轨道摊铺机、三辊轴机组和小型机具四种施工方式。

(2)普通混凝土路面的配合比设计在兼顾经济性的同时应满足弯拉强度、工作性、耐久性三项技术要求。三项技术要求应符合图纸要求及《公路水泥混凝土路面施工技术细则》(JTG/T F30—2014)相关规定。

(3)路面混凝土满足耐久性要求的最大水灰比和最小水泥用量应符合表 4.5.3 的规定。

(4)外加剂的掺量应由混凝土试配试验确定。在夏季高温下施工时,混凝土拌和物的初凝时间不得小于 3 h,小于 3 h 时应采取缓凝或保塑措施;低温或零度以下施工时,终凝时间不得大于 10 h,大于 10 h 时,应采取必要的促凝或早强措施。

(5)水泥混凝土路面普通混凝土配合比参数的计算和配合比计算及配合比调整等均按《公路水泥混凝土路面施工技术细则》(JTG/T F30—2014)相关规定进行。

(6)施工单位应将计划用于铺筑水泥混凝土面层的各层材料,至少用于工程之前 28 d,通过试验进行混合料组成配合比设计,这些设计应包括材料标准试验、混凝土弯拉强度、集料级配、水灰比、坍落度、水泥用量、质量控制等,施工单位应及时提供所有设计、试验报告单和详细说明,报监理单位批准。混凝土的试配强度按设计强度提高 10%~15%。

表4.5.3　混凝土满足耐久性要求的最大水灰(胶)比和最小单位水泥用量

公路等级		高速公路、一级公路	二级公路	三、四级公路
最大水灰(胶)比		0.44	0.46	0.48
抗冰冻要求最大水灰(胶)比		0.42	0.44	0.46
抗盐冻要求最大水灰(胶)比		0.40	0.42	0.44
最小单位水泥用量/(kg/m³)	42.5级	300	300	290
	32.5级	310	310	305
抗冰(盐)冻时最小单位水泥用量/(kg/m³)	42.5级	320	320	315
	32.5级	330	330	325
掺粉煤灰时最小单位水泥用量/(kg/m³)	42.5级	260	260	255
	32.5级	280	270	265
抗冰(盐)冻掺粉煤灰最小单位水泥用量(42.5级水泥)/(kg/m³)		280	270	265

注:1. 掺粉煤灰,并有抗冰(盐)冻性要求时,不得使用32.5级水泥。

2. 水灰(胶)比计算以砂石料的自然风干状态计(砂含水率≤1.0%;石子含水率≤0.5%)。

3. 处在除冰盐、海风、酸雨或硫酸盐等腐蚀性环境中或在大纵坡等加减速车道上的混凝土,最大水灰(胶)比可比表中数值降低0.01~0.02。

(7)施工单位应按上述混合料的设计通过混凝土的试拌,检验混凝土混合料的配合比,报监理单位审批。

(8)在整个施工过程中,混凝土的质量和混合料配合比,施工单位应按照质量管理要求进行自检。

(9)已批准了的混凝土混合料的生产方法和材料,未经监理单位同意不得改变。如需改变,施工单位应重新做试拌试验报批。

4.5.4　混合料拌和、运输

(1)施工单位应根据图纸、机械设备、施工条件及摊铺方式拟定混凝土路面施工方案及施工工艺流程,编制详细的施工组织设计,在开工前28 d报请监理单位批准。

(2)水泥混凝土路面拌和、运输,应按照《公路水泥混凝土路面施工技术细则》(JTG/T F30—2014)相关规定办理。

(3)在浇筑水泥混凝土面层前,应将监理单位检查认可的基层表面上的浮土及杂物予以清除干净,并进行必要的修整。

(4)水泥混凝土路面施工开始前应对进场的材料进行检验,其检查项目及检验频率应按表 4.5.4-1 的规定进行。

(5)施工前必须对机械设备、测量仪器、基准线或模板、机具工具及各种试验仪器等进行全面地检查、调试、校核、标定、维修和保养。对主要施工机械的易损零部件应有适量储备。

(6)不同摊铺方式所要求的搅拌楼最小生产容量应满足《公路水泥混凝土路面施工技术细则》(JTG/T F30—2014)相关规定。一般可配备 2~3 台搅拌楼,最多不宜超过 4 台。搅拌楼的规格和品牌尽可能统一。

(7)搅拌楼的配备应符合《公路水泥混凝土路面施工技术细则》(JTG/T F30—2014)相关规定。应优先选配间歇式搅拌楼,也可使用连续式搅拌楼。连续式搅拌楼应配备两个或一个长度足够的搅拌锅,并应在搅拌锅上配备电视监控设备。

(8)每台搅拌楼在投入生产前,必须进行标定,并试拌正常。在标定有效期满或搅拌楼搬迁安装后,均应重新标定。施工中应每 15 d 校验一次搅拌楼计量精确度。

(9)搅拌过程中,拌和物质量检查项目与频率应符合表 4.5.4-2 的规定。低温或高温天气时施工,拌和物出料温度宜控制在 10~35 ℃。并应测定原材料温度、拌和物的温度、坍落度损失率和凝结时间等。

(10)应根据施工进度、运量、运距及路况,选配车型和车辆总数。总运力应比总拌和能力略有富余。确保新拌混凝土在规定时间内运到摊铺现场。

(11)运输到现场的拌和物必须具有适宜摊铺的工作性。不同摊铺工艺的混凝土拌和物从搅拌机出料到运输、铺筑完毕的允许最长时间应符合表 4.5.4-3 的规定。不满足时应通过试验、加大缓凝剂或保塑剂的剂量来调整。

表 4.5.4-1　混凝土原材料的检查项目和频率

材料	检查项目	检查频度	
		高速公路、一级公路	其他公路
水泥	抗折强度、抗压强度,安定性	机铺 1 500 t 一批	机铺 1 500 t,小型机具 500 t 一批
	凝结时间、标稠需水量、细度	机铺 2 000 t 一批	机铺 3 000 t,小型机具 500 t 一批
	f-CaO、MgO、SO_3 含量、铝酸三钙、铁铝酸四钙、干缩率、耐磨性、碱度、混合材料种类及数量	每标段不少于 3 次,进场前必测	每标段不少于 3 次,进场前必测
	温度、水化热	冬、夏季施工随时检测	冬、夏季施工随时检测

续表 4.5.4-1

材料	检查项目	检查频度	
		高速公路、一级公路	其他公路
粉煤灰	活性指数、细度、烧失量	机铺 1 500 t 一批	机铺 1 500 t,小型机具 500 t 一批
	需水量比、SO_3 含量	每标段不少于 3 次,进场前必测	每标段不少于 3 次,进场前必测
粗集料	针片状、超径颗粒含量,级配,表观密度、堆积密度、空隙率	机铺 2 500 m^3 一批	机铺 5 000 m^3,小型机具 1 500 m^3 一批
	含泥量、泥块含量	机铺 1 000 m^3 一批	机铺 2 000 m^3,小型机具 1 000 m^3 一批
	坚固性、岩石抗压强度、压碎指标	每种粗集料每标段不少于 2 次	每种粗集料每标段不少于 2 次
	碱-集料反应	怀疑有碱活性集料进场前测	怀疑有碱活性集料进场前测
	含水率	降雨或湿度变化随时测	降雨或湿度变化随时测
砂	细度模数,表观密度,堆积密度、空隙率、级配	机铺 2 000 m^3,一批	机铺 4 000 m^3,小型机具 1 500 m^3 一批
	含泥量、泥块、石粉含量	机铺 1 000 m^3 一批	机铺 2 000 m^3,小型机具 500 m^3 一批
	坚固性	每种砂每标段不少于 3 次	每种砂每标段不少于 3 次
	云母含量、轻物质与有机物含量	目测有云母或杂质时测	目测有云母或杂质时测
	含盐量(硫酸盐,氯盐)	必要时测,淡化海砂每标段 3 次	必要时测,淡化海砂每标段 2 次
	含水率	降雨或湿度变化随时测	降雨或湿度变化随时测
外加剂	减水剂减水率液体外加剂含固量和相对密度粉状外加剂的不溶物含量	机铺 5 t 一批	机铺 5 t,小型机具 3 t 一批

续表 4.5.4-1

材料	检查项目	检查频度	
		高速公路、一级公路	其他公路
引气剂	引气剂引气量、气泡细密程度和稳定性	机铺 2 t 一批	机铺 3 t,小型机具 1 t 一批
钢纤维	抗拉强度、弯折性能、长度、长径比、形状	开工前或有变化时,每标段 3 次	开工前或有变化时,每标段 3 次
	杂质、质量及其偏差	机铺 50 t 一批	机铺 50 t,小型机具 30 t 一批
养护剂	有效保水率、抗压强度比、耐磨性、耐热性、膜水溶性	开工前或有变化时,每标段 3 次	开工前或有变化时,每标段 3 次
	含固量、成膜时间	试验路段测,施工每 5 t 测 1 次	试验路段测,施工每 5 t 测 1 次
水	pH 值、含盐量、硫酸根及杂质含量	开工前和水源有变化时	开工前和水源有变化时

注:1. 开工前,所有原材料项目均应检验;当原材料规格、品种、生产厂、来源变化时,必检。

2. 机铺指滑模、轨道、三辊轴机组和碾压混凝土摊铺,数量不足一批时,按一批检验。

表 4.5.4-2　混凝土拌和物的质量检查项目和频率

检查项目	检查频度	
	高速公路、一级公路	其他公路
水灰比及稳定性	每 5 000 m^3 抽检 1 次,有变化随时测	每 5 000 m^3 抽检 1 次,有变化随时测
坍落度及其均匀性	每工班测 3 次,有变化随时测	每工班测 3 次,有变化随时测
坍落度损失率	开工、气温较高和有变化随时测	开工、气温较高和有变化随时测
振动黏度系数	试拌、原材料和配合比有变化时测	试拌、原材料和配合比有变化时测
钢纤维体积率	每工班测 2 次,有变化随时测	每工班测 1 次,有变化随时测
含气量	每工班测 2 次,有抗冻要求不少于 3 次	每工班测 1 次,有抗冻要求不少于 3 次
泌水率	必要时测	必要时测
视密度	每工班测 1 次	每工班测 1 次

续表 4.5.4-2

检查项目	检查频度	
	高速公路、一级公路	其他公路
温度、凝结时间 水化发热量	冬、夏季施工,气温最高最低时, 每工班至少测 1~2 次	冬、夏季施工,气温最高最低时, 每工班至少测 1 次
离析	随时观察	随时观察
VC 值及稳定性、 压实度、松铺系数	碾压混凝土用作复合式路面底层时, 检查频率与其他公路相同	每工班测 3~5 次, 有变化随时测

表 4.5.4-3　混凝土拌和物运输、铺筑完毕允许最长时间

施工气温*/℃	运输允许最长时间/h		铺筑完毕允许最长时间/h	
	滑膜、轨道	三轴、小机具	滑膜、轨道	三轴、小机具
5~9	2.0	1.5	2.5	2.0
10~19	1.5	1.0	2.0	1.5
20~29	1.0	0.75	1.5	1.25
30~35	0.75	0.50	1.25	1.0

注: * 指施工时间的日间平均气温,使用缓凝剂延长凝结时间后,本表数值可增加 0.25~0.5 h。

4.5.5　滑模机械铺筑

4.5.5.1　滑模摊铺的机械配备

(1)宜选配能一次摊铺 2~3 个车道宽度(7.5~12.5 m)的滑模摊铺机。硬路肩的摊铺宜选配中、小型多功能滑模摊铺机,并宜连体一次摊铺路缘石。可按《公路水泥混凝土路面施工技术细则》(JTG/T F30—2014)相关基本技术参数选择滑模摊铺机。

(2)滑模摊铺路面时,施工单位应根据路面结构、工期要求、公路等级及监理要求配齐摊铺机、搅拌机、搅拌站、运输车辆、布料设备、抗滑构造施工设备、切缝设备等。

(3)滑模摊铺混凝土路面的施工应设置基准线。基准线形式、基准线器具、基准线设置及基准线的施工要求应符合《公路水泥混凝土路面施工技术细则》(JTG/T F30—2014)相关规定。

4.5.5.2　滑模摊铺准备

(1)滑模摊铺混凝土路面开始前,施工单位的所有施工设备和机具应全部就位,且处于良好状态。基层、封层表面及履带行走部位应清扫干净。摊铺面板位置应洒水湿润,但不得积水。

(2)横向连接摊铺时,前次摊铺路面纵缝的溜肩胀宽部位应切割顺直。侧边拉杆应校正扳直,缺少的拉杆应钻孔锚固植入。纵向施工缝的上半部缝壁应满涂沥青。

4.5.5.3　混凝土布料

(1)滑模摊铺机前的正常料位高度应在螺旋布料器叶片最高点以下,亦不得缺料。卸料、布料应与摊铺速度相协调。

(2)当坍落度在10~50 mm时,布料松铺系数宜控制在1.08~1.15之间。布料机与滑模摊铺机之间施工距离宜控制在5~10 m。

(3)摊铺钢筋混凝土路面、桥面或搭板时,严禁任何机械开上钢筋网。

4.5.5.4　滑模摊铺机的施工参数设定、校准和摊铺操作技术要领及摊铺中问题的处置等,应参照《公路水泥混凝土路面施工技术细则》(JTG/T F30—2014)相关规定执行。

4.5.5.5　滑模摊铺过程中应采用自动抹平板装置进行抹面。对少量局部麻面和明显缺料部位,应在挤压板后或搓平梁前补充适量拌和物,由搓平梁或抹平板机械修整。滑模摊铺的混凝土面板在下列情况下,可用人工进行局部修整:

(1)用人工操作抹面抄平器,精整摊铺后表面的小缺陷,但不得在整个表面加薄层修补路面高程。

(2)对纵缝边缘出现的倒边、塌边、溜肩现象,应顶侧模或在上部支方铝管进行边缘补料修整。

(3)对起步和纵向施工接头处,应采用水准仪抄平并采用大于3 m的靠尺边测边修整。

4.5.5.6　滑模摊铺结束后,必须及时做下列工作:

(1)清洗滑模摊铺机,并进行当日保养,加油加水,打润滑油等。

(2)宜在第二天硬切横向施工缝,也可当天软作施工横缝。应丢弃端部的混凝土和摊铺机振动仓内遗留下的纯砂浆,两侧模板应向内各收进20~40 mm,收口长度宜比滑模摊铺机侧模板略长。施工缝部位应设置传力杆,并应满足图纸规定的路面平整度、高程、横坡和板长要求。

4.5.6　模板及其架设与拆除

(1)模板技术要求:

1)公路混凝土路面板、桥面板和加铺层的施工模板应采用刚度足够的槽钢或钢制边侧模板,不应使用木模板、塑料模板等其他易变形的模板。模板的精确度及尺寸要求应符合《公路水泥混凝土路面施工技术细则》(JTG/T F30—2014)的相关规定。

2)横向施工缝端模板应按图纸规定的传力杆直径和间距设置传力杆插入孔和定位套管。

3)模板数量应根据施工进度和施工气温确定,并应满足拆模周期内周转需要。

(2)模板架设和安装及拆除的技术要求及允许偏差应符合《公路水泥混凝土路面施工技术细则》(JTG/T F30—2014)的相关规定。

4.5.7　接缝施工

4.5.7.1　纵缝施工

(1)当一次铺筑宽度小于路面和硬路肩总宽度时,应设纵向施工缝,位置应避开轮迹,并重合或靠近车道线,构造可采用平缝加拉杆型。

(2)当所摊铺的面板厚度≥260 mm 时,也可采用插拉杆的企口形纵向施工缝。采用滑模施工时,纵向施工缝的拉杆可采用摊铺机的侧向拉杆装置插入。采用固定模板施工方式时,应在振实过程中,从侧模预留孔中手工插入拉杆。

(3)当一次铺筑宽度大于 4.5 m 时,应采用假缝拉杆型纵缝,即锯切纵向缩缝,纵缝位置应按车道宽度设置,并在摊铺过程中用专用的拉杆插入装置插入拉杆。

(4)桥面与搭板纵缝拉杆可由横向钢筋延伸穿过接缝代替。

(5)插入或置入的侧向拉杆应牢固,不得松动、碰撞或拔出。若发现拉杆松脱、拔出或未插入,应在横向相邻路面摊铺前,钻孔重新置入拉杆。当发现拉杆可能被拔出时,宜进行拉杆拔出力(握裹力)检验,混凝土与拉杆握裹力试验方法可参照《公路水泥混凝土路面施工技术细则》(JTG/T F30—2014)相关规定。

4.5.7.2

每天摊铺结束或摊铺中断时间超过 30 min 时,应设置横向施工缝。其位置宜与胀缝或缩缝重合,确有困难不能重合时,施工缝应采用设螺纹传力杆的企口缝形式。横向施工缝应与路中心线垂直。横向施工缝在缩缝处采用平缝加传力杆型。

4.5.7.3　横向缩缝施工

(1)普通混凝土路面横向缩缝宜等间距布置。不宜采用斜缩缝和不等间距缩缝。不得不调整板长时,最大板长宜不大于 6.0 m;最小板长不宜小于板宽。

(2)在中、轻交通的公路混凝土路面上,横向缩缝可采用不设传力杆假缝型。

(3)在特重和重交通公路、收费广场、邻近胀缝或路面自由端的 3 条缩缝应采用假缝加传力杆型。钢筋支架应具有足够的刚度,传力杆应准确定位,摊铺之前应在基层表面放样,并用钢钎锚固,宜使用手持振捣棒振实传力杆高度以下的混凝土,然后机械摊铺。

4.5.7.4　胀缝设置与施工

普通混凝土路面的胀缝应按图纸要求和《公路水泥混凝土路面施工技术细则》(JTG/T F30—2014)相关规定设置。

4.5.7.5　拉杆、胀缝板、传力杆及其套帽、滑移端设置精确度应符合《公路水泥混凝土路面施工技术细则》(JTG/T F30—2014)相关规定要求。

4.5.7.6　贫混凝土基层、各种混凝土面层、加铺层、桥面和搭板的纵、横向缩缝均应采用切缝法施工。切缝作业应按《公路水泥混凝土路面施工技术细则》(JTG/T F30—2014)相关规定执行。

4.5.7.7　填缝

(1)混凝土面板所有接缝凹槽都应按图纸规定,用填缝料填缝。填缝材料和填缝方法应经监理单位批准。

(2)缝槽应在混凝土养护期满后及时填缝,填缝前必须保持缝内干燥清洁,防止砂石等杂物掉入缝内。填缝前应经监理单位检查。

(3)填缝料应与混凝土缝壁黏附紧密,其灌注深度宜为缝宽的 2 倍,当深度大于 30~40 mm 时,可填入多孔柔性衬底材料。在夏季,应使填缝料灌至与板面齐平;在冬季,则应稍低于板面。

(4)在开放交通前,填缝料应有充分的时间硬结。

4.5.8　混凝土路面养护

(1)混凝土路面铺筑完成或软作抗滑构造完毕后应立即开始养护。机械摊铺的各种混凝土路面、桥面及搭板宜采用喷洒养护剂同时保湿覆盖的方式养护。在雨天或养护用水充足的情况下,也可采用覆盖保湿膜、土工毡、土工布、麻袋、草袋、草帘等洒水湿养护方式。不宜使用围水养护方式。

(2)混凝土路面采用喷洒养护剂养护和覆盖物保湿养护时应按《公路水泥混凝土路面施工技术细则》(JTG/T F30—2014)相关规定执行。

4.5.9　特殊气候条件下的施工

4.5.9.1　一般规定

(1)施工单位应根据图纸提供的当地气象资料及施工单位收集的月、旬、日天气预报资料,遇有影响混凝土路面施工质量的天气时,应暂停施工或采取必要的防范措施,制订特殊气候的施工方案。

(2)混凝土路面施工如遇下述条件之一者,必须停工。

1)现场降雨;

2)风力大于6级,风速在10.8 m/s以上的强风天气;

3)现场气温高于40 ℃或拌和物摊铺温度高于35 ℃;

4)摊铺现场连续5昼夜平均气温低于5 ℃,夜间最低气温低于-3 ℃。

4.5.9.2　雨天施工

当降雨影响路表面质量时应停止施工。雨季施工时应准备足够的防雨篷或塑料薄膜,对被暴雨冲刷后,路面平整度严重劣化的部位,应尽早铲除重铺。

4.5.9.3　刮风天施工

在日照较强,空气干燥的多风季节或经常刮风的地区,为防止路面发生塑性收缩而产生开裂。应采取《公路水泥混凝土路面施工技术细则》(JTF/T F30—2014)相关规定措施。

4.5.9.4　高温季节施工

当现场气温高于30 ℃时,应避开中午高温时段施工,不能避开应采取相应的降温技术措施。无论在什么情况和条件下,混凝土拌和物的出料温度不宜超过35 ℃。夏季高温气候施工时,应随时加测气温和水泥、拌和水、拌和物及路面温度。必要时加测混凝土水化热。

4.5.9.5　低温季节施工

冬季负温施工,当最低气温为-3 ℃以下,应采用路面保温覆盖措施施工。最低气温为-10 ℃以下,应同时采用保温覆盖和加防冻剂的冬季负温施工方法。搅拌机出料温度不得低于10 ℃,摊铺混凝土温度不得低于5 ℃;否则应采用热水拌和混凝土。冬季负温施工覆盖保温养护的最少天数不得少于21 d。养护方式为先洒养护剂,加塑料薄膜保湿,再盖保温材料保温。

4.5.10 混凝土面板的移除及更换

(1)凡不符合规定要求的混凝土面板,应根据监理单位指示予以凿除并重新摊铺,并由施工单位承担责任。

(2)凿缝范围应是横向接缝间的全部混凝土,并将基底清理干净,经监理单位验收合格后,再进行混凝土摊铺。

4.5.11 取样和试验

(1)施工单位应随时对施工质量进行自检。自检项目和频率:原材料应按表4.5.4-1的规定进行;拌和物应按本规程表4.5.4-2的规定进行;混凝土路面应按表4.5.11的规定进行。当施工、监理、监督等人员发现异常情况,应加大检测频率,找出原因,及时处理。应利用计算机实行动态质量管理。其方法见《公路水泥混凝土路面施工技术细则》(JTG/T F30—2014)相关的规定。

(2)浇筑完成的混凝土板,应检查实际强度,可现场钻取圆柱试件,进行圆柱劈裂强度的试验,以圆柱劈裂强度推算小梁弯拉强度。

(3)如果试件表明混凝土的28 d强度不能达到规定的强度,则施工单位可以从相应龄期地点的混凝土构件中切取样品,对照其强度。切取样品的尺寸和切取试件的部位均由监理单位决定,取件后由施工单位负责修复孔穴。

表4.5.11 混凝土路面的检查项目、方法和频率

项次	检查项目	检查方法和频率	
		高速公路、一级公路	其他公路
1	弯拉强度	每班留2~4组试件,日进度<500 m取2组;≥500 m取3组;≥1 000 m取4组,测f_{cs}、f_{min}、C_v	每班留1~3组试件,日进度<500 m取1组;日进度≥500 m取2组;日进度≥1 000 m取3组,测f_{cs}、f_{min}、C_v
	钻芯劈裂强度	每车道每3 km钻取1个芯样,硬路肩为1个车道,测平均f_{cs}、f_{min}、C_v、板厚h	每车道每3 km钻取1个芯样,硬路肩为1个车道,测平均f_{cs}、f_{min}、C_v、板厚h
2	板厚度	路面摊铺宽度内每100 m左右各2处,连接摊铺每100 m单边1处,参考芯样	路面摊铺宽度内每100 m左右各1处,连接摊铺100 m单边1处,参考芯样
3	3 m直尺平整度	每半幅车道100 m 2处10尺	每半幅车道200 m 2处10尺
	动态平整度	所有车道连续检测	所有车道连续检测
4	抗滑构造深度	铺砂法:每幅200 m 2处	铺砂法,每幅200 m 1处

续表 4.5.11

项次	检查项目	检查方法和频率	
		高速公路、一级公路	其他公路
5	相邻板高差	尺测：每 200 m 纵横缝 2 条，每条 3 处	尺测：每 200 m 纵横缝 2 条，每条 2 处
6	连接摊铺纵缝高差	尺测：每 200 m 纵向工作缝，每条 3 处，每处间隔 2 m 3 尺，共 9 尺	尺测：每 200 m 纵向工作缝，每条 2 处，每处间隔 2 m 3 尺，共 6 尺
7	接缝顺直度	20 m 拉线测：每 200 m 6 条	20 m 拉线测：每 200 m 4 条
8	中线平面偏位	经纬仪：每 200 m 6 点	经纬仪：每 200 m 4 点
9	路面宽度	尺测：每 200 m 6 处	尺测：每 200 m 4 处
10	纵断高程	水准仪：每 200 m 6 点	水准仪：每 200 m 4 点
11	横坡度	水准仪：每 200 m 6 个断面	水准仪：每 200 m 4 个断面
12	断板率	数断板面板块占总块数比例	数断板面板块占总块数比例
13	脱皮裂纹露石 缺边掉角	量实际面积，并计算与总面积比	量实际面积，并计算与总面积比
14	路缘石顺直度和高度	20 m 拉线测：每 200 m 4 处	20 m 拉线测：每 200 m 2 处
15	灌缝饱满度	尺测：每 200 m 接缝测 6 处	尺测：每 200 m 接缝测 4 处
16	切缝深度	尺测：每 200 m 6 处	尺测：每 200 m 4 处
17	胀缝表面缺陷	每条观察填缝及啃边断角	每条观察填缝及啃边断角
18	胀缝板连浆	每条胀缝板安装时测量	每条胀缝板安装时测量
	胀缝板倾斜	尺测：每块胀缝板每条两侧	尺测：每块胀缝板每条两侧
	胀缝板弯曲和位移	尺测：每块胀缝板每条 3 处	尺测：每块胀缝板每条 3 处
19	传力杆偏斜	钢筋保护层仪：每车道 4 根	钢筋保护层仪：每车道 3 根

注：路面钻芯劈裂强度应换算为实际面板弯拉强度进行质量评定。

4.6 路　肩

4.6.1 范围

本节工作内容包括路肩培土、中央分隔带的回填土以及土路肩加固工程等施工作业。

4.6.2 材料

(1)路肩培土及中央分隔带回填土所用材料应符合图纸要求。

(2)水泥混凝土应符合图纸要求。

(3)水泥砂浆应符合图纸要求。

4.6.3 施工要求

(1)当路肩用料与稳定土层用料不同时,应采取培肩措施,先将两侧路肩培好。路肩料层的压实厚度应与稳定土层的压实厚度相同。在路肩上,每隔 5～10 m 应交错开挖临时泄水沟。路面铺筑完成后,可进行路肩培土及中央分隔带回填土的施工作业,并应符合图纸和监理单位指示。

(2)路肩培土和中央分隔带回填土的施工工艺及要求应符合图纸要求。

(3)中央分隔带内根据图纸或监理单位指示,表层应回填种植土。

(4)土路肩加固前准备:

1)施工前应按图纸逐桩测量其施工高程及应有宽度,当不符合图纸规定时,应进行修整;土路肩的压实度应不小于 95,同时路基边坡整修应符合图纸要求。

2)经监理单位检查同意后,方可分段进行预制块的铺砌或现浇水泥混凝土加固作业。

(5)混凝土预制块加固土路肩:

1)混凝土预制块按图纸要求的尺寸应在预制场集中预制,并经检验合格后方可使用,预制块在运输时应轻拿轻放,不得野蛮装卸,避免损坏。

2)铺砌预制块时,首先应按图纸要求设置垫层或整平,然后将块件接缝处用水湿润,并在侧面涂抹水泥砂浆。砌块落座时应位置正确、灰缝挤紧,但不得碰撞相邻砌块。灰缝宽度不大于 10 mm。

3)铺砌段完成后,即进行养护,在砂浆强度达到图纸规定要求前,严禁在其上行走或碰撞。

(6)现浇混凝土加固土路肩:

1)模板应采用钢板材料制成,所有模板均不应翘曲,并应有足够强度来承受混凝土压力,而不发生变形。所有模板应处理干净,并涂上经批准的脱模剂,并按图纸尺寸对混凝土全深立模,然后浇筑混凝土。

2)混凝土应按试验确定的配合比进行拌和及浇筑。按图纸要求的厚度,浇筑在模板内的混凝土宜用捣动器振捣或监理单位认可的其他方法捣固。模板应留待混凝土固结后才可拆除,拆模时应保证棱角不受损坏,混凝土应按规定刮平成形,然后用木抹子将其抹饰平整。经监理单位允许可采用其他抹面方法,但不允许粉饰。

3)抹饰平整后即进入养护。养护方法及细节参照第2章第2.6节的相关规定。

(7)沥青混凝土和水泥混凝土拦水带:

1)在经监理单位验收合格的路肩上,紧靠硬路肩边缘,按图纸规定和监理单位指示,铺设沥青混凝土拦水带。沥青混凝土拦水带应使用专用设备连续摊铺,级配应符合规范要求,沥青用量宜在正常基础上增加0.5%~1.0%,双面击实50次的设计孔隙率宜为1%~3%,基底需洒布用量0.25~0.5 kg的粘层油。

2)水泥混凝土预制块拦水带设置应符合图纸和监理单位要求。预制块质量应符合图纸要求。现场砌筑预制块应平顺,块与块的缝隙应封严。拦水带与硬路肩边缘无缝隙,不漏水。

3)施工中注意拦水带不得占用硬路肩的有效宽度。

4)拦水带的泄水口一般为喇叭口式(纵坡路段宜做成不对称的喇叭口式),圆滑地与边坡急流槽相接。

4.7 路缘石

4.7.1 范围

本节工作内容包括花岗岩路缘石施工作业。

4.7.2 材料

(1)花岗岩路缘石所用材料应符合图纸要求。

(2)水泥混凝土应符合图纸要求。

(3)水泥砂浆应符合图纸要求。

4.7.3 施工要求

(1)对运到施工现场的路缘石进行检查,色泽不一致、外观尺寸误差超出规范范围、存在明显的表面缺陷的不使用,并应符合图纸和监理单位指示。

(2)路缘石安装前,应恢复道路中线,测设路缘石安装控制桩,按照设计高程进行放样测量。

(3)路缘石安装。砂浆垫层和勾缝砂浆严格按照经监理单位批准的配合比进行拌和,统一采用坐浆法施工,不允许污染路缘石和路面。安装前,基础要先清理干净,并保持湿润。安装时,先用线绳控制路缘石的直顺度,再用水平尺进行检查,安装合格后及时用混凝土进行后背浇筑和水泥砂浆勾缝。路缘石砌筑应平顺,相邻花岗岩路缘石缝用厚铁板或塑料板控制, 缝隙应均匀一致,路缘石与路面无缝隙、不漏水。路缘石安装时要与开口、结构物圆滑的相接,线条直顺,曲线圆滑美观。

(4)路缘石安装完成后,必须再挂线,调整侧石至顺直、圆滑、平整,对侧石进行平面及高程检测,及时回填夯打密实路肩或中央带后背的回填土。

(5)路缘石安装完成后,及时对有污染的场地和路面进行清理。已完工的路缘石用塑料薄膜覆盖,进行成品保护,防止损害及表面污染。

第 5 章　交通安全设施

5.1　通　则

5.1.1　范围

本章工作内容为护栏、交通标志、交通标线、防眩设施、隔离栅和防落网、环境保护、通信管道及电力管道、预埋(预留)基础、收费设施和地下通道等的施工及有关作业。

5.1.2　一般要求

5.1.2.1　护栏、护柱、隔离栅

应按《公路交通安全设施施工技术规范》(JTG/T 3671—2021)相关规定和图纸的要求,并按监理单位的指示进行施工。立柱应采用新的、整根的钢管或槽钢。

5.1.2.2　道路交通标志

(1)道路交通标志按《道路交通标志和标线》(GB 5768.1~8)和《道路交通标志板及支撑件》(GB/T 23829—2021)的相关规定进行施工。

(2)道路交通标志的反光方法及反光膜级别,应符合图纸规定,如无规定,应根据不同道路等级和标志类型,按《道路交通标志和标线》(GB 5768.1~8)及《道路交通标志板及支撑件》(GB/T 23829—2021)相关规定办理。

(3)在同一地点设置两种以上的标志时,可合装在 1 根立柱上,但最多不超过 4 块。多块时按警告、禁令、指示的顺序先上后下,先左后右排列。

5.1.2.3　道路交通标线

道路交通标线包括各种路面标线、箭头、文字、立面标记、突起路标和轮廓标等,应按照图纸及《道路交通标志和标线》(GB 5768.1~8)相关规定设置。

5.1.2.4　通信及电力管道、预埋(预留)基础、防眩设施、收费设施和地下通道应按图纸要

5.2　护　栏

5.2.1　范围

本节工作内容为路侧波形梁护栏、中间带波形梁护栏、路侧混凝土护栏、桥梁护栏(钢防撞护栏、混凝土护栏)、活动护栏的设置及其有关的施工作业。

5.2.2　材料

(1)混凝土护栏采用的材料和制作要求应符合第 2 章第 2.6 节的要求。

（2）路基混凝土护栏、桥梁护栏、活动护栏采用的材料及防腐处理应符合《公路交通安全设施施工技术规范》（JTG/T 3671—2021）相关规定要求。

（3）波形梁钢护栏产品质量要求：

1）波形梁板、立柱、防阻块、横隔梁、端头、螺栓、螺母等构件应符合《公路波形梁钢护栏》（JT/T 281—2007）、《公路三波形梁钢护栏》（JT/T 457—2007）、《波形梁钢护栏　第 1 部分：两波形梁钢护栏》（GB/T 31439.1—2015）及《波形梁钢护栏　第 2 部分：三波形梁钢护栏》（GB/T 31439.2—2015）产品标准的规定。生产厂方在提供产品时，应同时提交产品质量合格证书。

2）波形梁板、立柱、端头、防阻块、托架等部件应符合《碳素结构钢》（GB/T 700—2006）的 Q235 牌号钢的要求。

3）连接螺栓、螺母、垫圈、横梁垫片等部件应符合《碳素结构钢》（GB/T 700—2006）的要求，其抗拉强度不得小于 375 MPa 和 400 MPa。

4）高强度拼接螺栓连接副应符合《低合金高强度结构钢》（GB/T 1591—2018）、《优质碳素结构钢》（GB/T 699—2015）或《合金结构钢》（GB/T 3077—2015）的要求。公称直径 16 mm、8.8 S 级抗拉荷载不得小于 133 kN。

5）为满足产品质量要求，应对护栏各部件的外观、尺寸、防腐处理进行抽样检查。不相同的部件各以 200 件一批为取样单位，分别取出一片护栏板、一个端头、一根立柱、一块托架进行检查，如果受检的构件不符合要求，另取两件检验，如果这两件中仍有一件不符合要求，则以此为样品的整批产品应被拒收，一切费用由施工单位自付。

6）护栏板、端头梁、立柱的长度和宽度方向不允许焊接，构件不应出现裂缝。

7）高强度螺栓应抽样进行楔负载拉力试验，断裂应发生在螺纹部分或螺纹与杆部交接处；如不能做楔负载拉力试验则应做芯部硬度试验，芯部硬度值为洛氏 HRC34～40。螺母应抽样进行保证荷载和硬度试验。

8）每批高强螺栓都应有出厂合格证，螺栓连接副扭矩应附有扭矩系数的平均值、标准偏差的试验数据和扭矩系数测试时的环境温度等技术资料。

9）波形梁护栏、活动式钢护栏及螺栓、螺母、垫圈、垫片等所有部件均应按《公路交通工程钢构件防腐技术条件》（GB/T 18226—2015）的规定采用热浸镀锌（铝）进行金属表面处理。热浸镀锌应采用《锌锭》（GB/T 470—2008）中所规定的牌号为 Zn99.99 以上的锌锭。镀锌构件锌层质量应符合表 5.2.2-1 的规定。热浸镀铝应采用《重熔用铝锭》（GB/T 1196—2017）中所规定的牌号为 Al 99.5 以上的铝锭，镀铝构件铝层质量应符合表 5.2.2-2 的规定。

表 5.2.2-1　镀锌构件锌层质量

构件名称	平均锌层质量/（g/m^2）	锌层近似厚度/μm
护栏板、立柱、H 型钢防阻块、垫板、过渡板、端头	600	85
紧固件、托架	350	50

表 5.2.2-2　镀铝构件铝层质量

构件名称	平均铝层质量/(g/m²)	铝层近似厚度/μm
护栏板、立柱、H 型钢防阻块、垫板、过渡板、端头	120	50
紧固件、托架	110	45

高强度螺栓进行热浸镀锌处理后,对高强度螺栓连接件表面要涂黄油,以及进行磷化润滑处理,在出厂时应密封包装,以防运输、保存期间生锈或弄脏。

10)镀锌构件的锌层应均匀,试样经硫酸铜溶液浸蚀 5 次不变红,并符合《公路波形梁钢护栏》(JT/T 281—2007)相关规定;镀锌构件的锌层应与基底金属结合牢固,经锤击试验镀锌层不剥离、不凸起,并符合《公路波形梁钢护栏》(JT/T 281—2007)相关规定。

11)镀铝构件的铝层应均匀,不允许有针孔,按《公路交通工程钢构件防腐技术条件》(GB/T 18226—2015)进行铝层有孔度试验后,无红褐色的氢氧化铁沉积物;镀铝构件的铝层应与基底金属结合牢固,按《公路交通工程钢构件防腐技术条件》(GB/T 18226—2015)相关规定进行铝层弯曲试验后,铝层不剥离、不凸起,不得开裂或起层到用裸手指能够擦掉的程度。

(4)缆索护栏产品质量要求:

1)缆索护栏应符合《缆索护栏》(JT/T 895—2014)相关规定。其性能和构造应符合表 5.2.2-3 的规定。为保证缆索的质量要求,应对进场的缆索进行表面检查,包括:缆索内不应有断裂、交错和折弯的钢丝。钢丝表面不应有凹陷、锈蚀、压扁、碰伤或切伤等缺陷。股中钢丝的接头应尽量减少,接头之间的距离不得小于 5 m。

表 5.2.2-3　缆索的性能和构造

钢丝绳直径/mm	单丝直径/mm	构造	钢丝绳公称抗拉强度/MPa	断面面积/mm²	捻制方法	单位质量/(kg/m)
18	3.86	3 股 7 芯	≥1 270	134	右同向捻	1.09

2)端部立柱、中间端部立柱、中间立柱、间隔保持件、螺栓、螺母、垫圈等构件应符合《碳素结构钢》(GB/T 700—2006)中 Q235 钢的要求。

3)缆索护栏用的托架材料应符合《碳素结构钢和低合金结构钢　热轧钢板和钢带》(GB/T 3274—2017)相关规定。

4)索端锚具的拉杆螺栓和锚具以及固定缆索用别针应符合《优质碳素结构钢》(GB/T 699—2015)中 45 号优质碳素结构钢的规定。

5)缆索用钢丝绳采用热浸镀锌防腐处理时,应符合《缆索护栏》(JT/T 895—2014)相关规定。经热浸镀锌处理的钢丝不应出现裂纹、斑疤和露铁现象。为保证缆索护栏经久耐用与增加视线诱导的效果,图纸有特殊规定时可在缆索外按图纸要求再加涂层。

6)缆索护栏的各种立柱、托架、索端锚具和螺栓、螺母、垫圈等所有部件均应按图纸要求及《公路交通工程钢构件防腐技术条件》(GB/T 18226—2015)相关规定进行防腐处理。

(5)对于聚酯外涂层护栏,其聚酯外涂层的技术要求及质量要求,应满足《公路用防腐蚀粉末涂料及涂层　第 4 部分:热固性聚酯粉末涂料及涂层》(JT/T 600.4—2004)相关规定。

(6)充填式活动护栏所用的钢构件均应进行防腐处理。防腐处理应符合图纸要求及《公路交通工程钢构件防腐技术条件》(GB/T 18226—2015)相关规定。

(7)油漆采用材料及技术条件和要求,同本规程相关规定。

(8)混凝土构件,应按第 2 章第 2.6 节有关要求对预制构件进行检查批准。

5.2.3　路基护栏施工要求

5.2.3.1　一般规定

(1)缆索护栏、波形梁护栏的路基土压实度和混凝土护栏的地基承载力应符合图纸的规定。

(2)所有钢构件均应进行防腐处理。防腐处理应符合图纸要求,螺栓、螺母等紧固件和连接件在防腐处理后,必须清理螺纹或进行离心分离处理。

5.2.3.2　混凝土护栏

混凝土护栏的施工除应符合第 2 章的规定外,还应满足下列要求:

(1)应根据现场条件确定并核对混凝土护栏的设置位置,确定控制点,检测基础承载力是否达到本规程或图纸的要求。

(2)现场浇筑混凝土护栏:

1)采用固定模板法施工时,模板宜采用钢模板,钢模板的厚度不应小于 4 mm。

2)混凝土浇筑前的温度应维持在 10~32 ℃。

3)采用滑动模板法施工时,滑模机的施工速度应根据旋转搅拌车、混凝土卸载速度以及成型断面的大小决定。混凝土振捣由设置在滑模机上的液压振动器完成,振动器应能根据混凝土的坍落度无级调速,一边振动一边前进。

4)两处伸缩缝之间的混凝土护栏必须一次浇筑完成,伸缩缝应与水平面垂直,宽度应符合图纸的规定,伸缩缝内不得连浆。

5)混凝土初凝后,严禁振动模板,预埋钢筋不得承受外力。

6)应根据气温和混凝土强度确定拆模时间,一般可在混凝土终凝后 3~5 d 拆除混凝土护栏侧模。拆模时不应损坏混凝土护栏的边角,并应保持模板的完好状况。

7)假缝可在混凝土护栏拆除模板后,按图纸要求的间距和规格采用切割机切开,并应保证断面光滑、平整。

(3)预制混凝土护栏:

1)预制混凝土护栏的施工场地应平整、坚实、排水良好、交通方便。

2)应采用钢模板,模板长度应根据吊装和运输条件确定,宜采用固定的规格。

3)每块预制混凝土护栏必须一次浇筑完成。

4)拆模时混凝土强度不应低于设计强度的 70%。拆模时不得损坏混凝土护栏的边角,并应保持模板完好。

5)在起吊、运输和堆放过程中,不得损坏混凝土护栏构件的边角,否则在安装就位后,应采用高于混凝土护栏强度的材料及时修补。

6)混凝土护栏的安装应从一端逐步向前推进,护栏的线形应与公路的平、纵线形相协调。

7)中央分隔带混凝土护栏在超高路段,应按图纸要求处理好排水问题。

5.2.3.3 波形梁护栏

1 立柱放样

(1)应根据图纸进行立柱放样,并以桥梁、通道、涵洞、隧道、中央分隔带开口、紧急电话开口、互通式立体交叉等控制立柱的位置,进行测距定位。

(2)立柱放样时可利用调节板调节间距,并利用分配方法处理间距零头数。

(3)应调查立柱所在处是否存在地下管线、排水管等设施,或构造物顶部埋土深度不足的情况。

2 立柱安装

(1)立柱安装应与图纸相符,并与公路线形相协调。

(2)位于土基中的立柱,可采用打入法、挖埋法或钻孔法施工。立柱高程应符合图纸要求,并不得损坏立柱端部。

1)采用打入法打入过深时,不得将立柱部分拔出加以矫正,必须将其全部拔出,将基础压实后再重新打入。立柱无法打入到要求深度时,严禁将立柱的地面以上部分焊割、钻孔,不得使用锯短的立柱。

2)采用挖埋法施工时,回填土应采用良好的材料并分层夯实,回填土的压实度不应小于设计规定值。填石路基中的柱坑,应用粒料回填并夯实。

3)采用钻孔法施工时,立柱定位后应用与路基相同的材料回填,并分层夯填密实。

(3)在铺有路面的路段设置立柱时,柱坑从路基至面层以下 50 mm 处应采用与路基相同的材料回填并分层夯实,余下部分应采用与路面相同的材料回填并压实。

(4)位于石方区的立柱,应根据图纸的要求设置混凝土基础。

(5)位于小桥、通道、明涵等混凝土基础中的立柱,可设置在预埋的套筒内,通过灌注砂浆或混凝土固定,或通过地脚螺栓与桥梁护轮带基础相连。

(6)立柱安装就位后,其水平方向和竖直方向应形成平顺的线形。

(7)护栏渐变段及端部的立柱,须按图纸规定的坐标进行安装。

3 防阻块、托架、横隔梁安装

(1)防阻块、托架应通过连接螺栓固定于护栏板和立柱之间,在拧紧连接螺栓前应调整防阻块、托架使其准确就位。防撞等级为 SA、SAm 和 SS 的波形梁护栏,在安装防阻块时,应同时安装上层立柱,线形应与下层立柱相同。

(2)设有横隔梁的中央分隔带护栏,应在立柱准确定位后安装横隔梁。在护栏板安装前,横隔梁与立柱间的连接螺栓不应过早拧紧。

4　横梁安装

（1）护栏板应通过拼接螺栓相互连接成纵向横梁，并由连接螺栓固定于防阻块、托架或横隔梁上。护栏板拼接方向应与行车方向一致。拼接螺栓必须采用高强螺栓。

（2）防撞等级为 SA、SAm 和 SS 的波形梁护栏通过螺栓将上层横梁与上层立柱加以连接。

（3）立柱间距不规则时，可利用调节板、梁进行调节，不得采用现场切割护栏板的方法。

（4）所有的连接螺栓及拼接螺栓应在护栏的线形达到规定要求时才能拧紧。终拧扭矩应符合表 5.2.3 的规定。

表 5.2.3　波形梁护栏板连接螺栓及拼接螺栓的终拧扭矩规定值

螺栓类型	螺栓直径/mm	扭矩值/（N·m）
普通螺栓	M16	60～68
	M20	95～102
	M22	163～170
高强螺栓	—	315～430

5　端头安装

各类护栏端头应通过拼接螺栓与护栏板牢固连接，拼接螺栓必须采用高强螺栓。防撞等级为 SA、SAm 和 SS 的波形梁护栏上，横梁必须按图纸的规定进行端部处理。

5.2.3.4　缆索护栏

（1）施工单位应在缆索护栏运往工地之前，向监理单位提供所采用的护栏部件的样品及出厂检验合格证书供其审查批准，必要时应根据监理单位的要求进行荷载试验。所有运往工地的护栏构件的质量均应符合图纸和本规程的要求。

（2）护栏在施工之前施工单位应编制详细的缆索护栏施工组织设计，上报监理单位审查批准，并应详细了解地下管线，构造物的位置以便进行合理地处理。无论采用何种方法安装护栏，施工单位应避免损坏路面下埋设的管线设施，若造成损坏，施工单位应负责修好，修理费用由施工单位承担。

（3）放样：

1）应根据现场桥梁、涵洞、通道、路线交叉、隧道等的分布确定控制立柱的位置，并测定控制立柱之间的间距，据此调整端部立柱、中间端部立柱、中间立柱的设置位置。

2）应调查立柱下是否存在地下管线、构造物等设施，并进行适当处理。

（4）端部立柱和中间端部立柱的设置：

1）应根据图纸的要求，将立柱、斜撑及底板焊接成牢固的三角形支架。

2）应根据最终确定的立柱位置开挖基坑、浇筑混凝土基础，到达规定高程时，应对三角形支架进行定位。基坑开挖、地基检验、地基处理及混凝土的浇筑应符合图纸及第2章的相关规定。

3)位于桥梁、涵洞、通道、挡土墙等构造物处的端部立柱和中间端部立柱,应根据图纸的要求进行基础预埋。

(5)中间立柱的设置:

1)中间立柱应定位准确,纵向位置和横向位置与公路线形一致。

2)位于土基中的中间立柱,可采用挖埋法、钻孔法或打入法施工。立柱高程应符合图纸要求,并不得损坏立柱端部。

3)位于混凝土基础中的中间立柱,可设置在预埋的套筒内,通过灌注砂浆或混凝土固定,或通过地脚螺栓与桥梁护轮带基础相连。

(6)托架安装。

中间立柱或中间端部立柱上的托架,应按图纸规定的托架编号和组合正确安装。

(7)架设缆索:

1)缆索应在端部立柱和中间端部立柱的混凝土基础达到设计强度的80%以上时方可架设。

2)缆索应支放在立柱的内侧,通过中间支架向另一端滚放。严禁在路面上长距离拖曳缆索。

3)可用楔子固定或注入合金的方法将一端的缆索锚固在索端锚具上。

4)应在另一端部立柱或中间端部立柱上设置倒链滑车或杠杆式倒链张紧器将缆索临时拉紧。B级和A级缆索护栏的初拉力应为20 kN,其他等级的缆索护栏初拉力应符合图纸的规定。

5)应根据索端锚具的规格,切断多余的缆索。缆索切断面应垂直整齐,不得松散,可按本款第3项规定的方法锚固在索端锚头上。

6)索端锚具安装到端部立柱或中间端部立柱后,可卸除临时张拉力。

7)缆索应按从上向下的顺序架设。

8)缆索调整完毕后,应拧紧各中间立柱、中间端部立柱托架上的索夹螺栓。

5.2.4 桥梁护栏施工要求

5.2.4.1 一般规定

(1)桥梁护栏应在桥梁车行道板、人行道板施工完毕,跨中支架及脚手架拆除后桥跨处于独立支撑的状态时施工。

(2)对于焊接的金属护栏,在进行防腐处理前应对所有外露焊缝做好磨光或补满的清面工作。

(3)桥梁护栏施工前应对所有预埋件的设置位置、强度、腐蚀程度进行检查,不符合要求的必须整改。

5.2.4.2 金属桥梁护栏

1 立柱放样与预埋件设置

(1)应以桥梁伸缩缝附近的端部立柱作为控制立柱,并在控制立柱之间测距定位。

(2)立柱间距出现零数时,可用分配的办法使其符合横梁规定的尺寸,立柱宜等距设置。

(3)在车行道板或人行道板上应准确地设置套筒或地脚螺栓等预埋件,并采取适当措施,使预埋件在桥梁施工期间免遭损坏。

2　护栏安装

(1)横梁和立柱的安装位置应准确。连接螺栓和拼接螺栓开始时不宜过早拧紧,以便在安装过程中充分利用横梁和立柱法兰盘的长圆孔进行调整,使其线形顺适,不应出现局部的凹凸现象。调整完毕后,必须拧紧螺栓。

(2)横梁、立柱等构件在安装过程中应避免损坏防腐层。安装完成后,应对被损坏的防腐层按规定的方法进行修复。

5.2.4.3　钢筋混凝土墙式和梁柱式桥梁护栏

(1)宜采用现场浇筑的方法进行施工,当采用预制件时,护栏与车行道板或人行道板间应按照图纸的要求进行可靠连接。

(2)护栏的施工应符合第 5 章第 2 节的规定。

(3)护栏伸缩缝内清理干净后,应填满橡胶或沥青胶泥等弹性、不透水的材料。

(4)端部翼墙应根据图纸的要求加工模板,设置在桥梁上或路基段的端部翼墙应采用现场浇筑施工方法,并设置预埋件。

5.2.4.4　组合式桥梁护栏

(1)金属结构部分应符合本节的规定。

(2)钢筋混凝土部分应符合本节的规定。

5.2.5　活动护栏施工要求

5.2.5.1　一般规定

(1)插拔式活动护栏的预埋基础应在面层施工前完成,其余部分应在路面施工后安装。插拔式活动护栏应在工厂加工制作。

(2)充填式活动护栏应在路面施工后安装。

5.2.5.2　插拔式活动护栏的施工

(1)插拔式活动护栏基础应根据图纸放样,并与中央分隔带护栏端头相协调。应调查基础与地下管线是否冲突,经论证可对基础的埋设位置或高程进行适当调整。

(2)混凝土基础可采用现浇法施工,并应符合第 2 章的规定,混凝土浇筑时应按图纸的规定预埋连接件。基础施工完成后应采取措施,防止杂物落入预埋套管内。

(3)基础混凝土强度达设计强度的 70%以上后,方可将焊接成整体的插拔式活动护栏片插入预埋套管内。

(4)对有防眩和视线诱导要求的路段,应按图纸要求安装防眩设施和轮廓标。

5.2.5.3　充填式活动护栏

(1)充填式活动护栏应按图纸的规定放样定位和拼装。

(2)线形调整平顺后,应将符合图纸要求的材料按规定数量充填活动护栏。

5.2.6 质量检验

5.2.6.1 混凝土护栏

1 基本要求

(1)混凝土护栏的地基承载力应满足设计要求。

(2)混凝土护栏块件标准段、混凝土护栏起终点的几何尺寸应满足设计要求。

(3)混凝土护栏预制块件在吊装、运输、安装过程中,不得断裂。

(4)各混凝土护栏块件之间、护栏与基础之间的连接应满足设计要求。

(5)混凝土护栏的埋入深度、配筋方式及数量应满足设计要求。

(6)混凝土护栏的端头处理及护栏过渡段的处理应满足设计要求。

2 检查项目

混凝土护栏检查项目见表5.2.6-1。

表5.2.6-1　混凝土护栏检查项目

序号	检查项目		规定值或允许偏差	检查方法和频率
1	护栏断面尺寸/mm	高度	±10	尺量:每1 km每侧测5处
		顶宽	±5	
		底宽	±5	
2	钢筋骨架尺寸/mm		满足设计要求	过程检查,尺量:每1 km每侧测5处
3	横向偏位/mm		±20或满足设计要求	尺量:每1 km每侧测5处
4	基础厚度/mm		±10%H	过程检查,尺量:每1 km每侧测5处
5	护栏混凝土强度/MPa		满足设计要求	按JTG F80/1—2017附录D检测
6	混凝土护栏块件之间的错位/mm		≤5	尺量:每1 km每侧测5处

注:H为基础的设计厚度,以mm计。

3 外观质量

(1)混凝土护栏表面的蜂窝、麻面、裂缝、脱皮等缺陷面积不得超过该面面积的0.5%;深度不超过10 mm。

(2)混凝土护栏块件的损边、掉角长度每处不得超过20 mm。

(3)护栏线形应无凹凸、起伏现象。

5.2.6.2　波形梁钢护栏

1　基本要求

(1)波形梁钢护栏产品应符合《波形梁钢护栏　第 1 部分:两波形梁钢护栏》(GB/T 31439.1—2015)及《波形梁钢护栏　第 2 部分:三波形梁钢护栏》(GB/T 31439.2—2015)相关规定。

(2)路肩和中央分隔带的土基压实度应不小于设计值。

(3)石方路段和挡土墙上护栏立柱的埋深及基础处理应满足设计要求。

(4)波形梁钢护栏各构件的安装应满足设计要求并符合施工技术规范的规定,波形梁板、立柱和防阻块不得现场焊割和钻孔,波形梁板搭接方向应正确。

(5)护栏的端头处理及护栏过渡段的处理应满足设计要求。

2　检查项目

波形梁钢护栏检查项目见表 5.2.6-2。

表 5.2.6-2　波形梁钢护栏检查项目

序号	检查项目	规定值或允许偏差	检查方法和频率
1	波形梁板基底金属厚度/mm	符合 GB/T 31439.1~2—2015 规定	板厚千分尺、涂层测厚仪:抽查板块数的 5%,且不少于 10 块
2	立柱基底金属壁厚/mm	符合 GB/T 31439.1~2—2015 规定	千分尺或超声波测厚仪、涂层测厚仪:抽查 2%,且不少于 10 根
3	横梁中心高度/mm	±20	尺量:每 1 km 每侧测 5 处
4	立柱中距/mm	±20	尺量:每 1 km 每侧测 5 处
5	立柱竖直度/(mm/m)	±10	垂线法:每 1 km 每侧测 5 处
6	立柱外边缘距土路肩边线距离/mm	≥250 或不小于设计值	尺量:每 1 km 每侧测 5 处
7	立柱埋置深度/mm	不小于设计值	尺量或埋深测量仪测量立柱打入后定尺长度:每 1 km 每侧测 5 处
8	螺栓终拧扭矩	±10%	扭力扳手:每 1 km 每侧测 5 处

3　外观质量

(1)护栏各构件表面应无漏镀、露铁、擦痕。

(2)护栏线形应无凹凸、起伏现象。

5.2.6.3 缆索护栏

1 基本要求

(1)缆索护栏产品应符合《缆索护栏》(JT/T 895—2014)相关规定。

(2)端部立柱应安装牢固。基础混凝土强度应满足设计要求。

(3)护栏的端头处理及护栏过渡段的处理应满足设计要求。

2 检查项目

缆索护栏检查项目见表5.2.6-3。

表5.2.6-3 缆索护栏检查项目

序号	检查项目	规定值或允许偏差	检查方法和频率
1	初张力	±5%	张力计:逐根检测
2	最下一根缆索的高度/mm	±20	尺量:每1 km每侧测5处
3	立柱中距/mm	±20	尺量:每1 km每侧测5处
4	立柱竖直度/(mm/m)	±10	垂线法:每1 km每侧测5处
5	立柱埋置深度/mm	不小于设计值	尺量或埋深测量仪测量立柱打入后定尺长度:每1 km每侧测5处
6	混凝土基础尺寸	满足设计值	尺量:每个基础长度、宽度各测2点

3 外观质量

(1)护栏各构件表面应无漏镀、露铁、擦痕。

(2)护栏线形应无凹凸、起伏现象。

5.2.6.4 活动护栏

(1)活动护栏的形式、规格、钢构件的防腐处理应符合图纸要求。

(2)插拔式活动护栏的预埋套管应定位精确,偏差不得大于图纸要求。

(3)活动护栏宜与两端护栏齐平,线形与公路保持一致。

(4)充填护栏的充填材料和数量应符合图纸要求。

5.3 交通标志

5.3.1 范围

本节内容为各式道路交通标志、界碑及里程标等的提供和设置有关施工作业。

5.3.2　材料

5.3.2.1　材料要求

1　立柱

（1）立柱所用的钢板、角钢及槽钢应符合第 2 章第 2.15 节所列标准。凡钢管外径在 152 mm 以下（含 152 mm）的立柱，采用普通碳素结构钢焊接钢管，并应符合《碳素结构钢》（GB/T 200—2006）的相关规定要求；凡钢管外径在 152 mm 以上的立柱，采用一般常用热轧无缝钢管，并应符合《结构用无缝钢管》（BG/T 8162—2008）的相关规定。

2）所有标志柱应配有柱帽，柱帽可采用板厚为 3 mm 的钢板焊接或其他方法紧固在立柱上，或采用监理单位批准的其他形式的柱帽。

2　标志板（未粘贴反光膜）

（1）标志板应符合《道路交通标志和标线》（GB 5768.1~8）、《道路交通标志板及支撑件》（GB/T 23829—2021）的相关规定。

（2）标志板采用铝合金板制造时，应符合《一般工业用铝及铝合金板、带材　第 3 部分：尺寸偏差》（GB/T 3880.3—2006）和《一般工业用铝及铝合金板、带材　第 1 部分：一般要求》（GB/T 3880.1—2012）的相关规定。采用薄钢板制造时，应符合《冷轧钢板和钢带的尺寸、外形、重量及允许偏差》（GB/T 208—2006）和《连续热镀锌薄钢板及钢带》（GB/T 2518—2004）的相关规定。标志板背面的滑动槽钢和三角钢可采用铝合金挤压型材制成，并符合《一般工业用铝及铝合金热挤压型材》（GB/T 6892—2006）的相关规定。标志板所用铝合金板其最小厚度应不小于 2 mm。

（3）标志板面应无裂缝或其他表面缺陷，标志板边缘应整齐、光滑，标志板的外形尺寸偏差为±5 mm，若外形尺寸大于 1.2 m^2 时，其偏差为其外形尺寸的 0.5%。标志板应平整，表面无明显皱纹、凹痕或变形，每平方米范围内的平整度公差不应大于 1.0 mm。

（4）除尺寸大的指路标志外，所有标志板应由单块铝合金板或薄钢板加工制成，不允许拼接。

（5）考虑到大型指路标志在制造、运输、安装过程中的困难，厂家在制造过程中，应在监理单位指示下，根据标志板面设计的具体情况采取适当分割的办法来制造，在安装时可按标志板拼接设计中规定的方法拼接。

（6）大型指路标志最多只能分割成四块，并应尽可能减少分块数量，标志板的拼接应采用对接，接缝的最大间隙为 1 mm。所有接缝应用背衬加强，背衬与标志板用铆钉连接，铆钉的最大间距应小于 200 mm，背衬的最小宽度为 50 mm，背衬的材料与板面板材相同。

（7）标志底板面应进行化学清洗和浸蚀或磨面处理，清除表面杂质。当标志图案、字符是喷漆制作时，应先在标志底板面均匀涂一层磷化底漆。

（8）标志板背面不应涂漆。但应采用适当的化学或物理方法，使其表面变成暗灰色和不反光。标志板背面应无刻痕或其他缺陷。

3　标志面

标志面的逆反射材料有反光标志膜（反光膜）、反光涂料及反射器三类。反光膜应符合《道路交通标志反光膜》（GB/T 18833—2012）的相关规定。

4 预制里程标、公路界碑以及其他各路标等所用的水泥、钢筋等材料，应符合第 2 章第 2.6 节的要求。

5 立柱、横梁扣件、结合件和连接件等配件应采用符合图纸要求的材料，并应采用热浸镀锌进行金属表面处理。当接触的金属材料不同时，应铺设绝缘材料，以防止电解腐蚀。

6 防撞桶桶盖、桶身、横隔板所用材料为塑料或橡胶；外贴反光膜等级为二级及以上；配载物所用砂为普通中砂，细度模数为 3.0~2.3。

7 防撞桶、水马应符合《公路防撞桶》(GB/T 28650—2012)的相关规定。

5.3.2.2 施工单位应在施工前 30 d，根据本规程向监理单位提供所有拟用材料的样品，同时附有生产厂商的使用说明和规定。对大型标志，施工单位应制作小样品报送监理单位审批。

5.3.3 施工要求

5.3.3.1 标志定位与设置

所有交通标志都应按图纸的要求定位和设置，安装的标志应与交通流方向几乎成直角，在曲线路段，标志的设置角度应由交通流的行进方向来确定。为了防止路侧标志表面产生眩光，标志应向后旋转约 5°，以避开车前灯光束的直射；门架标志的垂直轴应向后倾成一角度；对于路侧标志，标志板内缘距土路肩边缘不得小于 250 mm，或根据监理单位的指示确定。

5.3.3.2 基础

标志基础可根据第 2 章第 2.6 节就地浇筑或预制后再埋置。基础位置的确定、开挖以及浇筑混凝土立模和锚固螺栓的设置等，都应经监理单位批准后方可施工。

5.3.3.3 标志支承结构

(1)路侧式标志的装设，应符合《道路交通标志和标线》(GB 5768.1~8)的相关规定。

(2)钢支承结构应根据《公路桥涵施工技术规范》(JTG/T 3650—2020)、《道路交通标志和标线》(GB 5768.1~8)、《道路交通标志板及支撑件》(GB/T 23827—2021)的相关规定制作和安装。

(3)管状或空心截面的支承结构，应设有经监理单位同意的防雨帽。

(4)钻孔、冲孔和车间焊接，应在钢材电镀之前完成。提供的连接件和附件应适合标志安装系统并符合《道路交通标志板及支撑件》(GB/T 23827—2021)的相关规定要求。

(5)施工单位应把其推荐的安装系统，包括多标志组合装置的详情报送监理单位审批。安装期间，标志板应适当支撑和加固，其表面应采取防止损坏的保护措施。

(6)标志支撑结构的架设应在基础混凝土强度达到要求，并得到监理单位的批准后才能进行。门架标志结构整个安装过程应以高空吊车为工具，不允许施工人员在门架的横梁上作业。在横梁安装之前，应先预拱，横梁中间处的预拱度一般为 50 mm。悬臂标志的预拱度为 40 mm。

门架和悬臂式标志支撑结构安装完毕后，应按图纸要求，用高强级反光膜贴在立柱的迎交通流面，作为立面标记。

(7)标志中与铝合金或其他金属接触的所有钢材都应加以保护，以避免发生钢材或铝合金的锈蚀,保护措施应经监理单位认可。

5.3.3.4　标志板制作安装

(1)标志面的制作:

1)交通标志的形状、图案和颜色应严格按照《道路交通标志和标线》(GB 5768.1~8)及图纸的规定执行。所有标志上的汉字、汉语拼音字母、英文字、阿拉伯数字应符合《道路交通标志和标线》(GB 5768.1~8)的相关规定,不得采用其他字体。

2)交通标志板面上的图案、字符的平面布设,应在施工前三个月做出样品,提交给监理单位审批。标志采用全反光、部分反光及反光膜的级别,应符合图纸要求。

3)粘贴反光膜时,不允许采用手工操作或用溶剂激活黏结剂。在标志面的最外层可涂保护层如透明涂料等。

4)反光膜应尽可能减少拼接,当粘贴反光膜不可避免出现接缝时,应使用反光膜产品的最大宽度进行拼接,接缝以搭接为主。当需要滚筒粘贴或丝网印刷时,可以平接,其间隙不应超过 1 mm,距标志板边缘 50 mm 之内,不得有拼接。

5)当用反光膜拼接标志图案时,拼接处应有 3~6 mm 的重叠部分,如果监理单位同意采用对接,则接缝间隙不得大于 0.8 mm。反光膜粘贴在挤压型材板面上,并伸出上、下边缘的最小长度为 8 mm,且应紧密地粘贴在上、下边缘上。

(2)标志板应在车间剪裁或切割,以产生整齐、方正的边缘,不应有毛刺,应符合《道路交通标志板及支撑件》(GB/T 23827—2021)的相关规定。所有标志板的槽钢应在粘贴定向反光膜之前焊接好。

(3)施工单位应先提供一种所有各类标志板面各种图案的配置图,在取得监理单位同意之后,再进行图案制作。

(4)定向反光膜应用不剥落的热活性胶粘剂粘贴,将反光膜牢固粘贴到标志板上,其表面不得产生任何气泡和污损等缺陷。

(5)标志板的运输、储存和搬运方式应按制造厂商的要求进行,两块标志邻接面之间应使用适合的衬垫材料分隔,以免在运输、搬运过程中磨损标志板面。标志板应储存在干净、干燥的室内。

(6)标志板安装前,施工单位应对标志板板面外观逐一进行检查,以满足设计要求,监理单位应按一定比例进行抽检。安装标志板时,应事先获得监理单位的批准,标志的紧固方法应符合图纸的要求。

(7)标志安装完毕后,施工单位应根据标志制造厂商建议的方法,清扫所有标志板。在清扫过程中,不应损坏标志面或产生其他缺陷。

(8)标志安装完毕后,监理单位检查所有标志,以确认在白天和夜间条件下标志的外观、视认性、颜色、镜面眩光等是否符合图纸要求。

在标志检查中发现的任何缺陷,施工单位应按监理单位指示予以修正或更换。

5.3.3.5　里程标、百米桩、公路界碑

(1)里程标、公路界碑、测量标志碑、安全标、固定物标志及其他标志应根据《道路交通标志和标线》(GB 5768.1~8)进行图纸制作和设置,并应按图纸所示或监理单位指示准确定位。

(2)里程标、公路界碑等混凝土构件的预制及强度要求等应符合图纸要求及第 2 章第 2.6 节的规定。

(3)除图纸另有示出或监理单位另有指示外,金属结构件应按《道路交通标志板及支撑件》(GB/T 23827—2021)及《公路交通工程钢构件防腐技术条件》(GB/T 18226—2015)的要求进行防腐处理。

5.3.4　质量检验

5.3.4.1　基本要求

(1)交通标志的加工、制作应符合《道路交通标志和标线》(GB 5768.1~8)和《道路交通标志板及支撑件》(GB/T 23827—2021)的相关规定。

(2)交通标志在运输过程中不得损伤标志面及金属构件涂层。

(3)交通标志的设置及安装应满足设计要求并符合施工技术规范的规定。

(4)交通标志及支撑件应安装牢固,基础混凝土强度应满足设计要求。

5.3.4.2　检查项目

交通标志检查项目见表 5.3.4。

表 5.3.4　交通标志检查项目

序号	检查项目	规定值或允许偏差	检查方法和频率
1	标志面反光膜逆反射系数/[$cd/(lx \cdot m^2)$]	满足设计要求	逆反射系数测试仪:每块板每种颜色测 3 点
2	标志板下缘至路面净空高度/mm	+100,0	经纬仪、全站仪或尺量:每块板测 2 点
3	柱式标志板、悬臂式和门架式标志立柱的内边缘距土路肩边缘线距离/mm	≥250	尺量:每处测 1 点
4	立柱竖直度/(mm/m)	3	垂线法:每根柱测 2 点
5	基础顶面平整度	4	尺量:对角拉线测最大间隙,每个基础测 2 点
6	标志基础尺寸/mm	+100,-50	尺量:每个基础长度、宽度各测 2 点

5.3.4.3　外观质量

交通标志在安装后标志面及金属构件涂层应无损伤。

5.4　交通标线

5.4.1　范围

本节工作内容为在已完成的沥青混凝土和水泥混凝土路面上喷涂路面标线、涂敷振荡标线,安装突起路标、轮廓标及其附属工程等有关施工作业。

5.4.2　材料

5.4.2.1　路面标线所用材料应符合《路面标线涂料》(JT/T 280—2004)、《路面防滑涂料》(JT/T 712—2008)的规定。无论采用哪一种标线材料,应能满足在沥青混凝土、水泥混凝土路面上耐久使用的要求,且均应有合适的施工机械与之配套。

路面标线涂料的分类如表 5.4.2-1 所示。

表 5.4.2-1　路面标线涂料分类

<table>
<tr><th>种类</th><th>施工时的条件</th><th>玻璃珠含量和使用方法</th><th>状态</th></tr>
<tr><td rowspan="2">溶剂型</td><td>普通型</td><td>涂料中不含玻璃珠,施工时也不撒玻璃珠</td><td rowspan="2">液态</td></tr>
<tr><td>反光型</td><td>涂料中不含玻璃珠,施工时涂布涂层后立即将玻璃珠撒布在其表面</td></tr>
<tr><td rowspan="3">热熔型</td><td>普通型</td><td>涂料中不含玻璃珠,施工时也不撒玻璃珠</td><td rowspan="3">固态</td></tr>
<tr><td>反光型</td><td>涂料中含 18%~25%的玻璃珠,施工时涂布涂层后立即将玻璃珠撒布在其表面</td></tr>
<tr><td>突起型</td><td>涂料中含 18%~25%的玻璃珠,施工时涂布涂层后立即将玻璃珠撒布在其表面</td></tr>
<tr><td rowspan="3">双组分</td><td>普通型</td><td>涂料中不含玻璃珠,施工时也不撒玻璃珠</td><td rowspan="3">液态</td></tr>
<tr><td>反光型</td><td>涂料中不含(或含 18%~25%)的玻璃珠,施工时涂布涂层后立即将玻璃珠撒布在其表面</td></tr>
<tr><td>突起型</td><td>涂料中含 18%~25%的玻璃珠,施工时涂布涂层后立即将玻璃珠撒布在其表面</td></tr>
<tr><td rowspan="2">水性</td><td>普通型</td><td>涂料中不含玻璃珠,施工时也不撒玻璃珠</td><td rowspan="2">液态</td></tr>
<tr><td>反光型</td><td>涂料中不含(或含 18%~25%)的玻璃珠,施工时涂布涂层后立即将玻璃珠撒布在其表面</td></tr>
</table>

5.4.2.2 溶剂型涂料的性能应符合表 5.4.2-2 的规定。

表 5.4.2-2 溶剂型涂料的性能

项目		溶剂型	
		普通型	反光型
容器中状态		应无结块、结皮现象，易于搅匀	
黏度		100(涂 4 杯，s)	80~120(KU 值)
密度/(g/cm^3)		1.2	1.3
施工性能		空气或无空气喷涂(或刮涂)施工性能良好	
加热稳定性		—	应无结块、结皮现象，易于搅匀，KU 值小于 140
涂膜外观		干燥后，应无发皱、泛花、起泡、开裂、发粘等现象，涂膜颜色和外观应与标准板差异不大	
不黏胎干燥时间/min		15	10
遮盖率/%	白色	95	
	黄色	80	
色度性能(45/0)	白色	涂料的色品坐标和亮度因数应符合《路面标线涂料》(JT/T 280—2004)中相关规定的范围	
	黄色		
耐磨性/mg (200 转/1 000 g 后减重)		40(JM-100 橡胶砂轮)	
耐水性		在水中浸 24 h 应无异常现象	
耐碱性		在氢氧化钙饱和溶液中浸 24 h 应无异常现象	
附着性(划圈法)		4 级	
柔韧性/mm		5	
固体含量/%		60	65

5.4.2.3　热熔型涂料的性能应符合表 5.4.2-3 的规定。

表 5.4.2-3　热熔型涂料的性能

项目		热熔型		
		普通型	反光型	突起型
密度/(g/cm^3)		1.8~2.3		
软化点/℃		90~125		100
涂膜外观		干燥后,应无皱纹、斑点、起泡、裂纹、脱落、粘胎现象,涂膜的颜色和外观应与标准板差异不大		
不粘胎干燥时间/min		3		
色度性能(45/0)	白色	涂料的色品坐标和亮度因数应符合《路面标线涂料》(JT/T 280—2004)中相关规定的范围		
	黄色			
抗压强度/MPa		12		(23±1)℃时,12 (50±2)℃时,2
耐磨性/mg(200 转/1 000 g 后减重)		80(JM-100 橡胶砂轮)		—
耐水性		在水中浸 24 h 应无异常现象		
耐碱性		在氢氧化钙饱和溶液中浸 24 h 应无异常现象		
玻璃珠含量/%		—	18~25	
流动度/s		35±10		—
涂层低温抗裂性		-10 ℃保持 4 h,室温放置 4 h 为 1 个循环,连续做 3 个循环后应无裂纹		
加热稳定性		200~220 ℃在搅拌状态下保持 4h,应无明显泛黄、焦化、结块等现象		
人工加速耐候性		经人工加速耐候性试验后,试板涂层不产生龟裂、剥落;允许轻微粉化和变色,但色品坐标应符合《路面标线涂料》(JT/T 280—2004)中相关规定的范围,亮度因数变化范围应不大于原样板亮度因数的 20%		

5.4.2.4　双组分涂料的性能应符合表 5.4.2-4 的规定。

表 5.4.2-4　双组分涂料的性能

项目		热熔型		
		普通型	反光型	突起型
容器中状态		应无结块、结皮现象，易于搅匀		
密度/(g/cm^3)		1.5~2.0		
施工性能		按生产厂的要求，将 A、B 组分按一定比例混合搅拌均匀后，喷涂、刮涂施工性能良好		
涂膜外观		涂膜固化后应无皱纹、斑点、起泡、裂纹、脱落、粘胎等现象，涂膜的颜色和外观应与标准板差异不大		
不黏胎干燥时间/min		35		
色度性能(45/0)	白色	涂膜的色品坐标和亮度因数应符合《路面标线涂料》(JT/T 280—2004)中相关规定的范围		
	黄色			
耐磨性/mg(200 转/1 000 g 后减重)		40(JM-100 橡胶砂轮)		
耐水性		在水中浸 24 h 应无异常现象		
耐碱性		在氢氧化钙饱和溶液中浸 24 h 应无异常		
附着性(划圈法)		4 级(不含玻璃珠)	—	—
柔韧性/mm		5(不含玻璃珠)	—	—
玻璃珠含量/%		—	18~25	18~25
人工加速耐候性		经人工加速耐候性试验后，试板涂层不产生龟裂、剥落；允许轻微粉化和变色，但色品坐标应符合《路面标线涂料》(JT/T 280—2004)中相关规定的范围，亮度因数变化范围应不大于原样板亮度因数的 20%。		

5.4.2.5　水性涂料的性能应符合表 5.4.2-5 的规定。

表 5.4.2-5　水性涂料的性能

项目		溶剂型	
		普通型	反光型
容器中状态		应无结块、结皮现象，易于搅匀	
黏度		70(KU 值)	80~120(KU 值)
密度/(g/cm^3)		1.4	1.6
施工性能		空气或无空气喷涂(或刮涂)施工性能良好	
漆膜外观		应无发皱、泛花、起泡、开裂、发粘等现象，涂膜颜色和外观应与样板差异不大	
不粘胎干燥时间/min		15	10
遮盖率/%	白色	95	
	黄色	80	
色度性能(45/0)	白色	涂料的色品坐标和亮度因数应符合《路面标线涂料》(JT/T 280—2004)中相关规定的范围	
	黄色		
耐磨性/mg(200 转/1 000 g 后减重)		40(JM-100 橡胶砂轮)	
耐水性		在水中浸 24 h 应无异常现象	
耐碱性		在氢氧化钙饱和溶液中浸 24 h 应无异常	
冻融稳定性		在(-5±2)℃条件下放置 18 h 后，立即置于(23±2)℃条件下放置 6 h 为 1 个周期，3 个周期后，应无结块、结皮现象，易于搅匀	
早期耐水性		在温度为(23±2)℃、湿度为 90%±3%的条件下，实干时间 120 min	
附着性(划圈法)		5 级	—
固体含量/%		70	75

5.4.2.6　玻璃珠的性能应符合《路面标线用玻璃珠》(GB/T 24722—2020)的相关规定。

5.4.2.7 路面标线涂料的色度性能应符合《安全色》(GB 2893—2008)相关规定的要求，其色品坐标和亮度因数应符合表5.4.2-6和《路面标线涂料》(JT/T 280—2004)相关规定的范围。

表5.4.2-6　普通材料和逆反射材料的各角点色品坐标和亮度因数

颜色		用角点的色品坐标来决定可使用的颜色范围（光源：标准光源D65，照明和观测几何条件45/0）					亮度因数
		坐标	1	2	3	4	
普通材料色	白	*x*	0.350	0.300	0.290	0.340	0.75
		y	0.360	0.310	0.320	0.370	
	黄	*x*	0.519	0.468	0.427	0.465	0.45
		y	0.480	0.442	0.483	0.534	
逆反材料色	白	*x*	0.350	0.300	0.290	0.340	0.35
		y	0.360	0.310	0.320	0.370	
	黄	*x*	0.545	0.487	0.427	0.465	0.27
		y	0.454	0.423	0.483	0.534	

5.4.2.8 材料的检验、包装、运输和储存

(1)材料由生产厂的检验部门按《路面标线涂料》(JT/T 280—2008)、《路面防滑涂料》(JT/T 712—2008)标准规定进行检验，并保证所有出厂产品都应符合规定的技术指标。产品应有合格证，另附有使用说明及注意事项。

(2)施工单位应向监理单位提供拟使用来自供应厂商合格的每种材料的样品和使用说明，产品按《色漆、清漆和色漆与清漆用原材料取样》(GB/T 3186—2006)进行取样，样品应分两份，一份密封储存备查，另一份作为检验试验之用，样品经试验同意后，将作为以后来料比较的依据。

(3)材料同意使用后，在交货前应对每批预定材料取样，并进行试验，在生产中，必要时监理单位可以在生产过程中取样并进行检验，以保证其符合规定的产品标准。所有试样应明确标出生产厂商的批量编号和生产日期。每次产品装运时，应附上与最初提供的样品一致的证明书。

(4)产品的包装除玻璃珠应符合第5章第5.4节外，涂料可用内衬密封塑料袋外加编织袋的双层包装袋包装，袋口应严密封闭。

(5)产品在存放时应保持通风、干燥，防止日光直接照射，并应隔绝火源，夏季气温过高时应设法降温。

(6)产品在运输时,应防止雨淋、日晒,应采用集装箱运输,并符合运输部门相关规定。

(7)产品应标明储存期 ,超过储存期应按《路面标线涂料》(JT/T 280—2004)、《路面防滑涂料》(JT/T 712—2008)规定的项目进行检验,不合格者,不得使用。

(8)玻璃珠的包装应符合下列要求:

1)宜采用柔软耐磨的黄麻袋或其他纺织袋包装,里面衬以衬垫,以保证在运输过程中不被污染或包装破损。每包应含有不少于 25 kg 净重玻璃珠。所有包装应明显标出玻璃珠的种类、质量(以 kg 计)、批数及制造商名称。

2)存储在封闭包内一年的玻璃珠不应结块。

5.4.2.9　涂料试验

(1)监理单位可提前指示施工单位按《路面标线涂料》(JT/T 280—2004)、《路面防滑涂料》(JT/T 712—2008)规定的试验方法,并参见表 5.4.2-2 ~ 表 5.4.2-5 的质量要求进行试验,以确定材料是否合格;并在监理单位指定的地段进行实地试验以便吸取经验。

(2)热熔涂料涂敷于路面上使用 12 个月(缺陷责任期)后应无明显褪色和剥落。

(3)为了使施工中质量有所控制,应用湿膜厚度梳子校核道路路面的湿膜厚度,或采用经监理单位同意的其他方法进行校核。

1)在湿膜涂层或放在金属试件上后,立即将梳子仔细并垂直放入湿膜内。

2)将梳子量规在湿膜内稳固地保持 5 ~ 10 s,然后垂直地将其取出。

3)定出湿膜厚度梳子量规尖头覆盖着的材料。为了准确地测量湿漠厚度,湿漆必须触及量规中刻有规定厚度的尖头,而不触及刻有下一较高厚度的尖头。

5.4.2.10　突起路标和轮廓标

1　反光突起路标

(1)反光突起路标应符合图纸要求,一般为矩形或圆形或椭圆形,其面向行车方向的边长及平行于行车方向的边长或直径应符合《突起路标》(GB/T 24725—2009)、《太阳能突起路标》(GB/T 19813—2005)相关规定。反光路标可由工程塑料、金属或强化玻璃及陶瓷等材料组成,其底面应粗糙以保证黏结剂将其与路面牢固黏结。

(2)突起路标反射体应反射性能均匀,完整无缺角、缺口,突起路标壳体成型应完整,外表面不得有明显的划伤,颜色应均匀一致,无飞边。

(3)突起路标应经抗压强度试验,抗压荷载应大于 160 kN。突起路标的色度性能、逆反射特性、机械性能、耐候性能、耐盐雾及腐蚀性能均应符合《突起路标》(GB/T 24725—2009)、《太阳能突起路标》(GB/T 19813—2005)相关规定。

(4)施工单位应将符合尺寸要求的反光路标样品提前提交给工程师,以便有足够的时间进行试验和批准使用。

2　附着式轮廓标(附着于护栏、侧墙等的轮廓标)

(1)附着式轮廓标的后底板、支架,应按图纸要求采用铝合金板或钢板制造,连接件应采用钢材制造,并应符合《轮廓标》(GB/T 24970—2020)相关规定。

(2)铝合金板的性能应符合《一般工业用铝及铝合金板、带材　第1部分：一般要求》(GB/T 3880.1—2012)相关规定要求。用作支架及底板时，其最小实测厚度不应小于2.0 mm。

(3)钢板的性能应符合《连续热镀锌和锌合金镀层钢板及钢带》(GB/T 2518—2019)相关规定要求。用作支架及底板时，其最小实测厚度不应小于1.5 mm。连接件亦应经镀锌处理。

(4)镀锌钢板或铝合金板的尺寸、形状和螺栓孔应按图纸所示的要求进行加工制作，板表面不得有砂眼、毛刺、飞边或其他缺陷。

(5)逆反射材料通过支架固定在护栏与连接螺栓中，或按图纸所示固定在其他构造物上。

3　柱式轮廓标(路边线轮廓标)

(1)柱式轮廓标柱体应由聚乙烯树脂、玻璃纤维增强塑料、聚碳酸脂树脂、氯乙烯树脂等加工成形方便的材料制成。其机械性能、耐候性能、耐盐雾腐蚀性能应符合《轮廓标》(GB/T 24970—2020)相关规定。上述合成树脂类板材的实测厚度不应小于3.0 mm。

(2)柱式轮廓标柱体表面应平整光滑，无毛刺、裂缝或气泡等缺陷，无明显凹痕或变形。柱体表面平面度公差不应大于1.0 mm。

(3)柱式轮廓标柱体白色和黑色的色品坐标和亮度因素及其对应的颜色的色品图应符合《轮廓标》(GB/T 24970—2020)相关规定。

(4)180 mm×40 mm的逆反射材料应镶嵌在轮廓标柱体的表面，使不易脱落。

4　逆反射材料

(1)逆反射材料应采用反射器或反光膜。反射器有微棱镜型和玻璃珠型两种形式。微棱镜型反射器应颜色均匀一致，整个反光面逆反射性能均匀。玻璃珠型反射器的玻璃珠应颜色一致，不应有漏珠、破损或其他缺陷。反光膜在柱体上应粘贴平整，无皱纹、气泡、拼接缝或其他缺陷。

(2)轮廓标的逆反射材料，其色度性能、光度性能、耐候性能、耐盐雾腐蚀性能、耐高低温性能、密封性能等均应符合《轮廓标》(GB/T 24970—2020)相关规定。

5　上述加工产品，须按《轮廓标》(GB/T 24970—2020)及《突起路标》(GB/T 24725—2009)相关规定，随机抽样检验，合格后方可进行安装和设置。

5.4.3　施工要求

5.4.3.1　路面标线

(1)设置标线的路面表面应清洁干燥，无松散颗粒、灰尘、沥青、油污或其他有害物质。

(2)在水泥路面或旧的沥青路面施加标线需要预涂底油时，应先喷涂热熔底油下涂剂，按试验决定的间隔时间喷涂热熔涂料，以提高其黏结力。

(3)为了确保标线涂料和路面材料完全相适应，底油的类型和用量应经监理单位批准。

(4)标线的颜色为白色和黄色，应符合《路面标线涂料》(JT/T 280—2004)、《路面防滑涂料》(JT/T 712—2008)相关要求。并按监理单位同意的方法施工。喷涂机具应使用自行式机械。

(5)标线宽度、虚线长及间隔、点线长及间隔、双标线的间隔,应按《道路交通标志和标线》(GB 5768.1~8)相关规定办理。标线喷涂厚度应符合图纸要求。

(6)特殊标线的图案、标记如箭头及字母等的尺寸应按图纸要求和《道路交通标志和标线》(GB 5768.1~8)相关规定办理。

(7)所有标线应具有顺直、平顺、光洁、均匀及精美外观,湿膜厚度符合图纸要求;否则,应按监理单位指示进行返工处理。

(8)有缺陷的、施工不当、尺寸不正确或位置错误的标线均应清除,路面应修补,材料应更换,并由施工单位承担相关责任。

(9)涂料在容器内加热时,温度应控制在涂料生产商的使用说明规定值内,不得超过最高限制温度,烃树脂类材料,保持在熔融状态的时间不大于 6 h,树胶树脂类材料,保持在熔融状态的时间不大于 4 h。

(10)涂料喷涂于路面时的温度,应符合涂料生产商使用说明的要求,否则会影响喷涂使用寿命。

(11)喷涂施工应在白天进行,雨天、尘埃大、风大、气温低于 10 ℃时应暂时停止施工。

(12)玻璃珠的撒布应经试验并获监理单位批准后方可实施。撒布玻璃珠应在涂料喷涂后立即进行,以 0.3 kg/m^2 的用量加压撒布在所有标线上。

(13)喷涂标线时,应有交通安全措施,设置适当警告标志,阻止车辆及行人在作业区内通行,防止将涂料带出或形成车辙,直至标线充分干燥。

(14)振荡标线是在平滑的基础标线上,一次成型长方形排骨式突起的高亮度道路标线涂料,即使在雨天也能取得超群的高视认性,在汽车压线的瞬间引起轻快的振动,以提醒驾驶员注意安全,防止越线的新型产品。具体施工工艺为:

1)路面处理。先清除路面泥土、尘埃等杂物;如含有水分,则应先用喷枪进行干燥处理。

2)底漆涂刷。使用专用设备按热熔型标线涂料的规定用量均匀涂刷。

3)振荡标线的涂敷。往热熔釜中投入专门材料,在充分搅拌的条件下使之完全溶解;在确认底漆完全干燥后,使用专用划线机在 170~210 ℃之间进行涂敷施工。

4)玻璃微珠的撒布。使用与划线机一体的撒布器在涂敷之后,随即撒布玻璃微珠。

5)确认涂料充分冷却、固化后,方可开放车辆通行。

6)振荡标线规格及质量应符合图纸要求。

5.4.3.2 突起路标

(1)突起路标应按图纸要求或监理单位的指示地点设置,设置时路面面层应干燥清洁,无杂屑,此时将环氧树脂均匀涂覆于突起路标的底部,涂覆厚度约为 8 mm,将突起路标压在路面的正确位置上,轻微转动,直到四周出现挤浆并及时清除其溢出部分,在凝固前突起路标不得扰动。

(2)在水泥混凝土路面设置突起路标时,先用硬刷和10%盐酸溶液洗刷混凝土表面,然后用清水冲洗干净,待路面清洁干燥后安装突起路标。

(3)突起路标设置高度,顶部不得高出路面25 mm。

(4)突起路标的反光玻璃球有白色、红色或黄色,白色设在一般路段,红色或黄色设在危险路段。

(5)设置间距及其他规定应按图纸要求和监理单位的指示进行。

(6)在降雨、风速过大或气温过高过低时,不进行设置。

(7)突起路标设置后,经检查不合格时,应拆除重新安装,费用由施工单位承担。

5.4.3.3　轮廓标

1　柱式轮廓标

(1)柱式轮廓标应按图纸的规定量距定位。

(2)混凝土基础可采用现浇或预制的方法施工,并应符合第2章的规定,预制时应按图纸的规定预埋连接件。

(3)柱式轮廓标安装时,柱体应垂直于水平面,三角形柱体的顶角平分线应垂直于公路中心线,柱体与混凝土基础之间可用螺栓连接。

2　附着式轮廓标

(1)附着于梁柱式护栏上的轮廓标可按立柱间距定位,附着于混凝土护栏和隧道侧墙上的轮廓标应量距定位。

(2)附着式轮廓标应按照放样确定的位置进行安装。反射器的安装角度应符合图纸的规定。安装高度宜尽量统一,并应连接牢固。

5.4.3.4　立面标记

(1)立面标记设置的位置应符合图纸规定。

(2)立面标记的颜色为黄黑相间的倾斜线条,斜线倾角为45°,线宽及其间距均为150 mm,设置时应把向下倾斜的一边朝向行车道。

5.4.3.5　锥形交通路标的设置

锥形交通路标应根据《交通锥》(GB/T 24720—2009)相关规定和图纸制作与设置,并应按图纸所示或监理单位指示准确定位。

5.4.4　质量检验

5.4.4.1　路面标线

1　基本要求

(1)交通标线施划前路面应清洁、干燥、无起灰。

(2)交通标线用涂料产品应符合《路面标线涂料》(JT/T 280—2004)及《路面标线用玻璃珠》(GB/T 24722—2020)相关规定;防滑涂料产品应符合《路面防滑涂料》(JT/T 712—2008)相关规定。

(3)交通标线的颜色、形状和位置应符合《道路交通标志和标线》(GB 5768.1~8)相关规定并满足设计要求。

(4)反光标线玻璃珠应撒布均匀,施划后标线无起泡、剥落现象。

2　检查项目

交通标线检查项目见表 5.4.4-1。

表 5.4.4-1　交通标线检查项目

<table>
<tr><th>序号</th><th colspan="3">检查项目</th><th>规定值或允许偏差</th><th>检查方法和频率</th></tr>
<tr><td rowspan="5">1</td><td rowspan="5">标线线段长度/mm</td><td colspan="2">6 000</td><td>±30</td><td rowspan="5">尺量:每 1 km 测 3 处,每处测 3 个线段</td></tr>
<tr><td colspan="2">4 000</td><td>±20</td></tr>
<tr><td colspan="2">3 000</td><td>±15</td></tr>
<tr><td colspan="2">2 000</td><td>±10</td></tr>
<tr><td colspan="2">1 000</td><td>±10</td></tr>
<tr><td>2</td><td colspan="3">标线宽度/mm</td><td>+5,0</td><td>尺量:每 1 km 测 3 处,每处测 3 点</td></tr>
<tr><td rowspan="7">3</td><td rowspan="7">标线厚度(干膜,mm)</td><td colspan="2">溶剂型</td><td>不小于设计值</td><td rowspan="7">标线厚度测量仪或卡尺:每 1 km 测 3 处,每处测 6 点</td></tr>
<tr><td colspan="2">热熔型</td><td>+0.50,-0.10</td></tr>
<tr><td colspan="2">水性</td><td>不小于设计值</td></tr>
<tr><td colspan="2">双组分</td><td>不小于设计值</td></tr>
<tr><td colspan="2">预成型标线带</td><td>不小于设计值</td></tr>
<tr><td rowspan="2">突起型</td><td>突起高度</td><td>不小于设计值</td></tr>
<tr><td>基线厚度</td><td>不小于设计值</td></tr>
<tr><td>4</td><td colspan="3">标线横向偏位/mm</td><td>≤30</td><td>尺量:每 1 km 测 3 处,每处测 3 点</td></tr>
<tr><td rowspan="4">5</td><td rowspan="4">标线纵向间距/mm</td><td colspan="2">9 000</td><td>±45</td><td rowspan="4">尺量:每 1 km 测 3 处,每处测 3 个线段</td></tr>
<tr><td colspan="2">6 000</td><td>±30</td></tr>
<tr><td colspan="2">4 000</td><td>±20</td></tr>
<tr><td colspan="2">3 000</td><td>±15</td></tr>
</table>

续表 5.4.4-1

<table>
<tr><th>序号</th><th colspan="4">检查项目</th><th>规定值或允许偏差</th><th>检查方法和频率</th></tr>
<tr><td rowspan="20">6</td><td rowspan="20">逆反射亮度系数 RL/[mcd/(m²·lx)]</td><td rowspan="7">非雨夜反光标线</td><td rowspan="2">Ⅰ级</td><td>白色</td><td>≥150</td><td rowspan="7">标线逆反射测试仪:每 1 km 测 3 处,每处测 9 点</td></tr>
<tr><td>黄色</td><td>≥100</td></tr>
<tr><td rowspan="2">Ⅱ级</td><td>白色</td><td>≥250</td></tr>
<tr><td>黄色</td><td>≥125</td></tr>
<tr><td rowspan="2">Ⅲ级</td><td>白色</td><td>≥350</td></tr>
<tr><td>黄色</td><td>≥150</td></tr>
<tr><td rowspan="2">Ⅳ级</td><td>白色</td><td>≥450</td></tr>
<tr><td rowspan="6">雨夜反光标线</td><td>黄色</td><td>≥175</td><td rowspan="13">干湿表面逆反射标线测试仪:每 1 km 测 3 处,每处测 9 点</td></tr>
<tr><td rowspan="2">干燥</td><td>白色</td><td>≥350</td></tr>
<tr><td>黄色</td><td>≥200</td></tr>
<tr><td rowspan="2">潮湿</td><td>白色</td><td>≥175</td></tr>
<tr><td>黄色</td><td>≥100</td></tr>
<tr><td rowspan="2">连续降雨</td><td>白色</td><td>≥75</td></tr>
<tr><td rowspan="7">立面反光</td><td>黄色</td><td>≥75</td></tr>
<tr><td rowspan="6">干燥</td><td>白色</td><td>≥400</td></tr>
<tr><td>黄色</td><td>≥350</td></tr>
<tr><td>白色</td><td>≥200</td></tr>
<tr><td>黄色</td><td>≥175</td></tr>
<tr><td>白色</td><td>≥100</td></tr>
<tr><td>黄色</td><td>≥100</td></tr>
<tr><td rowspan="2">7</td><td rowspan="2">抗滑值(BPN)</td><td colspan="3">抗滑标线</td><td>≥45</td><td rowspan="2">摆式摩擦系数测试仪:每 1 km 测 3 处</td></tr>
<tr><td colspan="3">彩色防滑路面</td><td>满足设计要求</td></tr>
</table>

注:抗滑标线、彩色防滑路面测量抗滑值。

3　外观质量

交通标线线形不得出现设计要求以外的弯折。

5.4.4.2　突起路标、轮廓标

1　基本要求

(1)突起路标:

1)突起路标产品应符合《突起路标》(GB/T 24725—2009)、《太阳能突起路标》(GB/T 19813—2005)相关规定。

2)突起路标的布设及其颜色应符合《道路交通标志和标线》(GB 5768.1~8)相关规定并满足设计要求。

3)突起路标施工前路面应清洁、干燥,定位准确。

4)突起路标与路面的黏结应牢固。

(2)轮廓标:

1)轮廓标产品应符合《轮廓标》(GB/T 24970—2020)相关的规定。

2)柱式轮廓标的基础混凝土强度、基础尺寸应满足设计要求。

3)轮廓标的布设应满足设计要求并符合施工技术规范规定。

4)轮廓标应安装牢固,色度性能和光度性能应满足设计要求。

2　检查项目

(1)突起路标检查项目见表 5.4.4-2。

(2)轮廓标检查项目见表 5.4.4-3。

表 5.4.4-2　突起路标检查项目

序号	检查项目	规定值或允许偏差	检查方法和频率
1	安装角度/(°)	±5	角尺:抽查 10%
2	纵向间距/mm	±50	尺量:抽查 10%
3	横向偏位/mm	±30	尺量:抽查 10%

表 5.4.4-3　轮廓标检查项目

序号	检查项目	规定值或允许偏差	检查方法和频率
1	安装角度/(°)	0~5	花杆、十字架、卷尺、万能角尺:抽查 5%
2	反射器中心高度/mm	±20	尺量:抽查 5%
3	柱式轮廓标竖直度/(mm/m)	±10	垂线法:抽查 5%

3　外观质量

(1)突起路标。

突起路标表面无污损。

(2)轮廓标。

轮廓标表面应无污损。

5.5 防眩设施

5.5.1 范围

本节内容为设置防眩板、防眩网的有关施工作业。

5.5.2 材料

(1)独立设置的混凝土基础所用的钢筋、水泥、细集料、粗集料、拌和用水、外加剂等材料,应符合第2章的规定。

(2)除图纸另行规定外,防眩板、防眩网所用材料应符合《防眩板》(GB/T 24718—2009)相关规定。

(3)所有钢构件均应进行防腐处理。除图纸另行规定外,防腐处理均应满足《公路交通工程钢构件防腐技术条件》(GB/T 18226—2015)相关规定。螺栓、螺母等紧固件和连接件在防腐处理后,必须清理螺纹或进行离心分离处理。

(4)防眩板构件及防眩网应具有产品合格证明并经监理单位认可后方能使用。

5.5.3 施工要求

5.5.3.1 设置于混凝土护栏上的防眩板或防眩网的安装

(1)防眩板或防眩网可通过混凝土护栏顶部的预埋件及连接件安装在混凝土护栏上。未设置预埋件时,可采取后固定的施工工艺安装。

(2)混凝土护栏强度低于设计强度的70%时,不得安装防眩板或防眩网。

(3)防眩板或防眩网下缘与混凝土护栏顶部的间距应符合图纸的规定。

(4)防眩板或防眩网安装后,不得削弱混凝土护栏的原有功能。

5.5.3.2 设置于波形梁护栏上的防眩板或防眩网的安装

(1)防眩板或防眩网可通过连接件安装在波形梁护栏上。

(2)防眩板或防眩网安装在波形梁护栏上时,不得削弱波形梁护栏的原有功能。

(3)防眩板或防眩网下缘与波形梁护栏顶面的间距应符合图纸的规定。

(4)施工过程中不应损伤波形梁护栏的防腐层,否则应在24 h之内予以修补。

5.5.3.3 独立设置立柱的防眩板或防眩网的安装

(1)施工前,应清理场地、协调与其他设施的关系。

(2)防眩板或防眩网单独设置立柱时,可根据所在位置将立柱埋入土中、设置混凝土基础或固定于桥梁、通道、明涵等构造物上。设置混凝土基础,其强度达到设计强度的70%以上时,才能在立柱上安装防眩板或防眩网。

(3)立柱施工时,不得破坏地下管线和排水设施。

5.5.4　质量检验

5.5.4.1　基本要求

(1)防眩板产品应符合《防眩板》(GB/T 24718—2009)相关规定,其他防眩设施应满足设计要求并符合施工技术规范的规定。

(2)防眩设施的几何尺寸及遮光角应满足设计要求。

(3)防眩设施应安装牢固。

5.5.4.2　检查项目

防眩设施检查见表 5.5.4。

表 5.5.4　防眩板检查项目

项次	检查项目	规定值或允许偏差	检查方法和频率
1	安装高度/mm	±10	尺量:每 1 km 测 10 处
2	防眩板设置间距/mm	±10	尺量:每 1 km 测 10 处
3	竖直度/(mm/m)	±5	垂线法:每 1 km 测 5 处
4	防眩网网孔尺寸	满足设计要求	尺量:每 1 km 测 5 处,每处测 3 孔

5.6　隔离栅和防落物网

5.6.1　范围

本节工作内容为隔离栅和防落物网的制作、安装等的施工及有关作业。

5.6.2　材料

(1)隔离栅和防落物网应符合《隔离栅》(GB/T 26941.1~6—2011)及《公路交通安全设施施工技术规范》(JTG/T 3671—2021)的规定。

1)钢板网片的材料应采用低碳薄钢板,并符合《碳素结构钢和低合金结构钢热轧钢板和钢带》(GB/T 3274—2017)相关规定要求。

2)电焊网片、编织网片、刺铁丝网片的材料应采用低碳钢丝,并符合《一般用途低碳钢丝》(YB/T 5294—2009)相关规定要求。

(2)立柱可采用钢管、型钢或钢筋混凝土柱,如图纸所示。钢管以钢带焊接或焊后冷加工制造,应符合《直缝电焊钢管》(GB/T 13793—2016)相关规定要求;型钢应符合《碳素结构钢》(GB/T 700—2006)相关规定要求;钢筋混凝土柱应符合第 2 章第 2.6 节相关规定。

(3)螺栓、螺母可采用常用的普通紧固件,并符合《紧固件机械性能　螺栓、螺钉和螺柱》(GB/T 3098.1—2010)及《紧固件机械性能　螺母》(GB/T 3098.2—2015)相关规定要求。

(4)镀锌。隔离栅和防落物网的所有金属件均应采用镀锌处理,应按《公路交通工程钢构件防腐技术条件》(GB/T 18226—2015)及《隔离栅》(GB/T 26941.1~6—2011)对金属防腐处理的相关规定办理。

(5)对于聚乙烯、聚氯乙稀涂层隔离栅,其聚乙烯涂层的技术要求及质量要求,应满足《公路用防腐蚀粉末涂料及涂层　第2部分:热塑性聚乙烯粉末涂料及涂层》(JT/T 600.2—2004)相关规定;聚氯乙烯涂层的技术要求及质量要求,应满足《公路用防腐蚀粉末涂料及涂层　第3部分:热塑性聚氯乙烯粉末涂料及涂层》(JT/T 600.3—2004)相关规定。

(6)施工单位在施工前应向监理单位提供拟采用的隔离栅和防落物网样品并获得批准,施工时所有运到工地的隔离栅和防落物网其质量均应与获批准的样品相符。

5.6.3 施工要求

5.6.3.1 一般规定

(1)隔离栅所在位置应进行场地清理,且基础严禁坐埋在虚土上和易于坍塌的土埂上,软基应进行处理。

(2)任何立柱在运到工地之前,首先施工单位应向监理单位提交每一种柱子的试样。监理单位将检查其外观质量,并进行检验(钢筋混凝土柱参照第2章第2.6节要求进行);监理单位将通知每种立柱是否适用,所交的立柱都应符合批准的标准。

(3)监理单位可以按交货的每种立柱从每500个立柱(或每种中的一部分)中任意挑选一个进行复验。如果一个立柱未能通过试验,应加倍抽验,如不合格,则由该试件代表的所有立柱均应被拒收。

(4)防落物网施工前应对所有预埋件的设置位置、强度、腐蚀程度进行检查,不符合要求的应整改。

5.6.3.2 隔离栅

(1)隔离栅宜在路基工程完成后尽早实施;施工单位应在施工前制订详细的施工组织设计送监理单位审批。施工单位应根据批准的施工组织设计,按图纸要求及实际地形地物的情况进行施工放样,定出立柱中心线进行必要的清场和挖除树根,以便按规定的坡度和线形修建隔离栅。

(2)每个柱位均应按图纸的要求确定高程,并应按实际地形进行调整。

(3)应根据图纸的规定开挖基坑。

(4)立柱应根据图纸的规定设置在现浇混凝土基础或预制混凝土基础内。立柱的埋设应分段进行。可先埋设两端的立柱,然后拉线埋设中间立柱,控制立柱与中间立柱的平面投影在一条直线上,柱顶应平顺。预制混凝土立柱和基础在运输及装卸时应避免折断或损坏边角。

(5)混凝土基础强度达到设计强度的70%以上时,可按下列规定安装隔离栅网片:

1)安装无框架卷网时,应从端头立柱开始,沿纵向展开,边铺设边拉紧,挂钩时网片不得变形。

2)安装有框架的片网时,网面应平整,框架应整体平顺、美观,框架与立柱应连接牢固。

3)安装刺钢丝网时,应从端头立柱开始。刺钢丝之间应平行、平直,绷紧后应与立柱上的铁钩牢固绑扎,横向与斜向刺钢丝相交处也应绑扎牢固。

(6)隔离栅网片安装完毕后,应对基础周围进行夯实处理。

5.6.3.3　防落物网

(1)应以上跨桥梁与公路、铁路等设施的交叉点为控制点,向两侧对称进行防落物网的施工。防落物网的设置长度应符合图纸的规定。

(2)应根据防落物网立柱预埋基础的位置安装立柱。未设置预埋件时,应采取后固定的施工工艺固定立柱。

(3)桥梁防护网网片应牢固地安装在立柱上,网片应平整、绷紧。

(4)应根据图纸的规定对防落物网做防雷接地处理。

5.6.4　质量检验

5.6.4.1　基本要求

(1)隔离栅产品应符合《隔离栅》(GB/T 26941.1~6—2011)相关规定,绿篱隔离栅和防落物网应满足设计要求。

(2)立柱混凝土基础应满足设计要求。

(3)各构件的安装应满足设计要求并符合施工技术规范的规定。

(4)防落物网网孔应均匀,结构牢固,围封严实。

(5)隔离栅起终点端头围封应满足设计要求。

5.6.4.2　检查项目

隔离栅和防落物网检查项目见表5.6.4。

表5.6.4　隔离栅和防落物网检查项目

序号	检查项目		规定值或允许偏差	检查方法和频率
1	高度/mm		±15	尺量:每1 km测5处
2	刺钢丝的中心垂度/mm		≤15	尺量:每1 km测5处
3	立柱中距/mm	焊接网	±30	尺量:每1 km测5处
		钢板网	±30	
		刺钢丝网	±60	
		编织网	±60	
4	立柱竖直度/(mm/m)		±10	垂线法:每1 km测5处
5	立柱埋置深度		不小于设计值	过程检查,尺量:抽查2%

5.6.4.3 外观质量

(1)电焊网不得脱焊、虚焊。

(2)镀锌层表面应具有均匀完整的锌层,颜色一致,表面具有实用性光滑,不允许有流挂、滴瘤或多余结块。镀件表面应无漏镀、露铁等缺陷。涂塑层应均匀光滑、连续,无肉眼可分辨的小孔、空间、孔隙、裂缝、脱皮及其他有害缺陷。

(3)混凝土立柱应密实平整,无裂缝、翘曲、蜂窝、麻面等缺陷。

(4)有框架的隔离栅和防落物网,网片应与框架焊牢,网片拉紧。整网铺设的隔离栅,端柱与网连接牢固,网面平整绷紧。刺铁丝间距符合图纸要求,刺线平直,绷紧。

(5)隔离片栅安装位置应符合图纸规定。安装线形整体顺畅并与地形相协调。围封严实,安装牢固。

5.7 环境保护

5.7.1 范围

本节内容为环境保护,主要为桥面径流收集系统、桥面径流处理系统、在线监测系统的有关施工作业。

5.7.2 一般要求

(1)所需材料均应符合图纸要求和相关规范的规定。

(2)径流处理池混凝土基础所用的钢筋、水泥、细集料、粗集料、拌和用水、外加剂等材料,应符合第2章的规定。

(3)所有钢构件、螺栓等均应进行防腐处理。

(4)泄水管、PE 排水管、玻纤格栅、隔离栅等材料应具有产品合格证明并经监理人认可后方能使用。

5.7.3 施工要求

5.7.3.1 排水系统工程

1 PE 排水管

(1)管子之间连接为承插式再用专用胶水粘牢或用 PEC 焊条焊接成整体。

(2)梁底排水管安置时应注意使其沿排水方向向下倾斜。倾斜坡度同桥面纵坡。

(3)固定排水管的管夹每隔 1 m 设置一道,在管道转弯处,间距 0.25 m。

(4)钢构件进行防锈涂装。

(5)进水口铸铁盖座安置后,其内部应涂 851 型防水涂料三遍,也可采用相同效果的防水方式。

2 碎石盲沟

(1)在摊铺沥青下面层后采用锯切的方式形成碎石盲沟,内填级配碎石。

(2)级配碎石,其级配要求见级配碎石指标表,含泥量<2%。

3　玻纤格栅

(1)先对下层进行整平、碾压,要求平整度不大于 15 mm,压实度达到设计要求;表面严禁有碎石、块石等坚硬凸出物。

(2)铺设环境:室外气温 5 ℃以上,风力 4 级以下,无雨、雪。

(3)在平整好的下承层上按设计宽度铺设玻纤格栅,摊铺时应拉直、平顺,紧贴下承层,不得出现扭曲、褶皱、重叠,搭接处用 U 形钉或连接件固定。

(4)玻纤格栅在铺设时,将筋材主强度高的方向垂直路堤轴线方向,每幅叠合长度(纵向)不小于 15 cm,并用 U 形钉或连接件固定,间距 1. 0 m,横向搭接长度 30~90 cm,搭接位置用 U 形钉或尼龙绳固定。

5. 7. 3. 2　桥面径流处理系统工程

1　调节池基础施工

(1)设计地基持力层为黏土时,地基承载力特征值为 220 kPa。

(2)当地基为回填土时必须分层机械碾压密实,压实系数不小于 0. 94。

(3)当持力层为淤泥时,淤泥深度在 1 m 以内的挖除淤泥换填黏土或级配碎石分层碾压密实,当淤泥深度大于 1 m 时,采用抛石处理,基底下换填 500 mm 厚级配碎石。

2　径流池施工

(1)施工时缓流管两端伸出模板长度不低于 10 cm,缓流管内不得有杂物。

(2)滤床进水管伸出长度不低于 10 cm。

(3)各层载体铺设均匀,厚度误差不得超过 2 cm。

(4)布水墙墙顶水平度严格按照图纸要求实施。

(5)每个处理单元布水板表面水平度允差 5 mm。

(6)径流池完工后,对护栏内部及外围 1 m 宽范围需要进行植草绿化。

3　铁丝编织网隔离栅施工

(1)立柱及网片采用先热浸镀锌再浸塑的防腐处理措施。

(2)网片采用 ϕ2. 5 冷拉钢丝焊接而成,每个网孔的横丝应有一个弯弧,以增加强度。

(3)网片与立柱采用高强不锈钢丝卡子现场连接。

(4)所有隔离栅立柱应加盖柱帽。

4　铁丝编织网隔离栅

(1)所有钢构件均应做先热浸镀锌再浸重的防肩处理措施。

(2)立柱内外表面均应先做热浸镀锌处理,镀锌量不小于 275 g/m^2,然后再进行浸塑处理,材料为聚酯,镶层厚度为不小于 0. 076 mm。

(3)网片应先进行热浸镀锌处理,镀锌量不小于 90 g/m^2,然后再进行浸塑处理,材料为聚酯,镶层厚度为不小于 0. 076 mm;紧固件、连接件的镀镀锌量为 350 g/m^2。

(4)横丝抗拉强度应大于 400 N/mm^2,纵丝抗拉强度应大于 700 N/mm^2。

(5)立柱采用焊接钢管制作,抗拉强度应大于 400 N/mm^2。

(6)镀塑层必须均匀,亮泽,不得存在针孔,流淌堆积,烧焦裂解等浸塑缺陷,应保证先加工焊接后作浸塑处理。

5.7.3.3　桥面径流监测系统工程

（1）监测站房采用 Q235B 钢龙骨结构，配置黑色钢结构底盘；墙板和屋项板均采用 100 mm 厚 EPS 彩钢夹芯板（钢板厚度双面 0.5 mm），各拼缝处均露油漆后再做密封结构胶；室内铺设防护地板；外装饰采用新型墙面装饰板。

（2）监测站房设置保温隔间用以安装空调外机，外配可开启式百叶窗；房内配置接线盒、照明系统。插座和接地铜排。

（3）建设地基时，配置给水排水系统、电力系统和通信网络系统。

第 6 章　绿化工程

6.1　通　则

6.1.1　范围

本章工作内容为公路沿线及附属结构地域内，为净化空气、减小噪声、防止水土流失、美化环境等所增设的必要设施的施工及其管理等有关作业。

6.1.2　一般规定

6.1.2.1　绿化工程

(1)绿化工程应按图纸规定，在不同的地段、区域，选择适宜栽种的树种、草种，并在当地适宜的种植季节进行施工作业。施工单位必须认真做好施工组织设计，对于各个施工项目进度的确定、每道工序的衔接、物质材料的供应、施工人员和各项工作力量的调配做出精心安排，以保证绿化施工任务能够高质量地如期完成。

(2)种植前应对种植区内土壤进行处理。

(3)在施工及缺陷责任期间，绿化工作的管理与养护以及任何缺陷的修正和弥补，均属施工单位的责任。

(4)施工单位应按招标文件要求配备(聘请)足够的专业园林工程师作为绿化技术指导或代理人，在技术上指导或领导全部绿化工程。

(5)施工单位的绿化设备必须满足绿化工程的需要，绿化用车辆必须是证、照和保险等各种上路手续齐全，以保证绿化养护工作正常进行。

(6)缺陷责任期满时，植物种植成活率应达到 95%以上，如果施工单位在缺陷责任期满时，植物种植成活率未能达到 95%，则监理单位有权暂停退还保留金并要求施工单位重新补种，同时相应责任期延长一年。

(7)工程开工前应编制开工报告，应包括下列内容：

1)施工程序和进度计划；

2)苗木调运安排；

3)各工序的用工数量及总用工日；

4)工程所需材料进度表；

5)机械与运输车辆和工具的使用计划；

6)施工技术和安全措施。

6.1.2.2 种植材料和播种材料

(1)所有种植物必须符合现行关于植物病害及昆虫传染检疫的法规,施工单位提供的种植物应具有必要的全部检疫证明。选定的种植材料应符合其产品标准的规定。

(2)种植材料应根系发达,生长茁壮,无病虫害,规格及形态应符合设计要求。

(3)木本苗木的品种与规格、树形及整形修剪质量和草种选择、配比、播种量以及修剪质量等均应符合设计要求及《城市绿地设计规范》(2016 年版)(GB 50420—2007)相关规定。苗木挖掘、包装应符合相关规定。外地调入的苗木与种子应有植物检疫报告,种子应提供由国家法定种子检验机构出具的种子检验报告。所使用的绿化辅助材料均应有产品合格证、检验报告或现场试验报告。

(4)露地栽培花卉应符合下列规定:

1)一、二年生花卉,株高应为 100~400 mm,冠径应为 150~350 mm。分枝不应少于 3~4 个,叶簇健壮,色泽明亮。

2)宿根花卉,根系必须完整,无腐烂变质。

3)球根花卉,根茎应茁壮、无损伤,幼芽饱满。

4)观叶植物,叶色应鲜艳,叶簇丰满。

(5)植生带,厚度不宜超过 1 mm,种子分布均匀,种子饱满,发芽率应大于 95%。

(6)播种用的草坪、草花、地被植物种子均应注明品种、品系、产地、生产单位、采收年份、纯净度及发芽率,不得有病虫害。

(7)根据设计要求的所有栽植苗木应优先采用本地区的苗木。如果本地区缺少或必须到外地采购时,事先应提交采购报告并必须经严格检疫,批准后方可采购。

(8)根据设计要求的栽植苗木,如果无法采购到,可以申请变更,但应取得监理单位的批准。

(9)用于本项目的各类苗木运至工地现场后,应及时通知监理单位对苗木的规定、品种进行检查,并提供检疫、产地等证明文件。

6.1.2.3 绿化工程检验评定的时间应符合下列规定:

(1)植物材料与绿化辅助材料的质量与规格应在施工前分批进行检验与控制。

(2)植物材料的成活率、发芽率、覆盖率的检验评定应在一个年生长周期满后进行。

6.2 绿地整理

6.2.1 范围

本节工作内容为在公路绿化工作开始前,在公路绿化区域(含路堤、中央分隔带及互通立交范围内和服务区的绿化种植区)内按照图纸布置和植物生长的最小土层厚度要求,保持地表面的平整,翻松、铺设表土等施工作业。

6.2.2　材料

(1)表土应为松散的、具有透水作用并含有有机物质的土壤,能助长植物生长,不应含有盐、碱土,且无有害物质以及大于 25 mm 的石块、棍棒、垃圾等;采集时,表土上生长有茂盛农作物、草或其他植物时,则证明该土质是良好的。

(2)利用的表土,是指第 3 章第 3.2 节或第 3.3 节的清理场地或道路挖方开挖存放的适用材料。

(3)开挖的表土,是指施工单位可以在公路用地界内取得,其开挖的部位、深度,应在监理单位指导下进行;如当地无表土可取,施工单位应负责从公路用地界外取得。

(4)种植前应对绿化场地的土壤理化性质进行化验分析,根据分析结果采取相应土壤改良措施,并提供土质检验报告及土壤改良措施报告。

6.2.3　施工要求

6.2.3.1　表土的提供

(1)施工单位应在绿化区表土铺设前至少 7 d 通知监理单位。

(2)施工单位应做出采集表土的计划安排,支付所有的费用,并应给监理单位提供有关良好表土的样品,并附上一份副本,说明挖取的表土以及恢复该地区的安排。采集地在用地界外应经有关机构批准。

(3)种植地的土壤含有建筑废土及其他有害成分,以及强酸性土、强碱土、盐土、重黏土、沙土等不能直接采用,均应根据设计规定,采用客土或采取改良土壤的技术措施。

6.2.3.2　地表面的准备

(1)覆盖表土范围的地表面,应进行深翻,将土块打碎使之成为均匀的种植土。不能打碎的土块,粒径大于 25mm 的砾石、树根、树桩和其他垃圾应清除并运到监理单位同意的地点废弃。

(2)通过翻松、加填或挖除以保持地表面的平整。

6.2.3.3　铺设

(1)准备工作经监理单位认可后,应即铺设表土,铺设厚度应符合表 6.2.3 的要求。当表土过分潮湿或不利于铺设时,不应进行铺设。除非另有规定,表土铺设完成后,其表面高程应比路缘石、集水井、人行道、车行道或其他类似结构低 25 mm。

表 6.2.3　植物生长的最小土层厚度

植物种类	植物生长的最小土层厚度/m	植物种类	植物生长的最小土层厚度/m
草本花卉、草本植被	0.30	浅根乔木	0.90
小灌木	0.45	深根乔木	1.50
大灌木	0.60		

(2)表土铺设达到要求厚度后,其完成的工程应符合图纸所要求的线形、坡度、边坡。

(3)铺设后,施工单位应用机具将表土滚压,并形成至少深 50 mm 的纵向沟槽。全部铺设面积应具有均匀间隔的沟槽,其方向宜垂直于天然水流,以利于排水,但图纸或监理单位另有要求者除外。

6.2.4 质量检验

6.2.4.1 铺设表土基本要求

(1)绿地内不得有废弃构筑物、工程渣土与废料及其他有害污染物,互通立交区与环岛、管理养护设施区及服务设施区等有景观要求的绿地内不得有宿根性杂草、树根。

(2)回填土及地形造型的范围、厚度、高程、造型及坡度应满足设计要求;回填的种植土已达到自然沉降的状态,表层不得有明显低洼和积水处。

6.2.4.2 铺设表土检查项目

铺设表土检查项目见表 6.2.4。

表 6.2.4 铺设表土检查项目

项次	检查项目		规定值或允许偏差	检查方法和频率
1	有效土层厚度/mm		满足设计要求	环刀或挖样洞,尺量:带状绿地①每 1 km 测 5 点;点状绿地②每个连续种植单元每 1 000 m^2 测 2 点,且不少于 3 点
2	地形相对高程③/mm	$H\leq1\ 000$	±50	水准仪测量或尺量:分隔带绿地每 1 km 测 5 点;互通立交区与环岛、管理养护设施区及服务设施区绿地每个连续种植单元每 1 000 m^2 测 2 点,且不少于 3 点
		$1\ 000<H\leq2\ 000$	±100	
		$2\ 000<H\leq3\ 000$	±150	
		$3\ 000<H\leq5\ 000$	±200	

注:①指分隔带、边坡、护坡道、碎落台及边坡平台等沿公路路线纵向分布的可绿化场地。

②指互通立交区与环岛、管理养护设施区、服务设施区及取、弃土场等分布于公路沿线局部路段集中成块的可绿化场地。

③H 为设计高程与原地面的高差,边坡、护坡道、碎落台、边坡平台及取、弃土场等绿地不做要求。

6.3　喷播绿化

6.3.1　范围

本节为按照图纸所示或监理单位指示,在公路绿化区域内铺设表土的层面上撒播草种或铺植草皮和施肥、布设喷灌设施等绿化工程作业。

6.3.2　材料

6.3.2.1　草种

应选择适合于当地气候条件、易于生长的草种,或经监理单位同意或指示的其他混合草种。混合草种应试验其萌芽情况,其纯度和萌发率均应达到90%以上。

6.3.2.2　草皮

(1)种植草皮应具有耐旱、耐涝、容易生长、蔓面大、根部发达、茎低矮强壮和多年生长的特性。

(2)铺栽草坪用的草块及草卷应规格一致,边缘平直,基本无杂草。草块土层厚度为30~50 mm,草卷土层厚度宜为10~30 mm。

(3)播种用的草坪、草花、地被植物种子均应注明品种、品系、产地、生产单位、采收年份、纯净度及发芽率,不得有病虫害。自外地引进种子应有检疫合格证。发芽率达90%以上的方可使用。

6.3.2.3　肥料

(1)应优先使用经过沤制的农家肥。

(2)如使用化肥,应为标准农用化肥并按袋装提供。化学肥料中氮、磷、钾的含量应根据施工季节和土壤肥力状况选定。

(3)混合肥料由10%的有机肥、20%的化肥、70%的表土,均匀拌和而成。有效营养成分符合要求的液体化肥也可使用。

6.3.2.4　水

种植或养护植物用水应无油、酸、碱、盐或其他对植物生长有害的物质,并应符合《农田灌溉水质标准》(GB 5084—2021)相关规定要求。

6.3.3　施工要求

6.3.3.1　撒播草种

1　准备好地表面

地面无天然表土或天然表土厚度小于图纸规定的厚度时,施工单位应按本章第6.2节规定,加铺表土,以形成厚度符合要求的表土层。

2 播种方法及用量

(1)施工单位应事先将采用的机具和播种方法通知监理单位。必要时施工单位应在工程开始前做工艺的野外试验。

(2)播种时应先浇水浸地,保持土壤湿润,稍干后将表层土耙细耙平,进行撒播,均匀覆土 3~5 mm 后轻压,然后喷水。

(3)播种后应及时喷水,水点宜细密均匀,浸透土层 80~100 mm,除降雨天气,喷水不得间断。亦可用草帘覆盖保持湿度,至发芽时撤除。

(4)植生带铺设后覆土、轻压、喷水,方法同播种。

(5)坡地和大面积草坪铺设可采用喷播法。

(6)除图纸另有规定或监理单位指示外,草籽播种量一般情况下每 1 000 m^2 平地面不少于 6 kg,坡地面不少于 9 kg。

(7)将采用的草籽和混合肥料拌和,均匀地撒播到已准备好的表土区内。也可在播种前不多于 48 h 施肥,使肥料深入到表土层内,化肥的施肥量应根据土壤理化性质确定。

3 播种季节

(1)应在图纸规定的季节正常播种、施肥和覆盖。如图纸未规定具体日期,应在当地生长季节进行播种、施肥和覆盖。

(2)在刮风天不应播种,也不应在过湿或未经耕作的土地播种。

4 干播

干播法应采用经监理单位同意的机动播种机、条播机或其他机械设备。对于机械设备不能进入的地区可以用人工播种。播种后的地面应用监理单位认可的机具在 24 h 内轻轻压实,随即浇水。

5 喷播

喷播一般用于坡度较大的地段,喷播应采用经监理单位同意的技术方案和机具。喷播前必须按喷播技术要求进行坡面处理,打桩挂网,并保证喷播种子的均匀程度和萌发质量。

6.3.3.2 铺植草皮

1 铺植季节

(1)除非图纸上另有标明或监理单位指示,铺植草皮应根据不同草皮在当地最适宜的季节进行铺植;种植的适宜季节和草种类型选择应符合《园林绿化工程施工及验收规范》(CJJ 82—2012)相关规定的要求。

(2)土壤条件不适合种植时不应铺植。

2 提供草皮、检查及运送

(1)施工单位应在铺植工作前 14 d,向监理单位提供有关草皮供应来源的全部资料,监理单位可随时前来检查。所有草皮应符合现行关于植物病害及昆虫传染检疫的法规,施工单位应送交监理单位必要的全部检疫证明。

(2)从采集场地运出前不少于 7 d,施工单位应以书面形式通知监理单位,在采集场地挖移以前检查草皮。监理单位同意挖移的草皮,并不意味着最后验收。

(3)草皮块运输时宜用木板置放 2~3 层,保护好根系。移植发育充分并有足够根系的草皮,装卸时应防止破碎。

3　铺植草皮

在铺植地表的准备工作完成以后,即可铺植草皮,可密铺或间铺成条状方格。铺植的形式,按图纸要求。铺草皮时,除平铺外,在边坡较高较陡之处也可铺植,即自坡脚处向上钉铺,用小尖木桩或竹签将草皮钉固于边坡上。密铺应互相衔接不留缝,间铺间隙应均匀,并填以种植土。铺植后应进行滚压、喷灌浇水。

6.3.3.3　草坪混播

(1)选择两个以上草种应具有互为利用、生长良好、增加美观的功能。

(2)混播应根据生态组合、气候条件和设计确定草坪植物的种类和草坪比例。

(3)同一行混播应按确定比例混播在一行内,隔行混播应将主要草种播在一行内,另一草种播在另一行内。混合撒播应筑播种床育苗。

6.3.4　质量检验

6.3.4.1　喷播绿化

1　基本要求

(1)草本植物种子的质量不应低于《禾本科草种子质量分级》(GB 6142—2008)中所规定的二级标准,木本植物种子的质量不应低于《林木种子质量分级》(DB14/T 137—2018)中所规定的二级标准;《禾本科草种子质量分级》(GB 6142—2008)和《林木种子质量分级》(DB14/T 137—2018)中均未提及的植物种子应在使用前进行发芽率试验和种子配合比试验,确定合适的种子用量后方可进行大规模的施工。

(2)喷播绿化采用的植物品种及种子配比应满足设计要求。

2　检查项目

喷播绿化检查项目见表 6.3.4。

表 6.3.4　喷播绿化检查项目

序号	检查项目	规定值或允许偏差	检查方法和频率
1	基材混合物喷射厚度/mm	设计厚度±10	环刀取样或挖样洞,尺量:带状绿地每 1 km 测 10 点;点状绿地每个连续种植单元每 1 000 m^2 测 2 点,且不少于 5 点
2	植物群落物种组成	满足设计要求(植物种类、数量与设计要求一致,且优势种与设计要求相同)	植物样方法调查:带状绿地每 1 km 设置 3 个样方(长 2 m、宽 2 m 或等同于绿地宽度),且不少于 3 个;点状绿地每个连续种植单元设置 3 个样方(长 2 m 、宽 2 m),且不少于 3 个

续表 6.3.4 喷播绿化检查项目

序号	检查项目	规定值或允许偏差	检查方法和频率
3	绿化面积	满足设计要求	尺量或无人机航拍测量:带状绿地每 1 km 检查 100 m;点状绿地按每个连续种植单元全部检查
4	植被盖度	≥95%	目测或无人机航拍测量:带状绿地每 1 km 检查 100 m;点状绿地按每个连续种植单元全部检查

3 外观质量

喷播绿化绿地不得有连续空秃、冲沟侵蚀。

6.3.4.2 铺植草皮

(1)铺植草皮应符合《园林绿化工程施工及验收规范》(CJJ 82—2012)相关规定要求。

(2)铺栽草坪用的草卷、草块应厚度均匀,杂草不应超过 5%。

(3)互通立交区与环岛、管理养护设施区、服务设施区等绿地内的草坪不得有连续空秃。

(4)绿化喷灌设施应能正常运转,按《建筑工程施工质量验收统一标准》(GB 50300—2013)相关规定进行验收。

6.4 树木栽植和大树移植

6.4.1 范围

本节工作内容为按照图纸所示或监理单位指示,对公路绿化区域内提供和种植乔木、灌木和攀缘植物等作业。

6.4.2 材料

(1)表土、肥料、水等应符合本章第 6.2 节及第 6.3 节的规定。

(2)植物品种:

1)所有植物应考虑公路沿线地区特点,选择适合于当地气候条件易于生长的并有丰满干枝体系和茁壮的根系。植物应无缺损树节、擦破树皮、受风冻伤害或其他损伤,植物外观应显示出正常健康状态,能承受上部及根部适当的修剪。无特殊规定或图纸标明,所有植物应在苗圃采集。

2)乔木应具有挺直的树干,良好发育的枝杈,根据其自然习性对称生长。

3)运到现场的种植前的乔木、灌木、攀缘植物应符合设计图纸要求,其胸径(树高出地面 1.3 m 处)应不小于 30 mm。按图纸要求,种在坡脚或沿边沟的灌木高度不小于 1.0 m。

4)不允许采用代替品种,除非证实在承包期内的正常种植季节采集不到规定的植物。只有经监理单位同意后,才允许种植代替品种。

6.4.3　施工要求

6.4.3.1　种植季节

各类植物应在公路所经当地的最适宜的季节进行种植,除非图纸上另有标明或监理单位指示;土壤条件不适合种植时不应种植。

6.4.3.2　提供植物、检查及运送

(1)施工单位应在种植工作前 14 d,向监理单位提供有关种植物供应来源的全部资料,监理单位可随时前来检查。所有种植物应符合现行关于植物病害及昆虫传染检疫的法规,施工单位应送交监理单位必要的全部检疫证明。

(2)从苗圃运出前不少于 7 d,施工单位应书面通知监理单位,在苗圃挖移以前检查所有种植物。监理单位同意挖移的植物,并不意味着最后验收。

(3)在运出植物前,应由园艺人员按起苗、调运等技术要求负责将植物挖出、包扎、打捆,以备运输;任何时候,植物根系应保持潮湿、防冻、防止过热。落叶树在裸根情况下运输时,必须将根部包涂黏土浆,使根的全部带有泥土,然后包装在稻草袋内。所有常青树及灌木的根部,均应连同掘出的土球用草袋包装。运到工地及种植前,这些土球应结实,草包应完好,树冠应仔细捆扎以防止枝杈折断。

(4)植物以单株、成捆、大包或容器内装有一株或多株植物运到工地时,均应分别系有清楚的标签,标明植物名称、尺寸、树龄或其他详细资料,这对鉴别植物是否符合规定是必要的。当不能对各单株植物分别标明时,标签内应说明成捆、成包以及容器内的各种规格植物的数量。

6.3.3.3　储存和保护

(1)运到工地后一天内种不完的植物,应存放在阴凉潮湿处,以防日晒风吹,或暂进行假植。

(2)裸根树种应将包打开,放在沟内,根部暂盖壅土,并保持湿润。

(3)带有土球及草袋包装的植物,应用土、稻草或其他适当材料加以保护,并保持土、稻草等潮湿,以防根系干燥。

6.4.3.4　种植准备

(1)施工单位应按绿化工程布置的图纸标出种植地段、种植位置及苗木品种和规格,并进行放样,在种植之前这些布置应得到监理单位的检查认可。尚应做到:

1)种植穴、槽定点放线应符合设计图纸要求,位置必须准确,标记明显。

2)种植穴定点时应标明中心点位置。种植槽应标明边线。

3)定点标志应标明树种名称(或代号)、规格。

4)行道树定点遇有障碍物影响株距时,应与设计单位取得联系,进行适当调整。

(2)种植地段应修整到符合监理单位指示的线形和坡度,并具有舒顺的外形。在种植中所有大土块、石块、硬土及其他杂物和不适于种植的材料,均应由施工单位自工地移走。处理好的表土和底土应分开,并得到监理单位认可。

(3)在种植时,先在坑底松填约 150 mm 厚的表土。

6.4.3.5 刨坑

1 刨坑刨槽的规格要求

(1)刨坑刨槽位置要准确,坑径应根据根系、土球大小及土质情况而定,刨坑刨槽要直上直下成桶形,不得上大下小或上小下大,以免造成窝根或填土不实。

(2)坑径一般可比植物的根系或土球直径大 0.2~0.3 m,具体规定如表 6.4.3-1~表 6.4.3-3 所示。

表 6.4.3-1 乔、灌木干径或树高相对应的树坑规格

乔木干径/mm			30~50	50~70	70~100	
灌木高度/m		1.2~1.5	1.5~1.8	1.8~2.0	2.0~2.5	
常绿树高度/m	1.0~1.2	1.2~1.5	1.5~2.0	2.0~2.5	2.5~3.0	3.0~3.5
坑径/m	0.5×0.3	0.6×0.4	0.7×0.5	0.8×0.6	1.0×0.7	1.2×0.8

表 6.4.3-2 绿篱高度与相对应的坑槽规格

绿篱高度/m	1.0~1.2	1.2~1.5	1.5~2.0
单行(槽:宽×深)/(m×m)	0.5×0.3	0.6×0.4	0.7×0.4
双行(槽:宽×深)/(m×m)	0.3×0.4	1.0×0.4	1.2×0.5

表 6.4.3-3 花灌木类种植穴规格

冠径/m	种植穴深度/m	种植穴直径/m
2.0	0.7~0.9	0.9~1.1
1.0	0.6~0.7	0.7~0..9

(3)如遇土质过黏、过硬或含有有害物质如石灰、沥青等,则应适当加大坑径。

2 刨坑的操作

(1)刨坑时应以所定位置为中心,按规定坑径划一圆圈作为刨坑的范围。

(2)挖坑时应把表土与底土分别置放,不同的土质亦应分开堆放。堆放位置以不影响栽植为宜。刨坑到规定深度后在坑底垫底土。

(3)挖坑的坑壁要随挖随修使其成直上直下形状,不要成锅底形。

(4)刨坑时如发现地下管道、电缆等地下设施应停止操作,并及时向监理单位报告,请示处理办法。

(5)在斜坡处挖坑应先做成一平台,平台大小应以坑径最低规格为依据,做成后在平台上再挖坑。

(6)在土层干燥地区应于种植前浸穴。

(7)挖穴、槽后,应施入腐熟的有机肥作为基肥。

6.4.3.6　栽植

(1)修剪工作对高大乔木应在散苗前后进行,即在栽植前进行,高度 3 m 以下无明显主尖的乔木和灌木为了保证栽后高矮一致、整齐美观,可在栽植后修剪,疏剪的剪口应与树干平齐不留枯橛以免影响愈合;短截时注意留外芽,剪口距芽位置要合适,一般离芽 10 mm 左右,剪口应稍斜成马蹄形;修剪 20 mm 以上的大枝剪口应涂防腐剂,可促进愈合和防止病虫雨水侵害。

(2)散苗、散露根苗应掌握随掘随运随散苗、随栽植,尽量缩短根部暴露时间以利成活。散苗时要轻拿轻放,行道树散苗要顺路的方向放树苗,不得横放路上影响交通;散带土球树木,要注意保护土球完整,搬运土球时不得只搬树干,尽量少滚动土球。

(3)栽植前对露根苗的根系要进行修剪,将断根、劈裂根、感染病虫害根、过长的根剪去,剪口要平滑,带土球苗和灌木应将围拢树冠的草绳剪断。

(4)栽植前应检查坑的大小,深度是否与根系、土球规格标准要求的坑径一致,不符时应修整。

(5)栽树时不得歪斜,要保持树木上下垂直,有树弯时应掌握树尖与根部在一垂直线上,行道树的树弯应在顺路的方向,与路平行。

(6)应由有经验工人,按照正常做法,进行种植和回填土,植物应垂直地栽好,比在苗圃的种植深度加深 20~30 mm。种植前的乔木和灌木应经监理单位检查认可。

(7)对裸根植物,先将表土放在坑底,其松散厚度约 150 mm,随即撒布适量(视表土性质而定)有机肥,在肥料上覆盖 50~100 mm 回填土层,使根系不接触肥料。随后将裸根植物放在树坑中央,以自然形态散开根系,所有折断或损坏的根系,应予截去,促使根部生长良好。

在树坑四周及其上回填土后捣固并适当压紧,当回填到根系一半深度时,将植物稍提起,随即再按每层厚 150 mm 回填土并压实。植物四周应用土围成与树坑大小相同的浅盆形凹穴(浅土盆)的蓄水池,池深约 150 mm。

(8)栽行道、行列树必须横平竖直,栽植时可每隔 10 或 20 株按规定位置准确的栽上一株作为前后植树对齐的依据,然后再分别栽植。

(9)根部带有土球的植物,应和上述(7)一样进行处理,并将表土及肥料放在穴内。随即将乔木或灌木垂直栽在坑底放稳,栽种深度应比苗圃时深 25 mm。

(10)回填土随即填在植物土球周围并捣实。土球上部的麻(草)袋应割开并移去,将土球上部的土松开并摊平,然后将其余回填土填下,还应做好浅土盆的蓄水池。

(11)栽植较大规格的常绿树和高大乔木时,应在栽植同时埋上支柱,支柱应埋深在0.3 m以下,支柱要捆牢,并注意不要使支柱与树干直接接触,以免磨伤树皮。立支柱方向应在下风口。

(12)在种植后应按图纸要求,对乔木或灌木浇水,并要浇透,半月之内再浇透水2~3次。其后每周一般浇水一次,视气候情况而定,直到植物成活为止。

(13)对于在中央分隔带栽植起防眩作用的树木,其高度和株距应符合图纸要求;如图纸无规定,则树高宜1.60 m,株距宜2.0 m。

6.4.4 质量检验

6.4.4.1 树木栽植

1 基本要求

(1)严禁使用带有严重病虫害的苗木,非检疫对象的病虫害危害痕迹不得超过树体的5%~10%。

(2)种植穴(槽)的定点放线应满足设计要求,位置准确、标记明显。

(3)带土球苗木栽植前应去除土球不易降解的包装物。

(4)树木栽植不得影响行车安全视距;规则式种植、绿篱、球类的植物修剪应整齐,绿篱不得有空缺。

(5)孤植树、珍贵树种以及大树(胸径在200 mm以上的落叶乔木和常绿阔叶乔木,株高在6 m以上或地径在180 mm以上的常绿针叶乔木)应全部成活。

2 检查项目

树木栽植检查项目见表6.4.4-1。

表6.4.4-1 树木栽植检查项目

序号	检查项目	规定值或允许偏差	检查方法和频率
1	种植穴(槽)直径/mm	d+400~d+600①	尺量:抽查全部种植穴(槽)5%,且不少于10个,少于10个时应全部检查
	种植穴(槽)深度/mm	3/4~4/5穴径	
2	苗木数量	满足设计要求	目测或无人机航拍测量:带状绿地每1 km检查100 m内的苗木;点状绿地每个连续种植单元按苗木数量抽查10%,且不少于10株,少于10株的苗木应全检
3	苗木成活率/%	≥95%	

续表 6.4.4-1

<table>
<tr><th>序号</th><th colspan="3">检查项目</th><th>规定值或允许偏差</th><th>检查方法和频率</th></tr>
<tr><td rowspan="31">4</td><td rowspan="31">苗木规格</td><td rowspan="7">乔木</td><td rowspan="5">胸径/mm</td><td>≤50</td><td>-2</td><td rowspan="31">尺量:带状绿地每 1 km 检查 100 m 内的苗木;点状绿地每个连续种植单元按苗木数量抽查 10%,且不少 10 株</td></tr>
<tr><td>50~90</td><td>-5</td></tr>
<tr><td>90~150</td><td>-8</td></tr>
<tr><td>150~200</td><td>-10</td></tr>
<tr><td>>200</td><td>-20</td></tr>
<tr><td colspan="2">高度/mm</td><td>-200</td></tr>
<tr><td colspan="2">冠径/mm</td><td>-200</td></tr>
<tr><td rowspan="4">灌木</td><td rowspan="2">高度/mm</td><td>≥1 000</td><td>-100</td></tr>
<tr><td><1 000</td><td>-50</td></tr>
<tr><td rowspan="2">冠径/mm</td><td>≥1 000</td><td>-100</td></tr>
<tr><td><1 000</td><td>-50</td></tr>
<tr><td rowspan="8">球类</td><td rowspan="4">冠径/mm</td><td><500</td><td>0</td></tr>
<tr><td>500~1 000</td><td>-50</td></tr>
<tr><td>1 000~2 000</td><td>-100</td></tr>
<tr><td>>2 000</td><td>-200</td></tr>
<tr><td rowspan="4">高度/mm</td><td><500</td><td>0</td></tr>
<tr><td>500~1 000</td><td>-50</td></tr>
<tr><td>1 000~2 000</td><td>-100</td></tr>
<tr><td>>2 000</td><td>-200</td></tr>
<tr><td rowspan="2">藤本</td><td>主蔓长/mm</td><td>≥1 500</td><td>-100</td></tr>
<tr><td>主蔓径/mm</td><td>≥10</td><td>0</td></tr>
<tr><td rowspan="7">棕榈类植物</td><td rowspan="4">株高/mm</td><td>≤1 000</td><td>0</td></tr>
<tr><td>1 000~2 500</td><td>-100</td></tr>
<tr><td>2 500~4 000</td><td>-200</td></tr>
<tr><td>>4 000</td><td>-300</td></tr>
<tr><td rowspan="3">地径/mm</td><td>≤100</td><td>-10</td></tr>
<tr><td>100~400</td><td>20</td></tr>
<tr><td>>400</td><td>-30</td></tr>
</table>

注:①d 为土球苗直径或裸根苗根系展幅,mm。

3 外观质量

(1)乔木、灌木以及球类苗木不得有木烧膛,不得有影响行车安全的偏冠苗木。

(2)树木应无损伤的断枝、枯枝、严重病虫害枝。

6.4.4.2 草坪、草本地被及花卉种植

1 基本要求

(1)铺栽草坪用的草卷、草块应厚度均匀,杂草不应超过5%。

(2)草坪、草本地被及花卉种植的施工工艺、品种及配比或栽植株行距应满足设计要求。

(3)花苗的栽植放样、密度及图案均应满足设计要求。

(4)绿化喷灌设施应能正常运转,按《建筑工程施工质量验收统一标准》(GB 50300—2013)的相关条款进行验收。

2 检查项目

草坪、草本地被及花卉种植检查项目见表6.4.4-2。

表6.4.4-2 草坪、草本地被及花卉种植检查项目

<table>
<tr><th>序号</th><th colspan="2">检查项目</th><th>规定值或允许偏差</th><th>检查方法和频率</th></tr>
<tr><td>1</td><td colspan="2">草坪、草本地被面积</td><td>满足设计要求</td><td>尺量或无人机航拍测量:带状绿地每1 km检查100 m;点状绿地按每个连续种植单元全部检查</td></tr>
<tr><td rowspan="2">2</td><td rowspan="2">草坪、草本地被覆盖率/%</td><td>取弃土场绿地</td><td>≥90%</td><td rowspan="2">目测或无人机航拍测量:带状绿地每1 km检查100 m;点状绿地按每个连续种植单元全部检查</td></tr>
<tr><td>其他绿地</td><td>≥95%</td></tr>
<tr><td>3</td><td colspan="2">花卉数量</td><td>满足设计要求</td><td rowspan="2">目测或无人机航拍测量:带状绿地每1 km检查100 m内的花卉数量;点状绿地每个连续种植单元按花卉数量抽查5%,且不少于10株,少于10株的花卉应全部检查</td></tr>
<tr><td>4</td><td colspan="2">花卉成活率/%</td><td>≥95%</td></tr>
</table>

3 外观质量

互通式立体交叉区与环岛、管理养护设施区、服务设施区等绿地内的草坪、草本地被及花卉不得有连续空秃。

6.5　施工期的植物养护

6.5.1　范围

(1)本节工作内容为公路绿化工作从开始种植到工程缺陷责任期结束,所有按本章第 6.3 节及第 6.4 节施工的种植物进行管理和养护。

(2)通过整个绿化工程的实施应能营造出高速公路绿色走廊、固土、美化景观的效果,使道路和周围环境相协调,通过植物搭配,减少污染和噪声。

6.5.2　材料

6.5.2.1　一般要求

应符合本章第 6.3 节及第 6.4 节对播种草种和种植的植物品种以及肥料、水等的规定。

6.5.2.2　化学物品

(1)农药、除草剂及其他农用化学物品,应由施工单位按园艺要求的方法、季节及当地气候和所用物品的有关性质来选用。

(2)在工作开始至少 7 d 前,施工单位应将各化学物品的样品以及有关资料送交监理单位批准。

6.5.3　施工要求

(1)种植完工后 3 d 内,施工单位应向监理单位提供管理和养护种植物的详细计划及日程,这个计划是种植计划的延续,将种植物养护到工程缺陷责任期结束为止。对于更换枯树或草的再种植,应从再种植时起至少养护一年的生长期,随时进行检查及时补植。

(2)植物栽植的成活率在规定的时间内应符合下述标准:公路处于平原区时应达 90%以上;处于山区时应达 85%以上;处于寒冷草原区及沙、碱、干旱区时应达 75%以上。

(3)植物管理及养护计划应包括以下内容:

1)清除除草、施加除草剂;

2)按园艺方法进行修剪、栽培;

3)需要时经常浇水灌溉;

4)每年施肥应不少 2 次;

5)经常施加农药及防治病虫害;

6)采取措施防范人为的破坏和牲畜的践踏、啃咬;

7)枯死、损坏或丢失的树木花草应适时补植;

8)保持种植区的清洁,经常清扫及清除垃圾、保护表土。

(4)施肥:

1)根据植物的生长需要,定期施肥,但对树木施肥每年不得少于 2 次,草坪、地被等应采用薄肥勤施的方法,经常性施肥。

2)施肥量应根据树种、树龄、生长期和肥源以及土壤理化性状等条件而定。树木青壮年期欲扩大树冠及观花、观果植物,应适当增加施肥量。

(5)整形修剪:

1)乔木类:主要修除徒长枝、病虫枝、交叉枝、并生枝、下垂枝、扭伤枝以及枯枝和烂头。

2)灌木类:灌木修剪应使枝叶茂繁,分布匀称;花灌木修剪,要有利于促进短枝和花芽形成,修剪应遵循"先上后下,先内后外,去弱留强,去老留新"的原则进行。对于中央隔离带的树木修剪,应保证树木防眩所需的高度和形状。

3)绿篱类:绿篱修剪,应促其分枝,保持全株枝叶丰满;也可做整形修剪,特殊造型绿篱应逐步修剪成形。

4)地被、攀缘类:地被、攀缘植物修剪应促进枝分,加速覆盖和攀缠的功能;对多年生的攀缘植物要定期翻蔓,清除枯枝,疏删老弱的藤蔓。

5)修剪时,切口都必须靠节,剪口应在剪口芽的反侧呈45°倾斜;剪口要平整,应涂抹园林用的防腐剂。对过于粗壮的大枝应采取分段截枝法,防扯裂,操作时必须保证安全。

6)休眠期修剪以整形为主,可稍重剪;生长期修剪以调整树势为主,宜轻剪。有伤流的树种应在夏、秋两季修剪。

(6)病虫害防治:

1)贯彻"预防为主,综合治理"的防治方针。充分利用植物的多样化来保护和增殖天敌,抑制病虫害。

2)采用的种苗,必须严格遵守国家和当地有关植物检疫法规和有关规章制度。

3)严禁使用剧毒化学药剂和有机氯、有机汞化学农药。化学农药应按有关安全操作规定执行。

(7)在适宜的季节,对枯树、坏灌木以及其他不发芽或死去的植物和草均应予以更换,并在监理单位指示的期限内完成。

(8)施工单位应提供并设置临时栅栏,以保护种植物不受损害,不需要时可拆除。

(9)施工单位应提供、修建并维护植物必要的拉牵或桩木。

6.5.4　技术档案

各施工单位必须建立完整的种植与养护技术档案。档案内容应包括:

(1)绿化地段气候、物候、水文、土质、地形、地下构筑物等自然条件的变化资料及调查报告。

(2)植物种类:按植物分类记载,地区名称、规格、来源、栽植年月、生长势和日常养护措施及其成效等。

(3)应用新技术、新工艺和新成果的单项技术资料。

(4)各类统计报表和调查总结报告等。

技术档案应按照发包人要求,按期分类整理,装订成册,编好目录,分类归档。